NEXOS

MEDIA EDITION

Sheri Spaine Long
University of Alabama at Birmingham

María Carreira
California State University at Long Beach

Sylvia Madrigal Velasco

Kristin Swanson

HOUGHTON MIFFLIN COMPANY

Boston   New York

Publisher: Roland Hernández
Development Manager: Glenn A. Wilson
Development Editor: Kim Beuttler
Senior Project Editor: Aileen Mason
Editorial Assistant: Susan Miscio
Art/Design Manager: Gary Crespo
Manufacturing Manager: Karen B. Fawcett
Executive Marketing Director: Eileen Bernadette Moran
Associate Marketing Manager: Claudia Martínez

Cover image credit: Joseph Maruska, "La Calavera de Hoy," oil on masonite, 48" × 48", 1994. Courtesy of Patricia Correia Gallery, www.correiagallery.com

Text, photo, and art credits appear on pages 502–504, which constitute an extension of the copyright page.

Printed in the U.S.A.

Library of Congress Catalog Card Number: 2005933243

Instructor's Annotated Edition:
ISBN 10: 0-618-71239-9
ISBN 13: 978-0-618-71239-7

For orders, use student text ISBNs:
ISBN 10: 0-618-68427-1
ISBN 13: 978-0-618-68427-4

6 7 8 9—DOW—10 09 08

TO THE STUDENT

¡**Bienvenidos!** Welcome to the *Nexos Media Edition* introductory Spanish program. Spanish is one of the most useful languages you can learn; it is spoken by more than 360 million people across the globe, including more than 38 million Hispanics in the United States alone. It is the most spoken language in the world after Mandarin Chinese and English. As you undertake your study of the Spanish language with *Nexos Media Edition*, keep in mind the following:

◆ We strive to present the Spanish-speaking world in all its diversity, with particular attention to indigenous and African-Hispanic populations, as well as European and Latin American immigrant populations. We include a chapter on Morocco, the Canary Islands, and Equatorial Guinea as a reminder that not all Spanish-speaking countries are located in Europe or the Americas.

◆ We guide you to make cross-cultural comparisons between the cultures you learn about and your own. Too often in the past the emphasis has been on the differences among cultures, when what may be surprising is the number of things we have in common with Spanish speakers around the world.

◆ We encourage you to look at your own community and to meet and interact with the Spanish speakers you encounter there. Spanish is all around you— just keep your eyes and ears open for it!

◆ *Nexos Media Edition* is designed to enrich your language-learning experience— while you are learning another language, you are also gathering information *about* the people who speak it and the countries where it is spoken. At first, you may think that you are unable to read or understand much Spanish, but in *Nexos Media Edition*, the focus is on getting the main ideas, and the tasks expected of you are limited to what you have already learned or what you can safely deduce from context. You will be surprised to see that you can comprehend more than you think you can!

◆ *Nexos Media Edition* features a variety of resources to help you achieve your language-learning goals more easily. In-text media icons at relevant points throughout the paperback tell you exactly which component to use for additional practice or support. Or, work right from the e-book for direct access to all of the program's resources, including audio recordings of key vocabulary and grammar terms, instant activity feedback, and online chat functionality.

◆ Learning a language is easier if you relax and have fun. Keeping this in mind, we've included humorous and contemporary content with the goal of making language learning enjoyable and interesting.

We hope you enjoy your introduction to the Spanish language and its many peoples and cultures. Learning a language is one of the most valuable and exciting things you can do to prepare yourself to be a global citizen of the twenty-first century.

—The Authors

An Overview of Your Textbook's Main Features

With seamless integration of the National Standards for Foreign Language Learning, *Nexos Media Edition* presents a complete grammatical infrastructure in fourteen easy-to-navigate chapters. Each chapter guides learners to think about the connections between language and content as they build their interpersonal, interpretive, and pre-sentational communication skills in Spanish.

Chapter Opener emphasizes links between language and culture.

Each chapter opens with communication and cultural goals that establish clear learning objectives.

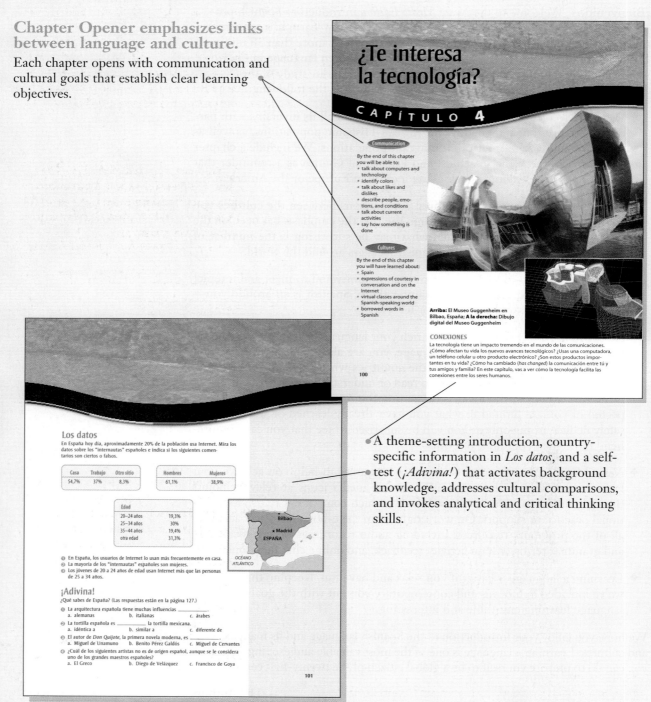

¿Te interesa la tecnología?

CAPÍTULO 4

Communication

By the end of this chapter you will be able to:
- talk about computers and technology
- identify colors
- talk about likes and dislikes
- describe people, emotions, and conditions
- talk about current activities
- say how something is done

Cultures

By the end of this chapter you will have learned about:
- Spain
- expressions of courtesy in conversation and on the Internet
- virtual classes around the Spanish-speaking world
- borrowed words in Spanish

Arriba: El Museo Guggenheim en Bilbao, España; **A la derecha:** Dibujo digital del Museo Guggenheim

CONEXIONES

La tecnología tiene un impacto tremendo en el mundo de las comunicaciones. ¿Cómo afectan tu vida los nuevos avances tecnológicos? ¿Usas una computadora, un teléfono celular u otro producto electrónico? ¿Son estos productos importantes en tu vida? ¿Cómo ha cambiado (*has changed*) la comunicación entre tú y tus amigos y familia? En este capítulo, vas a ver cómo la tecnología facilita las conexiones entre los seres humanos.

100

Los datos

En España hoy día, aproximadamente 20% de la población usa Internet. Mira los datos sobre los "internautas" españoles e indica si los siguientes comentarios son ciertos o falsos.

Casa	Trabajo	Otro sitio		Hombres	Mujeres
54,7%	37%	8,3%		61,1%	38,9%

Edad	
20–24 años	19,3%
25–34 años	30%
35–44 años	19,4%
otra edad	31,3%

① En España, los usuarios de Internet lo usan más frecuentemente en casa.
② La mayoría de los "internautas" españoles son mujeres.
③ Los jóvenes de 20 a 24 años de edad usan Internet más que las personas de 25 a 34 años.

OCÉANO ATLÁNTICO

Bilbao
★ Madrid
ESPAÑA

¡Adivina!

¿Qué sabes de España? (Las respuestas están en la página 127.)

① La arquitectura española tiene muchas influencias _____.
   a. alemanas   b. italianas   c. árabes
② La tortilla española es _____ la tortilla mexicana.
   a. idéntica a   b. similar a   c. diferente de
③ El autor de *Don Quijote*, la primera novela moderna, es _____.
   a. Miguel de Unamuno   b. Benito Pérez Galdós   c. Miguel de Cervantes
④ ¿Cuál de los siguientes artistas no es de origen español, aunque se le considera uno de los grandes maestros españoles?
   a. El Greco   b. Diego de Velázquez   c. Francisco de Goya

101

A theme-setting introduction, country-specific information in *Los datos*, and a self-test (*¡Adivina!*) that activates background knowledge, addresses cultural comparisons, and invokes analytical and critical thinking skills.

Focus on contemporary themes engages learners and promotes communication.

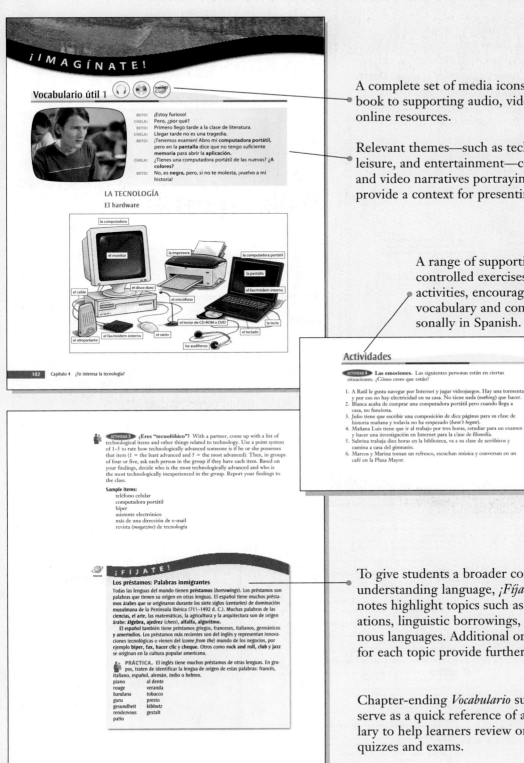

A complete set of media icons correlate your textbook to supporting audio, video, interactive, and online resources.

Relevant themes—such as technology, sports and leisure, and entertainment—colorful illustrations, and video narratives portraying everyday situations provide a context for presenting vocabulary.

A range of supporting practice, from controlled exercises to communicative activities, encourages learners to build vocabulary and communicate interpersonally in Spanish.

To give students a broader context for understanding language, ¡Fíjate! linguistic notes highlight topics such as dialectal variations, linguistic borrowings, and indigenous languages. Additional online resources for each topic provide further information.

Chapter-ending Vocabulario summaries serve as a quick reference of active vocabulary to help learners review or prepare for quizzes and exams.

Contextualized grammar instruction emphasizes form, function, and comparisons.

Succinct, easy-to-understand explanations in English—where form, *Cómo formarlo*, follows function, *Cómo usarlo*—are presented through a variety of contexts including usage examples, realia, charts, video excerpts and stills, and humorous, thought-provoking *Sonrisas* cartoons that reward learners for their growing proficiency in the language.

Student annotations offer learning strategies, information, and study tips.

Lo básico notes provide useful tips and comparative English grammar terms with examples.

A range of thematic practice progresses from structured to transitional practice and features two listening-based activities per chapter.

A high-interest video adds a real-life dimension to learning.

The fourteen-episode video story line follows the humorous, tongue-in-cheek adventures of six university students in Costa Rica. Supporting activities in the *A ver* viewing section emphasize interpretive communication and practice of viewing strategies, as well as pre- and post-viewing practice. Even-numbered chapters conclude with a cultural comparison activity (*Conexión cultural*) related to a short cultural video segment.

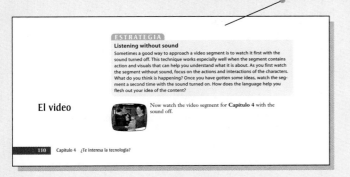

ESTRATEGIA

Listening without sound

Sometimes a good way to approach a video segment is to watch it first with the sound turned off. This technique works especially well when the segment contains action and visuals that can help you understand what it is about. As you first watch the segment without sound, focus on the actions and interactions of the characters. What do you think is happening? Once you have gotten some ideas, watch the segment a second time with the sound turned on. How does the language help you flesh out your idea of the content?

El video

Now watch the video segment for **Capítulo 4** with the sound off.

110   Capítulo 4   ¿Te interesa la tecnología?

Después de ver el video

ACTIVIDAD 3   Now go back to **Actividad 2** and place the events on the list in the order in which they appeared in the video segment.

ACTIVIDAD 4   Watch the video segment again with the sound turned on. Once you have watched it, complete the following statements about the segment.

1. Beto llega tarde a la clase de _____.
2. Beto escribe más rápidamente en _____ que con bolígrafo y papel.
3. Beto pierde _____ entre el salón de clases y la biblioteca.
4. Según Chela, ella está muy _____ con la historia trágica de Beto.
5. La dirección electrónica de _____ es Autora14.
6. Dulce prefiere el correo electrónico a _____.

ACTIVIDAD 5   What do you think that Beto and Dulce talk about as they walk off together at the end of the episode? Based on what you know of their personalities and interests, write a short "getting-to-know-you" conversation between these two characters.

Conexión cultural.   Mira el segmento cultural al final del episodio. Después, en grupos de tres o cuatro, hablen de las siguientes preguntas: ¿Cómo es su universidad? ¿Es moderna con muchas computadoras y aparatos electrónicos o no es moderna? ¿Cuáles son los cursos más populares?

En tu opinión, ¿es posible usar Internet para influir en las acciones del gobierno (*government*)?

A program of learning strategies supports skill development

A leer presents and practices specific techniques designed to help learners process authentic materials as they become more proficient readers. Readings include magazine and literary selections covering a range of contemporary topics.

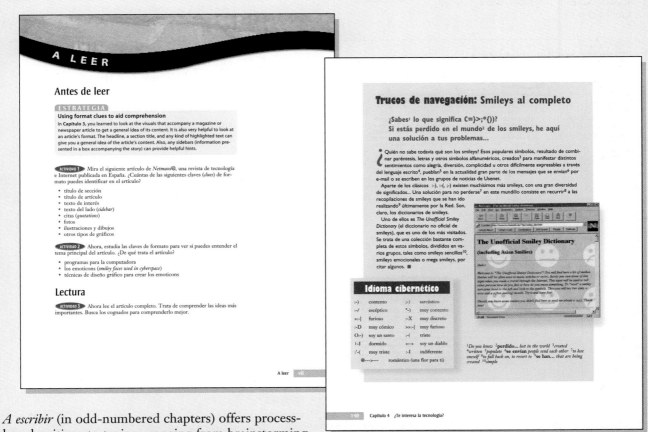

A LEER

Antes de leer

ESTRATEGIA

Using format clues to aid comprehension

In Capítulo 3, you learned to look at the visuals that accompany a magazine or newspaper article to get a general idea of its content. It is also very helpful to look at an article's format. The headline, a section title, and any kind of highlighted text can give you a general idea of the article's content. Also, any sidebars (information presented in a box accompanying the story) can provide helpful hints.

ACTIVIDAD 1   Mira el siguiente artículo de *Netmanía*, una revista de tecnología e Internet publicada en España. ¿Cuántas de las siguientes claves (*clues*) de formato puedes identificar en el artículo?

- título de sección
- título de artículo
- texto de interés
- texto del lado (*sidebar*)
- citas (*quotations*)
- fotos
- ilustraciones y dibujos
- otros tipos de gráficos

ACTIVIDAD 2   Ahora, estudia las claves de formato para ver si puedes entender el tema principal del artículo. ¿De qué trata el artículo?

- programas para la computadora
- los emoticons (*smiley faces used in cyberspace*)
- técnicas de diseño gráfico para crear los emoticons

Lectura

ACTIVIDAD 3   Ahora lee el artículo completo. Trata de comprender las ideas más importantes. Busca los cognados para comprenderlo mejor.

A leer   vii

Trucos de navegación: Smileys al completo

¿Sabes[1] lo que significa C=}>;*{})?
Si estás perdido[2] en el mundo[3] de los smileys, he aquí una solución a tus problemas...

¿Quién no sabe todavía qué son los smileys? Esos populares símbolos, resultado de combinar paréntesis, letras y otros símbolos alfanuméricos, creados[3] para manifestar distintos sentimientos como alegría, diversión, complicidad u otros difícilmente expresables a través del lenguaje escrito[4], pueblan[5] en la actualidad gran parte de los mensajes que se envían[6] por e-mail o se escriben en los grupos de noticias de Usenet.

Aparte de los clásicos :-). :-(, :-) existen muchísimos más smileys, con una gran diversidad de significados... Una solución para no perderse[7] en este mundillo consiste en recurrir[8] a las recopilaciones de smileys que se han ido realizando[9] últimamente por la Red. Son, claro, los diccionarios de smileys.

Uno de ellos es *The Unofficial Smiley Dictionary* (el diccionario no oficial de smileys), que es uno de los más visitados. Se trata de una colección bastante completa de estos símbolos, divididos en varios grupos, tales como smileys sencillos[10], smileys emocionales o mega smileys, por citar algunos. ■

The Unofficial Smiley Dictionary
(including Asian Smilies)

Idioma cibernético

:-)	contento	;-)	sarcástico
:-/	escéptico	*-)	muy contento
>:-[	furioso	:-X	muy discreto
:-D	muy cómico	>>-[	muy furioso
O:-)	soy un santo	>:-(	triste
I-I	dormido	>:->	soy un diablo
:'-(	muy triste	:-I	indiferente
@--->---	romántico (una flor para ti)		

[1]*Do you know* [2]*perdido... lost in the world* [3]*created* [4]*written* [5]*populate* [6]*se envían people send each other* [7]*to lose oneself* [8]*to fall back on, to resort to* [9]*se han... that are being created* [10]*imple*

140   Capítulo 4   ¿Te interesa la tecnología?

A escribir (in odd-numbered chapters) offers process-based writing strategies—ranging from brainstorming to peer editing and revision—supported by pre- and post-writing activities, models of good writing, and guided writing practice.

vii

Diverse cultural perspectives connect students to the Spanish-speaking world while exploring the U.S. as a Spanish-speaking country.

Students are introduced to and asked to assess their previous knowledge of, as well as think critically about, the cultures of all 21 Spanish-speaking countries. A special focus on U.S. Hispanics and their contributions to society draws students into the Spanish-speaking culture that surrounds them.

Voces de la comunidad connects students to the U.S. Hispanic community through profiles of successful U.S. Hispanics. Icons correlating each section to related online content invites learners to deepen their knowledge of the community.

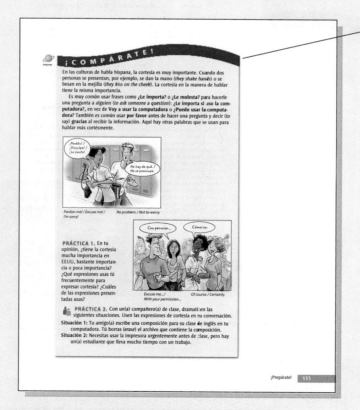

¡Compárate! notes encourage cross-cultural comparisons between the learners' culture and the rest of the Spanish-speaking world. Students can continue to explore these themes through related online links.

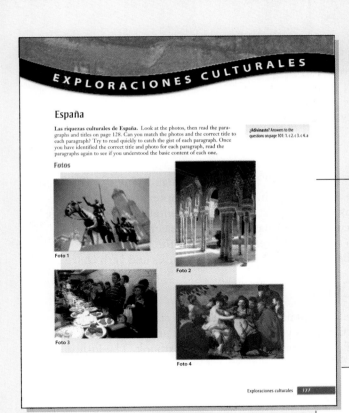

Exploraciones culturales readings highlight varied aspects of the chapter's country or region and include little-studied areas such as Morocco, Equatorial Guinea, and the Canary Islands.

¡Conéctate! sections encourage learners to explore the Internet and report back to the class to present their findings.

Student Text

Your *Student Text* contains all the information and activities you need for in-class use. It is divided into fourteen chapters that contain vocabulary presentations and activities, grammar presentations and activities, video-related practice, cultural information, reading selections, and writing practice. There are also valuable reference sections at the back of the book, including Spanish-English and English-Spanish glossaries and verb charts.

In-Text Audio CD

The *In-Text Audio CD* contains the recorded material for the listening-based grammar activities in your *Student Text* that are marked with a listening icon. This Audio CD is packaged with your textbook. The in-text audio is also available as .mp3 files on the *Online Study Center*.

Student Activities Manual (SAM): Workbook / Lab Manual

The *Student Activities Manual (SAM)* includes out-of-class practice of the material presented in the *Student Text*. It is divided into a *Workbook* **(Cuaderno de práctica)**, which focuses on written vocabulary and grammar practice, reading, and writing, and a *Lab Manual* **(Manual de laboratorio)**, which focuses on pronunciation and listening comprehension. Each *Workbook* chapter includes a reminder about SMARTHINKING® online tutoring.

e-book

   The *e-book* provides the entire text online for a completely interactive experience. With links to all of the program's media resources embedded at relevant points in the text, one click lets you immediately practice and reinforce what you have learned. The *e-book* also features instant activity feedback, audio pronunciations for all active vocabulary and grammar terms, and real-time voice chat.

e-SAM (Workbook / Lab Manual)

    The *e-SAM* is the electronic version of the printed *SAM* described above. It enables you to work online and receive immediate feedback for most exercises. In addition, you can link to the *Online Study Center* for additional practice or to SMARTHINKING e-tutor for extra help. The audio associated with the *SAM* is also included with the questions.

SAM Audio CD Program

 The *SAM Audio CD Program* corresponds to the audio portion of the *SAM* and reinforces your pronunciation and listening skills.

Video

This story line video follows the humorous adventures of six university students in Costa Rica as they cross paths and meet—or fail to meet. Each video episode integrates chapter vocabulary and grammar, and has related practice in the corresponding chapter of your *Student Text*. The video is designed to help you learn about Spanish-speaking cultures, to practice your listening skills, and to reinforce chapter vocabulary and grammar. Additional cultural segments are included after every even-numbered chapter.

Student CD-ROM

This dual-platform multimedia CD-ROM helps you practice each chapter's vocabulary and grammar, and provides immediate feedback. Each chapter includes games, art- and listening-based activities, and the opportunity to record selected responses to help you develop your reading, writing, listening, and speaking skills. As you work, you can access a grammar reference and a Spanish-English glossary and also link directly to SMARTHINKING online tutoring. You can use the program for extra practice as you study a chapter and for review before quizzes and exams. Clips from the video program with related activities, complete episodes, and the corresponding video script are also included.

Online Study Center

Online Study Center You will find a variety of resources at the *Online Study Center*. Search activities give you practice with chapter vocabulary and grammar while exploring existing Spanish-language websites. Practice tests for each chapter help you assess your progress and practice chapter vocabulary and grammar. Feedback helps you understand errors and pinpoint areas you may need to review. Video activities include extra practice based on short clips from the video. Also included on the site are cultural links to sites related to the **Voces de la comunidad, ¡Fíjate!, ¡Compárate!,** and **¡Conéctate!,** activities in your text, audio flashcards for vocabulary and grammar practice, and .mp3 files of the text listening activities. The website is accessible at *http://college.hmco.com/languages/spanish/students*.

SMARTHINKING Online Tutoring

Access free online tutorial support using chat technology, feedback tools, and virtual whiteboards. SMARTHINKING lets you work one-on-one with trained Spanish tutors in live sessions during your usual homework hours. If a question arises outside of a tutorial session, submit it to a tutor any time and receive a reply within 24 hours or access around-the-clock independent study resources. You can learn more about SMARTHINKING at *http://college.hmco.com/languages/spanish/students*.

ACKNOWLEDGMENTS

We would like to acknowledge the helpful suggestions and useful ideas of our reviewers, whose commentary was invaluable to us as we created the *Nexos* program.

Esther Aguilar, San Diego State University
Karen Brunschwig, St. Joseph's College
Elizabeth Calvera, Virginia Polytechnic Institute and State University
José R. Carrasquel, Northern Illinois University
Elizabeth Chamberlain, Dartmouth College
Carole A. Champagne, University of Maryland Eastern Shore
Stephen J. Clark, Northern Arizona University
Dorothy Diehl, Saint Mary's University of Minnesota
María de Lourdes Dorantes, University of Michigan
Joseph R. Farrell, California State Polytechnic University, Pomona
Charles Fleis, University of Arkansas–Monticello
Olgalucía G. González, Washington and Jefferson College
Hannelore Hahn, College of Saint Elizabeth
Ellen Haynes, University of Colorado
Polly J. Hodge, Chapman University
Carolina Ibanez-Murphy, Pima Community College
Luis E. Latoja, Columbus State Community College
Bro. Francisco Martin, Christian Brothers University
Timothy McGovern, University of California, Santa Barbara
Maureen Spillane McKenna, Centenary College of Louisiana
Lois Pontillo Mignone, Suffolk County Community College
Alice A. Miano, Stanford University
Peter Podol, Lock Haven University
Ronald Rapin, Oakland University
Gregory Rivera, Lorain County Community College
Regina F. Roebuck, University of Louisville
Beatriz Rosado, Virginia State University
Marcela Ruiz-Funes, East Carolina University
Marveta Ryan, Indiana University of Pennsylvania
Vanisa D. Sellers, Ohio University
George R. Shivers, Washington College
Louis Silvers, Monroe Community College

Lourdes Sánchez-López, The University of Alabama at Birmingham
José A. Soler-Tossas, San Diego City College
Julie L. Stephens, Central Missouri State University
Kathleen Wheatley, University of Wisconsin–Milwaukee
Linda Zee, Utica College

A special word of appreciation for his careful review of the textbook, workbook / lab manual, and testing program manuscripts to help ensure accuracy of Spanish usage is due:

José R. Carrasquel, Northern Illinois University

Thank you also to the following focus group and survey participants for their constructive ideas and contributions in shaping the program.

Maria Amores, West Virginia University
Debra D. Andrist, University of St. Thomas, Houston, TX
Carole A. Champagne, University of Maryland Eastern Shore
Dorothy Diehl, Saint Mary's University of Minnesota
Charles Dietrick, Tufts University and University of Massachusetts at Boston
Robert E. Eckard, Lenoir-Rhyne College
Donald B. Gibbs, Creighton University
Lily Anne Goetz, Longwood University
Miguel González-Abellás, Washburn University
Curtis D. Goss, Southwest Baptist University
Monica Mendy Grigera, Penn State York
Hannelore Hahn, College of Saint Elizabeth
Margarita Esparza Hodge, Northern Virginia Community College, Alexandria Campus
Manel Lacorte, University of Maryland-College Park
Jeff Longwell, New Mexico State University
Esmeralda Martínez-Tapia, Oberlin College
Frank W. Medley, Jr. Professor Emeritus, West Virginia University
Maria M. Melendez, Albright College
Joyce Michaelis, Nebraska Wesleyan University
Luisa Piemontese, Southern CT State University

Barbara Place, Manchester Community College
Peter Podol, Lock Haven University
Harriet N. Poole, Lake City Community College
Orlando M. Reyes-Cairo, Owens Community
   College
Rita Ricaurte, Nebraska Wesleyan University
Lawrence Rich, Northern Virginia Community
   College
Gregory Rivera, Lorain County Community College
Esperanza Román Mendoza, George Mason
   University
Kimberley Sallee, University of Missouri–St. Louis
Jacquelyn Sandone, University of Missouri, Columbia
Julie Stephens de Jonge, Central Missouri State
   University
Joyce L. Szewczynski, Springfield College
Beatriz Teleki, Trinity College
Katalin A. Volker, Hagerstown Community College
Linda Zee, Utica College of Syracuse University

We would also like to thank the World Languages
Group at Houghton Mifflin for making this project
possible and for guiding us along the long and sometimes difficult path to its completion! Many thanks to
Kris Clerkin and Roland Hernández for their professional guidance and support. Special thanks to Sandy
Guadano, our developmental editor, for her careful,
patient, and thorough comments on the manuscript
at its various stages and for her hard work and persis-
tence in seeing this program through to its conclu-
sion. Thanks also to Florence Kilgo, our production
editor, for her cheerful and good-humored tenacity
in keeping the production side of things moving
smoothly and quickly. We would like to acknowledge
our copyeditor Steve Patterson, our proofreaders
Priscila Baldovi and Grisel Lozano-Garcini, our
illustrators Rick Morgan, Carlos Castellanos, Fian
Arroyo, and Patrice Rossi, and the many design, art,
production, and marketing staff and freelancers who
contributed to the creation of this program.

   We would also like to thank several people
whose help was invaluable in initiating and shaping
this project: Kristina Baer, Amy Baron, Beth Kramer,
and Rafael Burgos-Mirabal. Many thanks for believ-
ing in us and helping us to get the ball rolling! Also,

a special thank you to Yolanda Blanco at the website
dariana.com for her kind help in locating and
obtaining permission for the Nicaraguan poems,
along with other editorial assistance and commentary. **¡Mil gracias a todos!**
   For *Nexos Media Edition*, we would like to thank
Kim Beuttler for keeping development on track,
Laurel Miller for her sharp direction and manage-
ment, and Glenn Wilson for his conceptual guidance
and enthusiasm in bringing the project to fruition.
Heartfelt thanks go to Kathi Prancan for her
unswerving support of the project. We owe special
thanks to Brad Conlin, Jesse Garza, Karen Iannone,
Brenda Mudry, Tim Ries, and Stephanie Goins for
navigating the unique challenges of creating an interactive e-book that both parallels and enhances its
print counterpart. Thanks as well to Gary Crespo for
his skillful direction of the design, and to Aileen
Mason and Susan Miscio for expertly ushering this
edition through production.

A heartfelt thanks to *mi querida familia* John, Morgan
and John R. Long and to my supportive colleagues
in the Department of Foreign Languages and
Literatures at University of Alabama at Birmingham.

—S.S.L.

I am particularly appreciative of the help and encour-
agement of my husband, Bartlett Mel, my father,
Domingo Carreira, and my colleagues Ana Roca,
Najib Redouane and Irene Marchegiani Jones.

—M.C.

I would like to thank my parents, Dulce and Óscar
Madrigal, for bequeathing to me their language, their
culture, their heritage, their passion for life and their
orgullo in *México, lindo y querido*.

—S.M.V.

A special thanks to Mac Prichard and to Shirley and
Bill Swanson for their constant support and encour-
agement, both personal and professional.

—K.S.

SCOPE AND SEQUENCE

VOCABULARIO PRELIMINAR

¡Bienvenidos a la clase de español! 2

- the alphabet
- numbers 0–100
- people
- objects in the classroom
- the textbook
- classroom commands

CAPÍTULO	COMUNICACIÓN	¡IMAGÍNATE! VOCABULARIO ÚTIL
1 **¿Cómo te llamas?** 6 **La identidad personal** Introducción a los países de habla española	• exchange addresses, phone numbers, and e-mail addresses • introduce yourself and others, greet, and say good-bye • make a phone call • tell your and others' ages • address friends informally and acquaintances politely • write a personal letter	1. Greetings 8 2. Asking and giving personal information (phone numbers and addresses) 11 3. Introductions and saying good-bye 13
2 **¿Qué te gusta hacer?** 36 **Gustos y preferencias** Hispanos en Estados Unidos	• express likes and dislikes • compare yourself to other people and describe personality traits • ask and answer questions • talk about leisure-time activities • indicate nationality	1. Activities 38 2. Personality and physical characteristics 41

¡PREPÁRATE! GRAMÁTICA ÚTIL	CULTURA	A VER / A LEER / A ESCRIBIR
1. Identifying people and objects: Nouns and articles *17* 2. Identifying and describing: Subject pronouns and the present indicative of the verb **ser** *21* 3. Expressing quantity: **Hay** + nouns *23* 4. Expressing possession, obligation, and age: **Tener, tener que, tener + años** *26*	**Opener:** Spanish-speaking countries of the world *7* **¡Fíjate!** Cell phones *10* **Voces de la comunidad:** U.S. Hispanics *16* **Exploraciones culturales:** Spanish: Your direct connection to the 21st century *28* **¡Conéctate!** Country profiles *29* **¡Compárate!** Spanish throughout the world *28*	**A ver** **Estrategia:** Viewing a segment several times *15* **A leer** **Estrategia:** Identifying cognates to aid comprehension *30* **Lectura:** *¡Tu dirección electrónica revela tu personalidad!* *31* **A escribir** **Estrategia:** Prewriting—Identifying your target audience *32* **Escritura:** An e-mail message *33*
1. Describing what you do or are doing: The present indicative of **-ar** verbs *46* 2. Saying what you and others like to do: **Gustar** + infinitive *50* 3. Describing yourself and others: Adjective agreement *53*	**Opener:** Statistics on Hispanics in the U.S. *37* **¡Fíjate!** False cognates *43* **Voces de la comunidad:** Isabel Valdés, author and consultant *45* **Exploraciones culturales:** Hispanics in the U.S. *60* **¡Conéctate!** Spanish-language media in the U.S. *61* **¡Compárate!** Mother's Day in U.S. and Mexico *65*	**A ver** **Estrategia:** Using questions as an advance organizer *44* **A leer** **Estrategia:** Using a bilingual dictionary to aid in comprehension *62* **Lectura:** *Dime la verdad. ¿En qué crees que te pareces a tu madre?* *63* **A escribir** *(in Workbook)* **Estrategia:** Prewriting—Using a bilingual dictionary *Workbook page 28* **Escritura:** An art review *Workbook page 30*

CAPÍTULO	COMUNICACIÓN	¡IMAGÍNATE! VOCABULARIO ÚTIL
3 **¿Cómo aprendemos?** *68* **Investigaciones** **Puerto Rico, Cuba y la República Dominicana**	• talk about courses and schedules and tell time • talk about present activities and future plans • talk about possessions • ask and answer questions	1. Fields of study and days of the week *70* 2. Telling time and times of day *73* 3. Talking about dates *75*
4 **¿Te interesa la tecnología?** *100* **Conexiones** **España**	• talk about computers and technology • identify colors • talk about likes and dislikes • describe people, emotions, and conditions • talk about current activities • say how something is done	1 Technology, computers, and colors *102* 2 Emotions, electronics *105* 3 On the Internet *107*
5 **¿Qué tal la familia?** *134* **Relaciones familiares** **Honduras y El Salvador**	• talk about and describe your family • talk about professions • describe daily routines • indicate current actions	1. The family *136* 2. Professions and careers *139* 3. Personal care items *142*

¡PREPÁRATE! GRAMÁTICA ÚTIL	CULTURA	A VER / A LEER / A ESCRIBIR
1. Asking questions: Interrogative words 80	**Opener:** Courses of study 69	**A ver** **Estrategia:** Using body language to aid in comprehension 77
2. Talking about daily activities: **-er** and **-ir** verbs in the present indicative 83	**¡Fíjate!** Romance languages 72	**A leer** **Estrategia:** Using visuals to aid in comprehension 94
3. Talking about possessions: Simple possessive adjectives 86	**Voces de la comunidad:** Erick Carreira, scientist 79	**Lectura:** *Los ritmos afrocaribeños* 95
4. Indicating destination and future plans: The verb **ir** 90	**Exploraciones culturales:** Puerto Rico, Cuba, and the Dominican Republic 92	**A escribir** **Estrategia:** Prewriting— Brainstorming ideas 96
	¡Conéctate! Investigating the Spanish-speaking Caribbean 93	**Escritura:** A descriptive diary entry 97
	¡Compárate! The twenty-four hour clock 76	
1. Expressing likes and dislikes: **Gustar** with nouns and other verbs like **gustar** 112	**Opener:** Facts about Spanish Internet users 101	**A ver** **Estrategia:** Listening without sound 110
2. Describing yourself and others and expressing conditions and locations: The verb **estar** and the uses of **ser** and **estar** 116	**¡Fíjate!** Linguistic borrowings from other languages 106	**A leer** **Estrategia:** Using format clues to aid comprehension 129
3. Talking about everyday events: Stem-changing verbs in the present indicative 121	**Voces de la comunidad:** Manuel Castells, sociologist 111	**Lectura:** *Trucos de navegación: Smileys al completo* 130
4. Describing how something is done: Adverbs 125	**Exploraciones culturales:** Spain 127	**A escribir** *(in Workbook)* **Estrategia:** Prewriting— Narrowing your topic *Workbook* page 57
	¡Conéctate! Planning a trip to Sevilla using the Internet 128	**Escritura:** An e-mail message *Workbook* page 58
	¡Compárate! Expressions of courtesy 115	
1. Describing daily activities: Irregular **yo** verbs in the present indicative 146	**Opener:** Ethnic diversity in Honduras and El Salvador 135	**A ver** **Estrategia:** Listening for the main idea 144
2. Describing daily activities: Reflexive verbs 150	**¡Fíjate!** Gender and Spanish words for professions 141	**A leer** **Estrategia:** Skimming for the main idea 160
3 Describing actions in progress: The present progressive tense 154	**Voces de la comunidad:** Graciela Kenig, author and career consultant 145	**Lectura:** *La cultura garífuna* 161
	Exploraciones culturales: Honduras and El Salvador 158	**A escribir** **Estrategia:** Writing—Creating a topic sentence 162
	¡Conéctate! Investigating Honduras and El Salvador 159	**Escritura:** A description of a profession 163
	¡Compárate! Diminutives and nicknames 138	

CAPÍTULO	COMUNICACIÓN	¡IMAGÍNATE! VOCABULARIO ÚTIL
6 **¿Adónde vas?** *166* **La comunidad local** **México**	• talk about means of transportation • say where things are located • talk about where you are and where you are going • give directions • agree and disagree • indicate and talk about what you plan to buy • make polite requests and commands • refer to objects located close to you, farther away, and at a distance	1. Places in the university and around town, means of transportation *168* 2. Shopping *171*
7 **¿Cuáles son tus pasatiempos preferidos?** *198* **Los ratos libres** **Panamá y Costa Rica**	• talk about sports and leisure-time activities • talk about seasons and the weather • say how you feel using **tener** expressions • describe your recent leisure-time activities • suggest activities and plans to friends	1. Sports and leisure activities, seasons *200* 2. **Tener** expressions, weather *204*
8 **¿En qué puedo servirle?** *232* **Estilo personal** **Perú y Ecuador**	• talk about clothing and fashion • shop for various articles of clothing and discuss prices • describe recent purchases and shopping trips • talk about buying items and doing favors for others • make comparisons	1. Articles of clothing, fabrics, accessories *234* 2. Clothes shopping *237* 3. Means of payment, numbers over 100 *240*

¡PREPÁRATE! GRAMÁTICA ÚTIL	CULTURA	A VER / A LEER / A ESCRIBIR
1. Indicating location: Prepositions of location 177	**Opener:** Spanish and the indigenous languages of Mexico 167	**A ver** **Estrategia:** Watching facial expressions 174
2. Telling others what to do: Commands with **usted** and **ustedes** 179	**¡Fíjate!** Regional variations of Spanish around the world 171	**A leer** **Estrategia:** Working with unknown grammatical structures 193 **Lectura:** *Los jóvenes se divierten* 194
3. Affirming and negating: Affirmative and negative expressions 185	**Voces de la comunidad:** Ann R. Álvarez, social services director 176	**A escribir** *(in Workbook)* **Estrategia:** Writing—Adding supporting detail *Workbook* page 91 **Escritura:** A description of daily life *Workbook* page 92
4. Indicating relative position of objects: Demonstrative adjectives and pronouns 187	**Exploraciones culturales:** México 190 **¡Conéctate!** Investigating Mexico 192 **¡Compárate!** Using commands and using other expressions of courtesy 183	
1. Talking about what you did: The preterite tense of regular verbs 210	**Opener:** Fahrenheit vs. Celsius; millimeters vs. inches 199	**A ver** **Estrategia:** Listening for details 208
2. Talking about what you did: The preterite tense of some common irregular verbs 213	**¡Fíjate!** Sports-related linguistic borrowings 203	**A leer** **Estrategia:** Scanning for detail 226 **Lectura:** *Costa Rica: Aventuras en los rápidos* 227
3. Referring to something already mentioned: Direct object pronouns 216	**Voces de la comunidad:** Orlando Antigua, Harlem Globetrotter 209	**A escribir** **Estrategia:** Writing—Freewriting 229
4. Telling friends what to do: **Tú** command forms 220	**Exploraciones culturales:** Panamá and Costa Rica 223 **¡Conéctate!** Investigating Panamá and Costa Rica 225 **¡Compárate!** Weather on both sides of the equator 207	**Escritura:** An article for the school newspaper 229
1. Talking about what you did: The preterite tense of more irregular verbs 245	**Opener:** Guanacos, vicuñas, alpacas, and llamas 233	**A ver** **Estrategia:** Using background knowledge to anticipate content 243
2. Talking about what you did: The preterite tense of **-ir** stem-changing verbs 248	**¡Fíjate! Tú** vs. **usted** 239	**A leer** **Estrategia:** Using background knowledge to anticipate content 261 **Lectura:** *El jean impone su encanto* 262
3. Saying who is affected or involved: Indirect object pronouns 250	**Voces de la comunidad:** Carolina Herrera, fashion designer 244	
4. Making comparisons: Comparatives and superlatives 253	**Exploraciones culturales:** Perú and Ecuador 258 **¡Conéctate!** Investigating Perú and Ecuador 258 **¡Compárate!** Chinese immigration to Latin America 260	**A escribir** *(in Workbook)* **Estrategia:** Revising—Editing your freewriting *Workbook* page 120 **Escritura:** A description of your closet *Workbook* page 120

CAPÍTULO	COMUNICACIÓN	¡IMAGÍNATE! VOCABULARIO ÚTIL
9 **¿Qué te apetece?** *266* **Sabores** **Bolivia y Paraguay**	• talk about food and cooking • shop for food • order in a restaurant • talk about what you used to eat and cook • say what you do for others	1. Restaurants and menus *268* 2. Recipes and food preparation *271* 3. Setting the table *272*
10 **¿Cómo es tu casa?** *298* **Ambientes** **Guatemala y Nicaragua**	• talk about your childhood • describe houses and apartments and their furnishings • talk about household tasks • indicate numerical order • talk about the duration of past and present events • say what people want others to do • emphasize ownership	1. Parts of the city, the house, ordinal numbers *300* 2. Household tasks, furniture and decorations *303* 3. Household appliances *306*
11 **¿Qué quieres ver?** *332* **Culturas** **Venezuela y Colombia**	• talk about popular and high culture • express preferences and make suggestions about entertainment • express emotion and wishes • express doubt and uncertainty • express unrealized desires and unknown situations	1. Movie genres, talking about movies *334* 2. Television shows; talking about television, music, art, and culture *337*

¡PREPÁRATE! GRAMÁTICA ÚTIL	CULTURA	A VER / A LEER / A ESCRIBIR
1. Talking about what you used to do: The imperfect tense 276	**Opener:** Typical Bolivian and Paraguayan foods 267	**A ver** **Estrategia:** Using visuals to aid comprehension 274
2. Talking about the past: Choosing between the preterite and the imperfect tenses 278	**¡Fíjate!** The preterite and the imperfect 282	**A leer** **Estrategia:** Setting a time limit 291
3. Avoiding repetition: Double object pronouns 282	**Voces de la comunidad:** Guillermo Pernot, chef and host of a cooking program 275	**Lectura:** *Los bocadillos en las oficinas* 292
4. Indicating for whom actions are done and what is done routinely: The uses of **se** 286	**Exploraciones culturales:** Bolivia and Paraguay 288	**A escribir** **Estrategia:** Writing—Writing a paragraph 294
	¡Conéctate! Investigating Bolivia and Paraguay 289	**Escritura:** A personal anecdote 295
	¡Compárate! Bilingualism in Paraguay 290	
1. Expressing hopes and wishes: The subjunctive mood 311	**Opener:** Two historic houses in Guatemala and Nicaragua 299	**A ver** **Estrategia:** Listening to tone of voice 308
2. Emphasizing ownership: Stressed possessives 316	**¡Fíjate!** Emphasizing in Spanish 317	**A leer** **Estrategia:** Understanding poetry 327
3. Expressing ongoing events and duration of time: **Hace / Hacía** with time expressions 318	**Voces de la comunidad:** Francisco X. Alarcón, bilingual author and poet 310	**Lectura:** Poems by Nicaraguan poets Rubén Darío and José Coronel Urtecho 328
4. Choosing between **por** and **para** 320	**Exploraciones culturales:** Guatemala and Nicaragua 324	**A escribir** *(in Workbook)* **Estrategia:** Writing—Adding transitions between paragraphs *Workbook* page 155
	¡Conéctate! Investigating Guatemala and Nicaragua 324	**Escritura:** Transitional sentences *Workbook* page 155
	¡Compárate! Habitat for Humanity in Guatemala and Nicaragua 302	
1. Expressing emotion and wishes: The subjunctive with impersonal expressions and verbs of emotion 344	**Opener:** Ownership of radios and televisions in Colombia, Venezuela, and U.S. 333	**A ver** **Estrategia:** Listening for sequencing words 342
2. Expressing doubt and uncertainty: The subjunctive with expressions of doubt and disbelief 347	**¡Fíjate!** Learning vs. acquisition 347	**A leer** **Estrategia:** Using prefixes and suffixes to aid in comprehension 355
3. Expressing unrealized desires and unknown situations: The subjunctive with nonexistent and indefinite situations 350	**Voces de la comunidad:** Sonia Marie de León de Vega, orchestra director 343	**Lectura:** *Yo soy Betty, la Fea* 356
	Exploraciones culturales: Venezuela and Colombia 352	**A escribir** **Estrategia:** Prewriting—Creating an outline 358
	¡Conéctate! Investigating Venezuela and Colombia 354	**Escritura:** A review 359
	¡Compárate! *Alta Densidad*, a high-tech Venezuelan television program 340	

CAPÍTULO	COMUNICACIÓN	¡IMAGÍNATE! VOCABULARIO ÚTIL
12 **¿Qué síntomas tienes?** *362* **El bienestar** **Guinea Ecuatorial, Marruecos, las Islas Canarias**	• talk about health and illness • describe aches and parts of the body • express probable outcomes • express yourself precisely with the subjunctive and the indicative • talk about future activities	1. Symptoms and illnesses, parts of the body *364* 2. In the doctor's office *366* 3. Medications and treatments *369*
13 **¿Te gusta trabajar con la gente?** *392* **Metas profesionales** **Chile y Uruguay**	• talk about current events • interview for a job and talk about your skills and experience • talk about things you have done and had done in the past • express doubt, emotion, uncertainty, and opinions about recent events and actions	1. Current events *394* 2. Applying for a job, business and the economy *396*

¡PREPÁRATE! GRAMÁTICA ÚTIL	CULTURA	A VER / A LEER / A ESCRIBIR
1. Expressing possible outcomes: The subjunctive and indicative with conjunctions *373* 2. Expressing yourself precisely: Choosing between the subjunctive and indicative moods *377* 3. Talking about future activities: The future tense *379*	**Opener:** Medicinal benefits of traditional foods in Equatorial Guinea, Morocco, and the Canary Islands *363* **¡Fíjate!** Medical language *368* **Voces de la comunidad:** Dr. Emilio Carrillo, health plan director *372* **Exploraciones culturales:** Equatorial Guinea, Morocco, and the Canary Islands *382* **¡Conéctate!** Investigating Equatorial Guinea, Morocco, and the Canary Islands *384* **¡Compárate!** Immigration to Spain from Africa *385*	**A ver** **Estrategia:** Listening for cognates and key words *370* **A leer** **Estrategia:** Understanding a chronology *386* **Lectura:** *Eric Moussambani: Un héroe improbable* *387* **A escribir** (*in Workbook*) **Estrategia:** Writing—Using softening language and courtesy expressions *Workbook* page 183 **Escritura:** A letter to an advice columnist *Workbook* page 184
1. Talking about what has occurred: The present perfect tense *403* 2. Talking about events that took place prior to other events: The past perfect tense *407* 3. Expressing doubt, emotion, and will: The present perfect subjunctive *409*	**Opener:** Economic indicators for Chile, Uruguay, and the U.S. *393* **¡Fíjate!** Languages of the Americas *414* **Voces de la comunidad:** Gaddi Vásquez, director of the U.S. Peace Corps *402* **Exploraciones culturales:** Chile and Uruguay *412* **¡Conéctate!** Investigating Chile and Uruguay *413* **¡Compárate!** Using web translators *399*	**A ver** **Estrategia:** Watching for transitions and listening for words that signal a change in the conversation *400* **A leer** **Estrategia:** Clustering words and phrases *415* **Lectura:** *La Netiquette (etiqueta en la red)* *417* **A escribir** **Estrategia:** Writing—Writing from charts and diagrams *418* **Escritura:** A cover letter or e-mail *419*

CAPÍTULO	COMUNICACIÓN	¡IMAGÍNATE! VOCABULARIO ÚTIL
14 **¿Te gustaría ir conmigo?** *422* **Comunidad global** **Argentina**	• talk about travel and make travel plans • describe animals and geography • hypothesize and speculate • express doubt, emotion, and reactions about past events	1. Travel, the airport, on the airplane *424* 2. In the hotel *426* 3. Geography *428*

Reference Materials

Appendix: **Spanish Verbs** 452

Spanish-English Glossary 466

English-Spanish Glossary 482

Index 498

Permissions and Credits 502

¡PREPÁRATE! GRAMÁTICA ÚTIL	CULTURA	A VER / A LEER / A ESCRIBIR

¡PREPÁRATE! GRAMÁTICA ÚTIL

1. Expressing doubt, emotion, volition, and nonexistence in the past: The imperfect subjunctive   *434*

2. Saying what might happen or could occur: The conditional   *437*

3. Expressing the likelihood that an event will occur: **Si** clauses with the subjunctive and the indicative *440*

CULTURA

Opener: Natural wonders of Argentina   *423*

¡Fíjate! Use of the **voseo**   *445*

Voces de la comunidad: Omar Edmundo Pascucci, Chief Office of a Royal Caribbean cruise ship   *433*

Exploraciones culturales: Argentina   *443*

¡Conéctate! Investigating Argentina *444*

¡Compárate! Agroturismo in Argentina   *430*

A VER / A LEER / A ESCRIBIR

A ver
Estrategia: Integrating your viewing strategies   *431*

A leer
Estrategia: Understanding an author's point of view   *446*
Lectura: "Mi vida entera", Jorge Luis Borges; "Instantes" ("Último poema"), author unknown   *447*

A escribir (*in Workbook*)
Estrategia: Revising—Editing your work   *Workbook* page 217
Escritura: An editing checklist *Workbook* page 217

¡Bienvenidos a la

The purpose of these pages is to introduce you to some of the "nuts and bolts" of Spanish you'll need right away. Familiarize yourself with these words and expressions and do the activities described. Don't worry about memorizing it all—you'll have many more opportunities to work with these words as you progress through *Nexos*.

EL ALFABETO

The Spanish alphabet has 29 characters–the same as the English alphabet, plus the extra letters **ch**, **ll**, and **ñ**. When using a Spanish dictionary to look up words that begin with **ch** and **ll**, note that they do not have a separate listing, but are instead listed alphabetically under the letters **c** and **l**.

Go to your Lab Manual and practice the sounds of the alphabet.

a	*a*	**A**rgentin**a**		n	*ene*	**N**icaragua
b	*be*	**B**olivia		ñ	*eñe*	Espa**ñ**a
c	*ce*	**C**osta Ri**c**a		o	*o*	**O**taval**o**
ch	*che*	**Ch**ich**é**n Itzá		p	*pe*	**P**araguay
d	*de*	República		q	*cu*	**Q**uito
		Dominicana		r	*ere*	Pe**r**ú
e	*e*	**E**cuador		s	*ese*	**S**antiago de
f	*efe*	las **F**ilipinas				Compo**s**tela
g	*ge*	**G**uatemala		t	*te*	**T**oledo
h	*hache*	**H**onduras		u	*u*	C**u**ba
i	*i*	**I**nglaterra		v	*ve*	**V**enezuela
j	*jota*	**J**alisco		w	*doble ve*	Botswana
k	*ka*	**K**enya		x	*equis*	Mé**x**ico
l	*ele*	**L**os Ángeles		y	*i griega*	**Y**ucatán
ll	*elle*	Va**ll**adolid		z	*zeta*	**Z**acatecas
m	*eme*	**M**arruecos				

clase de español!

LOS NÚMEROS 1–100

0	*cero*	**20**	*veinte*	**40**	*cuarenta*
1	*uno*	21	*veintiuno*	41	*cuarenta y uno*
2	*dos*	22	*veintidós*	42	*cuarenta y dos*
3	*tres*	23	*veintitrés*	43	*cuarenta y tres*
4	*cuatro*	24	*veinticuatro*	44	*cuarenta y cuatro*
5	*cinco*	25	*veinticinco*	45	*cuarenta y cinco*
6	*seis*	26	*veintiséis*	46	*cuarenta y seis*
7	*siete*	27	*veintisiete*	47	*cuarenta y siete*
8	*ocho*	28	*veintiocho*	48	*cuarenta y ocho*
9	*nueve*	29	*veintinueve*	49	*cuarenta y nueve*
10	*diez*	**30**	*treinta*	**50**	*cincuenta*
11	*once*	31	*treinta y uno*	51	*cincuenta y uno*
12	*doce*	32	*treinta y dos*	52	*cincuenta y dos*
13	*trece*	33	*treinta y tres*	53	*cincuenta y tres*
14	*catorce*	34	*treinta y cuatro*	54	*cincuenta y cuatro*
15	*quince*	35	*treinta y cinco*	55	*cincuenta y cinco*
16	*dieciséis*	36	*treinta y seis*	56	*cincuenta y seis*
17	*diecisiete*	37	*treinta y siete*	57	*cincuenta y siete*
18	*dieciocho*	38	*treinta y ocho*	58	*cincuenta y ocho*
19	*diecinueve*	39	*treinta y nueve*	59	*cincuenta y nueve*
				60	*sesenta*
				70	*setenta*
				80	*ochenta*
				90	*noventa*
				100	*cien*

Memorize the numbers 1–10.

Notice the pattern for the numbers from 16 to 29: **diez** + **seis** = **dieciséis**; **veinte** + **uno** = **veintiuno**. Notice that 11–15 do not follow that pattern.

Notice the pattern for the numbers over 30: **treinta** + **uno** = **treinta y uno**; **cuarenta** + **dos** = **cuarenta y dos**; **cincuenta** + **tres** = **cincuenta y tres**; etc.

Do not confuse sixty and seventy. Notice that **sesenta** is formed from **seiS**, with an **s** and **setenta** is formed from **sieTe**, with a **t.**

With a partner, practice counting in Spanish by taking turns (Student 1: **uno**; Student 2: **dos**, etc.). Or, practice a sequence; for example, multiples of three (Student 1: **tres, seis, nueve**; Student 2: **doce, quince, dieciocho**, etc.).

LAS PERSONAS

With a partner, name ten people you know. Take turns identifying them first by age and gender, and then by their relationship to you: **Marcos Martínez—hombre, amigo.**

el hombre   la mujer   el muchacho/ el chico   la muchacha/ la chica   el niño   la niña

el estudiante   el profesor   la instructora   el instructor   la estudiante   la profesora

el compañero de cuarto   la compañera de cuarto   la amiga   el amigo

EN EL SALÓN DE CLASE

EN EL LIBRO DE TEXTO

la actividad	*activity*
el capítulo	*chapter*
el dibujo	*drawing*
la foto	*photo*
la lección	*lesson*
la página	*page*

MANDATOS COMUNES

Abran los libros.	*Open your books.*
Adivina.	*Guess.*
Cierren los libros.	*Close your books.*
Contesten.	*Answer.*
Entreguen la tarea.	*Turn in your homework.*
Escriban en sus cuadernos.	*Write in your notebooks.*
Escuchen la cinta / el CD.	*Listen to the tape / CD.*
Estudien las páginas… a…	*Study pages . . . to . . .*
Hagan la tarea para mañana.	*Do the homework for tomorrow.*
Lean el Capítulo 1.	*Read Chapter 1.*
Repitan.	*Repeat.*

LA PREGUNTA *The question*

¿Cómo se dice… ?	*How do you say . . . ?*
¿Qué significa… ?	*What does . . . mean?*

LA RESPUESTA *The answer*

Se dice…	*It's said . . .*
Significa…	*It means . . .*

el cuarto · el salón de clase · la puerta · la pizarra · la pared · la ventana · la silla · el escritorio · la tiza · el diccionario · la computadora · el disquete · la hoja de papel · la mochila · los apuntes · el CD · el cuaderno · la nota · el lápiz · el bolígrafo · la calculadora · la cinta · la tarea · el libro · la mesa

With a partner, take turns pointing out objects shown in the illustration that you can see in your classroom.

Your professor will practice the most common classroom commands with the entire class and before you know it, you will know them by heart! Do not worry about memorizing them.

¿Cómo te llamas?

CAPÍTULO 1

Communication

By the end of this chapter you will be able to:
- exchange addresses, phone numbers, and e-mail addresses
- introduce yourself and others, greet, and say good-bye
- make a phone call
- tell your and others' ages
- address friends informally and acquaintances politely
- write a personal letter

Cultures

By the end of this chapter you will have learned about:
- Spanish around the world
- Hispanics and Spanish in the United States
- Spanish-language telephone conventions
- formal and informal ways to address people

Los estudiantes conversan en la plaza. Students in Spanish-speaking countries socialize before and after class in many different places: on campus, in cafés, at the mall, in the plaza, or at home. Where do students at your school socialize?

LA IDENTIDAD PERSONAL

As individuals we value our uniqueness, while drawing strength from the similarities and experiences we share with others. How do you define yourself, both as an individual and as a member of various groups, in your daily interactions with other people?

Los datos

Spanish is spoken in many countries around the world. Try to guess the answers to the following questions.

① El español es la lengua oficial en _____ países.
   a. 22   b. 19   c. 21

② Hay _____ países donde se habla español aunque (*even though*) no es la lengua oficial.
   a. 4   b. 2   c. 3

③ El español es la lengua oficial de ¿qué país en África?
   a. Kenya   b. Tanzania   c. Guinea Ecuatorial

¡Adivina!

How much do you know about the Spanish-speaking world? Match the information on the left with the correct country (**país**). Check your answers on page 28.

① el país con la mayor (+) área   a. México
② el país con la menor (−) área   b. Chile
③ el país con la mayor población (*population*)   c. Venezuela
④ el país con la menor población   d. Argentina
⑤ el país que produce más energía   e. Guinea Ecuatorial
⑥ el país con la costa más larga   f. Bolivia
⑦ dos países sin (*without*) costa   g. Puerto Rico
                                       h. Paraguay

Vocabulario útil 1

JAVIER:	**¡Hola!**
ANILÚ:	Hola, Beto. **¿Cómo te va?**
JAVIER:	**Bastante bien**, pero… ¿Beto? Yo no soy Beto.

Spanish has formal and informal means of address: singular formal (*s. form.*), singular familiar (*s. fam.*), and plural (*pl.*) for more than one person, formal or informal. You will learn more about how to address people on page 22.

PARA SALUDAR *How to greet*

Hola.	*Hello.*
¿Qué tal?	*How are things going?*
¿Cómo estás (tú)?	*How are you? (s. fam.)*
¿Cómo está (usted)?	*How are you? (s. form.)*
¿Cómo están (ustedes)?	*How are you? (pl.)*
¿Cómo te va?	*How's it going with you? (s. fam.)*
¿Cómo le va?	*How's it going with you? (s. form.)*
¿Cómo les va?	*How's it going with you? (pl.)*
¿Qué hay de nuevo?	*What's new?*
Buenos días.	*Good morning.*
Buenas tardes.	*Good afternoon.*
Buenas noches.	*Good night. Good evening.*

PARA RESPONDER *How to respond*

Bien, gracias.	*Fine, thank you.*
Bastante bien.	*Quite well.*
(No) Muy bien.	*(Not) Very well.*
Regular.	*So-so.*
¡Terrible! / ¡Fatal!	*Terrible! / Awful!*
No mucho.	*Not much.*
Nada.	*Nothing.*
¿Y tú?	*And you? (s. fam.)*
¿Y usted?	*And you? (s. form.)*

Actividades

ACTIVIDAD 1 **Conversaciones.** With a classmate, take turns greeting each other and responding. Either choose an appropriate response from those provided or provide your own response.

1. Hola, ¿qué tal?
   a. Buenos días.
   b. Muy bien, gracias.
   c. ¿Y tú?
   d. …

2. Buenas tardes. ¿Qué hay de nuevo?
   a. No mucho.
   b. Bastante bien.
   c. Terrible.
   d. …

3. Buenas noches. ¿Cómo le va?
   a. Nada.
   b. ¿Y usted?
   c. Fatal.
   d. …

4. Buenos días. ¿Cómo están?
   a. Regular.
   b. Buenas noches.
   c. No mucho.
   d. …

5. Hola, ¿cómo está?
   a. ¿Cómo te va?
   b. Bien, gracias, ¿y usted?
   c. Nada.
   d. …

6. Buenas tardes.
   a. Terrible.
   b. Buenas tardes. ¿Qué hay de nuevo?
   c. No muy bien. ¿Y tú?
   d. …

Internet

¡FÍJATE!

Los celulares

Cellular phone technology has revolutionized telecommunications throughout the Spanish-speaking world. Cell phones are equally or more popular in Latin America and Spain than they are in the United States.

Although customs for speaking on the phone vary from one Spanish-speaking country to another, here are some useful phrases to get you started.

In Spain, a cell phone is called a **móvil.** Can you guess what it means?

Note that most Spanish speakers give their phone number by using pairs after the first digit. For example: **Mi número es el dos, treinta y seis, diez, dieciocho.**

FAMILIAR CONVERSATION

—¡Hola! / ¿Aló?	*Hello?*
—¿Está…?	*Is . . . there?*
—Sí. Aquí está. / No, no está.	*Yes. Here he / she is. / No, he's / she's not here.*
—Soy… Mi número es el…	*I'm . . . My number is . . .*
—Muy bien. Hasta luego.	*OK. See you later.*
—Chau.	*Bye.*

FORMAL CONVERSATION

—¡Hola! / ¿Aló?	*Hello?*
—Hola. ¿Puedo hablar con…?	*Hi, may I speak with . . . ?*
—Sí. / Lo siento. No está.	*Yes. / I'm sorry. He's / She's not here.*
—Por favor, dígale que llamó (nombre). Mi número es el…	*Please tell him / her that (name) called. My number is . . .*
—Muy bien.	*OK.*
—Muchas gracias.	*Thank you very much.*
—De nada. Adiós.	*You're welcome. Good-bye.*
—Adiós.	*Good-bye.*

PRÁCTICA. With a partner, role-play two different phone calls, using the expressions provided. In the first call, you call a friend's apartment and speak to his roommate. In the second call, you call a friend's home and speak to his grandmother. In both cases, the person you are trying to reach is not in and you need to leave a message. Don't forget to use the correct level of address (familiar or formal).

Vocabulario útil 2

ANILÚ: Pues, **¿cómo te llamas?**

JAVIER: ¿Yo? **Soy** Javier de la Cruz. Y yo, ¿con quién hablo?

ANILÚ: **Me llamo** Anilú. Ana Luisa Guzmán. ... Pero, **¿cuál es tu número de teléfono?** Yo marqué el 3-39-71-94.

JAVIER: No, ése no es mi número de teléfono. **Mi número es el 3-71-28-12.**

PARA PEDIR Y DAR INFORMACIÓN PERSONAL
To ask for and give personal information

> In an e-mail address in Spanish, @ is pronounced **arroba** and **.com** is pronounced **punto com.**

¿Cómo te llamas?	*What's your name? (s. fam.)*
¿Cómo se llama?	*What's your name? (s. form.)*
Me llamo…	*My name is . . .*
(Yo) soy…	*I am . . .*
¿Cuál es tu número de teléfono?	*What is your phone number? (s. fam.)*
¿Cuál es su número de teléfono?	*What is your phone number? (s. form.)*
Mi número de télefono es el 3-71-28-12.	*My telephone number is 371-2812.*
Es el 3-71-28-12.	*It's 371-2812.*
¿Dónde vives?	*Where do you live? (s. fam.)*
¿Dónde vive?	*Where do you live? (s. form.)*
Vivo en…	*I live in / at / on . . .*
la avenida…	*avenue*
la calle…	*street*
el barrio… / la colonia…	*neighborhood*
¿Cuál es tu dirección?	*What is your address? (s. fam.)*
¿Cuál es su dirección?	*What is your address? (s. form.)*
Mi dirección es…	*My address is . . .*
¿Cuál es tu dirección electrónica?	*What's your e-mail address? (s. fam.)*
¿Cuál es su dirección electrónica?	*What's your e-mail address? (s. form.)*
Aquí tienes mi dirección electrónica.	*Here's my e-mail address. (s. fam.)*
Aquí tiene mi dirección electrónica.	*Here's my e-mail address. (s. form.)*

Actividades

 ACTIVIDAD 2 **En la reunión.** You are at the first meeting of the Spanish Internet Group at your college. You have been elected secretary and must record the name, address, and phone number of every member. With a male and female classmate playing the parts of the members, ask for the information you need. Without looking at the book, listen to their responses and record their personal information on your computer or in writing. Then ask your partners for their real personal information and record that.

MODELO: Jorge Salinas, Avenida B 23, 2-91-66-45
　　　　　Tú: *¿Cómo te llamas?*
　　　　　Compañero: *Me llamo Jorge Salinas.*
　　　　　Tú: *¿Dónde vives?*
　　　　　Compañero: *Vivo en la Avenida B, veintitrés.*
　　　　　Tú: *¿Cuál es tu número de teléfono?*
　　　　　Compañero: *Es el dos, noventa y uno, sesenta y seis, cuarenta y cinco.*

1. Amanda Villarreal, Calle Montemayor 10, 8-13-02-55
2. Diego Ruiz, Colonia del Valle, Calle Iturbide 89, 7-94-71-30
3. Irma Santiago, Avenida Flores Verdes 12, 9-52-35-27
4. Baldemar Huerta, Calle Otero 39, 7-62-81-03
5. Ingrid Lehmann, Avenida Aguas Blancas 62, 4-56-72-93
6. ¿…?
7. ¿…?

> Notice in the example how Spanish telephone numbers are given in pairs.
>
> Notice that unlike English the street precedes the number in Spanish addresses: **Calle Iturbide 12** vs. *12 Iturbide Street.*

 ACTIVIDAD 3 **¡Mucho gusto!** With a classmate, role-play a cell phone conversation in which one of you has dialed the wrong number. You are curious about the person you have accidentally reached. Try to get as much information from each other as possible.

MODELO: —*Hola. ¿Marcos?*
　　　　　—*No, yo no soy Marcos.*
　　　　　—*Bueno, ¿cómo se llama Ud.?*
　　　　　—…

Vocabulario útil 3

ANILÚ:	Beto, **quiero presentarte a** Javier de la Cruz.
BETO:	**Mucho gusto,** Javier.
JAVIER:	**Encantado,** Beto.
BETO:	Aquí está tu celular.
JAVIER:	Gracias, Beto. Y aquí está tu celular.
BETO:	**Bueno, ¡tengo que irme! Muchas gracias,** Javier. Y gracias a ti también, Anilú.
ANILÚ:	Pues, Javier, **mucho gusto en conocerte.**
JAVIER:	**El gusto es mío.**
ANILÚ:	Pues, entonces, **¡nos vemos!**
JAVIER:	**¡Hasta luego! Chau.**

PARA PRESENTAR A ALGUIEN   *To introduce someone*

Soy…	*I am . . .*
Me llamo… / Mi nombre es…	*My name is . . .*
Quiero presentarte a…	*I'd like to introduce you (s. fam.) to . . .*
Quiero presentarle a…	*I'd like to introduce you (s. form.) to . . .*
Quiero presentarles a…	*I'd like to introduce you (pl.) to . . .*

PARA RESPONDER   *To respond*

Mucho gusto.	*My pleasure.*
Mucho gusto en conocerte.	*A pleasure to meet you (s. fam.).*
Encantado(a).	*Delighted to meet you.*
Igualmente.	*Likewise.*
El gusto es mío.	*The pleasure is mine.*
Un placer.	*My pleasure.*

PARA DESPEDIRSE   *To say good-bye*

Adiós.	*Good-bye.*
Hasta luego.	*See you later.*
Hasta mañana.	*See you tomorrow.*
Hasta pronto.	*See you soon.*
Nos vemos.	*See you later.*
Chau.	*Bye.*
Bueno, tengo que irme.	*Well / OK, I have to go.*

The word **chau** comes from the Italian word **ciao**, which means *good-bye*. The spelling is changed to reflect Spanish pronunciation.

Actividades

 ACTIVIDAD 4 **Quiero presentarte a...** Introductions are a normal part of everyday life. Study the drawing and, with a partner, create four short conversations in which one person introduces another person to a third party.

ACTIVIDAD 5 **E-mail.** You're on the Internet and you meet someone you really like in a chat room for Spanish speakers. Write out the conversation you might have with that person. Include the following.

greeting   exchange of phone numbers
response   exchange of addresses
introduction   good-byes

ACTIVIDAD 6 **Otro e-mail.** Write an e-mail to your Spanish professor introducing yourself. In it, give your name, address, e-mail address, phone number, and any other personal information you think it is important for your Spanish professor to have. Send it!

A VER

Antes de ver el video

ACTIVIDAD 1 In this video segment, you will meet some of the main characters in the video. How many do you already know? Go back to pages 8, 11, and 13 in the **Vocabulario útil** sections and identify the people you see in the photos.

ACTIVIDAD 2 The following is a list of key new vocabulary used in the video. Quickly review this list and the video dialog segments on pages 8, 11, and 13 before watching the video segment.

Ha sido un placer.	*It's been a pleasure.*
marqué	*I dialed*
¡Tengo prisa!	*I'm in a hurry!*
voy a marcar	*I'm going to dial*

These words are to help you understand the video only. You will not be tested on them.

Based on the list of words above, which of the following topics do you think might play a role in this video segment?

- una conversación en clase
- una conversación por teléfono
- una conversación entre dos personas que no se conocen (*don't know each other*)
- una conversación entre amigos

ACTIVIDAD 3 Before you watch the video segment, look at the following pieces of information you'll need to identify as you watch. Then, as you watch the video, listen for this specific information.

1. Las personas que hablan por celular: ¿Cómo se llaman?
2. Las personas al final: ¿Cómo se llaman?
3. _____ tiene (*has*) el celular de _____ .

ESTRATEGIA

Viewing a segment several times

When you first hear authentic Spanish, it may sound very fast to you. Stay calm! Remember that you don't have to understand absolutely everything and that with video, unlike real life, you have the opportunity to replay it! The first time you view the segment, listen for a general idea of what it is about. The second time, listen for more details.

El video

Now watch the video segment for **Capítulo 1.** View it as many times as you need to in order to answer the questions in **Actividad 3.**

Después de ver el video

Internet

ACTIVIDAD 4 Now say whether the following statements about the video segment are true **(cierto)** or false **(falso).** Correct the false statements to provide correct information.

You may not understand every word in the activities throughout the chapter, but focus on getting the main idea. You'll be surprised at how much you *do* understand!

1. Javier tiene el celular de Anilú.
2. Anilú es una amiga de Javier.
3. Beto es un amigo de Anilú.
4. El número del teléfono celular que tiene Javier es el 3-39-71-94.
5. El número de teléfono de Beto es el 3-39-71-94.
6. Anilú le presenta Javier a Beto.

VOCES DE LA COMUNIDAD

Internet

Dos cubanoamericanas de Miami, Florida

The U.S. is the fourth largest Spanish-speaking country in the world. The more than 38 million Hispanics (or Latinos) that make their home in this country represent the fastest-growing segment of the U.S. population. By 2005, U.S. Hispanics are projected to become the nation's largest minority group, comprising nearly 13% of the total population.

U.S. Hispanics are enjoying a period of unprecedented prosperity. They have an estimated buying power of $600 billion a year, a number which more than doubles the combined buying power of all other Spanish-speaking countries in the world. American companies have taken notice of the lucrative Hispanic market. From launching Spanish-language websites to creating new Spanish-language publications, they are striving to understand, entice, and better serve Latino consumers.

In this favorable social and economic climate, U.S. Hispanics are making their mark in all areas of American life, including the arts and entertainment, politics, the media, and the business sector. The **Voces de la comunidad** section of Chapters 2–14 of *Nexos* features an outstanding U.S. Hispanic from these and other areas, people whose contributions have direct relevance to the theme of the chapter.

Gramática útil 1
Identifying people and objects: Nouns and articles

CÓMO USARLO

Nouns identify people, places, and things: **señora Velasco, calle,** and **teléfono** are all nouns. *Articles* supply additional information about the noun.

1. *Definite* articles refer to a specific person, place, or thing.

La Avenida Central es **la** calle más importante de **la** universidad. (*You already know which avenue and university you are talking about.*)

*Central Avenue is **the** most important street in **the** university.*

2. *Indefinite* articles refer to a noun without identifying a specific person, place, or thing.

Un amigo es **una** persona que te gusta mucho. (*You are making a generalized statement, true of any friend.*)

*A friend is **a** person you like a lot.*

How many plural nouns can you find in this advertisement from Ecuador? Can you find the definite article?

PERROS
GATOS
PÁJAROS
PECES
ACCESORIOS Y MUCHO MÁS.

Comisariato de las Mascotas

Quito - Ecuador

CÓMO FORMARLO

LO BÁSICO

- *Number* indicates whether a word is singular or plural:
  la calle (*sing.*), **las calles** (*pl.*), **un escritorio** (*sing.*), **unos escritorios** (*pl.*)
- *Gender* indicates whether a word is masculine or feminine:
  una avenida (*fem.*), **el teléfono** (*masc.*)

3. Noun number and gender

◆ Often you can tell the gender of a Spanish noun by looking at its ending. Here are some general guidelines.

Masculine	Feminine
1. Nouns ending in **-o:** **el amigo, el muchacho**	Exception to rule #1: **la mano** (*hand*)
Exceptions to rule #2: words ending in **-ma: el sistema, el problema, el tema, el programa;** also **el día, el mapa**	2. Nouns ending in **-a: la compañera de cuarto, una chica**
Exceptions to rule #3: **el avión, el camión**	3. Nouns ending in **-ión, -dad, -tad,** and **-umbre** are usually feminine: **la información, una universidad, la libertad, la costumbre**

Nouns referring to people often reflect gender by changing a final **-o** to **-a** (**chico / chica, amigo / amiga**) or adding **-a** to a final consonant (**profesor / profesora**). For nouns ending in **-e, -ista,** or **-a** that refer to people, the article or context indicates gender (**el estudiante / la estudiante, el guitarrista / la guitarrista, Juan / Juanita es atleta**).

◆ Spanish nouns form their plurals in several ways.

Singular	Plural
1. Ends in vowel: **calle**	1. Add **-s: calles**
2. Ends in consonant: **universidad**	2. Add **-es: universidades**
3. Ends in **-z: lápiz**	3. Change **z** to **c** and add **-es: lápices**

4. Definite and indefinite articles

◆ Here are the Spanish definite articles, which correspond to the English article *the*.

	Singular	Plural
masculine	**el** el amigo *the friend (male)*	**los** los amigos *the friends (male or mixed group)*
feminine	**la** la amiga *the friend (female)*	**las** las amigas *the friends (female)*

◆ Here are the Spanish indefinite articles, which correspond to the English articles *a*, *an*, and *some*.

	Singular	Plural
masculine	**un** un amigo *a friend (male)*	**unos** unos amigos *some friends (male or mixed group)*
feminine	**una** una amiga *a friend (female)*	**unas** unas amigas *some friends (female)*

◆ Remember that you use masculine articles with masculine nouns and feminine articles with feminine nouns. When a noun is in the plural, the corresponding plural article (masculine or feminine) is used: **el hombre, los hombres.**

◆ When referring to a person's *profession*, the article is omitted: **Liana es profesora y Ricardo es dentista.**

◆ However, when you use a *title* to refer to someone, the article is used: **Es el profesor Gómez.** When you address that person directly, using their title, the article is not used: **Buenos días, profesor Gómez.**

The following titles are typically used with the article when referring to the person, and without the article when addressing the person directly.

señor (Sr.)	*Mr.*	**señorita (Srta.)**	*Miss / Ms.*
señora (Sra.)	*Mrs. / Ms.*	**profesor / profesora**	*professor*

> In the past, **los** and **unos**, rather than **las** and **unas**, were used to refer to groups containing one or more males. The **Real Academia de la Lengua Española** recently ruled that the feminine forms should be used for groups with more females than males, but usage is changing slowly.

Actividades

ACTIVIDAD 1   **¿Femenino o masculino?** Listen to the speaker name a series of items and people. First, write down if the item or person is masculine or feminine. Then write the singular noun with its correct definite article. Lastly, write the plural noun with its correct definite article.

MODELO: *masculino*
el libro
los libros

ACTIVIDAD 2 **¿Definido o indefinido?** Work with a partner. Try to guess from the context whether it makes more sense to use the definite article, the indefinite article, or no article in each of the following pairs of sentences.

1. Es _____ calle en mi colonia.

   Es _____ calle central de mi colonia.

2. Es _____ profesor en mi universidad.

   Es _____ profesor de español.

3. Es _____ estudiante más (*most*) inteligente de mi clase.

   Es _____ estudiante en mi clase.

4. Es _____ avenida más importante de mi colonia.

   Es _____ avenida en mi colonia.

5. Es _____ universidad en mi estado (*state*).

   Es _____ universidad más importante de mi estado.

ACTIVIDAD 3 **Presentaciones.** With a partner, complete the following introductions with the correct definite or indefinite articles where needed.

1. —Sra. Oliveros, quiero presentarle a _____ Srta. Martínez.
   —Un placer. ¿Dónde vive usted?

   —Vivo en _____ calle Colón, en _____ colonia Robles.

2. —Oye, Ricardo, quiero presentarte a mi amiga Rebeca. Ella es
   _____ dentista.

   —¡Mucho gusto, Rebeca! Yo soy _____ profesor de matemáticas.

   —¿De veras? Yo tengo (*I have*) _____ amigo que es profesor
   también.

3. —Buenas tardes. Yo soy _____ Sr. Bustelo.
   —Sr. Bustelo, ¿cuál es su número de teléfono?

   —Es _____ 7-89-48-92. ¿Y cuál es su número?

   —Es _____ 8-21-98-32.

4. —¡Hola!

   —Buenos días. ¿Puedo hablar con _____ Sr. Lezama?
   —Lo siento. No está.

   —Por favor, dígale que llamó _____ Sra. Barlovento. Tenemos
   (*We have*) clase de administración mañana y necesito darle (*I need to give
   him*) _____ apuntes.

ACTIVIDAD 4 **Más presentaciones.** Introduce yourself to another classmate. Exchange information about where you live, phone numbers, and e-mail addresses. Then prepare to introduce your classmate to the entire class.

Gramática útil 2

Identifying and describing: Subject pronouns and the present indicative of the verb *ser*

CÓMO USARLO

The Spanish verb **ser** can be used to identify people and objects, to describe them, to make introductions, and to say when something will take place. It is one of two Spanish verbs that are the equivalents of the English verb *to be*.

Mi teléfono **es** el 2-39-71-49.	*My telephone number **is** 2-39-71-49.*
Yo **soy** Mariela y ella **es** Elena.	*I **am** Mariela and this **is** Elena.*
La fiesta **es** el miércoles.	*The party **is** on Wednesday.*

CÓMO FORMARLO

> **LO BÁSICO**
>
> - *Pronouns* are words used to replace nouns. (Some English pronouns are *it, she, you, him,* etc.)
> - Verbs change form to reflect *number* and *person. Number* refers to singular versus plural. *Person* refers to different subjects.
> - A verb's *tense* indicates the time frame in which an event takes place (for example, *talk, talked, will talk*). The *present indicative tense* refers to present-time events or conditions (*I talk, I am talking*).

1. Subject pronouns

◆ Subject pronouns are pronouns that are used as the subject of a sentence. Here are the subject pronouns in Spanish.

Singular		Plural	
yo	*I*	**nosotros / nosotras**	*we*
tú	*you (fam.)*	**vosotros / vosotras**	*you (fam.)*
usted (Ud.)	*you (form.)*	**ustedes (Uds.)**	*you (fam., form.)*
él, ella	*he, she*	**ellos, ellas**	*they*

◆ The **vosotros / vosotras** forms are primarily used in Spain. They allow Spaniards to address more than one person informally. These forms are not generally used in the rest of the Spanish-speaking world. Instead, in most other places **ustedes** is used to address several people, regardless of the formality of the relationship. The **vosotros** forms of verbs are provided in *Nexos* so that you can recognize them, but they are not included for practice in activities.

> **Estar,** which you have already used in the expression **¿Cómo estás?,** also means *to be.* You will learn other ways to use **estar** in Ch. 4.

¿**Tú** eres Javier?

> In Spanish, it is not always necessary to use the subject pronoun with the verb, as long as the subject is understood. For example, it's usually not necessary to say **Yo soy Rafael,** since **Soy Rafael** is clear enough on its own.

2. Formal vs. familiar

As you have already seen, Spanish has two basic forms of address: the **tú** form and the **usted** form. English has a single word—*you*—to address people directly, regardless of how well you know them.

◆ **Tú** is used to address a family member, a close friend, a child, or a pet.

◆ **Usted** (often abbreviated **Ud.**) is a more formal means of address used with older people, strangers, acquaintances, and sometimes with colleagues.

Levels of formality vary throughout the Spanish-speaking world, so it's important when traveling to listen to how **tú** and **usted** are used. Then follow the local practice.

3. The present tense of the verb **ser**

The present indicative forms of the verb **ser** are as follows. Note the subject pronouns associated with each form.

ser (to be)	
Singular	
yo soy	*I am*
tú eres	*you (s. fam.) are*
usted es	*you (s. form.) are*
él es	*he is*
ella es	*she is*
Plural	
nosotros / nosotras somos	*we are*
vosotros / vosotras sois	*you (pl. fam.) are*
ustedes son	*you (pl. form. or fam.) are*
ellos son	*they (masc. or mixed) are*
ellas son	*they (fem.) are*

In some countries, you will hear the form **vos** (Argentina and parts of Uruguay, Chile, and Central America). This is a variation of **tú** that is used only in these regions.

To show respect, you sometimes hear the titles **don** and **doña** used with people you address as **usted**. **Don** and **doña** are used with the person's first **name: don Roberto, doña Carmen.**

Actividades

ACTIVIDAD 5 **Manuel.** Manuel writes an e-mail to a new Internet friend describing himself and his two best friends. Complete his e-mail with the correct forms of **ser**.

¡Hola! Yo (1) _____ Manuel Ybarra. (2) _____ estudiante en la Universidad Nacional Autónoma de México, que (3) _____ una de las universidades más importantes de las Américas. ¡La población estudiantil (4) _____ de más de 250.000 estudiantes!

Tengo dos amigos íntimos. Mi amiga Susana (5) _____ una persona muy sincera. Ella y yo (6) _____ inseparables. Mi amigo Hernán (7) _____ muy cómico. Hernán y yo (8) _____ compañeros de cuarto. Susana y Hernán (9) _____ buenos amigos también. Y tú, ¿cómo (10) _____ ?

ACTIVIDAD 6 **¿Quiénes son?** Use **ser** to say who the following people are.

1. [Nombre] _____es_____ mi compañero(a) de clase.
2. [Nombre] _____es_____ el profesor (la profesora) de español.
3. [Nombre] _____es_____ el instructor (la instructora) en la clase de español.
4. Nosotros _____somos_____ estudiantes de español.
5. Tú... eres
6. Usted... es
7. Ustedes... son
8. Ellos... son

ACTIVIDAD 7 **Los saludos.** With a partner, match each of the following greetings with the correct group of individuals.

1. two teens
2. two professional acquaintances
3. an older man and two teens
4. teen and two professors

a. —Buenos días. ¿Cómo está usted?
   —Muy bien, gracias. ¿Y ustedes?

b. —Buenos días, Sra. Sánchez.
   —Y a Ud. también, Sr. Rivas.

c. —Buenas tardes. ¿Cómo están ustedes?
   —Bien, Marcos, ¿y tú?

d. —Hola, Carmen. ¿Cómo te va?
   —Bien, Rosa. ¿Qué hay de nuevo?

ACTIVIDAD 8 **Le presento a...** In groups of three or four, act out an introduction in front of the class. Decide beforehand the ages and the social standing of the people you are role-playing, as well as how informal or formal the situation is. The class must guess whether the introduction is formal or informal. Follow the model.

MODELO: —*Buenos días, doña Esmeralda.*
—*Buenos días, Susana.*
—*Doña Esmeralda, le presento a mi amigo Paul. Es estudiante.*
—*Encantada, Paul. ¿Cómo estás?*
—*Muy bien. ¿Y usted?*

Gramática útil 3
Expressing quantity: *Hay* + nouns

CÓMO USARLO

1. **Hay** is the Spanish equivalent of *there is* or *there are* in English.

Hay una reunión en la cafetería.	**There is** a meeting in the cafeteria.
Hay tres estudiantes en la clase.	**There are** three students in the class.
Hay unos libros en la mesa.	**There are** some books on the table.
Hay una fiesta el viernes.	**There is** a party on Friday.

2. **Hay** is used with both singular and plural nouns, and in both affirmative and negative contexts.

Hay un bolígrafo, pero no hay lápices en la mesa.

Aquí **hay** un problema.

3. **Hay** can be used with numbers or with indefinite articles (**un, una, unos, unas**), but it is never used with definite articles (**el, la, los, las**).

¡**Hay** tres profesores en la clase, pero sólo **hay** una estudiante!

There are three professors in the class, but there is only one student!

4. With a plural noun or negative, typically no article is used with **hay** unless you are providing extra information: "some people" as opposed to just "people."

Hay papeles en la mesa.
No hay libros en el escritorio.
Hay quince personas en la clase.
BUT:
Hay unas personas en el cuarto.

There are papers on the table.
There aren't (any) books on the desk.
There are fifteen people in the class.

There are some people in the room.

CÓMO FORMARLO

Hay is an *invariable verb form* because it never changes to reflect number or person. This means **hay** can be used with both singular and plural nouns.

Actividades

ACTIVIDAD 9 **Hay...** Say how many of the following things are in the places mentioned.

MODELO: ventana (5): salón de clase
Hay cinco ventanas en el salón de clase.

1. computadora (15): laboratorio
2. policía (2): calle
3. libro (5): escritorio
4. profesor (3): reunión
5. estudiante (40): cafetería
6. persona (20): fiesta
7. verbo (35): pizarra
8. celular (1): mochila

ACTIVIDAD 10 **¿Cuántos** (*How many*) **hay?** In groups of four or five, find out how many of the following objects there are in your group.

MODELO: *Hay tres teléfonos celulares en el grupo.*

1. teléfonos celulares
2. calculadoras
3. diccionarios
4. asistentes electrónicos
5. estéreos personales
6. ¿...?

ACTIVIDAD 11 **¿Hay o no hay...?** You are looking for something you need for class. Tell a classmate what you're looking for, and he or she will tell you if that item is or is not in the classroom. If what you ask for is there, he or she will tell you where to find it.

MODELO: Tú: *¿Hay un diccionario en la clase?*
Compañero(a): *Sí, hay un diccionario en la mesa. (No, no hay diccionario en la clase.)*
Tú: *¡Muchas gracias!*

Sonrisas

COMPRENSIÓN. Answer the following questions about the cartoon.

1. Según (*According to*) Dieguito, ¿qué hay en su cuarto?
2. En realidad, ¿qué hay en el cuarto de Dieguito?
3. Según la mamá de Dieguito, ¿qué hay en la cocina (*kitchen*)?
4. En realidad, ¿hay un elefante en la cocina?

Gramática útil 4

Expressing possession, obligation, and age: *Tener, tener que, tener + años*

Tienes el celular de mi amigo Beto.

CÓMO USARLO

1. The verb **tener** means *to have*. It is used in Spanish to express possession and to give someone's age. You may also use it with **que** and another verb to say what you have to do: **Tengo que irme.** (*I have to go.*)

Ya **tienes** mi dirección.	You already **have** my address.
Tengo dos teléfonos en casa.	I **have** two telephones in my house.
Elena **tiene** veinte años. ¿Cuántos años **tienen** Sergio y Dulce?	Elena **is** twenty years old. How old **are** Sergio and Dulce?
Tengo que irme porque **tengo** clase.	I **have to** go because I **have** class.

2. When **tener** is used to express possession, the article is usually omitted, unless number is emphasized or you are referring to a specific object.

3. Note that while Spanish uses **tener... años** to express age, the English equivalent is *to be . . . years old.*

4. Remember, it's better to use the verb without a subject pronoun unless the subject is unclear or you want to emphasize it.

CÓMO FORMARLO

1. Here are the forms of the verb **tener** in the present indicative tense.

tener (*to have*)			
yo	**tengo**	nosotros / nosotras	**tenemos**
tú	**tienes**	vosotros / vosotras	**tenéis**
Ud., él, ella	**tiene**	Uds., ellos, ellas	**tienen**

2. When talking about age, it's helpful to know the months of the year so that you can say when people's birthdays are celebrated.

¿Cuándo es tu cumpleaños? (*When is your birthday?*)

enero	**julio**
febrero	**agosto**
marzo	**septiembre**
abril	**octubre**
mayo	**noviembre**
junio	**diciembre**

In Spanish the word for birthday is **cumpleaños,** which literally means "completes (**cumple**) years (**años**)." Many Spanish speakers celebrate their saint's day (**el día de su santo**), which is the birthday of the saint whose name is the same as or similar to their own. For example: **El 19 de marzo es el día de San José.**

3. When giving dates in Spanish, the day of the month comes first: **el quince de abril** = *April 15th.* When writing the date with numbers, the day always comes before the month: 15/4/04 = **el quince de abril de 2004.**

Actividades

ACTIVIDAD 12 **¿Qué tienen?** Say what each person has. Mention a logical place that they would have it.

MODELO: un cuaderno (yo)
           Tengo un cuaderno en el escritorio.

1. un celular (yo)
2. tres computadoras (nosotros)
3. unos apuntes (ellos)
4. dos libros (tú)
5. cinco lápices (el profesor)
6. dos calculadoras (ustedes)

ACTIVIDAD 13 **¿Cuántos años tienen?** Tell a friend the birthdates and ages of the following people.

> The number **veintiuno** shortens to **veintiún** when it's used with a noun: **veintiún años.**

MODELO: Arturo (28/3; 25 años)
           El cumpleaños de Arturo es el veintiocho de marzo. Tiene veinticinco años.

1. Martín (12/4; 21 años)
2. Sandra y Susana (14/7; 24 años)
3. mamá (16/6; 45 años)
4. papá (22/2; 47 años)
5. Gustavo (7/9; 23 años)
6. Irma y Daniel (19/1; 27 años)

ACTIVIDAD 14 **La fiesta.** Listen to the conversation between Marta and Juan. They are talking about the birthdays and ages of various friends. Write down the age and the birthdate of each person.

	EDAD	CUMPLEAÑOS
1. Miguel		
2. Arturo		
3. Enrique		
4. Isabel		

EXPLORACIONES CULTURALES

El español: tu conexión directa al siglo 21

Adivinaste? (Did you guess correctly?) Answers to the questions on page 7: 1. d; 2. g; 3. a; 4. e; 5. c; 6. b; 7. f, h

El mundo hispanohablante. With a partner, look at the maps on the inside covers of your textbook. Take turns naming each country and pointing it out on the map. Make a list with the following headings: **Sudamérica, Centroamérica, El Caribe, Norteamérica, Europa, Asia,** and **África.** Put each of the following countries under its proper heading.

Países (*Countries*) de habla hispana

Argentina	Ecuador	Guinea Ecuatorial	Perú
Bolivia	El Salvador	Honduras	Puerto Rico
Chile	España	México	República Dominicana
Colombia	Estados Unidos*	Nicaragua	Uruguay
Costa Rica	las Filipinas*	Panamá	Venezuela
Cuba	Guatemala	Paraguay	

*Se habla español pero no es la lengua oficial.

Internet

¡COMPÁRATE!

With more than 360 million speakers the world over, Spanish is the third most spoken language in the world, after Mandarin and English. Here are some additional facts about the Spanish language.

- Spanish is the official language of 21 countries.
- In the U.S. it is spoken by more than 30 million people. More than half a million people also study Spanish in the U.S. at the college level every year.
- Like all languages, Spanish exhibits some regional variations which are mostly limited to vocabulary and pronunciation. In spite of these variations, Spanish speakers from all over the world communicate without difficulty.

PRÁCTICA. With a partner, discuss your reasons for studying Spanish. What professional or personal benefits do you expect to get out of your study of this language?

28   Capítulo 1   ¿Cómo te llamas?

El mapa. In future chapters, you'll be studying these countries in greater detail. To help you learn about maps and geography in Spanish, look at the map of South America with a partner and locate the following places.

1. cordillera: los Andes
2. volcán: Ojos del Salado
3. monte: Aconcagua
4. isla: Malvinas
5. río: Orinoco
6. lago: Maracaibo
7. catarata: Salto Ángel
8. cabo: Cabo de Hornos
9. océano: Atlántico
10. ciudad: Buenos Aires
11. país: Chile
12. mar: Caribe

Now use the terms above to identify each of the following as a **monte, volcán, río, mar, cordillera,** etc.

1. the Colorado
2. McKinley
3. Superior
4. Mediterranean
5. Oahu
6. Mount St. Helens
7. Niagara Falls
8. the Rockies

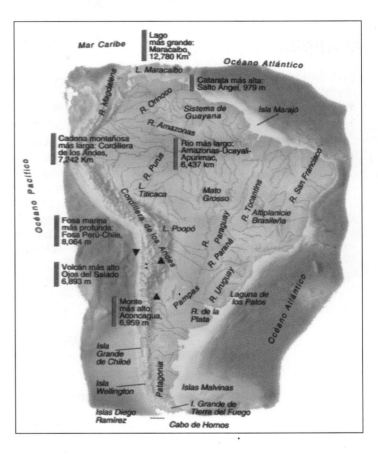

¡CONÉCTATE!

Internet

Choose one of the 23 countries listed on the prior page. Find out the following information about it and prepare a brief country profile. Follow the links on the *Nexos Media* website to see a list of suggested websites.

1. population and area
2. capital and major cities
3. major indigenous groups

4. official language
5. major industries
6. major geographic features

A LEER

Antes de leer

ESTRATEGIA

Identifying cognates to aid comprehension

You have already learned a number of *cognates.* These are words that look similar in both Spanish and English, although they are pronounced differently. Some cognates you have already learned so far in this chapter are **regular, terrible, teléfono,** and **avenida.** Looking for cognates in a passage you are reading helps you get the general idea of the content, even if you don't know many of the other words and structures.

¡OJO! Occasionally you will come across *false cognates,* words that look similar in English and Spanish, but that mean two different things. For example, as you have learned, the Spanish word **dirección** usually means *address,* not *direction,* in English. If a word that looks like a cognate doesn't make sense in the context of what you are reading, it could be a false cognate, and you may need to look it up in a dictionary to discover its true meaning.

ACTIVIDAD 1 Look at the headline and the four sections of the following article. See if you can get the main idea of the article by relying on cognates and words you already know.

1. Put a check mark by the words that you already know in the title and the four bulleted sections.
2. Underline the cognates that appear in these sections. Can you guess their general meaning, based on context and where they appear in the sentence?

ACTIVIDAD 2 Now choose the category in the reading that applies best to you and read it, concentrating on the cognates and words you already know. Then answer the following questions, based on what you have read.

1. ¿Qué tipo de dirección electrónica tienes?
2. Según (*According to*) el artículo, las personas que tienen una dirección electrónica con su nombre son…
   a. misteriosas   b. honestas   c. emocionales   d. introvertidas
3. Las personas que son lógicas y poco emocionales tienen una dirección electrónica…
   a. con números   b. con su nombre   c. de fantasía   d. descriptiva
4. Las personas que se describen con su dirección electrónica son…
   a. un poco inocentes   b. aventureras   c. agresivas   d. introvertidas
5. ¿Cuál es el nombre de fantasía que usan en el artículo?
6. En tu opinión, ¿es correcta o falsa la información sobre tu personalidad?

Lectura

¡Tu dirección electrónica revela tu personalidad!

¿Es simbólica la dirección electrónica que usas? Muchas personas creen[1] que no, pero en realidad, los "nombres de computadora" que usamos revelan información importante sobre nuestras características más secretas. ¿Revela todo[2] tu dirección electrónica? ¡Vamos a ver!

Escoge[3] el tipo de dirección electrónica más similar a la tuya[4]...

- **Nombre (ejemplo:** lucidíaz@internex.com**)**
  En este caso, la dirección electrónica puede[5] representar a una persona directa y honesta. Prefiere la realidad y es práctica y realista. No le interesa el misterio o la fantasía. Estas personas son muy aptas para los negocios[6] a causa de su estilo directo.

- **Números (ejemplo:** 1078892@compluservicio.com**)**
  Las personas con los números en las direcciones electrónicas no tienen mucho interés en la cortesía diaria o las interacciones sociales. ¡Prefieren el mundo[7] superracional de los números y las matemáticas puras! Otra explicación es que prefieren ser anónimos—quieren[8] mantener su misterio con un nombre que revela muy poco[9]!

- **Auto-descripción (ejemplo:** romántico29@mundored.com**)**
  Las personas que se describen con la dirección electrónica necesitan comprensión y cariño. Pueden ser amables, afectuosas y un poco ingenuas o inocentes. Pero, ¡cuidado[10]! ¡Estos nombres pueden ser totalmente falsos! Los nombres que indican que una persona es honesta o responsable pueden distorsionar la realidad completamente....

- **Fantasía (ejemplo:** darthvader2@ciberglobal.com**)**
  Por lo general, estas personas consideran al ciberespacio como una oportunidad para reinventarse. Prefieren identificarse como un personaje imaginario para participar en lo que es, para ellos, ¡un drama cibernético! Pueden ser aventurosas, emotivas y extrovertidas. Estos nombres también pueden atraer a las personas introvertidas que tienen la fantasía de presentarse completamente diferentes a su realidad diaria.

[1]think [2]everything [3]Choose [4]yours [5]can [6]business [7]world [8]they want to [9]very little [10]careful

Después de leer

ACTIVIDAD 3 With a partner, try to invent as many names in each of the last two categories (**auto-descripción** and **fantasía**) as you can. Try to use cognates from the reading when possible and be as creative as possible! You have five minutes.

ACTIVIDAD 4 Now take the list of e-mail names you created in **Actividad 3** and add your own e-mail name to the list. (Or, if your e-mail name is simply your name or number, create one that you would like to use.) Then, you and your partner from **Actividad 3** should form a group with two other pairs. Share your lists and see if you can guess each other's e-mail addresses.

> All of the reading passages in *Nexos* include translations of some words that you may not be able to guess from context. Try to get the gist of the passage before you look for the definitions. Saving them as a last resort allows you to read the passage more quickly and to concentrate on getting the main idea.

A ESCRIBIR

Antes de escribir

As you use *Nexos,* you will learn to write as a *process* that moves from prewriting (identifying ideas and organizing them) through writing (creating a rough draft) and ends with revising (editing and commenting on writing). In each **A escribir** section (odd-numbered chapters only), you will learn strategies that help you improve your techniques in each of the three phases of the writing process.

ESTRATEGIA

Prewriting—Identifying your target audience

Before you begin to write, or even to *think* about writing, you need to consider who will be reading your work. The identity of your intended reader is the crucial element that helps you establish the format, tone, and content of your written piece. Imagine you are writing two letters about the same event; for instance, how a computer you purchased turned out to be a lemon and you had to return it. How would the format, tone, and content of your letter vary if you were writing it (1) to a close friend, or (2) to the president of the company that manufactures the computer? Keeping in mind the intended audience for your writing is the first step toward creating an effective written piece.

 ACTIVIDAD 1 You are going to write a letter or e-mail message to your new roommate. This person has been assigned to you, but you have not yet met. With a partner, create a list of the information you should include in your message and identify its tone—how you want it to sound.

 ACTIVIDAD 2 Taking your list of information from **Actividad 1,** study the following partial model and see if you have included everything you need.

> Querido Roberto/Querida Susana,
>
> (*Greeting*) Me llamo... . Soy tu nuevo(a) compañero(a) de cuarto.
> Vivo en... . (*Ask about him/her.*)
>
> Aquí tienes mi dirección..., mi teléfono... y mi dirección electrónica...
> Mi cumpleaños es... . (*Ask for his/her personal information.*)
>
> Tengo un estéreo, un refrigerador y un televisor para el cuarto.
> ¿Qué tienes tú?
>
> Bueno, ya es todo por ahora. Nos vemos pronto. (*Say good-bye.*)
> Tu amigo(a),
> ...

Escritura

ACTIVIDAD 3 Using the previous model, write a rough draft of your letter to your roommate. Try to write freely without worrying too much about mistakes or misspellings. You will have an opportunity to revise your work later. Here are some additional phrases that may be useful.

tu nuevo(a) compañero(a) de cuarto	*your new roommate*
para el cuarto	*for the room*
un estéreo	*stereo*
un microondas	*microwave oven*
un refrigerador	*refrigerator*
un televisor	*television set*
una lámpara	*lamp*
una videocasetera	*VCR*
un DVD	*DVD player*
Eso es todo por ahora.	*That's all for now.*

Después de escribir

ACTIVIDAD 4 Exchange your rough draft with a partner. Read each others' work and comment on its content and structure. For example, put a check mark next to places where you would like more information. Put a star by your favorite sentence. Put a question mark where meaning is not clear. Underline errors in spelling and grammar.

ACTIVIDAD 5 Now go back over your letter and revise it. Incorporate your partner's comments. Use the following checklist to check your final copy. Did you . . .

- make sure you included all the necessary information?
- match the tone of your writing to your audience?
- follow the model provided in **Actividad 2**?
- look for misspellings?
- check to make sure you used the correct forms of **ser** and **tener**?
- watch to make sure articles and nouns agree?

VOCABULARIO

PARA SALUDAR   *How to greet*

Hola.	*Hello.*
¿Qué tal?	*How are things going?*
¿Cómo estás (tú)?	*How are you? (s. fam.)*
¿Cómo está (usted)?	*How are you? (s. form.)*
¿Cómo están (ustedes)?	*How are you? (pl.)*
¿Cómo te va?	*How's it going with you? (s. fam.)*
¿Cómo le va?	*How's it going with you? (s. form.)*
¿Cómo les va?	*How's it going with you? (pl.)*
¿Qué hay de nuevo?	*What's new?*
Buenos días.	*Good morning.*
Buenas tardes.	*Good afternoon.*
Buenas noches.	*Good night. Good evening.*

PARA RESPONDER   *How to respond*

Bien, gracias.	*Fine, thank you.*
Bastante bien.	*Quite well.*
(No) Muy bien.	*(Not) Very well.*
Regular.	*So-so.*
¡Terrible! / ¡Fatal!	*Terrible! / Awful!*
No mucho.	*Not much.*
Nada.	*Nothing.*
¿Y tú?	*And you? (s. fam.)*
¿Y usted?	*And you? (s. form.)*

PARA PEDIR Y DAR INFORMACIÓN PERSONAL   *To ask for and give personal information*

¿Cómo te llamas?	*What's your name? (s. fam.)*
¿Cómo se llama?	*What's your name? (s. form.)*
Me llamo…	*My name is . . .*
(Yo) soy…	*I am . . .*
¿Cuál es tu número de teléfono?	*What is your phone number? (s. fam.)*
¿Cuál es su número de teléfono?	*What is your phone number? (s. form.)*
Mi número de teléfono es el 3-71-28-12.	*My telephone number is 371-2812.*
Es el 3-71-28-12.	*It's 371-2812.*
¿Dónde vives?	*Where do you live? (s. fam.)*
¿Dónde vive?	*Where do you live? (s. form.)*
Vivo en…	*I live at . . .*
la avenida…	*avenue*
la calle…	*street*

el barrio… / la colonia…	*neighborhood*
¿Cuál es tu dirección?	*What is your address? (s. fam.)*
¿Cuál es su dirección?	*What is your address? (s. form.)*
Mi dirección es…	*My address is . . .*
¿Cuál es tu dirección electrónica?	*What's your e-mail address? (s. fam.)*
¿Cuál es su dirección electrónica?	*What's your e-mail address? (s. form.)*
Aquí tienes mi dirección electrónica.	*Here's my e-mail address. (s. fam.)*
Aquí tiene mi dirección electrónica.	*Here's my e-mail address. (s. form.)*
arroba	*@*
punto com	*.com*

PARA PRESENTAR A ALGUIEN   *To introduce someone*

Soy…	*I am . . .*
Me llamo… / Mi nombre es…	*My name is . . .*
Quiero presentarte a…	*I'd like to introduce you (s. fam.) to . . .*
Quiero presentarle a…	*I'd like to introduce you (s. form.) to . . .*
Quiero presentarles a…	*I'd like to introduce you (pl.) to . . .*

PARA RESPONDER   *To respond*

Mucho gusto.	*My pleasure.*
Mucho gusto en conocerte.	*A pleasure to meet you.*
Encantado(a).	*Delighted to meet you.*
Igualmente.	*Likewise.*
El gusto es mío.	*The pleasure is mine.*
Un placer.	*My pleasure.*

PARA DESPEDIRSE   *To say good-bye*

Adiós.	*Good-bye.*
Hasta luego.	*See you later.*
Hasta mañana.	*See you tomorrow.*
Hasta pronto.	*See you soon.*
Nos vemos.	*See you later.*
Chau.	*Bye.*
Bueno, tengo que irme.	*Well / OK, I have to go.*

PARA HABLAR POR TELÉFONO
To talk on the telephone

Familiar

—¡Hola! / ¿Aló?	*Hello?*
—¿Está...?	*Is . . . there?*
—Sí. Aquí está. / No, no está.	*Yes. Here he / she is. / No, he's / she's not here.*
—Soy... Mi número es el...	*I'm . . . My number is . . .*
—Muy bien. Hasta luego.	*OK. See you later.*
—Chau.	*Bye.*

Formal

—¡Hola! / ¿Aló?	*Hello?*
—Hola. ¿Puedo hablar con...?	*Hi, may I speak with . . . ?*
—Sí. / Lo siento. No está.	*Yes. / I'm sorry. He's / She's not here.*
—Por favor, dígale que llamó (nombre). Mi número es el...	*Please tell him / her that (name) called. My number is . . .*
—Muy bien.	*OK.*
—Muchas gracias.	*Thank you very much.*
—De nada. Adiós.	*You're welcome. Good-bye.*
—Adiós.	*Good-bye.*

¿CUÁNDO ES TU CUMPLEAÑOS?
When is your birthday?

enero	*January*
febrero	*February*
marzo	*March*
abril	*April*
mayo	*May*
junio	*June*
julio	*July*
agosto	*August*
septiembre	*September*
octubre	*October*
noviembre	*November*
diciembre	*December*

PALABRAS ÚTILES *Useful words*

Títulos

don	*title of respect used with male first name*
doña	*title of respect used with female first name*
señor / Sr.	*Mr.*
señora / Sra.	*Mrs., Ms.*
señorita / Srta.	*Miss, Ms.*

Los artículos definidos

el, la, los, las	*the*

Los artículos indefinidos

un, una	*a*
unos, unas	*some*

Los pronombres personales

yo	*I*
tú	*you (fam.)*
usted (Ud.)	*you (form.)*
él	*he*
ella	*she*
nosotros / nosotras	*we*
vosotros / vosotras	*you (fam. pl.)*
ustedes (Uds.)	*you (fam. or form. pl.)*
ellos / ellas	*they*

Los verbos

estar	*to be*
hay	*there is, there are*
ser	*to be*
tener	*to have*
tener... años	*to be . . . years old*
tener que	*to have to (+ verb)*

Expresiones

Tengo prisa.	*I'm in a hurry.*

¿Qué te gusta hacer?

Communication

By the end of this chapter you will be able to:
- express likes and dislikes
- compare yourself to other people and describe personality traits
- ask and answer questions
- talk about leisure-time activities
- indicate nationality

Cultures

By the end of this chapter you will have learned about:
- Hispanics in the United States
- world nationalities
- Mother's Day celebrations
- bilingual culture in the U.S.
- Spanish-language media in the U.S.

A estos jóvenes les gusta el básquetbol.

GUSTOS Y PREFERENCIAS

We express aspects of our personalities through our likes and dislikes. In this chapter, we explore the relationship between personalities and preferences. Do you have any strong likes or dislikes? How do you think that the activities you like and dislike define who you are?

Los datos

Los resultados del censo de 2000 incluyen esta información. Analiza los gráficos y luego contesta las preguntas.

① ¿Qué grupo de hispanos es el más grande (+)?
② ¿Qué grupo de hispanos es el más pequeño (−)?
③ ¿Qué grupo de hispanos representa el 10% de la población hispana en los Estados Unidos?
④ ¿Puedes nombrar por lo menos tres más grupos hispanos en los Estados Unidos?

¡Adivina!

¿Qué sabes (*do you know*) sobre el español en Estados Unidos? (Las respuestas están en la página 60.)

① ¿Qué estados originalmente formaron (*formed*) parte de México?
   a. Texas, California, Nevada, Utah
   b. Oregon, Washington, Idaho, Montana
   c. Texas, Lousiana, Mississippi, Oklahoma

② ¿Qué ciudad estadounidense tiene una población de puertorriqueños más grande que San Juan, la capital de Puerto Rico?
   a. Los Angeles
   b. New York City
   c. Chicago

③ ¿La Pequeña Habana es una sección de qué ciudad estadounidense?
   a. Washington, D.C.
   b. Miami, Florida
   c. New Orleans, Louisiana

En Estados Unidos hay más de 38 millones de personas de ascendencia hispana.

otra nacionalidad 28%
mexicanos 58%
cubanos 3,5%
puertorriqueños 10%

Vocabulario útil 1

BETO:	Autora14, **¿qué te gusta hacer** los domingos? …
DULCE:	Los domingos generalmente **estudio** en la biblioteca.
ANILÚ:	¡Qué aburrida!
BETO:	**¡Estudias!**
ANILÚ:	Dile que **bailas** y **cantas** y **escuchas** música.
BETO:	¿No te gusta hacer otras cosas?
DULCE:	Pues sí. A veces mis amigos y yo **tomamos un refresco** en el Jazz Café o **alquilamos un video.**

LAS ACTIVIDADES   *Activities*

A ti, ¿qué te gusta hacer los fines de semana (los viernes, los sábados y los domingos)?

What do you like to do on the weekends (Fridays, Saturdays, and Sundays)?

A mí me gusta …

alquilar videos

estudiar en la biblioteca/ en casa

conversar

escuchar música

cocinar

bailar

caminar

cantar

A mi amiga le gusta ...

- practicar deportes
- pintar
- navegar por Internet
- patinar
- mirar televisión
- hablar por teléfono
- levantar pesas

A mis amigos les gusta ...

- tocar un instrumento
- el piano
- la trompeta
- visitar a amigos
- la guitarra
- el violín
- tomar el sol
- sacar fotos
- tomar un refresco
- trabajar

Actividades

ACTIVIDAD 1 **Los verbos.** What Spanish verbs do you associate with the following? Choose from the list. (Some items can have more than one answer.)

1. _____ los murales
2. _____ la música
3. _____ los deportes
4. _____ una presentación oral
5. _____ un instrumento musical
6. _____ la familia

a. preparar
b. pintar
c. tocar
d. visitar
e. escuchar
f. practicar
g. conversar
h. estudiar
i. mirar

ACTIVIDAD 2 **Le gusta...** Your friends like to participate in certain activities. Say what they like to do, based on the information provided.

MODELOS: Ernestina: murales
Le gusta pintar.
Leo: orquesta de música clásica
Le gusta tocar un instrumento musical.

1. Neti: ballet
2. Antonio: himnos y ópera
3. Javier: paella y enchiladas
4. Clara: cámara
5. Ernesto: estéreo
6. Beti: programas de comedia, noticias
7. Susana: celular
8. Luis: páginas web

 ACTIVIDAD 3 **Mis actividades favoritas.**

1. Make a list of five activities you like to do.

MODELO: *Me gusta patinar en el parque.*

2. Now ask three other students what their favorite activities are and record their responses.

MODELO: —*¿Qué te gusta hacer?*
—*Me gusta caminar.*
You write: *A Heather le gusta caminar.*

3. Compare responses to see who, if anyone, has similar favorite activities, and share this list with the class.

MODELO: *A Marta y a Juan les gusta sacar fotos.*

4. Make a list of the most frequent activities mentioned by your classmates. Write a short paragraph about what students like to do and what activities they don't like to do.

Vocabulario útil 2

ANILÚ:	Y tú, Experto10, ¿qué te gusta hacer los domingos?
SERGIO:	Autora14, soy un hombre **activo.** Bailo, canto, toco la guitarra, cocino…
BETO:	¡Sergio! **¡Mentiroso!** ¡No me gusta bailar, no me gusta cantar, no toco la guitarra y no cocino!
SERGIO:	¡Qué **aburrido** eres, hombre!

CARACTERÍSTICAS DE LA PERSONALIDAD   *Personality traits*

aburrido(a)	divertido(a); interesante	*boring / fun; interesting*
activo(a)	perezoso(a)	*active / lazy*
antipático(a)	simpático(a)	*unpleasant / pleasant*
extrovertido(a)	introvertido(a); tímido(a)	*extroverted / introverted; timid, shy*
generoso(a)	egoísta	*generous / selfish, egotistic*
impaciente	paciente	*impatient / patient*
impulsivo(a)	cuidadoso(a)	*impulsive / cautious*
inteligente	tonto(a)	*intelligent / silly, stupid*
mentiroso(a)	sincero(a)	*liar / sincere*
responsable	irresponsable	*responsible / irresponsible*
serio(a)	cómico(a)	*serious / funny*
trabajador(a)	perezoso(a)	*hard-working / lazy*

CARACTERÍSTICAS FÍSICAS   *Physical traits*

Tiene el pelo castaño.

viejo

joven

Es pelirroja.

muy, muy pequeño

pelo negro

lindo/guapo

pelo rubio

delgado

gordo   feo

alto

baja

Dos personas y sus perros

> Notice that you say **Tiene el pelo negro/rubio/castaño,** etc., but when someone is a redhead, you say **Es pelirrojo(a).** You can also say **Es rubio(a)** to indicate that someone is a blond. **Es moreno(a)** may indicate that someone is either a brunette or has dark skin.

Actividades

ACTIVIDAD 4 **¿Cómo son?** Benjamín describes himself and several of his friends and relatives. Which adjectives best describe each person?

1. No me gusta mirar televisión. Prefiero practicar deportes o levantar pesas.
   a. serio
   b. activo
   c. impulsivo

2. A mi amiga Marta le gusta ayudar (*to help*) a sus amigos.
   a. antipática
   b. mentirosa
   c. generosa

3. Mi profesora es una maestra muy buena. Explica la lección y repite todas las instrucciones.
   a. paciente
   b. impaciente
   c. interesante

4. Mi amigo Joaquín tiene una imaginación muy buena. Le gusta inventar historias falsas.
   a. tímido
   b. tonto
   c. mentiroso

5. Mi amigo Alberto habla y habla y habla... ¡pero no es muy interesante!
   a. aburrido
   b. serio
   c. divertido

6. Mi amiga Linda tiene muchas ideas buenas sobre qué hacer los fines de semana. Además es una persona muy cómica.
   a. inteligente
   b. tonta
   c. divertida

ACTIVIDAD 5 **Mis amigos.** Describe four people in the class to your partner. Provide both physical and personality traits in your descriptions. Your partner must guess which classmate you are describing.

MODELO:　　—*Es una persona alta y delgada. Tiene el pelo castaño. También* (Also) *es una persona cómica y divertida...*
　　　　　　—*¿Es Sean?*

Notice that you use the **-a** form of all the adjectives in this activity. You will learn more about adjective endings later in this chapter.

ACTIVIDAD 6 **La clase de psicología.** What personality traits does it take to succeed in various professions? Choose characteristics on the right that you think best fit the professions on the left. Follow the model.

MODELO: *Los políticos tienen que ser honestos,...*

Profesiones	Características	
los políticos	sistemáticos	serios
los artistas	deshonestos	estudiosos
los criminales	honestos	sinceros
los actores	inteligentes	pacientes
los científicos	creativos	talentosos
los doctores	simpáticos	impulsivos
los policías	extrovertidos	egoístas
los estudiantes	trabajadores	mentirosos
	curiosos	cuidadosos
	temperamentales	¿...?
	responsables	

Internet

¡FÍJATE!

¡OJO! con los cognados falsos

In **Capítulo 1,** you learned how to use cognates to help you read in Spanish. But you also learned to beware of false cognates, words in English and in Spanish that look similar, but have different meanings. For example, the word **dirección** (*address*), which you learned in Chapter 1, is a false cognate with the English word *direction*.

Generally, false cognates derive from a common linguistic root. In the case of **librería** (*bookstore*) and *library,* the common ancestor is *liber,* the Latin word for the part of plants that the Romans used to make paper. In Spanish, the word became associated with the place where books are sold. In English, it became associated with the place where books are borrowed or loaned.

False cognates tell fascinating histories about the evolution of different languages. But be careful, because false cognates can cause confusion. When in doubt, look the word up!

PRÁCTICA. Look up the etymology of the English term *idiom* in an unabridged dictionary. What was the original meaning of its linguistic ancestor? Can you make an educated guess as to how *idiom* and **idioma** arrived at their current meaning?

Remember that **¡ojo!** (literally, *eye*) is used in Spanish to direct the reader's attention to something.

Antes de ver el video

Again, notice that you use the **-a** form of all the adjectives in **Actividad 1.** You will learn more about adjective endings later in this chapter.

ACTIVIDAD 1 Look back at the photos in the **Vocabulario útil** sections on pages 38 and 41. Give a short description of each person shown in the photos.

MODELO: *Anilú es una persona baja y guapa. Tiene el pelo negro.*

ACTIVIDAD 2 Before watching the video, quickly review the following list of unknown words that are used in the video. The video also uses many words you have already learned so far in this chapter.

apagar	*to turn off*
Dile que...	*Tell him / her that . . .*
No sé.	*I don't know.*

ESTRATEGIA

Using questions as an advance organizer

One way to prepare yourself for the content of the video segment you are about to view is to familiarize yourself thoroughly with the questions you will be expected to answer. Knowing what information to listen for helps you focus on the key sections of the video.

For example, look at the questions in **Actividades 3** and **4.** Before you watch the video, use these questions to create for yourself a short list of information you need to find.

Example: **la dirección electrónica de Beto, la dirección electrónica de Dulce, el amigo de Beto,** etc.

Once you have completed your list, make sure you have it at hand as you watch the video so that you can jot down the answers as you hear them.

El video

Now watch the video segment for **Capítulo 2.** As you watch, pay special attention to locating the information you need to complete **Actividades 3** and **4.**

Después de ver el video

Internet

ACTIVIDAD 3 Answer in Spanish the following questions about the video.

1. ¿Cuál es la dirección electrónica de Beto? ¿Y la de Dulce?
2. ¿Cómo se llama el amigo de Beto? ¿Y la amiga de Dulce?
3. ¿Cuáles son las actividades preferidas de Dulce?
4. Según (*According to*) Sergio, ¿cuáles son las actividades preferidas de Experto10?

ACTIVIDAD 4 Now say whether the following statements about the video segment are true **(cierto)** or false **(falso).**

1. Según Anilú, Dulce es una persona muy aburrida.
2. Sergio es una persona muy sincera.
3. Dulce generalmente estudia en casa los domingos.
4. A Beto le gusta bailar, cantar y tocar la guitarra.
5. Según Anilú, un hombre que cocina y canta y baila es el hombre ideal.
6. Sergio apaga la computadora porque Anilú quiere (*wants*) su número de teléfono.

> Try to get the main idea of these sentences from your knowledge of the basic vocabulary. Don't worry about understanding every single word.

 Conexión cultural. Watch the cultural segment that concludes this chapter's video. Then in groups of three or four, answer the following questions: **¿Cómo saludas a tus amigos y a los miembros de tu familia? ¿Con un beso (*kiss*)? ¿Con un abrazo (*hug*)? Cuando te reúnes (*you get together*) con ellos, ¿qué les gusta hacer, generalmente?**

VOCES DE LA COMUNIDAD

Internet

Isabel Valdés

"Hispanics are becoming more and more entrenched in American society. Their participation is reflected in the growing number of Hispanic associations, libraries, research centers, and businesses throughout the United States. Furthermore, Hispanics are increasingly active in government at the federal, state, county, and city levels. They have also made significant contributions to American art, theater, literature, film, music, and sports. "

Isabel Valdés es la persona responsable de muchas campañas publicitarias en español en los Estados Unidos y Latinoamérica. Esta chilena-estadounidense es autora de *Marketing to American Latinos, A Guide to the In-Culture Approach,* un libro que presenta los gustos y preferencias de los hispanos en Estados Unidos. También es co-fundadora de una firma publicitaria especializada en los mercados (*markets*) de Estados Unidos, España y América Latina.

Gramática útil 1

Describing what you do or are doing: The present indicative of *-ar* verbs

The use of the present tense to talk about future plans is used more in some regions of the Spanish-speaking world than others.

CÓMO USARLO

In English we use a variety of structures to express different present-tense concepts. In Spanish many of these are communicated with the same grammatical form. The present indicative tense in Spanish can be used . . .

◆ to describe routine actions:

| ¡**Estudias** mucho! | *You study a lot!* |

◆ to say what you are doing now:

| **Estudias** matemáticas hoy. | *You are studying mathematics today.* |

◆ to ask questions about present events:

| ¿**Estudias** con Enrique todas las semanas? | *Do you study with Enrique every week?* |

◆ to indicate plans in the immediate future:

| **Estudias** con Enrique el viernes, ¿no? | *You're going to study with Enrique on Friday, right?* |

Notice how the same form in Spanish, **estudias**, can be translated four different ways in English.

CÓMO FORMARLO

LO BÁSICO

- An *infinitive* is a verb before it has been conjugated to reflect person and tense. **Bailar** (*to dance*) is an infinitive.
- A *verb stem* is what is left after you remove the **-ar, -er,** or **-ir** ending from the infinitive. **Bail-** is the verb stem of **bailar.**
- A *conjugated verb* is a verb whose endings reflect person (*I, you, he/she, we, you, they*) and tense (*present, past, future,* etc.). **Bailas** (*You dance*) is a conjugated verb (person: *you familiar singular;* tense: *present*).

Bailo, canto, toco la guitarra, **cocino...**

1. Spanish infinitives end in **-ar, -er,** or **-ir.** For now, you will learn to form the present indicative tense of verbs ending in **-ar.** To form the present indicative tense of a regular **-ar** verb, simply remove the **-ar** and add the following endings.

bailar (*to dance*)			
yo	bail**o**	nosotros / nosotras	bail**amos**
tú	bail**as**	vosotros / vosotras	bail**áis**
Ud., él, ella	bail**a**	Uds., ellos, ellas	bail**an**

2. Remember, as you learned in **Capítulo 1,** you do not need to use the subject pronouns (**yo, tú, él, ella,** etc.) unless the meaning is not clear from the context of the sentence, or you wish to clarify, add emphasis, or make a contrast.

Camino en el parque todos los días.
But:
Yo camino en el parque, pero Lidia camina en el gimnasio.

*I **walk** in the park every day.*

*I **walk** in the park, but Lidia walks in the gymnasium.*

3. You may use certain conjugated present-tense verbs with infinitives. However, do not use two verbs conjugated in the present tense together unless they are separated by a comma or the words **y** (*and*) or **o** (*or*).

Necesitamos trabajar el viernes.
Los sábados, **trabajo, practico** deportes y **visito** a amigos.
Los domingos, **dejo de trabajar.** ¡**Bailo, canto** o **escucho** música!

*We **have to work** on Friday.*
*On Saturdays I **work, play** sports, and **visit** friends.*
*On Sundays I **stop working. I dance, sing,** or **listen** to music!*

4. To say what you don't do or aren't planning to do, use **no** before the conjugated verb.

¡**No estudio** los fines de semana!

*I **don't study** on the weekends!*

5. Add question marks to turn a present-tense sentence into a *yes / no* question.

¿**No estudias** los fines de semana?
¿Tienes que estudiar este fin de semana?

***Don't you study** on the weekends?*
Do you have to study this weekend?

Notice that in this usage, Spanish infinitives are often translated into English as *-ing* forms: *I stop working.*

6. Other regular **-ar** verbs:

apagar	*to turn off*	**llegar**	*to arrive*
buscar	*to look for*	**necesitar**	*to need (to do*
cenar	*to eat dinner*	(+ *infinitive*)	*something)*
comprar	*to buy*	**pasar**	*to pass (by), to*
dejar (de	*to leave, to stop*		*happen*
+ *infinitive*)	*(doing something)*	**preparar**	*to prepare*
descansar	*to rest*	**regresar**	*to return*
llamar	*to call*	**usar**	*to use*

Actividades

ACTIVIDAD 1 **Beto.** Beto describes his day in an e-mail to a friend. Complete his description with the correct form of the appropriate verb from the list.

alquilar	navegar	necesitar	pasar	hablar
comprar	apagar	caminar	cenar	regresar
llegar	descansar	estudiar		

A las siete de la mañana, (1) _camino_ a la universidad. (2) _llego_ a las siete y media. Si tengo tiempo, (3) _estudio_ un poco antes de las clases.

A veces (4) _necesito_ comprar unos libros. (5) _compro_ los libros en la librería. Generalmente (6) _ceno_ en la cafetería. A veces (7) _paso_ por la tienda de videos y (8) _alquilo_ un video. (9) _regreso_ al dormitorio a las siete de la noche. (10) _Hablo_ con mis amigos por teléfono o (11) _navego_ por Internet. Todas las noches, (12) _apago_ la computadora a las diez y (13) _descanso_.

ACTIVIDAD 2 **Anilú y Sergio.** Anilú and Sergio do different things. Say what each of them does. Use **pero** (*but*) to contrast what they do. Follow the model.

MODELO: Anilú: cenar en un restaurante; Sergio: cocinar en casa
Anilú cena en un restaurante, pero Sergio cocina en casa.

1. Anilú: bailar; Sergio: levantar pesas
2. Anilú: trabajar; Sergio: descansar
3. Anilú: tomar un refresco; Sergio: tomar café
4. Anilú: estudiar; Sergio: navegar por Internet
5. Anilú: alquilar un video; Sergio: mirar televisión
6. Anilú: escuchar música rap; Sergio: tocar la guitarra

ACTIVIDAD 3 **Tú.** Interview a partner about his or her activities.

MODELO: estudiar en la biblioteca o en casa
Tú: *¿Estudias en la biblioteca o en casa?*
Compañero(a): *Estudio en la biblioteca. / Estudio en casa.*

1. caminar a la universidad todos los días
2. tocar la guitarra
3. visitar a la familia los fines de semana
4. trabajar los fines de semana
5. cenar en la cafetería o en casa
6. necesitar una computadora
7. escuchar música clásica o música moderna

ACTIVIDAD 4 **Ellos y nosotros.** Work in pairs to compare the activities of you and your friends (**nosotros**) and someone else's friends (**ellos**).

MODELO: estudiar
Nosotros estudiamos en la biblioteca. Ellos estudian en casa.

1. estudiar
2. cenar
3. trabajar
4. visitar a la familia
5. necesitar
6. llegar a la universidad
7. navegar por Internet
8. ¿...?

ACTIVIDAD 5 **Los fines de semana.** What do you generally do on the weekends? First, make a chart like the one below and fill in the **Yo** column. Compare your list with that of two classmates. Then write a paragraph comparing your typical weekend to theirs. (**¡OJO!: por la mañana / tarde / noche** = *in the morning / afternoon / night*)

¿Cuándo?	Yo	Amigo(a) #1	Amigo(a) #2
viernes por la noche:	*descansar en casa*		
sábado por la mañana:			
sábado por la tarde:			
sábado por la noche:			
domingo por la mañana:			
domingo por la tarde:			
domingo por la noche:			

MODELO: *Los viernes por la noche generalmente descanso en casa. Mi amigo Eduardo generalmente…*

ACTIVIDAD 6 **¿Quién?** You work at a dating service and you have to decide who to introduce to whom. You have some descriptions in writing and some on audio. First read the following descriptions. Then listen to the audio descriptions. For each description you hear, write the person's name next to the description below that is most compatible with that person.

Personas en el CD: Andrés, Marta, Jorge, Ángela, Rudy, Sara

Rosa: «Me gusta escuchar música de todo tipo. ¡Soy muy divertida!»

Sugerencia para Rosa: _____

Isidro: «Levanto pesas tres veces por semana. Soy muy atlético.»

Sugerencia para Isidro: _____

Roberta: «Me gusta alquilar videos. No practico deportes.»

Sugerencia para Roberta: _____

Carmen: «Uso Internet mucho en mis estudios. Soy introvertida.»

Sugerencia para Carmen: _____

José Luis: «Estudio mucho. Soy un poco serio.»

Sugerencia para José Luis: _____

Antonio: «Todos los días hablo por teléfono con mis amigos. Mis amigos son muy divertidos.»

Sugerencia para Antonio: _____

Now use the information above to find the best match for you and your classmates, based on the information you provided in **Actividad 5.**

MODELO: *Antonio es la persona más compatible con* (with) *Katie.*

Gramática útil 2

Saying what you and others like to do: *Gustar* + infinitive

Un hombre que cocina...
y también **¡le gusta
bailar** y **cantar!**

CÓMO USARLO

The Spanish verb **gustar** can be used with an infinitive to say what you and your friends like to do. Note that **gustar,** although often translated as *to like,* is really more similar to the English *to please.* **Gustar** is always used with pronouns that indicate *who is pleased* by the activity mentioned.

—**Me gusta bailar** salsa.

*I like to dance salsa. (**Dancing** salsa **pleases me.**)*

—¿**Te gusta bailar** también?

*Do you like to dance, too? (**Does dancing please you,** too?)*

—No, pero a **Luis le gusta** mucho.

*No, but **Luis likes it** a lot. (No, but **it pleases Luis** a lot.)*

CÓMO FORMARLO

LO BÁSICO

The pronouns used with **gustar** are *indirect object pronouns.* They show the person who is being pleased or who likes something. You will learn more about them in **Capítulo 8.**

1. When **gustar** is used with one or more infinitives, it is always used in its third-person singular form **gusta.** Sentences with **gusta** + *infinitive* can take the form of statements or questions without a change in word order.

—**Nos gusta cocinar** y **cenar** en restaurantes.

We like to cook and to eat out in restaurants.

—¿**Te gusta cocinar** también?

Do you like to cook also?

2. Gusta + *infinitive* is used with the following pronouns.

¡OJO! Do not confuse **me, te, le, nos, os,** and **les** with the subject pronouns **yo, tú, él, ella, Ud., nosotros, vosotros, ellos, ellas,** and **Uds.** that you have already learned.

gusta + *infinitive*	
Me gusta cantar. *I like to sing.*	**Nos** gusta cantar. *We like to sing.*
Te gusta cantar. *You like to sing.*	**Os** gusta cantar. *You (fam. pl.) like to sing.*
Le gusta cantar. *You (form.) / He / She like(s) to sing.*	**Les** gusta cantar. *You (pl.) / They like to sing.*

3. When you use **gusta,** you can also use **a** + *person* to emphasize or clarify *who* it is who likes the activity mentioned. Clarification is particularly important with **le** and **les,** since they can refer to several people.

Le gusta navegar por Internet.	*He / She likes to surf the Internet.* (*Who does?*)
A Beto / A él le gusta navegar por Internet.	*Beto / He likes to surf the Internet.*
A ellos les gusta cantar.	*They like to sing.*
A nosotros nos gusta conversar.	*We like to talk.*
A Sergio y a Anilú les gusta bailar.	*Sergio and Anilú like to dance.*

4. If you want to emphasize or clarify what you or a close friend like, use **a mí** (with **me gusta**) and **a ti** (with **te gusta**).

A mí me gusta alquilar videos, pero **a ti te gusta** mirar televisión.	*I like to rent videos, but you like to watch television.*

> Notice that **mí** has an accent, but **ti** does not.

5. To create negative sentences with **gusta** + *infinitive,* place **no** before the *pronoun* + **gusta.**

No nos gusta trabajar.	*We don't like to work.*
A Roberto **no le gusta cocinar.**	*Roberto doesn't like to cook.*

6. To express agreement with someone's opinion, use **también.** If you want to disagree, use **no** or **tampoco.** If you want to ask a friend if they like an activity you've already mentioned, ask **¿Y a ti?**

—¿Te gusta cocinar?	*Do you like to cook?*
—**A mí, no.** No me gusta. Me gusta cenar en restaurantes. **¿Y a ti?**	*No, **not me.** I don't like it. I like to eat in restaurants. **And you?***
—**A mí también.** Pero no me gusta cenar en restaurantes elegantes.	*Me too. But I don't like to eat in fancy restaurants.*
—**¡A mí tampoco!**	*Me neither!*

Actividades

ACTIVIDAD 7 **Atleta23.** Can you tell what the following people like to do, based on their electronic names?

MODELO: Cantante29
         A Cantante29 le gusta cantar.

1. Pianista18
2. Atleta23
3. Artista12
4. Estudiante31
5. Fotógrafo11
6. Cocinero13
7. Bailarina39

ACTIVIDAD 8 **Les gusta.** Susana and Alberto like to participate in certain activities together, but prefer to do other things alone. First listen to what they say and decide who likes to do the activity mentioned. After you listen, use the verbs indicated to create a sentence saying who likes to do what. Follow the models.

MODELOS: (*A Susana y a Alberto*) *Les gusta bailar.*

	Susana	Alberto	Susana y Alberto
bailar			X

(*A Susana*) *Le gusta caminar en el parque.*

	Susana	Alberto	Susana y Alberto
caminar en el parque	X		

	Susana	Alberto	Susana y Alberto
1. hablar por teléfono			
2. cocinar comida mexicana			
3. sacar fotos			
4. navegar por Internet			
5. tocar la guitarra			

ACTIVIDAD 9 **En el parque.** With a partner, look at the drawing for five minutes, then close your books. From memory, try to describe what everyone in the illustration likes to do.

Las personas: Ana, Carlos, David, Elena y Francisco, Miguel y Natalia

ACTIVIDAD 10 **Mi amigo hispanohablante.** You have a Spanish-speaking friend who is coming to visit you today. You want to let him know what activities you and your friends like to do so he can think about which activities he'd like to do with you. Write a note to post on your door that tells your friend what you and your friends typically like to do and where, so that when he arrives, he can decide what he wants to do with you.

1. First fill out the following chart to help you organize the information. Here are some possible locations: **el parque, el gimnasio, el restaurante, la cafetería, la residencia estudiantil, la biblioteca, la discoteca.**

Me gusta...	Nos gusta...	¿Dónde?

2. Once you complete the chart, use the information to write a note to your friend, telling what you and your friends like to do and where, so that he can make plans to join you or not.

Gramática útil 3

Describing yourself and others: Adjective agreement

CÓMO USARLO

Find three adjectives in this advertisement from a Spanish magazine. What nouns do they modify?

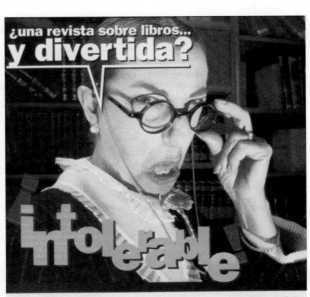

¿una revista sobre libros... y divertida?

intolerable

Un contenido aún más ameno y divertido

As you learned in **Capítulo 1,** Spanish nouns must agree with definite and indefinite articles in both gender and number. This agreement is also necessary when using Spanish adjectives. Their endings change to reflect the number and gender of the nouns they modify.

Anilú es **delgada.**	*Anilú is **thin.***
Sergio y Beto son **inteligentes.**	*Sergio and Beto are **intelligent.***
Sergio es un hombre **alto.**	*Sergio is a **tall** man.*
Dulce y Anilú son mujeres **jóvenes.**	*Dulce and Anilú are **young** women.*

Notice that in these cases the adjectives go *after* the noun, rather than before, as in English.

CÓMO FORMARLO

LO BÁSICO

- A *descriptive adjective* is a word that describes a noun. It answers the question *What is . . . like?*
- *To modify* is to limit or qualify the meaning of another word. A descriptive adjective *modifies* a noun by specifying characteristics that apply to that noun: **un estudiante** vs. **un estudiante inteligente.**

1. If an adjective is used to modify a masculine noun, the adjective must have a masculine ending. If it is used to modify a feminine noun, it must have a feminine ending.

- ◆ The masculine ending for adjectives ending in **-o** is the **o** form.
- ◆ The feminine ending for adjectives ending in **-o** is the **a** form.
- ◆ Adjectives ending in **-e** or most consonants don't change to reflect gender.
- ◆ Adjectives ending in **-or** add **-a** to the ending for the feminine form.

Un profesor	Una profesora
simpátic**o**	simpátic**a**
interesant**e**	interesant**e**
trabajad**or**	trabajad**ora**

2. If an adjective is used to modify a plural noun or more than one noun, it must be used in its plural form.

- ◆ To create the plural of an adjective ending in a vowel, add **-s.**
- ◆ To create the plural of an adjective ending in a consonant, add **-es.**
- ◆ To create the plural of an adjective ending in **-or,** add **-es** to the masculine form and **-as** to the feminine form.

El profesor	Los profesores	Las profesoras
simpátic**o**	simpático**s**	simpática**s**
interesant**e**	interesante**s**	interesante**s**
trabajad**or**	trabajador**es**	trabajador**as**

3. As with articles and subject pronouns, adjectives that apply to mixed groups of males and females use the masculine form.

4. Adjectives of nationality follow slightly different rules. These adjectives add **-a / -as** feminine endings for nationalities whose names end in **-l, -s,** and **-n.** See the nationalities in the following group for examples.

<table>
<tr><th colspan="4">Nacionalidades</th></tr>
<tr><td>Argentina:</td><td>**argentino(a)**</td><td>Guatemala:</td><td>**guatemalteco(a)**</td></tr>
<tr><td>Bolivia:</td><td>**boliviano(a)**</td><td>Guinea Ecuatorial:</td><td>**guineano(a)**</td></tr>
<tr><td>Chile:</td><td>**chileno(a)**</td><td>México:</td><td>**mexicano(a)**</td></tr>
<tr><td>China:</td><td>**chino(a)**</td><td>Panamá:</td><td>**panameño(a)**</td></tr>
<tr><td>Colombia:</td><td>**colombiano(a)**</td><td>Paraguay:</td><td>**paraguayo(a)**</td></tr>
<tr><td>Cuba:</td><td>**cubano(a)**</td><td>Perú:</td><td>**peruano(a)**</td></tr>
<tr><td>Ecuador:</td><td>**ecuatoriano(a)**</td><td>Puerto Rico:</td><td>**puertorriqueño(a)**</td></tr>
<tr><td>El Salvador:</td><td>**salvadoreño(a)**</td><td>Rep. Dominicana:</td><td>**dominicano(a)**</td></tr>
<tr><td>Italia:</td><td>**italiano(a)**</td><td>Uruguay:</td><td>**uruguayo(a)**</td></tr>
<tr><td>Honduras:</td><td>**hondureño(a)**</td><td>Venezuela:</td><td>**venezolano(a)**</td></tr>
<tr><td></td><td></td><td></td><td></td></tr>
<tr><td>Canadá:</td><td>**canadiense(s)**</td><td>Estados Unidos:</td><td>**estadounidense(s)**</td></tr>
<tr><td>Costa Rica:</td><td>**costarricense(s)**</td><td>Nicaragua:</td><td>**nicaragüense(s)**</td></tr>
</table>

<table>
<tr><td>Alemania:</td><td>**alemán, alemana, alemanes, alemanas**</td></tr>
<tr><td>España:</td><td>**español, española, españoles, españolas**</td></tr>
<tr><td>Francia:</td><td>**francés, francesa, franceses, francesas**</td></tr>
<tr><td>Inglaterra:</td><td>**inglés, inglesa, ingleses, inglesas**</td></tr>
<tr><td>Japón:</td><td>**japonés, japonesa, japoneses, japonesas**</td></tr>
</table>

Remember that Puerto Ricans are U.S. citizens.

Estados Unidos is often abbreviated as **EEUU** or **EE.UU.** in Spanish. Some native speakers do not use the article **los** with **EEUU: en Estados Unidos** or **en EEUU.**

Notice the umlaut on the **ü** in **nicaragüense.** It is called a **diéresis** in Spanish. The **diéresis** is placed on the **u** in the syllables **gue** and **gui** to indicate that the **u** needs to be pronounced. Compare: **bilingüe, pingüino** and **guerra, Guillermo.**

5. The descriptive adjectives you have learned so far in this chapter are almost always used *after the noun*, rather than before. Adjectives of nationality are always used after the noun.

6. Several adjectives in Spanish may be used *before* or *after* the noun they modify. Three common adjectives of this type are **bueno** (*good*), **malo** (*bad*), and **grande** (*big, large*). When **bueno** and **malo** are used before a singular masculine noun, they have a special shortened form. Whenever **grande** is used before any singular masculine or feminine noun, its shortened form **gran** is used.

un estudiante bueno	BUT:	un **buen** estudiante
una estudiante buena		una buena estudiante
un día malo	BUT:	un **mal** día
una semana mala		una mala semana
un hotel grande	BUT:	un **gran** hotel
una universidad grande	BUT:	una **gran** universidad

Grande has different meanings when used *before* the noun (*great, famous*) and *after* the noun (*big, large*).

Sonrisas

COMPRENSIÓN. Answer the following questions about the cartoon.

1. Según el gato (*cat*), ¿cómo es?
2. Según el perro, ¿cómo es?
3. En realidad, ¿cómo es el gato? ¿Y el perro?
4. ¿Tienen consecuencias serias las mentiras del gato? En tu opinión,
   ¿son sinceras o mentirosas las personas cuando se comunican por Internet?

Actividades

ACTIVIDAD 11 **Marcos y María.** Marcos and María are two of your best friends. They are not at all similar. Describe what they are like. Follow the model.

MODELO: Marcos es divertido.
María no es divertida. Es aburrida.

1. Marcos es paciente. *impaciente*
2. María es responsable. *irresponsable*
3. Marcos es extrovertido. *tímido*
   trabajadora
4. María es perezosa. *trabajadora*
5. Marcos es sincero. *tonto*
6. María es antipática. *pática*
7. Marcos es rubio.
8. María es delgada.

ACTIVIDAD 12 **También.** Your partner tells you that a person you both know has a certain personality or physical trait. Say that two of your friends are just like that person.

Rocío

MODELO: Compañero(a): *Rocío es alta.*
Tú: *Tomás y Marcelo también son altos.*

| 1. | 2. | 3. | 4. | 5. | 6. |

Gerardo   Ángela   Miguel   Carmela   Pablo   Jimena

ACTIVIDAD 13 **Las nacionalidades.** With your partner, take turns asking the nationalities of the following people. Then mention another person of the same nationality.

MODELO: Ricky Martin (Puerto Rico)
Tú: *¿De qué nacionalidad es Ricky Martin?*
Compañero(a): *Es puertorriqueño.*
Tú: *¿De veras? Rosie Pérez es puertorriqueña también.*

1. Enrique y Julio Iglesias (España)
2. Venus y Serena Williams (Estados Unidos)
3. Sammy Sosa (República Dominicana)
4. Hugh Grant (Inglaterra)
5. Gabriel García Márquez (Colombia)
6. Rigoberta Menchú (Guatemala)
7. Steffi Graf y Boris Becker (Alemania)
8. Gloria y Emilio Estefan (Cuba)

ACTIVIDAD 14 **Personas famosas.** In groups of four or five, each person takes a turn describing a famous person. The rest of the group tries to guess who is being described.

Palabras útiles: actor (actriz), atleta, cantante, músico(a), político(a)

MODELO: Tú: *Es actriz. Es estadounidense. Es alta, delgada y rubia. Es muy inteligente y simpática. Habla inglés, francés y español. ¿Quién es?*
Grupo: *Es Gwyneth Paltrow.*

ACTIVIDAD 15 **Los anuncios personales.**

1. Look at the personal ads on the next page from a Spanish-language magazine. Don't worry if you can't understand every word; just focus on getting the main idea.
2. Discuss the ads with a classmate. Play matchmaker. Who would you pair up? Why?

MODELO: *(Nombre 1) es bueno(a) para... (Nombre 2), porque (because)...*

Palabras útiles: soltero(a): *single;* **estatura:** *height;* **fines:** *intentions;* **cajón:** *mailbox;* **tez:** *skin, complexion;* **casarme:** *to get married;* **hogar:** *home;* **desear:** *to want;* **conocer:** *to meet;* **disfrutar la vida:** *to enjoy life*

ACTIVIDAD 16 **Comparaciones.** With a partner, compare the ads you just looked at with the kinds of ads you would find in an English-language publication in your community. What differences and similarities do you see between the ads in Spanish and in English?

En inglés / En español las personas hablan de / no hablan de...
En inglés / En español los anuncios mencionan / no mencionan...

_____ los fines matrimoniales	_____ la personalidad
_____ la apariencia física	_____ los hijos
_____ las nacionalidades	_____ los intereses
_____ el estado civil	_____ las profesiones
_____ la edad	_____ el hogar
_____ los nombres completos	_____ ¿...?

ACTIVIDAD 17 **Tus cualidades.** You want to write your own personal ad for the Internet or for a newspaper or magazine. First, make a list of the qualities you wish to include. If you want to, include a physical description. Then make a list of all of your favorite activities. Exchange your lists with a classmate and suggest changes you think would be helpful.

ACTIVIDAD 18 **Tu anuncio personal.** Now, using the information you listed in **Actividad 17,** write your own personal ad. Present yourself as positively as possible. In groups of three or four, exchange your ads and see if you can guess whose ad is whose. If possible, as a follow-up, post your ad on the class website under a false name and see if others can guess who it is.

Internet

Encuentros

Las mujeres

- **Ana Lilla Flores Ramírez.** Educadora, soltera, 23 años, de estatura mediana, delgada, cubana, de tipo polinesio. Me gustan los hombres altos y delgados de los Estados Unidos, Canadá o Europa, con profesión estable y fines matrimoniales. **Cajón M2398-1.**
- **Marisa Fernández.** Médica, divorciada, 26 años, guapa, de tez castaña. Soy una chica de sentimiento positivo. Me gusta el estudio y el trabajo, pero también me gusta hacer deportes. Corro en maratones. Busco hombre francés, canadiense, alemán o norteamericano para casarme y formar un hogar feliz. **Cajón M2258-0.**
- **Gladiz Torres.** Intérprete, soltera, 20 años, atractiva, sincera, deseo correspondencia con un hombre de buen carácter y de 20 a 40 años, atractivo, con fines serios y posición estable. **Cajón M2291-3.**

Encuentros

Los hombres

- **Guillermo Bustamante.** Soltero, 24 años, atractivo, sincero, busco mujer con fines matrimoniales. No importa si es divorciada o tiene hijos. No soy machista ni egoísta. Tengo una posición buena y muy económica. Me gusta sacar fotos, hacer deporte, caminar y conversar. **Cajón M3294-2.**
- **Selim Quintero.** Divorciado. Tengo dos hijos. 23 años. Deseo conocer a una mujer seria para casarme y formar un hogar. Soy serio y responsable, de nacionalidad hispano-árabe. Me gusta escuchar música y tocar la guitarra y el violín. **Cajón M3629-1.**
- **Efraín Ramos.** Soy un hombre español, residente en Estados Unidos. Tengo 21 años. Soy estudiante. Busco una mujer activa para hacer deportes, patinar, bailar y disfrutar la vida. Ella tiene que ser delgada, alta y muy atlética. **Cajón M2029-9.**

Hispanos en los EEUU

¿Adivinaste? Answers to the questions on page 37: 1. a, 2. b, 3. b

La identidad bilingüe. Look at the following article, divided into four paragraphs. Try to get the gist of each, and don't worry about understanding every word. Afterward, match each of the main ideas on the next page with the paragraph it summarizes. Focus on the *main* idea for each paragraph; two of the statements given, while they are true, relate to secondary details.

Doble identidad:
Los latinos en Estados Unidos

A. Los tres grupos de latinos en Estados Unidos de mayor número son los méxico-americanos (o los chicanos), los puertorriqueños y los cubanoamericanos. Cada grupo tiene una historia larga y distinta en relación a los Estados Unidos. Sin embargo, tienen en común la doble identidad del bilingüe.

B. Nueva York es el hogar de más de un millón de puertorriqueños. El Museo del Barrio en la Quinta Avenida, La Marqueta en el Este de Harlem, el Desfile Puertorriqueño de Nueva York y el "Nuyorican Poets Café" son testimonios de la vida bicultural de los "Nuyoricans".

Una tienda cubana en la pequeña Habana en Miami, Florida

Puertorriqueños en Nueva York celebran el Desfile Puertorriqueño.

Un mural chicano en California

C. En Miami, la pequeña Habana es el centro cultural de la vida cubanoamericana. Se escucha español en las tiendas, los restaurantes, los mercados y los cafés. En la pequeña Habana la vida tiene un ritmo especial gracias a la influencia cubanoamericana.

D. Los méxicoamericanos (o los chicanos) son una parte integral de la vida norte-americana en el suroeste. En las fronteras de Texas, en las ciudades de California y en las comunidades de Nuevo México, Arizona, Nevada y Colorado existe un ambiente bicultural y bilingüe en las áreas del arte, el teatro, la literatura, la televisión, la radio y la cocina, ¡por supuesto!

Ideas principales:

1. La existencia bicultural de los puertorriqueños es evidente por toda (*throughout*) la ciudad de Nueva York.
2. Los tres grupos más grandes de habla española en EEUU tienen en común la identidad del bilingüe, pero no la historia nacional.
3. Los nuyoricans son puertorriqueños que viven (*live*) en Nueva York.
4. Hay restaurantes cubanos en Miami.
5. En la sección de Miami que se llama la pequeña Habana, hay una atmósfera cubanoamericana muy distinta.
6. La cultura méxicoamericana tiene mucha influencia en la parte suroeste de EEUU.

Párrafo A: _____
Párrafo B: _____
Párrafo C: _____
Párrafo D: _____

Internet

¡CONÉCTATE!

In recent years, U.S. magazines and newspapers targeted at the Latino market have proliferated. Spanish has also become a major force in the television industry.

1. Divide into groups of three. Choose one of the following to investigate: U.S. Spanish-language magazines, newspapers, or television stations.
2. Follow the links on the *Nexos Media* website to see a list of suggested websites. Use the information there to answer the following questions about your chosen category.
   - ¿Cuáles son los nombres de dos revistas (*magazines*), periódicos (*newspapers*) o canales de televisión?
   - ¿Cuántas personas leen (*read*) o miran cada uno? ¿Cómo es la audiencia principal?
   - ¿Qué secciones o programas principales tiene cada uno?
3. Put together your group's findings and prepare a short presentation to give to the class.

A LEER

Antes de leer

For more on using a bilingual dictionary, see the **A escribir** section of the Workbook.

Using a bilingual dictionary to aid in comprehension

When reading in Spanish, it is important to try to understand the general meaning of what you read and not spend time looking up every unknown word. If, however, there is a key word that you can't figure out another way, using a dictionary can save you time and lower your level of frustration.

Try to limit yourself to looking up only one or two words from each page of text. Focus on words that you cannot guess from context and that you absolutely must understand in order to get the reading's general meaning. When you do look up the word, don't settle on the first definition! Look at the different English translations provided. Which one seems to best fit with the overall content of the reading?

When looking up verbs, remember that you must look up the infinitive form (**-ar, -er,** or **-ir**) and not the conjugated form. (**Ser** instead of **soy, hablar** instead of **hablas,** etc.)

ACTIVIDAD 1   *People en español* is a monthly magazine that focuses on famous Latinos in the U.S., as well as Spanish-speakers from other countries. Its feature **"Dime la verdad"** (*"Tell me the truth"*) always poses a question to a number of well-known Spanish-speakers and asks them to answer it. This month's question is "How are you similar to your mother **(madre)**?"

1. Look at the quotes of the five people featured. Are there any words that you don't know? If so, what are they?
2. Can you guess from context any of the words you identified? For example, Chef Pepín has a television show called **"La cocina de Chef Pepín."** Based on the knowledge that he is a chef, and having learned the verb **cocinar,** what might the word **cocina** mean?
3. Of the remaining words, how many do you really need to know in order to understand the basic idea of what the person is saying—how he or she is like his or her mother? With a partner, decide if the words are necessary to get the main idea.

If **era** is one of the words you have left, it will be hard to find in the dictionary. It is a past-tense form of **ser** meaning *I was, he / she was, you (form.) were.*

ACTIVIDAD 2   Now that you have narrowed your list of unknown but key words down to one or two, look them up in the dictionary. Be sure to read all the English definitions. Which one(s) fit(s) best in the context of the article?

Lectura

Dime la verdad

¿En qué crees que te pareces a tu madre?

DANIELA LUJÁN
actriz, *El diario de Daniela*
"Tenemos el mismo carácter.
Como a ella, a mí me gusta
mandar".

CHRIS ARMAS
futbolista, *Chicago Fire*
y Selección Nacio-
nal de Estados
Unidos
"Los dos so-
mos personas
reservadas y genero-
sas".

CHEF PEPÍN
La cocina del chef Pepín
"De mi mamá aprendí a cocinar
y también a cultivar el amor por
la cocina".

BOB VILA
Bob Vila's Home Again
"Soy muy franco como lo era ella".

**LESLEY ANN
MACHADO**
presentadora,
Control
"Yo soy super
perfeccionista
y ella también".

LUJÁN: LUZ MONTERO.
ARMAS: ANDY
LYONS/ALLSPORT.
PEPÍN: CORTESÍA DEL
CHEF PEPÍN;
MACHADO: CORTESÍA
DE UNIVISIÓN; VILA:
BRIAN SMITH/OUTLINE

ACTIVIDAD 3 Now, as you read the entire article, complete the following chart with the information that says how each person is like his or her mother.

Chris Armas	Daniela Luján	Bob Vila	Chef Pepín	Lesley Ann Machado

Después de leer

 ACTIVIDAD 4 Look at the drawing and, with a partner, describe how the mother and her children are similar and how they are different. Follow the model.

MODELO: *La madre es... y Mariela también es...*
La madre es..., pero Mario es...

Mario

La Sra. Gómez

Lucía

Mariela

 ACTIVIDAD 5 With a partner, discuss how you are similar to and different from your mother or other family members. Follow the models and use the list of family members as necessary.

MODELO: with **ser**: *Mi madre y yo...*
Mi madre..., pero (but) yo...

with **gustar**: *Nos...*
A mí..., pero a mi madre...

You will learn more names for family members in **Capítulo 5.**

Otros parientes: padre: *father;* **hermano:** *brother;* **hermana:** *sister;* **primo(a):** *cousin;* **tío:** *uncle;* **tía:** *aunt;* **abuelo:** *grandfather;* **abuela:** *grandmother*

¡COMPÁRATE!

In the United States, Mother's Day is usually a simple celebration marked by gifts and cards for Mom and perhaps breakfast in bed or dinner out. However, in many Spanish-speaking cultures, this holiday takes on a much greater importance. In Mexico, for example, **El Día de las Madres** is a much bigger celebration than the more internationally famous **Cinco de Mayo.**

Because Mexico has its religious origins in both indigenous religions and Catholicism, the idea of the Madonna or mother figure has particular resonance there.

La Virgen de Guadalupe es la santa religiosa y figura de la madre más importante de todo México.

In addition to giving cards and presents, many Mexican families also make pilgrimages to the Basilica of Guadalupe in Mexico City. Some hire **mariachi** bands to play mournful songs at their mother's graves or sing themselves. Traditional celebrations include closing offices and factories, presenting concerts and pageants in the schools, and enjoying lengthy lunch-time celebrations. Throughout Southern California, many immigrant families follow these traditions and even bring their mothers from Mexico for the occasion.

Some Mexican feminists and sociologists see a downside to the intensity of these celebrations: once the mother is put on a pedestal, she is no longer a real person with flaws, needs, and aspirations. The cult of motherhood places Mexican and Mexican-American women at a cultural crossroads, standing between the old-fashioned Mexican mother and the more liberated working woman who juggles motherhood and a career.

Regardless of one's viewpoint, as the Spanish saying goes: **Madre sólo hay una** and **El Día de las Madres** is the day to express your feelings, regardless of your nationality or the type of celebration you choose.

 PRÁCTICA. Discuss the following questions in groups of three or four.

1. ¿Qué diferencias hay entre las celebraciones de México y las de EEUU? Indica los aspectos de la celebración que se asocian con México (M), con EEUU (E) o con los dos (D).

   _____ más (+) importante
   _____ visita al cementerio
   _____ tarjetas (*cards*)
   _____ mariachis u otra música
   _____ espectáculos en las escuelas (*schools*)

   _____ menos (–) importante
   _____ regalos (*gifts*)
   _____ cenar en un restaurante
   _____ no hay trabajo
   _____ una celebración religiosa

2. Miren el artículo en la página 63 (**Dime la verdad**). Según ustedes, ¿es común que los hombres de los EEUU se comparen con sus madres?

3. Según ustedes, ¿tiene la religión alguna influencia en la representación de la madre en la sociedad estadounidense?

Notice the **u** in the phrase **mariachis u otra música.** In Spanish, the conjunction **o** (*or*) changes to a **u** when it precedes another word beginning with the letter **o.** This change occurs for pronunciation reasons: it avoids the repetition of the **o** sound.

 septiembre **u** octubre
 siete **u** ocho

PARA EXPRESAR PREFERENCIAS
To express preferences

¿Qué te gusta hacer?	*What do you like to do?*
A mí me gusta...	*I like . . .*
A ti te gusta...	*You like . . .*
A... le gusta...	*You / He / She like(s) . . .*
A... les gusta...	*You (pl.) / They like . . .*
¿Y a ti?	*And you?*

alquilar videos	*to rent videos*
bailar	*to dance*
caminar	*to walk*
cantar	*to sing*
cocinar	*to cook*
escuchar música	*to listen to music*
estudiar en la	*to study at the*
biblioteca /	*library /*
en casa	*at home*
hablar por teléfono	*to talk on the phone*
levantar pesas	*to lift weights*
mirar televisión	*to watch television*
navegar por Internet	*to surf the Internet*
patinar	*to skate*
pintar	*to paint*
practicar deportes	*to play sports*
sacar fotos	*to take photos*
tocar un instrumento	*to play a musical*
musical	*instrument*
la guitarra	*the guitar*
el piano	*the piano*
la trompeta	*the trumpet*
el violín	*the violin*
tomar un refresco	*to have a soft drink*
tomar el sol	*to sunbathe*
trabajar	*to work*
visitar a amigos	*to visit friends*

PARA DESCRIBIR   *To describe*

¿Cómo es?	*What's he / she / it like?*
muy	*very*

Características de la personalidad
Personality traits

aburrido(a)	*boring*
activo(a)	*active*
antipático(a)	*unpleasant*
bueno(a)	*good*
cómico(a)	*funny*
cuidadoso(a)	*cautious*
divertido(a)	*fun, entertaining*
egoísta	*selfish, egotistic*
extrovertido(a)	*extroverted*
generoso(a)	*generous*
impaciente	*impatient*
impulsivo(a)	*impulsive*
inteligente	*intelligent*
interesante	*interesting*
introvertido(a)	*introverted*
irresponsable	*irresponsible*
malo(a)	*bad*
mentiroso(a)	*dishonest, lying*
paciente	*patient*
perezoso(a)	*lazy*
responsable	*responsible*
serio(a)	*serious*
simpático(a)	*nice*
sincero(a)	*sincere*
tímido(a)	*shy*
tonto(a)	*silly, stupid*
trabajador(a)	*hard-working*

Características físicas   *Physical traits*

alto(a)	*tall*
bajo(a)	*short*
delgado(a)	*thin*
feo(a)	*ugly*
gordo(a)	*fat*
grande	*big, great*
guapo(a)	*handsome, attractive*
joven	*young*
lindo(a)	*pretty*
pequeño(a)	*small*
viejo(a)	*old*
Es pelirrojo(a) /	*He / She is redheaded /*
rubio(a).	*blond.*
Tiene el pelo negro /	*He / She has black /*
castaño / rubio.	*brown / blond hair.*

Nacionalidades *Nationalities*

alemán (alemana)	*German*
argentino(a)	*Argentinian*
boliviano(a)	*Bolivian*
canadiense	*Canadian*
chileno(a)	*Chilean*
chino(a)	*Chinese*
colombiano(a)	*Colombian*
costarricense	*Costa Rican*
cubano(a)	*Cuban*
dominicano(a)	*Dominican*
ecuatoriano(a)	*Ecuadoran*
español (española)	*Spanish*
estadounidense	*U.S. citizen*
francés (francesa)	*French*
guatemalteco(a)	*Guatemalan*
hondureño(a)	*Honduran*
inglés (inglesa)	*English*
italiano(a)	*Italian*
japonés (japonesa)	*Japanese*
mexicano(a)	*Mexican*
nicaragüense	*Nicaraguan*
panameño(a)	*Panamanian*
paraguayo(a)	*Paraguayan*
peruano(a)	*Peruvian*
puertorriqueño(a)	*Puerto Rican*
salvadoreño(a)	*Salvadoran*
uruguayo(a)	*Uruguayan*
venezolano(a)	*Venezuelan*

PALABRAS ÚTILES

Los verbos

apagar	*to turn off*
buscar	*to look for*
cenar	*to eat dinner*
comprar	*to buy*
dejar	*to leave*
dejar de (+ *inf.*)	*to stop (doing something)*
descansar	*to rest*
llamar	*to call*
llegar	*to arrive*
necesitar	*to need*
pasar	*to pass (by)*
preparar	*to prepare*
regresar	*to return*
usar	*to use*

Otras palabras

los fines de semana	*weekends*
los viernes	*Fridays*
los sábados	*Saturdays*
los domingos	*Sundays*
el gato	*cat*
el perro	*dog*
pero	*but*
también	*also*
tampoco	*neither*

¿Cómo aprendemos?

CAPÍTULO 3

Unos estudiantes puertorriqueños hablan antes de ir a clase.

INVESTIGACIONES

Los seres humanos tenemos una capacidad tremenda para aprender. ¿Cómo prefieres aprender? ¿A través de (*through*) los libros, la televisión, los periódicos, las revistas, Internet o las clases? En este capítulo, vamos a explorar varias maneras de aprender.

Los datos

Indica si los siguientes comentarios son ciertos o falsos, según la información de la tabla.

Campos de estudio	Cuba	República Dominicana	Estados Unidos / Puerto Rico
Educación	45,9%	11,6%	7,0%
Humanidades	1,7%	6,3%	13,0%
Ciencias sociales / Negocios	7,1%	31,1%	30,1%
Ciencias naturales	17,2%	10,0%	17,2%
Ciencias médicas	16,2%	6,0%	10,3%
Otros	11,9%	35%	22,4%

1. La educación es el campo de estudio más popular en EEUU.
2. El campo de estudio menos popular en Cuba es la educación.
3. Las ciencias sociales y los negocios son los campos de estudio más populares en EEUU y la República Dominicana.

¡Adivina!

¿Qué sabes de Cuba, la República Dominicana y Puerto Rico? (Las respuestas están en la página 92.)

1. ¿Cuál es el más pequeño? ¿y el más grande?
2. ¿Cuáles tienen una influencia africana muy importante?
3. ¿Dónde se originó (*originated*) la música merengue? ¿la rumba y el mambo? ¿la bomba y la plena?

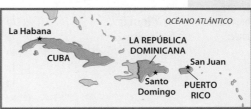

¡IMAGÍNATE!

Vocabulario útil 1

CHELA:	Para empezar, dime, ¿cuántas clases tienes?
ANILÚ:	Ay, ¡qué aburrido!, ¿no crees? Si voy a salir por Internet, quiero hacer más que recitar mis clases: **computación, diseño gráfico, psicología,** bla, bla, bla…
CHELA:	Comprendo que no son las preguntas más interesantes del mundo, pero…
ANILÚ:	Prefiero hablar de mi tiempo libre, los **sábados,** por ejemplo.

CAMPOS DE ESTUDIO

En el salón de clase

Los cursos básicos
la arquitectura
las ciencias políticas
la economía
la educación
la geografía
la historia
la ingeniería
la psicología

Las humanidades
la filosofía
las lenguas / los idiomas
la literatura

Las lenguas / Los idiomas
el alemán
el chino
el español
el francés
el inglés
el japonés

Las matemáticas
el cálculo
la computación / la informática
la estadística

Las ciencias
la biología
la física
la medicina
la química (*chemistry*)
la salud (*health*)

Los negocios
la administración de empresas
la contabilidad (*accounting*)
el mercadeo (*marketing*)

La comunicación pública
el periodismo (*journalism*)
la publicidad

En el estudio
el arte
el baile
el diseño gráfico
la música
la pintura

Notice that many of the courses of study are cognates of their English equivalents. Be sure to notice the difference in spelling, accentuation, and pronunciation, for example: geografía = *geography.*

Otros lugares en la universidad

¿Dónde tienes la clase de...?	*Where does your . . . class meet?*
En el centro de computación.	*In the computer center.*
...el centro de comunicaciones.	*. . . the media center.*
...el gimnasio.	*. . . the gymnasium.*
la cafetería	*the cafeteria*
la librería	*the bookstore*
la residencia estudiantil	*the dorm*

Notice that the week begins on Monday in most Spanish-speaking countries. Also notice that the days of the week are not capitalized in Spanish as they are in English.

LOS DÍAS DE LA SEMANA

lunes	martes	miércoles	jueves	viernes	sábado	domingo
8	9	10	11	12	13	14

To say that something happens *on* a certain day, use the singular article with the day of the week: **La fiesta va a ser** *el* **sábado.**

To say that something happens on the same day every week, use the plural article with the day of the week: *Los* **sábados visito a mi madre.**

Actividades

ACTIVIDAD 1 **Las clases de Mariana.** With a partner, say on which days Mariana has each of her classes, based on her class schedule.

MODELO: economía
Mariana tiene economía los lunes, los miércoles y los viernes.

	lunes	martes	miércoles	jueves	viernes
8:00	economía		economía		economía
10:00	psicología	literatura	psicología	literatura	
11:30	francés	francés	francés	francés	francés
3:00		contabilidad		contabilidad	
4:00	pintura		música	pintura	música

1. psicología
2. literatura
3. francés
4. contabilidad
5. pintura
6. música

ACTIVIDAD 2 **Mis clases.** Fill out a page from your agenda with your class schedule. Include days, times, and locations. Then, with a partner, ask each other questions about each day of the week. Be sure to save your schedule for later activities.

MODELO: Tú: *¿Qué clases tienes los lunes?*
Compañero(a): *Los lunes tengo psicología, arte y computación.*

 ACTIVIDAD 3 **¿Dónde?** Ask your partner where he / she does certain activities.

MODELO: levantar pesas
Tú: *¿Dónde levantas pesas?*
Compañero(a): *En el gimnasio.*

1. visitar a tus amigos
2. navegar por Internet
3. escuchar los CDs de la clase de español
4. practicar deportes
5. comprar libros
6. vivir
7. tener clase de baile
8. estudiar

Internet

¡FÍJATE!

Las lenguas romances

Spanish evolved from Latin, the language of the Roman conquerors whose empire once included the Iberian Peninsula (known as Hispania), as well as part of Great Britain and most of Europe and northern Africa. Languages that evolved from Latin are known as the Romance languages. Major Romance languages include Spanish, French, Italian, Portuguese, and Romanian. This common origin often results in the cognates you learned about in **Capítulo 1,** as well as in the false cognates you learned about in **Capítulo 2.**

PRÁCTICA. Work with a partner and see if you can match each word on the left with the correct language on the right.

1. _____ universitate	a. Latin	
2. _____ universitas	b. Spanish	
3. _____ université	c. Portuguese	
4. _____ university	d. English	
5. _____ universidad	e. Romanian	
6. _____ università	f. Italian	
7. _____ universidade	g. French	

Vocabulario útil 2

CHELA:	¿Qué haces los sábados?
ANILÚ:	**Por la mañana,** corro por el parque. **A las dos de la tarde,** tengo clase de danza afrocaribeña.
CHELA:	¿Y **por la noche**?
ANILÚ:	Por la noche escucho música con mis amigos o vamos al cine o a un restaurante.
CAMARÓGRAFO:	Uy, ¿**qué hora es**? ¡Tengo que irme!
CHELA:	Pero, ¿adónde vas? ¡Necesito otra entrevista!
CAMARÓGRAFO:	¡Tengo clase **a las once**!
CHELA:	**Son las once menos cuarto.** Espera un minuto, por favor.

PARA PEDIR Y DAR LA HORA   *To ask for and give the time*

¿Qué hora es?   *What time is it?*

> Compare the following two questions and responses.
>
> **¿Qué hora es?** (*What time is it?*)
> **Es la una.** (*It's one o'clock.*)
>
> **¿<u>A</u> qué hora es la clase de español?** (*[<u>At</u>] what time is Spanish class?*)
> **Es <u>a</u> la una.** (*It's <u>at</u> one o'clock.*)

Es la una.

Son las dos.

Son las cinco y cuarto.
Son las cinco y quince.

Son las cinco y media.

Son las cinco y diez.

Son las cinco menos cuarto.
Faltan quince para las cinco.

—¿**Tienes tiempo** para tomar un café?
—**Sí, es temprano.** / —¡Ay, no, **ya es muy tarde**!

De la mañana is used for the morning hours between midnight and noon. **De la tarde** is used for daylight hours after noon. **De la noche** is used only for nighttime hours. These hours vary from country to country, given that in some countries it gets dark earlier or stays light later.

Compare the use of **de** and **por** in the following sentences.

> La clase es a las diez **de la mañana.**

> En general estudio **por la mañana.**

Note that you use **de la mañana / tarde / noche** to give a specific time of day. You use **por la mañana / tarde / noche** to give a more general time frame.

MAÑANA, TARDE O NOCHE *Morning, afternoon or night*

Mira **el reloj** para **decir la hora...**   *Look at the clock to tell the time . . .*

Son las ocho de la mañana.

Son las tres de la tarde.

Son las nueve de la noche.

Es mediodía.	*It's noontime.*
Es medianoche.	*It's midnight.*
Es tarde.	*It's late.*
Es temprano.	*It's early.*

Actividades

ACTIVIDAD 4 **¿Qué hora es?** Ask your partner what time it is. He / She will tell you what time it is and add a comment about it. Take turns asking the time.

MODELO: 1:00 P.M.
Tú: *¿Qué hora es?*
Compañero(a): *Es la una de la tarde. ¡Uy, es tarde! Tengo que irme. Tengo clase a la una y cuarto.*

1. 3:15 P.M.
2. 2:45 P.M.
3. 10:30 A.M.
4. 12:00 noon
5. 6:55 A.M.
6. 9:25 P.M.

ACTIVIDAD 5 **Mi horario.** Get out the agenda page that you filled out for **Actividad 2.** Ask your partner about his / her class schedule. You name a day and a time, and your partner tells you what class he / she has at that time. Talk about all five days of the week.

MODELO: Tú: *Es lunes y son las diez de la mañana.*
Compañero(a): *Tengo clase de cálculo.*

ACTIVIDAD 6 **Tu horario.** Exchange your agenda page with your partner. Your partner names a day and a time, and you tell him / her where he / she is at that time. Take turns with each other's schedules.

MODELO: Compañero(a): *Es viernes y son las dos de la tarde. ¿Dónde estoy?*
              Tú: *Estás en la clase de danza afrocaribeña.*

Vocabulario útil 3

CHELA: ¿Así que te gustan más los fines de semana que los días de **entresemana**?

ANILÚ: Pues sí, por supuesto. Los fines de semana son mucho más divertidos. Ay, **es tarde.** Yo también tengo clase a las once.

CHELA: Gracias por la entrevista. …

ANILÚ: Oye, ¿cuándo sale la entrevista en la red?

CHELA: **Mañana.**

PARA HABLAR DE LA FECHA

¿Qué día es hoy? *What day is today?*
Hoy es martes treinta. *Today is Tuesday the 30th.*

¿A qué fecha estamos? *What is today's date?*
Es el treinta de octubre. *It's the 30th of October.*
Es el primero de noviembre. *It's the first of November.*

¿Cuándo es el Día de las Madres? *When is Mother's Day?*
Es el doce de mayo. *It's May 12th.*

el día	*day*
la semana	*week*
el fin de semana	*weekend*
el mes	*month*
el año	*year*
todos los días	*every day*
entresemana	*during the week/on weekdays*
ayer	*yesterday*
hoy	*today*
mañana	*tomorrow*

Actividades

ACTIVIDAD 7 **Las fechas.** Form pairs. Bring out a yearly calendar or borrow one from your professor. Your professor will give each team five minutes to answer the following questions. Write out your answers in Spanish. There are some words that you might not know. Try to guess at their meaning, but don't let it hold you up!

1. ¿Qué día de la semana es Navidad (25 de diciembre) este año?
2. ¿Qué día de la semana es el Día de la Independencia (4 de julio) este año?
3. ¿Qué día de la semana es el Día de la Amistad (14 de febrero) este año?
4. ¿A qué fecha estamos? ¿Cuándo es el próximo (*next*) examen de español?
5. ¿Cuándo son las próximas vacaciones? ¿Qué día regresan los estudiantes de las próximas vacaciones?

ACTIVIDAD 8 **Fechas importantes.** Write down in Spanish ten to fifteen dates that are important for you. Then transfer them to your calendar. The following are some examples of the dates you might include.

los cumpleaños de los miembros
   de mi familia
los cumpleaños de mis amigos
el Día de las Madres

el Día del Padre
las fechas de las vacaciones
el aniversario de…
las fechas de mis exámenes finales

¡COMPÁRATE!

Internet

Many Spanish-speaking countries use the 24-hour clock (**el reloj de veinticuatro horas**) in schedules or to give official times. The 24-hour clock is based on counting the hours from zero through twenty-four. The first twelve hours of the day (from midnight until noon) are represented with the numbers 0–12. Any time after noon is represented by that time + 12. The **h** after the time stands for **horas.** For example:

1:00 P.M. = 1:00 + 12 = 13:00h
2:30 P.M. = 2:30 + 12 = 14:30h
5:45 P.M. = 5:45 + 12 = 17:45h

   The 24-hour clock is almost always used in written form. In conversation, Spanish speakers use the 12-hour format adding **de la mañana, de la tarde,** and **de la noche** for clarification.

   PRÁCTICA. With a partner, look at the schedules that you used in **Actividad 2.** Convert the times on your schedules to hours on the twenty-four-hour clock. Follow the model.

MODELO: Tú: *Mi (My) clase de matemáticas es a las 3:00 de la tarde.*
           Compañero(a): *Tu (Your) clase de matemáticas es a las 15:00 horas.*

A VER

Video/DVD

Antes de ver el video

ACTIVIDAD 1 Look at the **Vocabulario útil** sections on pages 70, 73, and 75 and identify the three main characters you see in the photographs. Then match the person on the left with their concern on the right.

1. _____ Chela
2. _____ camarógrafo
3. _____ Anilú

a. Tiene que ir a clase.
b. Busca información sobre la vida universitaria.
c. Prefiere hablar sobre los fines de semana.

ACTIVIDAD 2 The following is a list of key words that are used in the video. Quickly review this list.

la entrevista	*the interview*
transmitir	*to transmit*
la red	*the Web, the Internet*

ACTIVIDAD 3 It is obvious from the list in **Actividad 2** that the video segment will probably include an interview. Write a list of five questions that you might ask a university student in an interview for your university's web page.

MODELO: *¿Cómo te llamas?*
  ¿Qué...?
  ¿Cuándo...?
  etc.

ESTRATEGIA

Using body language to aid in comprehension

In video, as in life, you can gain insight by observing the body language of the person speaking. Even if you don't understand every word that you hear, you can get clues to a person's meaning by watching facial expressions, gestures, hand movements, and overall body motion. If you ask a woman a question and she shrugs and walks away, her meaning is clear even if she hasn't uttered a single word.

The deciphering of body language is an automatic habit all people use in their daily interactions. This skill, which you have already developed through your day-to-day interactions with other people, will come in handy as you try to understand the characters in the video.

El video

Now watch the video segment for **Capítulo 3** without sound. Pay special attention to the body language of the actors as you watch.

As a previewing strategy to help guide your comprehension of the video segment, read the items in **Actividad 4** *before* you view the video.

1. What do you think Chela is asking the students that are walking by? Are they responding positively or negatively to her?
2. What do you think Anilú is like?
3. What does the cameraman's body language indicate?

Después de ver el video
Internet

ACTIVIDAD 4 Say whether or not the following statements are true **(cierto)** or false **(falso)**, based on your observation of the characters' body language in the segment.

1. Muchos estudiantes prefieren no participar en la entrevista con Chela.
2. Chela indica algo (*something*) al estudiante con la cámara.
3. El estudiante con la cámara no tiene prisa (*is not in a hurry*).
4. Chela es una persona muy responsable y trabajadora.
5. Anilú observa a Javier (el estudiante que aparece al final del segmento) con mucho interés.

ACTIVIDAD 5 Now, watch the video again with sound. Use the information you gathered from observing body language, along with what you understood from listening to the video, to complete the following statements.

1. En la opinión del estudiante con la cámara y de Anilú, el tema del programa de Chela es _____.
2. Anilú tiene clases de computación, diseño gráfico y _____.
3. Los _____, Anilú corre en el parque.
4. Los sábados por la noche, Anilú escucha música con amigos o va al _____ o a un restaurante.
5. El estudiante con la cámara tiene clase a las _____.

 ACTIVIDAD 6 Watch the video segment again. With a partner, make a list of the questions that Chela asks Anilú in her interview. Then interview two or three of your classmates, asking them those questions.

ACTIVIDAD 7 With a partner, dramatize one of the following situations.

- You are the reporter and you are attracted to the interviewee. Try to get the interviewee's phone number.

- You are the interviewee and you are attracted to the cameraman. Try to get the camerman's phone number.

- You are the interviewee and you don't like the reporter's attitude. Try to evade the reporter's questions.

VOCES DE LA COMUNIDAD

Internet

Erick Carreira

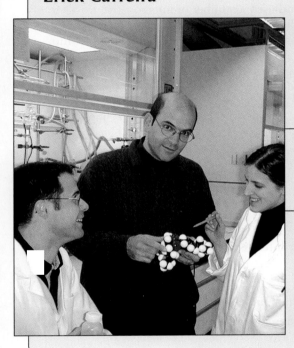

" Though English is the international language of science, as a bilingual Hispanic, I take great pleasure and pride in my ability to communicate with my colleagues throughout Latin America and Spain, in my native language—Spanish. My Hispanic identity has enabled me to forge alliances with these colleagues that extend beyond the confines of science to encompass a long and rich array of shared cultural, social, and personal experiences. **"**

" Estudiar, aprender y explorar son actividades esenciales para mi felicidad y satisfacción personal. En mi opinión, estas actividades forman parte de un instinto exploratorio que define a los seres humanos. **"**

Erick José Carreira es investigador y profesor de química en el Instituto ETH, un centro de investigaciones científicas en Zurich, Suiza. Este cubanoamericano recibe fama internacional por su trabajo relacionado con el colesterol. Tiene un doctorado en química de la Universidad de Harvard. Sus honores académicos incluyen el Premio Nobel Signature y el Premio Pecase de la Fundación Nacional de Ciencias (NSF).

Gramática útil 1

Asking questions: Interrogative words

CÓMO USARLO

You have already seen, learned, and used a number of interrogative words to ask questions. **¿Cómo te llamas? ¿Cuál es tu dirección electrónica? ¿Dónde vives?** and **¿Qué tal?** are all questions that begin with interrogatives: **cómo, cuál, dónde, qué.**

As in English, we use interrogatives in Spanish to ask for specific information. Here are the Spanish interrogatives.

¿Cuál(es)?	*What? Which one(s)?*	**¿Dónde?**	*Where?*
¿Qué?	*What? Which?*	**¿Adónde?**	*To where?*
¿A qué hora?	*(At) What time?*	**¿De dónde?**	*From where?*
¿De qué?	*About what? Of what?*	**¿Quién(es)?**	*Who?*
¿Cuándo?	*When?*	**¿De quién(es)?**	*Whose?*
¿Cuánto(a)?	*How much?*	**¿Cómo?**	*How?*
¿Cuántos(as)?	*How many?*	**¿Por qué?**	*Why?*

1. ¿Qué? and **¿cuál?** may appear interchangeable at first sight, but they are used in very specific ways.

¿Qué? is . . .

◆ used to ask for a definition: **¿Qué es el reloj de veinticuatro horas?**

◆ used to ask for an explanation or further information: **¿Qué vas a estudiar este semestre?**

◆ generally used when the next word is a noun: **¿Qué libros te gustan más? ¿Qué clase tienes a las ocho?**

¿Cuál? is . . .

◆ used to express a choice between specified items: **¿Cuál de los libros prefieres? ¿Cuál prefieres, las matemáticas o las ciencias?**

◆ used when the next word is a form of **ser** but the question is *not* asking for a definition: **¿Cuál es tu número de teléfono? ¿Cuáles son tus clases favoritas?**

2. ¿Dónde? is used to ask where something is.

¿Dónde está la biblioteca?   *Where is the library?*

3. **¿Adónde?** is used to ask where someone is going.

¿**Adónde** vas ahora?   *Where are you going now?*

Notice that **dónde** and **adónde** are both translated the same way into English.

4. ¿**De quién es?** and ¿**De quiénes son?** are used to ask about possession. You answer using **de.**

—¿**De quién** es la computadora?   *Whose computer is this?*
—**Es de** Miguel.   *It's Miguel's.*

—¿**De quiénes** son los libros?   *Whose books are these?*
—**Son de** Anita y Manuel.   *They're Anita's and Manuel's.*

5. Questions using ¿**por qué?** can be answered using **porque** (*because*).

—¿**Por qué** tienes que trabajar?   *Why do you have to work?*
—¡**Porque** necesito el dinero!   *Because I need the money!*

Note that the interrogative is two separate words with an accent on **qué. Porque** is one single word with no accent.

CÓMO FORMARLO

1. Interrogatives are always preceded by an inverted question mark (¿). The question requires a regular question mark (?) at the end.

2. Notice that in a typical question the subject *follows* the verb.

¿**Dónde estudia Marcos?**   *Where does Marcos study?*
¿**Qué instrumento tocan Uds.?**   *What instrument do you play?*

3. ¿**Quién?** and ¿**cuál?** change to reflect number.

¿**Quién** es el hombre alto? / ¿**Quiénes** son los hombres altos?
¿**Cuál** de los libros tienes? / ¿**Cuáles** son tus idiomas favoritos?

4. ¿**Cuánto?** changes to reflect both number and gender.

¿**Cuánto** dinero tienes?   *How much money do you have?*
¿**Cuánta** comida compramos?   *How much food should we buy?*
¿**Cuántos** años tienes?   *How many years are you? / How old are you?*
¿**Cuántas** personas hay?   *How many people are there?*

¿**Cuántas** entrevistas tenemos que hacer?

5. When you want to ask "how much" in a general way, use ¿**cuánto?**

¿**Cuánto es?** ¿**Cuánto necesitamos?**

6. Note that interrogatives always require an accent.

7. You have already learned how to form simple *yes/no* questions by adding **no** to a sentence.

¿**No escribes** e-mails hoy?   *Aren't you writings any e-mails today?*

8. You can also form simple *yes/no* questions by adding a tag question, such as ¿**verdad?** (*Isn't that right?*) and ¿**no?** to the end of a statement.

Cantas en el coro con Ana, ¿**no?**   *You sing in the chorus with Ana, **right?***
Enrique baila salsa muy bien, ¿**verdad?**   *Enrique dances salsa very well, **right?***

When a Spanish speaker adds ¿**verdad?** or ¿**no?** to a question, he or she is expecting an affirmative answer.

ACTIVIDAD 1 **Las preguntas.** What question would you have to ask to produce the response shown? You will hear three questions. Choose the correct one.

1. La clase de informática es a las once de la mañana.
2. Tengo que ir al centro de computación para la clase de informática.
3. La computadora portátil es de mi compañero de cuarto.
4. Hay que comprar tres libros para la clase de informática.
5. Porque me gustan mucho las computadoras y quiero aprender a programarlas.
6. La señora Delgado es la profesora de informática.

ACTIVIDAD 2 **En la cafetería.** You overhear a conversation between two students in the cafeteria. Fill in the correct form of the question words to complete their conversation.

—¿(1) _Qué_ clases tienes este semestre?
—Tengo arte, literatura, cálculo, química y economía.

—¿(2) _Cuáles_ son tus clases favoritas?
—El arte y la literatura.

—¿(3) _Quiénes_ son tus autores favoritos?
—García Márquez, Borges y Allende.

—¿(4) _Quién_ es tu profesor de literatura?
—El señor Banderas.

—¿(5) _Cuántos_ libros necesitas para la clase de literatura?
—Diez, más o menos, pero son libros que puedo sacar de la biblioteca.

—¿A (6) _qué_ hora tienes la clase de literatura?
—A las diez de la mañana.

—¿(7) _Adónde_ vas ahora?
—Al centro de computación.

—¿(8) _Por qué_ vas allí?
—Porque necesito usar las computadoras para hacer mi tarea.

—Pero tienes computadora portátil. ¿(9) _____ es la computadora portátil?
—Es de mi compañero de cuarto. ¡Haces demasiadas (*You ask too many*) preguntas!

ACTIVIDAD 3 **Encuesta #1.** In the chapter activities labeled **"Encuesta"** you will gather information from your fellow students in order to write a description of life at your college or university in the **A escribir** section at the end of the chapter.

1. First prepare a questionnaire by creating two questions for each category, using the cues provided, or coming up with your own.

   El horario: clases por día / semana, lugar preferido para estudiar
   El trabajo: lugar de trabajo, horas de trabajo
   La computadora: tiempo que pasas en la computadora y por Internet, sitios interesantes en Internet
   La universidad: clases difíciles y fáciles, las horas por semana que estudias, profesores buenos y malos

2. Now work with another group and ask the members to answer your questionnaire. Be sure to answer their questions as well. Keep track of your results. You will need them later in the chapter.

Gramática útil 2
Talking about daily activities: *-er* and *-ir* verbs in the present indicative

CÓMO USARLO

In **Capítulo 2,** you learned how to use the present indicative of regular **-ar** verbs to talk about daily activities. The present indicative of **-er** and **-ir** verbs are used in the same contexts.

Remember:

1. The present indicative, depending on how it is used, can correspond to the following English usages: *I read* (in general), *I am reading, I am going to read,* and, if used as a question, *Do you read?*

2. You can often omit the subject pronoun when the subject is clear from the verb ending used or from the context of the sentence.

Leo en la biblioteca todos los días.	*I read in the library every day.*
Lees en la residencia estudiantil, ¿no?	*You read in the dorm, right?*

3. You may use an infinitive after certain conjugated verbs.

¿Tienes que imprimir esto?	*Do you have to print this?*
¿Necesitas leer este libro?	*Do you need to read this book?*
¡Dejo de leer después de las nueve!	*I stop reading after 9:00!*

4. However, do not use two verbs conjugated in the present tense together unless they are separated by a comma or the words **y** (*and*) or **o** (*or*).

Leo, estudio y escribo composiciones en la biblioteca.	*I read, study, and write compositions in the library.*

5. Remember that you can negate sentences in the present indicative tense to say what you don't do or aren't planning to do.

No comemos en la cafetería hoy.	*We're not eating in the cafeteria today.*
No leo todos los días.	*I don't read every day.*

Por la mañana, **corro** en el parque.

CÓMO FORMARLO

To form the present indicative tense of **-er** and **-ir** verbs, simply remove the **-er** or **-ir** and add the following endings.

> Notice that the present indicative endings for **-er** and **-ir** verbs are identical except for the **nosotros** and **vosotros** forms.

comer (*to eat*)

yo	**como**	nosotros / nosotras	**comemos**
tú	**comes**	vosotros / vosotras	**coméis**
Ud. / él / ella	**come**	Uds. / ellos / ellas	**comen**

vivir (*to live*)

yo	**vivo**	nosotros / nosotras	**vivimos**
tú	**vives**	vosotros / vosotras	**vivís**
Ud. / él / ella	**vive**	Uds. / ellos / ellas	**viven**

Here are some commonly used **-er** and **-ir** verbs.

-er verbs

aprender a (+ *inf.*)	*to learn to (do something)*	**creer (en)**	*to believe (in)*
beber	*to drink*	**deber** (+ *inf.*)	*should, ought (to do something)*
comer	*to eat*	**leer**	*to read*
comprender	*to understand*	**vender**	*to sell*
correr	*to run*		

-ir verbs

abrir	*to open*	**escribir**	*to write*
asistir a	*to attend*	**imprimir**	*to print*
compartir	*to share*	**recibir**	*to receive*
describir	*to describe*	**transmitir**	*to broadcast*
descubrir	*to discover*	**vivir**	*to live*

Actividades

 ACTIVIDAD 4 **¿Qué hacen?** Based on the information provided, what do the people indicated do? Choose verbs from the list and work with a partner. Follow the model. There may be more than one verb possible for each item.

MODELOS: Carlos ya no necesita esa cámara digital.
Vende la cámara.

Tú y yo necesitamos hacer ejercicio.
Corremos en el parque.

Verbos posibles: vender / comer / compartir / asistir a / correr / aprender / leer / vivir

1. ¡Olivia tiene la clase de biología a las tres y ya son las tres y cinco!
2. A Susana no le gusta esa bicicleta.
3. Raúl y Enrique tienen que viajar a Puerto Rico en dos meses.
4. Elena y yo no comprendemos las lecturas del libro.
5. No me gustan los restaurantes aquí.
6. Susana vive con una compañera de cuarto.

ACTIVIDAD 5 **La vida estudiantil.** Say what the people indicated are doing today on campus. The numbers indicate how many actions are going on for each person.

1. Juan Carlos e Isabel (1) *corren*
2. Marcos (2) *lee*
3. Cecilia y Marta (2) *escriban*
4. Radio WBRU (1) *transmite*
5. Y tú, ¿qué haces (*are you doing*)? *escribo*

ACTIVIDAD 6 **¿Qué hacemos?** Using an element from each of the three columns, create eight sentences describing what you and people you know do in and around campus.

MODELO: *Yo asisto a clases los lunes, los miércoles y los jueves.*

A	B	C
yo	aprender a hablar	café por la mañana
tú	español	en el centro de comunicaciones
compañero(s) de	asistir a	clases (*número*) días de la semana
cuarto	beber	correspondencia electrónica
profesor(es)	comprender	todos los días
estudiante(s)	correr	en el estadio
amigo(s)	creer (en)	la importancia de Internet
	escribir	clases los (*día de la semana*)
	leer	novelas latinoamericanas
	recibir	en el parque
		poemas para la clase de literatura
		las lecturas del libro
		¿...?

ACTIVIDAD 7 **Encuesta #2.** Use the cues provided to create a questionnaire. Use the interrogatives you learned earlier in the chapter along with the cues provided. Once your group has completed the questionnaire, ask the questions to members of another group. Remember to save your responses for use later in the chapter.

1. leer libros / por semana
2. compartir cuarto / con compañero(a) de cuarto
3. asistir a clase / todos los días / todas las semanas
4. comer en la cafetería / por semana
5. vender / libros de texto

ACTIVIDAD 8 **La vida universitaria.** Write an e-mail to a friend describing your university life. Mention the following things or anything else you might want to talk about. Save your work for use later in the chapter.

- cuántas clases tienes y los días que asistes a clase
- dónde y cuándo comes
- dónde vives
- qué libros lees
- qué actividades te gustan (correr, levantar pesas, mirar televisión, navegar por Internet, leer, escribir, etc.)

Gramática útil 3

Talking about possessions: Simple possessive adjectives

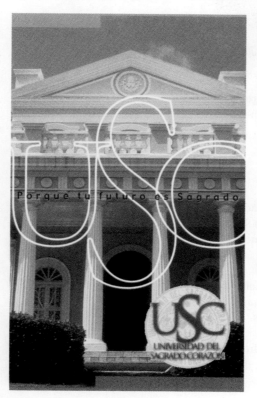

What is the possessive adjective used in this Puerto Rican university's slogan? To whom does it refer?

CÓMO USARLO

1. You already have learned to express possession using **de** + a noun or name.

Es la computadora portátil **de la profesora.**

*It's **the professor's** laptop computer.*

2. You can also use possessive adjectives to describe your possessions, other people's possessions, or items that are associated with you. You are already familiar with some possessive adjectives from the phrases **¿Cuál es *tu* dirección?** and **Aquí tienes *mi* número de teléfono.**

—¿Cuándo es **tu** clase de historia?

*When is **your** history class?*

—A las dos. Y **mi** clase de español es a las tres.

*At two. And **my** Spanish class is at three.*

3. When you use **su** (which can mean *your, his, her, its*), context will usually clarify who is meant. If not, you can follow up with **de** + name.

Es **su** libro. Es **de la profesora.**   *It's **her** book. It's **the professor's.***

CÓMO FORMARLO

LO BÁSICO

Possessive adjectives modify nouns in order to express possession. In other words, they tell who owns the item.

1. Here are the simple possessive adjectives in Spanish.

mi	*my*	nuestro / nuestra	*our*
mis		nuestros / nuestras	
tu	*your (fam.)*	vuestro / vuestra	*your (fam. pl.)*
tus		vuestros / vuestras	
su	*your (form.), his, her, its*	su	*your (pl.), their*
sus		sus	

2. Notice that . . .

◆ all possessive adjectives change to reflect number: **mi clase, mis clases; nuestro compañero de cuarto, nuestros compañeros de cuarto.**

◆ **mi, tu,** and **su** do not change to reflect gender, but **nuestro** and **vuestro** do: **nuestro libro, nuestros amigos, nuestras clases,** but **mi libro, mi clase.**

◆ unlike other adjectives, which often go after the noun they modify, simple possessive adjectives always go before the noun: **su profesora, nuestras amigas.**

> Notice that the subject pronoun **tú** (*you*) has an accent on it to differentiate it from the possessive adjective **tu** (*your*).
>
> **Tú** trabajas los lunes, ¿verdad?
>
> **Tu** libro está en mi casa.

Actividades

 ¿De quién es? Say who the following things belong to.

MODELO: computadora portátil (yo)
           Es mi computadora portátil.

1. apuntes, tarea, CDs, silla (yo)
2. bolígrafos, lápiz, celular, examen (María)
3. calculadoras, cuadernos, dibujos, cintas (nosotros)
4. diccionario, notas, escritorio, disquetes (tú)
5. libros, tiza, cuarto, papeles (la profesora Carrera)
6. computadora, fotos, salón de clase, apuntes (ustedes)

ACTIVIDAD 10 **Nuestros amigos.** Make two semantic maps like the one below—one each for two of your friends. Put your name at the bottom of each map. In groups of four, one map gets circulated to each person. The person whose map it is has to start the conversation. Then, each other person has to say something about the friend using a possessive adjective. Notice who you're talking to!

Mi amigo / a se llama _____.

¿Cómo es?

¿nacionalidad?   ¿características físicas?   ¿características de personalidad?

_____   _____   _____

¿nacionalidad de sus papás?

_____

MODELO:

Estudiante #1: Mi amigo es puertorriqueño.
Estudiante #2: Tu amigo puertorriqueño es alto. (*talking to Estudiante #1*)
Estudiante #3: Su amigo puertorriqueño es responsable. (*talking to others in group*)
Estudiante #4: Su amigo se llama Carlos y sus padres son puertorriqueños también.

ACTIVIDAD 11 **Conversaciones.** You just met someone from Cuba at the library. You want to learn more about that person. Write him or her an e-mail asking for more information. Use the following ideas for your e-mail if you want to, and if not, make up your own questions. Make sure to express possession correctly.

- dirección
- número de teléfono
- cumpleaños
- clases
- amigos / compañeros de cuarto
- actividades favoritas
- ¿…?

ACTIVIDAD 12 **Un juego.** In a group of five or six students, play the following word game. See which group is able to come up with the longest chain of sentences. One student should be the recorder and write down the number of correct sentences that are created. Try to use a possessive adjective in each sentence.

1. The first person makes a statement about one of his or her personal possessions: **Leo mi libro para la clase de historia.**
2. The second person then takes a word from that sentence (**libro**) and uses it in a new sentence: **Su libro es interesante.**
3. The third person takes a new word from that sentence (**interesante**) and uses it in a new sentence: **Mis clases son interesantes.**
4. The fourth person takes a new word from that sentence (**clases**) and uses it in a new sentence: **Nuestras clases de computación son difíciles.**
5. The fifth person takes a new word from that sentence (**difícil**) and uses it in a new sentence, and so on.

Sonrisas

COMPRENSIÓN. In your opinion, how would you describe the characters in the cartoon?

1. En tu opinión, ¿es generoso y romántico o manipulador el hombre? ¿Por qué?
2. En tu opinión, ¿es inocente y romántica o manipuladora la mujer? ¿Por qué?
3. ¿Crees que los contratos prenupciales son una buena idea o una mala idea?

Gramática útil 4
Indicating destination and future plans: The verb *ir*

Quiero hacerle una entrevista para un programa que **vamos a transmitir** en la página web de la Universidad.

CÓMO USARLO

You can use the Spanish verb **ir** to say where you and others are going. You can also use it to say what you and others are going to do in the near future.

Vamos a la biblioteca mañana.	*We're going to the library tomorrow.*
Vamos a estudiar.	*We're going to study.*

CÓMO FORMARLO

LO BÁSICO

- An *irregular verb* is one that does not follow the normal rules, such as **tener,** which you learned in **Capítulo 1.**
- A *preposition* links nouns, pronouns, or noun phrases to the rest of the sentence. Prepositions can express location, time sequence, purpose, or direction. *In, to, after, under,* and *for* are all English prepositions.

1. Here is the verb **ir** in the present indicative tense. **Ir,** like the verbs **ser** and **tener** that you have already learned, is an irregular verb.

ir (*to go*)			
yo	**voy**	nosotros / nosotras	**vamos**
tú	**vas**	vosotros / vosotras	**vais**
Ud. / él / ella	**va**	Uds. / ellos / ellas	**van**

2. Use the preposition **a** with the verb **ir** to say where you are going:

Voy *a* la cafetería.	*I'm going to the cafeteria.*

3. When you want to use the verb **ir** to say what you are going to do, use this formula: **ir** + **a** + *infinitive.*

Vamos a comer a las cinco hoy.	*We're going to eat at 5:00 today.*
Después, **vamos a ir** al concierto.	*Afterward, we're going to go to the concert.*

4. When you use **a** together with **el,** it contracts to **al.** The same holds true for **de** + **el: del.**

$$a + el = al \qquad de + el = del$$

Voy **a la** biblioteca y luego **al** gimnasio. Después, **al** mediodía, voy a estudiar en la biblioteca **del** centro de comunicaciones.

You have already used similar expressions: **necesitar** + infinitive (*to need to do something*), **tener que** + infinitive (*to have to do something*), and **dejar de** + infinitive (*to stop doing something*).

Actividades

ACTIVIDAD 13 **Vamos a...** Say what the people indicated plan to do and where they are going to do it.

MODELO: yo (estudiar)
Voy a estudiar. Voy a la biblioteca.

1. Pedro y Rafael (levantar pesas) *gym*
2. mi compañero de cuarto y yo (correr)
3. Fabiola (escuchar las cintas de español)
4. Tomás, Andrea y yo (tomar un refresco) *cafe*
5. tú (comprar libros) *Librería*
6. Lourdes (descansar) *dormitorio*
7. tú (leer libros) *bib*
8. David y Patricia (comer) *cafe*

ACTIVIDAD 14 **¡Pobre Miguel!** Listen as Miguel describes his schedule to his best friend Cristina. As you listen, write down where he goes on each day of the week. Then use **ir** + **a** to create seven complete sentences that describe his schedule.

1. los lunes: _a la clase_
2. los martes: _____
3. los miércoles: _____
4. los jueves: _____
5. los viernes: _biblioteca_
6. los sábados: _____
7. los domingos: _____

ACTIVIDAD 15 **Encuesta #3.** You need to get more information about student life for the description you will be writing later this chapter. Find out as much as you can about your partner's leisure activities. Ask questions such as the following and take notes. Then, as a class, tally the information you found out.

El tiempo libre
1. ¿Adónde vas los viernes y sábados por la noche? ¿Con quién vas?
2. ¿Adónde vas los días de semana cuando no estudias? ¿Con quién vas?
3. ¿...?

Vocabulario útil: un club, una discoteca, el cine (*movie theater*), un restaurante, un centro comercial (*mall*), un partido (*game*) de fútbol americano / de básquetbol / etc.

Puerto Rico, Cuba, la República Dominicana

¿Adivinaste? (*Did you guess correctly?*) Answers to the questions on page 69: 1. Puerto Rico; Cuba 2. Puerto Rico, Cuba y República Dominicana 3. **el merengue:** República Dominicana; **la rumba y el mambo:** Cuba; **la bomba y la plena:** Puerto Rico

Los países hispanohablantes del Caribe. Can you guess which text is about which country? Don't try to understand every word; simply skim rapidly through each passage to gather enough clues to indicate which country it's describing.

_____ el Estado Libre Asociado de Puerto Rico

_____ la República Dominicana

_____ la República de Cuba

Grupo de música rumba

1 ¡Aquí se oye (*you hear*) la música de la rumba día y noche! La rumba tiene su origen en los ritmos folclóricos africanos y europeos y ha afectado mucho el estilo y el espíritu de la música tan famosa y popular de este país. Además de las influencias culturales africanas y europeas, también hay una población china significante, resultado de la inmigración china a Norteamérica y al Caribe durante los años 1800.

2 Este país tiene una variedad de atracciones naturales. Tal vez la más importante es el Bosque Tropical El Yunque. El Yunque es el único en su clase dentro del sistema nacional de parques de Estados Unidos y exhibe una exótica e increíble variedad de flora y fauna. Esta isla pequeña también es famosa por sus playas tropicales, su arquitectura colonial y la bomba y la plena, formas musicales que reflejan las culturas africanas e indígenas del país.

Vista del bosque de El Yunque

3 Santo Domingo es el centro urbano más vital de este país. La ciudad, famosa por sus clubes de salsa y merengue, es alegre, hospitalaria, moderna y antigua a la vez. Es la primera ciudad del Nuevo Mundo (*New World*) y, a causa de los ataques constantes de piratas y corsarios, en 1503 se inicia la construcción de la Fortaleza de Santo Domingo. Como todos los países del Caribe, la influencia africana es evidente aquí, especialmente en la música y la cocina.

Fortaleza de Santo Domingo ▶

Internet

¡CONÉCTATE!

Divide into three groups. Each group should choose one country, find the answers to the questions about it, and then report back to the class with a brief summary. Follow links on the *Nexos Media* website to see a list of suggested websites.

Estado Libre Asociado de Puerto Rico (Group 1)
1. Why are Puerto Ricans U.S. citizens?
2. Do they have all of the same rights as the other citizens of this country?
3. How many Puerto Ricans live in the United States?

Cuba (Group 2)
1. How many Cuban Americans live in the United States? How does that number compare to the total population of Cuba?
2. When did Cuba gain its independence from Spain?
3. When did Fidel Castro rise to power?

La República Dominicana (Group 3)
1. How did Haiti and the Dominican Republic come to share the same island?
2. Who is the current head of state in the Dominican Republic?
3. How many Dominicans live in the United States? Do they live in a particular area?

Antes de leer

ACTIVIDAD 1 Look at the following newspaper article from *Diálogo*, the student newspaper of the **Universidad de Puerto Rico.** Focus on the photos, captions, and headlines, then match the general information on the right with the photo on the left.

1. _____ Foto A   a. Hay clases de la música bomba y plena para adultos.
2. _____ Foto B   b. La escuela ofrece clases de percusión.
3. _____ Foto C   c. Los niños con más talento tienen clases especiales.

ACTIVIDAD 2 The following are some unknown words you will encounter in the reading passage. Although not all the words are cognates, they are somewhat similar to their English counterparts. See if you can match the two.

1. _____ refleja   a. *unique, only*
2. _____ hoy día   b. *directs*
3. _____ mulato   c. *slave*
4. _____ esclavo   d. *reflects*
5. _____ mantener vivo   e. *beginner*
6. _____ único   f. *today, nowadays*
7. _____ principiante   g. *maintain alive, preserve*
8. _____ dirige   h. *mulatto (of Caucasian and African parentage)*
9. _____ negro   i. *black*

ACTIVIDAD 3 Now, using the information you gained from looking at the visuals, read the article and focus on getting the main idea. Don't forget to use cognates and active vocabulary to help you understand the content. Try not to worry about unknown words and just focus on getting the main information.

Lectura

Los ritmos afrocaribeños

En la Escuela de Bomba y Plena Rafael Cepeda los estudiantes aprenden los ritmos afrocaribeños tradicionales.

Escenas de las distintas clases que se ofrecen en la Escuela de Bomba y Plena Rafael Cepeda.

Este ritmo afrocaribeño, la bomba, representa la herencia africana de Puerto Rico. Pero hoy día la plena, otro estilo musical afrocaribeño, es más popular. ¿Por qué? Según don Modesto Cepeda, fundador y director de la Escuela de Bomba y Plena Rafael Cepeda, es una cuestión de racismo.

Cepeda opina que la plena hoy es más popular por no ser un baile tan "negro" como la bomba. La plena es de origen urbano, de la población pobre[1] y mulata de Ponce. Al contrario, la bomba se originó entre la población de esclavos negros de los sectores agrícolas rurales. Tiene un origen puramente africano.

En 1978 don Modesto instituye su escuela con la intención de renovar el interés en la bomba, y además en la plena. Su idea para la escuela es mantener vivas las tradiciones de las dos danzas y darle a la bomba la atención que merece[2]. Cada sábado a las diez de la mañana comienzan las clases en "la única escuela de bomba y plena del mundo", como asegura Modesto.

[1]*poor* [2]*it deserves*

"La bomba, ay qué rica es, te sube el ritmo por los pies / mulato, saca tu trigueña / pa' que bailes bomba, bomba puertorriqueña."

Modesto, junto con sus hijas[3], dirige las lecciones, que incluyen la práctica de los bailes y la percusión, además de la historia de ambos[4]. Se dividen las lecciones en grupos: primero, los principiantes, que son niños entre los 5 y 12 años. La segunda sesión corresponde a los niños más talentosos, que participan en coreografías especiales. Luego es el turno de los jóvenes y adultos. El día termina con una clase de percusión. ■

[3]*junto... together with his daughters* [4]*both*

Después de leer

 ACTIVIDAD 4 Answer the following questions about the reading to see how well you understood it.

1. ¿Cuál de los bailes es más popular hoy día, la bomba o la plena? Según don Modesto Cepeda, ¿por qué?
2. ¿Cuál es el origen de la plena? ¿de la bomba?
3. ¿De qué es director don Modesto Cepeda?
4. ¿Qué día de la semana son las clases?
5. ¿Qué otro tipo de clase hay, además de las clases de plena y bomba?
6. ¿Quiénes dirigen las lecciones?

ACTIVIDAD 5 With a partner, answer the following questions about the reading and about your own musical backgrounds.

1. ¿Les gusta la música caribeña como la bomba, la plena, la salsa, el merengue, el mambo, la rumba y la conga? ¿Conocen (*Are you familiar with*) algunos grupos que tocan este tipo de música?
2. ¿Saben (*Do you know how*) bailar uno de los bailes que se asocian con esta música?
3. ¿Saben los orígenes de los bailes típicos de EEUU? ¿Cuáles son?

A ESCRIBIR

Antes de escribir

ACTIVIDAD 1 Retrieve the information you gathered in the three **Encuesta** activities (**Actividad 3** on p. 82, **Actividad 7** on p. 86, and **Actividad 15** on p. 91). With a partner, study the results of your surveys and come up with ideas for a description of the life of a typical student at your university. You will write the description as a diary entry. Using the results of your surveys, brainstorm a list of ideas to include in the description.

ACTIVIDAD 2 Once you and your partner have created a list of ideas for the description, go through your list and evaluate each one. Together decide which ideas you like the best and how much to include.

ACTIVIDAD 3 Look at the following partial model of a diary entry. Then organize your information into a similar format. If necessary, look up any words you don't know in a bilingual dictionary, but try to focus on using the words you've already learned.

> viernes, 10 de octubre
>
> ¡Tengo muchas actividades hoy! Por la mañana, a las ocho, tengo clase de química. Luego, voy a ir al café con mi amigo Luis para estudiar para el examen de historia a las diez...
> Por la tarde, tengo que...
> Por la noche, voy a...

Escritura

ACTIVIDAD 4 Using the previous model, work with your partner to create a rough draft of your diary entry. Try to write freely without worrying too much about mistakes or misspellings. (You will have an opportunity to revise your work later.) Here are some additional words and phrases that may be useful as you write.

primero	*first*	**finalmente**	*finally*
luego	*later*	**mucho que hacer**	*a lot to do*
entonces	*then*	**un día (muy) ocupado**	*a (very) busy day*
después	*after that*	**con**	*with*

Después de escribir

ACTIVIDAD 5 Now, with your partner, go back over your diary entry and revise it. Use the following checklist to guide you.

Did you . . .
- look for misspellings?
- check to make sure the verbs are conjugated correctly?
- watch to make sure articles, nouns, and adjectives agree?
- use possessive adjectives correctly?
- make sure you included all the necessary information?

CAMPOS DE ESTUDIO   *Fields of study*

En el salón de clase   *In the classroom*

Los cursos básicos   *Basic courses*

la arquitectura	*architecture*
las ciencias políticas	*political science*
la economía	*economy*
la educación	*education*
la geografía	*geography*
la historia	*history*
la ingeniería	*engineering*
la psicología	*psychology*

Las humanidades   *Humanities*

la filosofía	*philosophy*
las lenguas / los idiomas	*languages*
la literatura	*literature*

Las lenguas / Los idiomas

el alemán	*German*
el chino	*Chinese*
el español	*Spanish*
el francés	*French*
el inglés	*English*
el japonés	*Japanese*

Las matemáticas   *Mathematics*

el cálculo	*calculus*
la computación	*computer science*
la estadística	*statistics*
la informática	*computer science*

Las ciencias   *Sciences*

la biología	*biology*
la física	*physics*
la medicina	*medicine*
la química	*chemistry*
la salud	*health*

Los negocios   *Business*

la administración de empresas	*business administration*
la contabilidad	*accounting*
el mercadeo	*marketing*

La comunicación pública   *Public communications*

el periodismo	*journalism*
la publicidad	*public relations*

En el estudio   *In the studio*

el arte	*art*
el baile	*dance*
el diseño gráfico	*graphic design*
la música	*music*
la pintura	*painting*

Otros lugares en la universidad
Other places in the university

¿Dónde tienes la clase de...?	*Where does your . . . class meet?*
En el centro de computación.	*In the computer center.*
...el centro de comunicaciones.	*. . . the media center.*
...el gimnasio.	*. . . the gymnasium.*
la cafetería	*the cafeteria*
la librería	*the bookstore*
la residencia estudiantil	*the dorm*

LOS DÍAS DE LA SEMANA
The days of the week

lunes	*Monday*
martes	*Tuesday*
miércoles	*Wednesday*
jueves	*Thursday*
viernes	*Friday*
sábado	*Saturday*
domingo	*Sunday*

PARA PEDIR Y DAR LA HORA
To ask for and give the time

Mira el reloj para decir la hora...	*Look at the clock to tell the time . . .*
¿Qué hora es?	*What time is it?*
Es la una.	*It's one o'clock.*
Son las dos.	*It's two o'clock.*
Son las... y cuarto.	*It's . . . fifteen.*
Son las... y media.	*It's . . . thirty.*
Son las... menos cuarto.	*It's a quarter to . . .*
Faltan quince para las...	*It's a quarter to . . .*
tarde	*late*
temprano	*early*
¿A qué hora es la clase de español?	*(At) what time is Spanish class?*
Es a la / a las...	*It's at . . .*

MAÑANA, TARDE O NOCHE
Morning, afternoon, or night time

de la mañana	*in the morning* (with precise time)
de la tarde	*in the afternoon* (with precise time)
de la noche	*in the evening* (with precise time)
Es mediodía.	*It's noon.*
Es medianoche.	*It's midnight.*
por la mañana	*during the morning*
por la tarde	*during the afternoon*
por la noche	*during the evening*

PARA HABLAR DE LA FECHA
To talk about the date

¿Qué día es hoy?	*What day is today?*
Hoy es martes treinta.	*Today is Tuesday the 30th.*
¿A qué fecha estamos?	*What is today's date?*
Es el treinta de octubre.	*It's the 30th of October.*
Es el primero de noviembre.	*It's the first of November.*
¿Cuándo es el Día de las Madres?	*When is Mother's Day?*
Es el doce de mayo.	*It's May 12th.*
el día	*day*
la semana	*week*
el fin de semana	*weekend*
el mes	*month*
el año	*year*
todos los días	*every day*
entresemana	*during the week / on weekdays*
ayer	*yesterday*
hoy	*today*
mañana	*tomorrow*

PARA HACER PREGUNTAS   *To ask questions*

¿Cómo?	*How?*
¿Cuál(es)?	*What? Which one(s)?*
¿Cuándo?	*When?*
¿Cuánto(a)?	*How much?*
¿Cuántos(as)?	*How many?*
¿De quién es?	*Whose is this?*
¿De quiénes son?	*Whose are these?*
¿Dónde?	*Where?*
¿Por qué?	*Why?*
¿Qué?	*What? Which?*
¿Quién(es)?	*Who?*

VERBOS

abrir	*to open*
aprender	*to learn*
asistir a	*to attend*
beber	*to drink*
comer	*to eat*
compartir	*to share*
comprender	*to understand*
correr	*to run*
creer (en)	*to believe (in)*
deber	*should, ought*
dejar de	*to stop (doing something)*
describir	*to describe*
descubrir	*to discover*
escribir	*to write*
imprimir	*to print*
ir	*to go*
ir a	*to be going to (doing something)*
leer	*to read*
recibir	*to receive*
transmitir	*to broadcast*
vender	*to sell*
vivir	*to live*

ADJETIVOS POSESIVOS

mi(s)	*my*
tu(s)	*your (fam.)*
su(s)	*your (sing. form., pl.) his, her, their*
nuestro(a) / nuestros(as)	*our*
vuestro(a) / vuestros(as)	*your (pl. fam.)*

CONTRACCIONES

al (a + el)	*to the*
del (de + el)	*from the, of the*

OTRAS PALABRAS

porque	*because*

¿Te interesa la tecnología?

Communication

By the end of this chapter you will be able to:
- talk about computers and technology
- identify colors
- talk about likes and dislikes
- describe people, emotions, and conditions
- talk about current activities
- say how something is done

Cultures

By the end of this chapter you will have learned about:
- Spain
- expressions of courtesy in conversation and on the Internet
- virtual classes around the Spanish-speaking world
- borrowed words in Spanish

Arriba: El Museo Guggenheim en Bilbao, España; **A la derecha:** Dibujo digital del Museo Guggenheim

CONEXIONES

La tecnología tiene un impacto tremendo en el mundo de las comunicaciones. ¿Cómo afectan tu vida los nuevos avances tecnológicos? ¿Usas una computadora, un teléfono celular u otro producto electrónico? ¿Son estos productos importantes en tu vida? ¿Cómo ha cambiado (*has changed*) la comunicación entre tú y tus amigos y familia? En este capítulo, vas a ver cómo la tecnología facilita las conexiones entre los seres humanos.

Los datos

En España hoy día, aproximadamente 20% de la población usa Internet. Mira los datos sobre los "internautas" españoles e indica si los siguientes comentarios son ciertos o falsos.

Casa	Trabajo	Otro sitio
54,7%	37%	8,3%

Hombres	Mujeres
61,1%	38,9%

Edad	
20–24 años	19,3%
25–34 años	30%
35–44 años	19,4%
otra edad	31,3%

❶ En España, los usuarios de Internet lo usan más frecuentemente en casa.
❷ La mayoría de los "internautas" españoles son mujeres.
❸ Los jóvenes de 20 a 24 años de edad usan Internet más que las personas de 25 a 34 años.

¡Adivina!

¿Qué sabes de España? (Las respuestas están en la página 127.)

❶ La arquitectura española tiene muchas influencias _____.
a. alemanas   b. italianas   c. árabes

❷ La tortilla española es _____ la tortilla mexicana.
a. idéntica a   b. similar a   c. diferente de

❸ El autor de *Don Quijote,* la primera novela moderna, es _____.
a. Miguel de Unamuno   b. Benito Pérez Galdós   c. Miguel de Cervantes

❹ ¿Cuál de los siguientes artistas no es de origen español, aunque se le considera uno de los grandes maestros españoles?
a. El Greco   b. Diego de Velázquez   c. Francisco de Goya

¡IMAGÍNATE!

Vocabulario útil 1

BETO:	¡Estoy furioso!
CHELA:	Pero, ¿por qué?
BETO:	Primero llego tarde a la clase de literatura.
CHELA:	Llegar tarde no es una tragedia.
BETO:	¡Tenemos examen! Abro mi **computadora portátil,** pero en la **pantalla** dice que no tengo suficiente **memoria** para abrir la **aplicación.**
CHELA:	¿Tienes una computadora portátil de las nuevas? **¿A colores?**
BETO:	No, es **negra,** pero, si no te molesta, ¡vuelvo a mi historia!

LA TECNOLOGÍA

El hardware

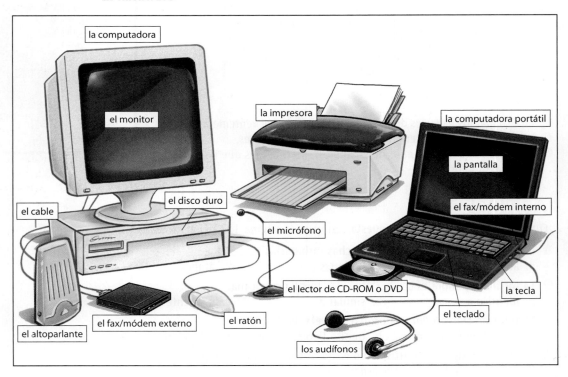

la computadora

el monitor

la impresora

la computadora portátil

la pantalla

el cable

el disco duro

el fax/módem interno

el micrófono

el lector de CD-ROM o DVD

la tecla

el fax/módem externo

el ratón

el teclado

el altoparlante

los audífonos

El software

la aplicación	*application*
los archivos	*files*
el ícono del programa	*program icon*
el juego interactivo	*interactive game*
el programa antivirus	*anti-virus program*
el programa de procesamiento de textos	*word-processing program*

Funciones de la computadora

archivar	*to file*
conectar	*to connect*
enviar	*to send*
funcionar	*to function*
grabar	*to record*
hacer clic / doble clic	*to click / double click*
instalar	*to install*
tener 512 MB de memoria	*to have 512 MB of memory*

LOS COLORES

azul	amarillo	anaranjado	blanco	café, marrón	gris

morado	negro	rojo	rosa, rosado	verde

When a color is used as an adjective, it comes after the noun it modifies.

- If it ends in **-o**, it changes to match the gender and number of that noun: **la silla negra, los cuadernos rojos.**

- If the color ends in **-e**, add an **-s** to the plural: **las pizarras verdes.**

- If the color ends in a consonant, add **-es** to the plural: **los libros azules.**

- **Marrón** in the plural changes to **marrones,** with no accent. Can you figure out why, for pronunciation reasons, it loses the accent?

- Note that **rosa** and **café** change to reflect number, but not gender.

Actividades

ACTIVIDAD 1 **La computadora.** Un amigo te dice que quiere hacer ciertas cosas en la computadora. ¿Qué parte de la computadora va a necesitar para hacer lo que quiere? Escoge de la segunda columna.

1. __E__ Quiero imprimir el correo electrónico.
2. __B__ Quiero enviar un fax.
3. __F__ Quiero conectar el teclado al monitor.
4. __A__ Quiero escuchar música mientras trabajo.
5. __H__ Quiero abrir el programa de procesamiento de textos.
6. __d__ Quiero archivar el documento.
7. __g__ Quiero grabar un mensaje para enviar a mis amigos.
8. __C__ Quiero instalar el programa antivirus.

a. audífonos
b. fax / módem
c. lector de CD-ROM
d. disco duro
e. impresora
f. cable
g. micrófono
h. ratón

Starting in this chapter, many of the activity direction lines will be presented in Spanish. Here are a few words that will help you understand Spanish direction lines: **di** (*say*), **haz** (*do*), **escoge** (*choose*), **luego** (*then, later*), **siguiente** (*following*), **oración** (*sentence*), **párrafo** (*paragraph*).

ACTIVIDAD 2 **El sitio web.** Tu compañero(a) te dice que quiere buscar información sobre ciertos temas en el servicio ¡VIVA! Latino. Tú le dices en qué ícono debe hacer doble clic. Luego, él o ella te dirige a los íconos que corresponden a tus intereses.

In some countries, the Internet is referred to as **la Internet,** in others as **el Internet,** and in others still, it is referred to **simply** as **Internet** with no article to indicate gender.

¡VIVA! Latino

Directorio de sitios web

Arte y cultura
Literatura, Teatro, Museos, Guías

Internet y computadoras
WWW, Aplicaciones, Chat, Redes

Educación
Primaria, Secundaria, Universidades

Medios de comunicación
Radio, TV, Revistas, Periódicos

Deportes y ocio
Deportes, Fútbol, Juegos, Turismo

Salud
Medicina, Enfermedades, Ejercicio, Dietas

Espectáculos y diversión
Cine, Actores, Música, Humor

Materias de consulta
Bibliotecas, Diccionarios

MODELO: el Museo del Prado en Madrid
Tú: *Necesito más información sobre el Museo del Prado en Madrid.*
Compañero(a): *Haz doble clic en el ícono rojo.*

1. una dieta vegetariana
2. mi actor (actriz) favorito(a)
3. un diccionario español / inglés
4. la Copa Mundial de fútbol
5. un programa de procesamiento de textos
6. la Universidad Complutense de Madrid
7. el periódico *El País* de Madrid
8. ¿…?

ACTIVIDAD 3 **Mi computadora.** ¿Puedes describir tu computadora? Incluye en tu descripción todos los componentes de tu computadora y menciona el color de cada uno si es apropiado.

MODELO: *El monitor de mi computadora es azul y blanco. Los cables son grises. El ratón es blanco. Los altoparlantes son negros. Las teclas en el teclado son blancas…*

Vocabulario útil 2

BETO: Empiezo a salir del salón de clases. No sé en dónde, pero entre el salón y la biblioteca, pierdo mi **asistente electrónico**.

CHELA: Ya me voy. Estoy muy **aburrida** con tu cuento trágico.

LAS EMOCIONES

aburrido(a)	*bored*	**nervioso(a)**	*nervous*
cansado(a)	*tired*	**ocupado(a)**	*busy*
contento(a)	*happy*	**preocupado(a)**	*worried*
enfermo(a)	*sick*	**seguro(a)**	*sure*
enojado(a)	*angry*	**triste**	*sad*
furioso(a)	*furious*		

APARATOS ELECTRÓNICOS

el asistente electrónico	*electronic notebook*	**el reproductor / grabador de discos compactos**	*CD player / burner*
el buscapersonas / el bíper	*beeper*		
la cámara digital	*digital camera*	**el reproductor / grabador de DVD**	*DVD player / burner*
la cámara web	*webcam*		
el CD portátil / MP3	*portable CD / MP3 player*	**la videocámara**	*videocamera*
el organizador electrónico	*electronic organizer*	**la videocasetera**	*VCR*

Actividades

ACTIVIDAD 4 **Las emociones.** Las siguientes personas están en ciertas situaciones. ¿Cómo crees que están?

1. A Raúl le gusta navegar por Internet y jugar videojuegos. Hay una tormenta y por eso no hay electricidad en su casa. No tiene nada (*nothing*) que hacer.
2. Blanca acaba de comprar una computadora portátil pero cuando llega a casa, no funciona.
3. Julio tiene que escribir una composición de diez páginas para su clase de historia mañana y todavía no ha empezado (*hasn't begun*).
4. Mañana Luis tiene que ir al trabajo por tres horas, estudiar para un examen y hacer una investigación en Internet para la clase de filosofía.
5. Sabrina trabaja diez horas en la biblioteca, va a su clase de aeróbicos y camina a casa del gimnasio.
6. Marcos y Marina toman un refresco, escuchan música y conversan en un café en la Plaza Mayor.

ACTIVIDAD 5 **¿Eres "tecnofóbico"?** With a partner, come up with a list of technological items and other things related to technology. Use a point system of 1–5 to rate how technologically advanced someone is if he or she possesses that item (1 = the least advanced and 5 = the most advanced). Then, in groups of four or five, ask each person in the group if they have each item. Based on your findings, decide who is the most technologically advanced and who is the most technologically inexperienced in the group. Report your findings to the class.

Sample items:

> teléfono celular
> computadora portátil
> bíper
> asistente electrónico
> más de una dirección de e-mail
> revista (*magazine*) de tecnología

Internet

¡FÍJATE!

Los préstamos: Palabras inmigrantes

Todas las lenguas del mundo tienen **préstamos** (*borrowings*). Los préstamos son palabras que tienen su origen en otras lenguas. El español tiene muchos préstamos árabes que se originaron durante los siete siglos (*centuries*) de dominación musulmana de la Península Ibérica (711–1492 d. C.). Muchas palabras de las ciencias, el arte, las matemáticas, la agricultura y la arquitectura son de origen árabe: **álgebra, ajedrez** (*chess*), **alfalfa, algoritmo.**

El español también tiene préstamos griegos, franceses, italianos, germánicos y amerindios. Los préstamos más recientes son del inglés y representan innovaciones tecnológicas o vienen del (*come from the*) mundo de los negocios, por ejemplo **bíper, fax, hacer clic** y **cheque.** Otros como **rock and roll, club** y **jazz** se originan en la cultura popular americana.

PRÁCTICA. El inglés tiene muchos préstamos de otras lenguas. En grupos, traten de identificar la lengua de origen de estas palabras: francés, italiano, español, alemán, indio o hebreo.

piano	al dente
rouge	veranda
bandana	tobacco
guru	presto
gesundheit	kibbutz
rendezvous	gestalt
patio	

ACTIVIDAD 6 **El Corte Inglés.** El Corte Inglés es el almacén (*department store*) más grande en España. Con un(a) compañero(a), visiten el sitio web del Corte Inglés. (Hay un enlace en el sitio web de *Nexos Media*.) Entren en el Departamento de Electrónica y contesten las siguientes preguntas.

1. ¿Cuáles son las subcategorías en el Departmento de Electrónica?
2. Entren en la subcategoría DVD Reproductores. Nombren tres productos que hay allí y sus precios en euros (€).
3. Quieren comprarle un regalo (*gift*) a un amigo a quien le gusta la música. Busquen un regalo apropiado. ¿Qué es? ¿Cuánto cuesta?
4. Quieren comprarle un regalo a una amiga a quien le gusta grabar videos, pero no tienen mucho dinero (*money*). Busquen la videocámara con el precio más bajo (*lowest price*).
5. ¿Qué producto electrónico quieres comprar? ¿Cuánto cuesta?

Vocabulario útil 3

BETO:	¿Tú? ¿Tú eres Autora14?
DULCE:	Sí, yo soy Autora14. ¿Por qué preguntas?
BETO:	No, no, nada. ¿Te gustan los **grupos de conversación**?
DULCE:	No, en realidad, no. Prefiero el **correo electrónico.**

FUNCIONES DE INTERNET

el buscador	*search engine*
el buzón electrónico	*electronic mailbox*
chatear	*to chat online*
el ciberespacio	*cyberspace*
la conexión	*the connection*
hacer una conexión	*to go online*
cortar la conexión	*to go offline, disconnect*
la contraseña	*password*
el correo electrónico / el e-mail	*e-mail*
en línea	*online*
el enlace	*link*
el grupo de conversación	*chat room*
el grupo de debate	*news group*
la página web	*web page*
el proveedor de acceso	*Internet provider*
la red mundial	*World Wide Web*
el sitio web	*web site*
el usuario	*user*

You are learning two words for e-mail: **correo electrónico** and **e-mail. Correo electrónico** refers more to the whole system of e-mail or a group of e-mails, while **el e-mail** refers to a specific e-mail message.

Actividades

 ACTIVIDAD 7 **¡Gran sorteo!** Completa el cuestionario para el concurso (*contest*) de *Newsweek en español*. Compara tus respuestas a las preguntas 1, 3, 8, 9 y 10 con las respuestas de diez compañeros de clase. Haz una gráfica que muestre (*shows*) los resultados de tu cuestionario. Llena los espacios en blanco (*Fill in the blanks*) con el número de estudiantes que marcaron (*marked*) esa respuesta.

Newsweek
EN ESPAÑOL

¡Gran sorteo!

Participe en el sorteo de Canon y NEWSWEEK EN ESPAÑOL y gánese un Scanner Canon FB 630P

El CanonScan FB 630P puede colocarse perfectamente sobre cualquier escritorio. Además, resulta fácil de usar y es perfecto para el escaneo personal. Este modelo puede ser conectado fácilmente a su PC, a través de un puerto paralelo.

1. ¿Tiene usted una computadora en su casa?
   - Sí ❑   No ❑
2. ¿En su oficina?
   - Sí ❑   No ❑
3. ¿Cuántas horas pasa diariamente en la computadora de su casa?
   - ❑ menos de 2 horas
   - ❑ 2 a 4 horas
   - ❑ 4 horas o más
4. ¿Utiliza un software antivirus?
   - Sí ❑   No ❑
5. ¿Tiene usted, o su compañía, un sistema de seguridad, contabilidad, inventario, administración etc.?
   - Sí ❑   No ❑
6. ¿Cuántas horas pasa diariamente en la computadora de su oficina?
   - ❑ menos de 2 horas
   - ❑ 2 a 4 horas
   - ❑ 4 horas o más
7. ¿Tiene acceso a la Internet?
   - Sí ❑   No ❑
8. ¿Cuál es su razón primordial para utilizar la Internet?
   - ❑ Compras
   - ❑ Investigación
   - ❑ Inversiones/Banca
   - ❑ Correo electrónico
   - ❑ Otro
9. ¿Tiene usted un teléfono celular?
   - Sí ❑   No ❑
10. ¿Cuántas horas pasa por semana leyendo revistas?
    - ❑ 1 a 2
    - ❑ 3 a 4
    - ❑ 5 horas o más
11. Edad:
    - ❑ 25 a 35
    - ❑ 36 a 45
    - ❑ 46 a 65
    - ❑ Otra ____
12. Sexo:
    - M ❑   F ❑
13. Número de personas en su casa:
    - 1 2 3 4 5 6 ó más
14. Ingresos Anuales:
    - ❑ Menos de $25,000
    - ❑ $25,000 a $45,999
    - ❑ $46,000 a $65,999
    - ❑ $66,000 a $75,999
    - ❑ $76,000 o más

Pregunta 1:	_____ Sí
	_____ No
Pregunta 3:	_____ menos de 2 horas
	_____ 2 a 4 horas
	_____ 4 horas o más
Pregunta 8:	_____ Compras
	_____ Investigación
	_____ Inversiones / Banca
	_____ Correo electrónico
	_____ Otro
Pregunta 9:	_____ Sí
	_____ No
Pregunta 10:	_____ 1 a 2 horas
	_____ 3 a 4 horas
	_____ 5 horas o más

ACTIVIDAD 8 **¿Cómo usas Internet?** ¿Qué más quieres saber sobre (*do you want to know about*) los hábitos de tus compañeros acerca de Internet? Escribe cinco preguntas más como las del cuestionario en la **Actividad 7.** Luego, hazle las preguntas a tu compañero(a) de clase y que él o ella te haga sus preguntas.

MODELO: *¿Te gusta chatear por Internet? ¿Cuántas horas al día pasas en los grupos de conversación?*
¿Tienes correo electrónico? ¿Cuántas veces al día lees tu correo electrónico?

ACTIVIDAD 9 **Los cursos virtuales.** Ahora es posible tomar cursos virtuales por Internet, pagar el costo del curso y luego leer las materias y participar en el curso por correo electrónico. Hay muchas universidades de habla española que ofrecen una gran variedad de cursos a distancia.

En grupos de cuatro, escojan (*choose*) un país de la lista de abajo. Visiten los sitios web que corresponden a este país, usando la lista de enlaces que está en el sitio web de *Nexos*.

Países: España, México, Argentina

1. ¿Qué cursos virtuales ofrece la universidad o escuela?
2. ¿En el sitio web es posible hacer una visita virtual? ¿Hay información sobre los profesores de los cursos? ¿Sobre los otros estudiantes?
3. Después de obtener toda la información sobre este sitio web, compárenla con la información de los otros grupos.

Antes de ver el video

ACTIVIDAD 1 Based on the conversation and photos shown in the **Vocabulario útil** sections on pages 102, 105, and 107, complete these statements about the main characters.

1. Beto pasa por muchas emociones en este episodio. En varios puntos en el episodio, Beto está _____, _____ y _____.
2. La computadora de Beto no tiene suficiente _____ para abrir la aplicación.
3. Chela quiere saber (*wants to know*) si Beto tiene una _____ a colores.
4. El color de la _____ de Beto es _____.
5. Dulce tiene el _____ de Beto.

ACTIVIDAD 2 Before you watch the video segment, look at the following actions that occur in it. Take time to familiarize yourself with the list.

_____ Beto descubre que su computadora no tiene suficiente memoria.

_____ Dulce tiene el asistente electrónico de Beto.

_____ Beto está furioso porque tiene que escribir el examen con bolígrafo y papel.

_____ Beto llega tarde a clase.

_____ Beto ve una hoja de papel con el e-mail de Autora14.

_____ Beto deja su asistente electrónico en el salón de clase.

ESTRATEGIA

Listening without sound

Sometimes a good way to approach a video segment is to watch it first with the sound turned off. This technique works especially well when the segment contains action and visuals that can help you understand what it is about. As you first watch the segment without sound, focus on the actions and interactions of the characters. What do you think is happening? Once you have gotten some ideas, watch the segment a second time with the sound turned on. How does the language help you flesh out your idea of the content?

El video

Now watch the video segment for **Capítulo 4** with the sound off.

Después de ver el video

ACTIVIDAD 3 Now go back to **Actividad 2** and place the events on the list in the order in which they appeared in the video segment.

ACTIVIDAD 4 Watch the video segment again with the sound turned on. Once you have watched it, complete the following statements about the segment.

1. Beto llega tarde a la clase de _____.
2. Beto escribe más rápidamente en _____ que con bolígrafo y papel.
3. Beto pierde _____ entre el salón de clases y la biblioteca.
4. Según Chela, ella está muy _____ con la historia trágica de Beto.
5. La dirección electrónica de _____ es Autora14.
6. Dulce prefiere el correo electrónico a _____.

ACTIVIDAD 5 What do you think that Beto and Dulce talk about as they walk off together at the end of the episode? Based on what you know of their personalities and interests, write a short "getting-to-know-you" conversation between these two characters.

Conexión cultural. Mira el segmento cultural al final del episodio. Después, en grupos de tres o cuatro, hablen de las siguientes preguntas: ¿Cómo es su universidad? ¿Es moderna con muchas computadoras y aparatos electrónicos o no es moderna? ¿Cuáles son los cursos más populares?

> En tu opinión, ¿es posible usar Internet para influir en las acciones del gobierno (*government*)?

VOCES DE LA COMUNIDAD

Manuel Castells

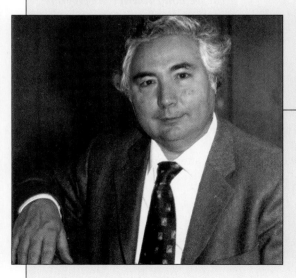

66 Lo que debemos hacer es utilizar el enorme potencial de Internet, por ejemplo, para revivir la democracia, no en cuanto a (*in relation to*) la sustitución de la democracia representativa por medio del voto, sino (*but instead*) para organizar grupos de conversación, plebiscitos indicativos, consultas sobre distintos temas, proporcionar información a la población. 99

El sociólogo español Manuel Castells es uno de los fundadores del campo de estudio llamado la nueva sociología urbana. Este profesor de la Universidad de Berkeley estudia cómo la tecnología altera las instituciones de la sociedad moderna: los gobiernos, las corporaciones, el trabajo y las instituciones educativas y religiosas. Según Castells, en el mundo actual, el poder (*power*) de estas instituciones es muy reducido a causa de la influencia de Internet. Uno de sus libros más importantes se titula *The Internet Galaxy, Reflections on Internet, Business, and Society.*

¡PREPÁRATE!

Gramática útil 1

Expressing likes and dislikes: *Gustar* with nouns and other verbs like *gustar*

¿Te gustan los grupos de conversación?

Remember that when you use **gustar** + infinitive you only use **gusta**: **Les gusta comer en la cafetería.**

CÓMO USARLO

As you learned in **Capítulo 2,** you can use **gustar** with an infinitive to say what activities you and other people like to do.

Me gusta estudiar en la biblioteca, pero a Vicente **le gusta estudiar** en la cafetería.

I like to study in the library, but Vicente likes to study in the cafeteria.

You can also use **gustar** with nouns, to say what thing or things you (and others) like or dislike. In this case, you use **gusta** with a single noun and **gustan** with plural nouns or a series of nouns.

—¿**Te gusta** esta **computadora?**
—Sí, ¡pero **me gustan** más estas **computadoras portátiles**!

Do you like this computer?
Yes, but I like these laptop computers more!

When you make negative sentences with **gusta** and **gustan,** you use **no** before the pronoun + **gusta / gustan.**

Nos gustan los programas de diseño gráfico, pero **no nos gustan** los programas de arte.

We like the graphic design programs, but we don't like the art programs.

CÓMO FORMARLO

LO BÁSICO

- In Spanish, an *indirect object pronoun* is used with **gustar** to say who likes something. Since **gustar** literally means *to please,* the indirect object answers the question: *Pleases whom?*
- A *prepositional pronoun* is a pronoun that is used after a preposition, such as **a** or **de.**

You will learn more about Spanish indirect object pronouns in **Capítulo 8.**

1. As you have already learned, you must use forms of **gustar** with the correct indirect object pronoun.

Me gusta	el video.	**Nos gusta**	el video.
Me gustan	los videos.	**Nos gustan**	los videos.
Te gusta	el video.	**Os gusta**	el video.
Te gustan	los videos.	**Os gustan**	los videos.
Le gusta	el video.	**Les gusta**	el video.
Les gustan	los videos.	**Les gustan**	los videos.

2. As you have learned, if you want to *emphasize or clarify* who likes what, you can use **a** + name or noun, or **a** + prepositional pronoun. Note that when **a** + prepositional pronoun is used, there is often no direct translation in English. Notice that except for **mí** and **ti,** the prepositional pronouns are the same as the subject pronouns you already know.

Prepositional pronoun	Indirect object pronoun	Form of *gustar* + noun
A mí	**me**	gustan los videos.
A ti	**te**	gustan los videos.
A Ud. / a él / a ella	**le**	gustan los videos.
A nosotros / a nosotras	**nos**	gustan los videos.
A vosotros / a vosotras	**os**	gustan los videos.
A Uds. / a ellos / a ellas	**les**	gustan los videos.

Notice that while **mí** takes an accent, **ti** does not.

A mí me gustan los asistentes electrónicos, pero **a Elena** no le gustan.

*I like electronic notebooks, but **Elena** doesn't like them.*

A ella le gustan los organizadores electrónicos.

She likes electronic organizers.

3. A number of other Spanish verbs are used like **gustar.** These verbs are usually just used in two forms, as is **gustar.**

—**Me interesan** mucho estos celulares.
—¿No **te molesta** hablar por teléfono todo el día?

I'm interested in these cell phones.
*Doesn't **it bother you** to talk on the phone all day?*

Other verbs like gustar

- **encantar** *to like a lot*

  ¡**Me encanta** la tecnología!

- **fascinar** *to fascinate*

  A Ana **le fascinan** Internet y los sitios web.

- **importar** *to be important to someone; to mind*

  Nos importa tener acceso a Internet.
  ¿**Te importa** si usamos la computadora?

- **interesar** *to interest, to be interesting*

  A ellos **les interesan** los grupos de noticias.

- **molestar** *to bother*

  Nos molestan las computadoras viejas.

Actividades

ACTIVIDAD 1 **¿Te gusta?** Di si te gustan o no las siguientes cosas.

MODELO: las computadoras portátiles
A mí me gustan las computadoras portátiles.

1. los juegos interactivos de tenis
2. el sitio web del Museo del Prado
3. la clase virtual de literatura en la Universidad Complutense
4. los productos electrónicos de El Corte Inglés
5. el nuevo CD de Shakira
6. los grupos de conversación sobre las playas más bellas de España

ACTIVIDAD 2 **Los gustos.** Pregúntale a varios compañeros de clase sobre sus gustos.

MODELO: AOL (Latino.net, Yahoo, ¿…?)
Tú: *¿Les gusta AOL?*
Compañero(a): *No, no nos gusta AOL, pero sí nos gusta Latino.net.*

1. el grupo de debate de profesores de español (de artistas chilenos, de actores de teatro, ¿…?)
2. la página web de Yahoo en español (de *Time* en español, de *Newsweek en español*, ¿…?)
3. el grupo de conversación de estudiantes de español (de profesores de español, de estudiantes de francés, ¿…?)
4. los juegos interactivos (de mesa, de niños, ¿…?)
5. las computadoras portátiles (PC, Mac, ¿…?)
6. el programa de arte (de diseño gráfico, de contabilidad, ¿…?)

ACTIVIDAD 3 **¿Te interesa?** Pregúntale a un(a) compañero(a) cómo se siente (*feels*) sobre varios aspectos de la tecnología.

1. molestar: recibir mucha correspondencia electrónica
2. interesar: grupos de debate sobre la política
3. gustar: juegos interactivos
4. molestar: buscadores muy lentos (*slow*)
5. interesar: sitios web comerciales
6. gustar: chatear con personas en otros países
7. importar: recibir e-mails de personas desconocidas (*unknown*)

ACTIVIDAD 4 **En resumen.** Pregúntale a seis compañeros qué les gusta de la tecnología y qué les molesta. Escribe un resumen sobre los resultados.

1. Nombra tres cosas que te gustan de la tecnología.
2. Nombra tres cosas que te molestan de la tecnología.

En las culturas de habla hispana, la cortesía es muy importante. Cuando dos personas se presentan, por ejemplo, se dan la mano (*they shake hands*) o se besan en la mejilla (*they kiss on the cheek*). La cortesía en la manera de hablar tiene la misma importancia.

Es muy común usar frases como **¿Le importa?** o **¿Le molesta?** para hacerle una pregunta a alguien (*to ask someone a question*): **¿Le importa si uso la computadora?,** en vez de **Voy a usar la computadora** o **¿Puedo usar la computadora?** También es común usar **por favor** antes de hacer una pregunta y decir (*to say*) **gracias** al recibir la información. Aquí hay otras palabras que se usan para hablar más cortésmente.

Pardon me! / Excuse me! / I'm sorry!

No problem. / Not to worry.

Excuse me... / With your permission...

Of course. / Certainly.

PRÁCTICA 1. En tu opinión, ¿tiene la cortesía mucha importancia en EEUU, bastante importancia o poca importancia? ¿Qué expresiones usas tú frecuentemente para expresar cortesía? ¿Cuáles de las expresiones presentadas usas?

 PRÁCTICA 2. Con un(a) compañero(a) de clase, dramaticen las siguientes situaciones. Usen las expresiones de cortesía en su conversación.

Situación 1: Tu amigo(a) escribe una composición para su clase de inglés en tu computadora. Tú borras (*erase*) el archivo que contiene la composición.

Situación 2: Necesitas usar la impresora urgentemente antes de clase, pero hay un(a) estudiante que lleva mucho tiempo con un trabajo.

Gramática útil 2

Describing yourself and others and expressing conditions and locations:
The verb *estar* and the uses of *ser* and *estar*

Estoy muy **aburrida** con tu cuento trágico.

CÓMO USARLO

You already know that the verb **ser** is translated as *to be* in English. You have already used the verb **estar,** which is also translated as *to be*, in expressions such as **¿Cómo estás?** While both these Spanish verbs mean *to be*, they are used in different ways.

1. Use **estar** . . .

♦ to express location of people, places, or objects.

La profesora Suárez **está** en la biblioteca.	*Professor Suárez **is** in the library.*
Los libros **están** en la mesa.	*The books **are** on the table.*

♦ to talk about a physical condition.

—¿Cómo **está** Ud.?	*How **are** you?*
—**Estoy** muy bien, gracias.	*I'm well, thank you.*
—Yo **estoy** un poco cansada.	*I'm a little tired.*

♦ to talk about emotional conditions.

El señor Albrega **está** un poco nervioso hoy.	*Mr. Albrega **is** a little nervous today.*
Estoy muy ocupada esta semana.	*I'm very busy this week.*

2. Use **ser** . . .

♦ to identify yourself and others.

Soy Ana y ésta **es** mi hermana Luisa.	*I'm Ana and this **is** my sister Luisa.*

♦ to indicate profession.

Pablo Picasso **es** un artista famoso.	*Pablo Picasso **is** a famous artist.*

♦ to describe personality traits and physical features.

Somos altos y delgados.	*We **are** tall and thin.*
Somos estudiantes buenos.	*We **are** good students.*

♦ to give time and date.

Es la una. Hoy **es** miércoles.	*It **is** one o'clock. Today **is** Wednesday.*

♦ to indicate nationality and origin.

—**Eres** española, ¿no?	*You **are** Spanish, right?*
—Sí, **soy** de España.	*Yes, I **am** from Spain.*

♦ to express possession with **de.**

Este celular **es de Anita.**	*This **is Anita's** cell phone.*

♦ to give the location of an event.

La fiesta **es** en la residencia estudiantil.	*The party **is** in the dorm.*

Notice that expressing the location of people, places, and things (other than events) requires the use of **estar. Ser** is used only to indicate *where an event will take place.*

CÓMO FORMARLO

1. Here are the forms of the verb **estar** in the present indicative tense.

estar *(to be)*			
yo	**estoy**	nosotros / nosotras	**estamos**
tú	**estás**	vosotros / vosotras	**estáis**
Ud. / él / ella	**está**	Uds. / ellos / ellas	**están**

2. In the **¡Imagínate!** section you learned some adjectives that are commonly used with **estar** to describe physical and emotional conditions.

aburrido(a)   **nervioso(a)**
cansado(a)   **ocupado(a)**
contento(a)   **preocupado(a)**
enfermo(a)   **seguro(a)**
enojado(a)   **triste**
furioso(a)

Don't forget that when you use adjectives with **estar,** as with any other verb, they need to agree with the person or thing they are describing in both gender and number.

Los estudiantes están preocupados   ***The students are worried*** *about*
   por Miguel.   *Miguel.*
Elena está nerviosa a causa del examen.   ***Elena is nervous*** *because of the exam.*

Actividades

ACTIVIDAD 5 **¿Dónde están?** Todos participan en diferentes actividades en diferentes lugares de la universidad. ¿Dónde están?

MODELO: Ricardo y Juana estudian.
            Están en la biblioteca.

1. Javier toma un refresco.
2. Mi compañero(a) de cuarto y yo descansamos.
3. Paula y Pedro navegan por Internet.
4. La profesora Martínez lee una novela.
5. Usted escribe en la pizarra.
6. Nosotros escuchamos las cintas de español.
7. El equipo de básquetbol practica para el partido.
8. Tú compras un libro para la clase de filosofía.

ACTIVIDAD 6 **¿Cómo están?** Tú y varias personas están en las siguientes situaciones. Usa **estar** + *adjetivo* para describir cómo están.

MODELO: Sales bien en el examen de francés, tomas el sol por la tarde, cenas con tu mejor amigo(a) y alquilas un video que te gusta mucho.
Estoy contento(a).

1. Tienes una entrevista con el director de la universidad para un trabajo que necesitas.
2. Carlos tiene una infección y piensa que tiene que ir al hospital.
3. Marta y Mario no tienen nada (*nothing*) que hacer—no hay nada interesante en la tele y su computadora no funciona.
4. Compras una nueva computadora. Llegas a casa y cuando tratas de usarla, no funciona. La tienda de computadoras no abre hasta el lunes.
5. Tú y tu familia tienen mucho que hacer. Entre los estudios, el trabajo, los deportes, la familia y los amigos, no hay suficiente tiempo en el día para hacerlo todo.
6. Elena practica deportes por la mañana, trabaja en la biblioteca por la tarde y estudia por la noche. Cuando llega a casa, descansa.
7. La tarea de matemáticas es muy difícil —Martín no comprende las instrucciones. Es muy tarde para llamar a un amigo. Tiene que entregar la tarea muy temprano por la mañana.
8. El abuelo (*grandfather*) de Pedro y Delia está muy enfermo. Pedro y Delia lo visitan en el hospital.

ACTIVIDAD 7 **¿Ser o estar?** Trabaja con un(a) compañero(a) de clase para completar las oraciones. Lean las oraciones y juntos decidan si se debe usar **ser** o **estar**. Escriban la forma correcta del verbo. Luego, escriban por qué se usa **ser** o **estar**.

MODELO: _____*Soy*_____ María Hernández Catina.
razón (*reason*): *identidad*

Razones: nacionalidad, posesión, estado físico, característica física, característica de personalidad, profesión, fecha, hora, estado temporáneo, identidad, posición (*location*), lugar de un evento

1. ¿Cómo _____es_____ usted, profesor Taboada?
   razón:

2. ___Estoy___ un poco cansado hoy.
   razón:

3. ___Soy___ de España.
   razón:

4. ¿Dónde ___esta___ la biblioteca?
   razón:

5. Mi padre ___es___ profesor de lenguas.
   razón:

6. Hoy __es__ miércoles, el 22 de octubre.
   razón:

7. Nati __es__ alta, delgada y tiene el pelo castaño.
   razón:

8. Esta semana Leonardo __está__ muy ocupado.
   razón:

9. Este libro, ¿__Es__ de la profesora?
   razón:

10. ¿Dónde __es__ la clase de filosofía?
    razón:

 ACTIVIDAD 8 **¡Pobre Mónica!** Trabaja con un(a) compañero(a) de clase. Miren el dibujo y juntos escriban una descripción de Mónica y de la situación en general. Traten de usar **ser** o **estar** en cada oración y de escribir por lo menos cinco oraciones.

In Spanish-speaking countries, Tuesday the 13th, rather than Friday the 13th, is considered an unlucky day.

Sonrisas

COMPRENSIÓN. En tu opinión, ¿cuál de los siguientes adjetivos describen al hombre rubio? ¿Y al hombre moreno?

- ¿Quién está...?

  aburrido / cansado / contento / enfermo / furioso / nervioso / ocupado / preocupado / seguro / triste

- ¿Quién es...?

  activo / antipático / cómico / cuidadoso / divertido / egoísta / extrovertido / impaciente / introvertido / perezoso / serio / simpático / tonto

Gramática útil 3
Talking about everyday events: Stem-changing verbs in the present indicative

In **Capítulos 1** and **2** you learned the present indicative forms of regular **-ar,** **-er,** and **-ir** verbs in Spanish. There are other Spanish verbs that use the same endings as regular **-ar, -er,** and **-ir** verbs in this tense, but they also have a small change in their stem. (Remember that the stem is the part of the infinitive that is left after you remove the **-ar / -er / -ir** ending.)

—¿Qué **piensas** de este asistente electrónico?
—Me gusta, pero **prefiero** éste.
—¿Verdad? Bueno, ¿por qué no le **pides** el precio al dependiente?

What do you think of this electronic assistant?
I like it, but I prefer this one.
Really? Well, why don't you ask the sales clerk the price?

¡Pobre Beto! **Siento** tu frustración.

CÓMO FORMARLO

1. There are three categories of stem-changing verbs in the present indicative.

	o → ue: encontrar (to find)	e → ie: preferir (to prefer)	e → i: pedir (to ask for)
yo	enc**ue**ntro	pref**ie**ro	p**i**do
tú	enc**ue**ntras	pref**ie**res	p**i**des
Ud. / él / ella	enc**ue**ntra	pref**ie**re	p**i**de
nosotros / nosotras	encontramos	preferimos	pedimos
vosotros / vosotras	encontráis	preferís	pedís
Uds. / ellos / ellas	enc**ue**ntran	pref**ie**ren	p**i**den

2. Note that the stem changes in all forms except the **nosotros / nosotras** and **vosotros / vosotras** forms.

3. Remember, all the endings for the present indicative are the same for these verbs as for the other regular verbs you've learned: **-o, -as, -a, -amos, -áis, -an** for **-ar** verbs; **-o, -es, -e, -emos / -imos, -éis / -ís, -en** for **-er** and **-ir** verbs. The only thing that is different here is the change in the stem.

4. Here are some commonly used Spanish verbs that experience a stem change in the present indicative tense.

e → ie

comenzar (a) / empezar (a)	*to begin (to)*
entender	*to understand*
pensar de	*to think (of), have an opinion about*
pensar en	*to think about, to consider*
perder	*to lose*
preferir	*to prefer*
querer	*to want, to love*
sentir	*to feel*

o → ue

contar	*to tell, to relate; to count*
dormir	*to sleep*
encontrar	*to find*
jugar*	*to play*
poder	*to be able to*
sonar	*to ring, to go off (phone, alarm clock, etc.)*
soñar (con)	*to dream (about)*
volver	*to return*

e → i

pedir	*to ask for something*
repetir	*to repeat*
servir	*to serve*

***Jugar** is the only **u → ue** stem-changing verb in Spanish. It's grouped with the **o → ue** verbs, since its change is most similar to those.

Actividades

 ACTIVIDAD 9 **¿Entiendes?** Tú eres el (la) profesor(a) de la clase de computación. Les preguntas a varias personas si entienden cómo hacer ciertas cosas en la computadora. Tu compañero(a) hace el papel de los varios estudiantes y te contesta.

MODELO: tú: cómo instalar el programa antivirus
Tú: *¿Entiendes cómo instalar el programa antivirus?*
Compañero(a): *Sí, entiendo cómo instalar el programa antivirus.* O:
No, no entiendo cómo instalar el programa antivirus.

1. ustedes: cómo abrir la aplicación
2. usted: cómo archivar los documentos al disco duro
3. tú: cómo funciona el buscador
4. ellos: cómo cortar la conexión a Internet
5. ustedes: cómo entrar a los grupos de conversación
6. tú: cómo visitar el sitio web de El Corte Inglés

 ACTIVIDAD 10 **¿A qué hora vuelves?** Un amigo te pregunta cuándo vuelven a casa tú, tus amigos y varios miembros de tu familia. Escucha la pregunta y escribe la respuesta correcta en una oración completa. Estudia el modelo.

MODELO: Ves: 10:30 A.M.
Escuchas: ¿A qué hora vuelves de la clase de computación?
Escribes: *Vuelvo de la clase de computación a las diez y media de la mañana.*

1. 4:00 P.M.	3. 3:15 P.M.	5. 7:00 P.M.
2. 1:00 A.M.	4. 8:00 P.M.	6. 11:30 A.M.

ACTIVIDAD 11 **En la clase de español.** Todos los estudiantes en la clase de español están en medio de alguna actividad. Di lo que hace cada persona.

MODELO: Olga (no entender las instrucciones)
Olga no entiende las instrucciones.

1. Joaquín (cerrar el libro)
2. Iris (perder su lugar en el capítulo)
3. Paulo (dormir en su escritorio)
4. Lisa (empezar a hacer la tarea)
5. Arturo (pensar en las vacaciones)
6. Andrés y Marta (jugar en la computadora)
7. Roberto y Humberto (querer ir al gimnasio)
8. Ingrid (preferir hacer la tarea en la computadora)
9. Francisco (no poder abrir la aplicación)
10. la profesora (volver a repetir la tarea)
11. yo (pedir el número de la página de la lectura)
12. yo (repetir la pregunta)

> **Volver** + *infinitive* means to go back and do something, or to do it over.

 ACTIVIDAD 12 **¡Lo siento!** Invita a tu compañero(a) a tres lugares. Él o ella no puede aceptar tu invitación, y te dice por qué. Luego, tu compañero(a) te invita a ti a tres lugares. Tú no puedes aceptar su invitación y le explicas por qué.

MODELOS: Tú: *¿Quieres ir a tomar un refresco?*
Compañero(a): *Lo siento, no puedo ahora porque tengo clase de computación.*

Compañero(a): *¿Quieres ir al centro de computación a navegar por Internet?*
Tú: *Lo siento, no puedo ahora porque tengo que hacer la tarea.*

ACTIVIDAD 13 **La vida universitaria.** ¿Es la vida del estudiante muy difícil hoy en día? Con tres compañeros de clase, contesten las siguientes preguntas sinceramente. Basándose en las respuestas de sus compañeros, juntos decidan si la vida universitaria produce mucho estrés para el estudiante. Presenten su conclusión a la clase.

1. ¿Sientes mucho estrés? ¿Por qué?
2. ¿A qué hora vuelves a la residencia estudiantil de la universidad?
3. ¿A qué hora duermes? ¿Dónde duermes? ¿Cuántas horas duermes por noche? ¿Duermes lo suficiente?
4. ¿Juegas videojuegos? ¿juegos interactivos? ¿juegos en la red? ¿Cuánto tiempo pasas a diario jugando estos juegos?
5. ¿Pierdes tus llaves (*keys*) con frecuencia? ¿tus gafas? ¿tu dinero (*money*)? ¿tu tarea? ¿tus libros? ¿tus cuadernos? ¿tu mochila?
6. ¿Prefieres tener o no tener un celular o un bíper? ¿Por qué?
7. ¿Piensas en tu futuro? ¿Estás preocupado(a) por tu futuro? ¿Puedes imaginar tu futuro?

ACTIVIDAD 14 **Los hábitos del universitario.** Haz una gráfica como la de abajo. Si quieres, puedes escribir tus propias preguntas. Luego, hazles las preguntas a diez compañeros de clase. Según sus respuestas, apunta el número de estudiantes en la columna apropiada. Luego, escribe una descripción de tus resultados.

Preguntas	Número de estudiantes
dormir más de seis horas por noche:	6
no dormir más de seis horas por noche:	4
preferir hablar por teléfono para comunicarse:	
preferir escribir e-mail para comunicarse:	
jugar un deporte:	
jugar en Internet:	
jugar videojuegos:	
jugar videos interactivos:	
sentir mucho estrés:	
no sentir mucho estrés:	
pensar en su futuro todos los días:	
no pensar en su futuro todos los días:	
encontrar la vida universitaria difícil:	
encontrar la vida universitaria fácil:	
¿…?	

MODELO: *Seis estudiantes duermen más de seis horas por noche.*
Cuatro estudiantes no duermen más de seis horas por noche.

Gramática útil 4

Describing how something is done: Adverbs

EL MEJOR SERVIDOR DE E-MAIL *

ISOCOR
N-PLEX
http://www.isocor.com

Indudablemente, el producto más versátil... *

N-PLEX es un software de servidor potente e integrado para transmitir información electrónica de forma segura sobre Internet o Intranets. Diseñado especialmente para cumplir las demandas más exigentes de las empresas, organismos gubernamentales y proveedores de acceso a Internet, N-PLEX proporciona un sistema completo y ampliable para realizar intercambio de información electrónica en entornos de redes globales con facilidades de gestión centralizada y remota.

*Según la revista iWorld, **N-PLEX de ISOCOR** es el mejor software servidor de correo electrónico para Windows NT.*

LLAME AHORA PARA INFORMARSE: (91) 677.61.85

Can you find two -**mente** adverbs in this Spanish advertisement? Based on your knowledge of cognates, can you guess their meanings in English?

Hint: Do you know what the word *indubitably* means in English?

CÓMO USARLO

When you want to say how an activity is carried out (slowly, thoroughly, generally, etc.), you use an adverb.

Generalmente, prefiero usar una contraseña secreta.
Escribo más **rápidamente** en computadora que con bolígrafo.
Este programa es **muy** lento.

Generally I prefer to use a secret password.
*I write more **rapidly** on the computer than I do with a pen.*
*This program is **very** slow.*

CÓMO FORMARLO

LO BÁSICO

An adverb is a word that modifies a verb, an adjective, or another adverb. *Generally, rapidly,* and *very* are all adverbs. You can identify an adverb by asking the question, *"How?"*

1. To form an adverb from a Spanish adjective, it is often possible to add the ending **-mente** to the adjective: **fácil** → **fácilmente**. If the adjective ends in an **-o**, change it to **-a** before adding **-mente: rápido** → **rápidamente**.

2. Here are some frequently used Spanish adjectives that can be turned into **-mente** adverbs.

fácil (*easy*)	→	**fácilmente**	**lento** (*slow*)	→	**lentamente**
difícil (*difficult*)	→	**difícilmente**	**rápido** (*fast*)	→	**rápidamente**

3. -**mente** adverbs are also useful to talk about your routine and what you normally do.

frecuentemente	*frequently*	**normalmente**	*normally*
generalmente	*generally*		

Lento and **rápido** can also be used with **muy** for the same effect: **Esta computadora se conecta a Internet muy rápido / muy lento / rápidamente / lentamente.**

4. Here are some other common Spanish adverbs.

Remember, adverbs can be used to modify other adverbs, so it's perfectly acceptable to use **muy** with **frecuentemente** or **mal,** for example!

bastante	*somewhat, rather*	Este sistema es **bastante** lento.
bien	*well*	Tu computadora funciona **bien.**
demasiado	*too much*	Navego **demasiado** por Internet.
mal	*badly*	¡Mi fax-módem funciona muy **mal**!
mucho	*a lot*	Me gustan **mucho** los juegos interactivos.
muy	*very*	Archivo **muy** frecuentemente.
poco	*little*	Chateo **poco** por Internet.

Actividades

ACTIVIDAD 15 **¿Cómo?** Escucha a Miriam mientras describe su vida a una amiga. Completa sus oraciones. Escoge el adjetivo más lógico del grupo y conviértelo en un adverbio añadiendo el sufijo **-mente.**

constante	cuidadoso	directo	fácil
frecuente	general	lento	normal
inmediato	paciente	tranquilo	rápido
total			

1. Puedes instalar el programa antivirus _____.
2. Yo chateo por Internet _____.
3. Hay algunos sitios web que funcionan _____.
4. _____, navego por Internet dos o tres horas por día.
5. Con este módem interno, puedo hacer una conexión _____.
6. Instalo los programas de software en mi computadora _____.
7. Tengo tarea _____.
8. Los domingos prefiero pasar el día _____.

ACTIVIDAD 16 **¿Cómo te sientes?** Averigua (*Find out*) cómo se sienten tus compañeros de clase en ciertas situaciones. Hazles las siguientes preguntas a varios compañeros y apunta sus respuestas. Luego, dale los resultados de tu encuesta a la clase.

¿Cómo te sientes cuando…

1. vas a tener un examen?
2. tu computadora no funciona bien?
3. recibes la cuenta (*bill*) de tu teléfono celular?
4. la batería de tu teléfono no funciona?
5. pierdes los archivos de tu tarea?
6. ¿…?

Posibles respuestas:

bien	bastante nervioso (triste, preocupado, etc.)
mal	demasiado nervioso (cansado, furioso, etc.)
muy bien	no me afecta
muy mal	¿…?

España

Las riquezas culturales de España. Look at the photos, then read the paragraphs and titles on page 128. Can you match the photos and the correct title to each paragraph? Try to read quickly to catch the gist of each paragraph. Once you have identified the correct title and photo for each paragraph, read the paragraphs again to see if you understood the basic content of each one.

¿Adivinaste? Answers to the questions on page 101: 1. c 2. c 3. c 4. a

Fotos

Foto 1

Foto 2

Foto 3

Foto 4

Títulos

La literatura   **La influencia árabe**   **El arte**   **La cocina española**

Párrafo 1

Las tapas son raciones o porciones pequeñas de comida típicamente española que se sirven en los bares españoles, especialmente en el sur de España. Salir a comer tapas con los amigos es mucho más que sólo comer: ¡es una actividad esencial en la vida social española!

Párrafo 2

El ingenioso hidalgo Don Quijote de la Mancha (1605), escrito por el autor español Miguel de Cervantes, se considera la primera novela moderna. Los dos protagonistas, Don Quijote de la Mancha, el idealista sincero, y Sancho Panza, el realista cómico, son unos de los personajes más famosos de la literatura española, y aún de la literatura mundial.

Párrafo 3

En el siglo VIII, colonizadores musulmanes, comúnmente llamados "los moros", conquistan la Península Ibérica. Durante esta época, bajo su influencia, florecen las matemáticas, las ciencias, la arquitectura y las artes decorativas. Las influencias árabes en la arquitectura son muy evidentes por todo el sur de España, en particular en Granada, Córdoba y Sevilla.

Párrafo 4

Los grandes maestros de la pintura española incluyen a El Greco (1541–1614), Diego de Velázquez (1599–1660) y Francisco de Goya (1746–1828). Las obras de El Greco tratan temas religiosos, mientras que las de Velázquez frecuentemente representan mitos y leyendas. Goya es famoso por sus retratos de la familia real y también por sus protestas gráficas contra la violencia y la guerra (*war*).

Internet

¡CONÉCTATE!

Your class needs to plan a virtual vacation to Sevilla, Spain, in order to get away from all the stress of modern technological living! Divide into four groups. Each group will choose one of the following categories and research it by following links on the *Nexos Media* website to see a list of suggested websites. Each group should come up with a list of three suggestions for their category. Then, based on the group's suggestions, the class will prepare an itinerary for a virtual vacation to Sevilla.

Group 1: Housing / Lodging
Group 2: Entertainment
Group 3: Museums and other cultural sites
Group 4: Where to eat

Antes de leer

Using format clues to aid comprehension

In **Capítulo 3,** you learned to look at the visuals that accompany a magazine or newspaper article to get a general idea of its content. It is also very helpful to look at an article's format. The headline, a section title, and any kind of highlighted text can give you a general idea of the article's content. Also, any sidebars (information presented in a box accompanying the story) can provide helpful hints.

ACTIVIDAD 1 Mira el siguiente artículo de *Netmaní@*, una revista de tecnología e Internet publicada en España. ¿Cuántas de las siguientes claves (*clues*) de formato puedes identificar en el artículo?

- título de sección
- título de artículo
- texto de interés
- texto del lado (*sidebar*)
- citas (*quotations*)
- fotos
- ilustraciones y dibujos
- otros tipos de gráficos

ACTIVIDAD 2 Ahora, estudia las claves de formato para ver si puedes entender el tema principal del artículo. ¿De qué trata el artículo?

- programas para la computadora
- los emoticons (*smiley faces used in cyberspace*)
- técnicas de diseño gráfico para crear los emoticons

Lectura

ACTIVIDAD 3 Ahora lee el artículo completo. Trata de comprender las ideas más importantes. Busca los cognados para comprenderlo mejor.

Trucos de navegación: Smileys al completo

¿Sabes[1] lo que significa C=}>;*())?
Si estás perdido en el mundo[2] de los smileys, he aquí
una solución a tus problemas...

¿Quién no sabe todavía qué son los smileys? Esos populares símbolos, resultado de combinar paréntesis, letras y otros símbolos alfanuméricos, creados[3] para manifestar distintos sentimientos como alegría, diversión, complicidad u otros difícilmente expresables a través del lenguaje escrito[4], pueblan[5] en la actualidad gran parte de los mensajes que se envían[6] por e-mail o se escriben en los grupos de noticias de Usenet.

Aparte de los clásicos :-), :-(, ;-) existen muchísimos más smileys, con una gran diversidad de significados... Una solución para no perderse[7] en este mundillo consiste en recurrir[8] a las recopilaciones de smileys que se han ido realizando[9] últimamente por la Red. Son, claro, los diccionarios de smileys.

Uno de ellos es *The Unofficial Smiley Dictionary* (el diccionario no oficial de smileys), que es uno de los más visitados. Se trata de una colección bastante completa de estos símbolos, divididos en varios grupos, tales como smileys sencillos[10], smileys emocionales o mega smileys, por citar algunos. ■

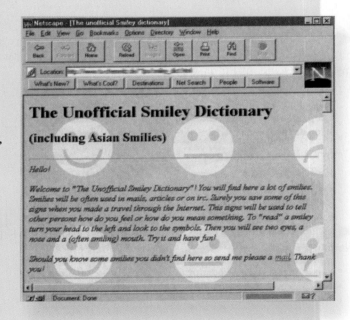

Idioma cibernético

:-)	contento	;-)	sarcástico
:-/	escéptico	*-)	muy contento
>:-[	furioso	:-X	muy discreto
:-D	muy cómico	>>:-[	muy furioso
O:-)	soy un santo	:-(	triste
I-I	dormido	>:->	soy un diablo
:'-(	muy triste	:-I	indiferente
@--->---	romántico (una flor para ti)		

[1]*Do you know* [2]**perdido...** *lost in the world* [3]*created* [4]*written* [5]*populate* [6]**se envían** *people send each other* [7]*to lose oneself* [8]*to fall back on, to resort to* [9]**se han...** *that are being created* [10]*simple*

Después de leer

ACTIVIDAD 4 Ahora di si las siguientes oraciones son **ciertas (C)** o **falsas (F)** según el artículo.

1. _____ Este artículo habla de los smileys, también llamados "emoticons".
2. _____ Hay muchos smileys.
3. _____ Desgraciadamente, no existen diccionarios de los smileys.
4. _____ Los smileys clásicos son :-) y >:-> .
5. _____ >>:-[quiere decir "dormido".

ACTIVIDAD 5 ¿Puedes identificar el equivalente en inglés de los siguientes símbolos?

1. _____ |-I
2. _____ O:-)
3. _____ >:->
4. _____ @--->---

a. *I'm a devil.*
b. *asleep*
c. *a flower for you*
d. *I'm a saint.*

ACTIVIDAD 6 En grupos de tres a cuatro estudiantes, creen (*create*) nuevos emoticons para las emociones indicadas. ¡Sean creativos! Cuando terminen, escriban sus emoticons en la pizarra y voten para decidir cuáles van a ser los emoticons "oficiales" para cada emoción indicada.

1. aburrido
2. enfermo
3. nervioso
4. ocupado
5. preocupado
6. seguro

ACTIVIDAD 7 Escribe un e-mail breve a un(a) amigo(a), usando todos los emoticons que puedas. Puedes usar los emoticons del artículo y también los nuevos de la **Actividad 6.**

LA TECNOLOGÍA *Technology*

El hardware *Hardware*

La computadora *Computer*

el altoparlante	speaker
el cable	cable
el disco duro	hard drive
el fax / módem externo	external fax / modem
el micrófono	microphone
el monitor	monitor
el ratón	mouse

La computadora portátil *Laptop computer*

los audífonos	earphones
el fax / módem interno	internal fax / modem
la impresora	printer
el lector de CD-ROM o DVD	CD-ROM / DVD drive
la pantalla	screen
la tecla	key
el teclado	keyboard

El software *Software*

la aplicación	application
los archivos	files
el ícono del programa	program icon
el juego interactivo	interactive game
el programa antivirus	anti-virus program
el programa de procesamiento de textos	word-processing program

Funciones de la computadora *Computer functions*

archivar	to file
conectar	to connect
enviar	to send
funcionar	to function
grabar	to record
hacer clic / doble clic	to click / double click
instalar	to install
tener 512 MB de memoria	to have 512 MB of memory

LOS COLORES *Colors*

amarillo(a)	yellow
anaranjado(a)	orange
azul	blue
blanco(a)	white
café / marrón	brown
gris	gray
morado(a)	purple
negro(a)	black
rojo(a)	red
rosa / rosado(a)	pink
verde	green

LAS EMOCIONES *Emotions*

aburrido(a)	bored
cansado(a)	tired
contento(a)	happy
enfermo(a)	sick
enojado(a)	angry
furioso(a)	furious
nervioso(a)	nervous
ocupado(a)	busy
preocupado(a)	worried
seguro(a)	sure
triste	sad

APARATOS ELECTRÓNICOS *Electronics*

el asistente electrónico	electronic notebook
el buscapersonas / bíper	beeper
la cámara digital	digital camera
la cámara web	webcam
el CD portátil / MP3	portable CD / MP3 player
el organizador electrónico	electronic organizer
el reproductor / grabador de discos compactos	CD player / burner
el reproductor / grabador de DVD	DVD player / burner
la videocámara	videocamera
la videocasetera	VCR

FUNCIONES DE INTERNET
Internet functions

el buzón electrónico	electronic mailbox
el buscador	search engine
chatear	to chat online
el ciberespacio	cyberspace
la conexión	the connection
cortar la conexión	to go offline
hacer una conexión	to go online
la contraseña	password
el correo electrónico / e-mail	e-mail
en línea	online
el enlace	link
el grupo de conversación	chat room
el grupo de debate	news group
la página web	web page
el proveedor de acceso	Internet provider
la red mundial	World Wide Web
el sitio web	web site
el (la) usuario(a)	user

EXPRESIONES DE CORTESÍA
Courtesy expressions

Con permiso.	Pardon me.
Disculpe.	Excuse me.
Lo siento.	I'm sorry.
Perdón.	Excuse me.

VERBOS COMO GUSTAR

encantar	to like a lot
fascinar	to fascinate
importar	to be important to someone; to mind
interesar	to interest, to be interesting
molestar	to bother

OTROS VERBOS*

comenzar (ie)	to begin
contar (ue)	to tell, to relate; to count
dormir (ue)	to sleep
empezar (ie)	to begin
entender (ie)	to understand
jugar (ue)	to play
pedir (i)	to ask for something
pensar (ie) de	to think, have an opinion about
pensar (ie) en	to think about, to consider
perder (ie)	to lose
poder (ue)	to be able to
preferir (ie)	to prefer
querer (ie)	to want; to love
repetir (i)	to repeat

*Starting now stem-changing verbs will be indicated in vocabulary lists with the stem change in parentheses.

sentir (ie)	to feel
servir (i)	to serve
sonar (ue)	to ring, to go off (phone, alarm clock, etc.)
soñar (ue) con	to dream (about)
volver (ue)	to return

ADJETIVOS

difícil	difficult
fácil	easy
lento	slow
rápido	fast

ADVERBIOS

difícilmente	with difficulty
fácilmente	easily
frecuentemente	frequently
generalmente	generally
lentamente	slowly
normalmente	normally
rápidamente	rapidly
bastante	somewhat, rather
bien	well
demasiado	too much
mal	badly
mucho	a lot
muy	very
poco	little

¿Qué tal la familia?

Communication

By the end of this chapter you will be able to:
- talk about and describe your family
- talk about professions
- describe daily routines
- indicate current actions

Cultures

By the end of this chapter you will have learned about:
- Honduras and El Salvador
- nicknames and diminutive expressions
- careers where knowledge of Spanish is helpful
- the Afro-Hispanic **garífuna** culture of Honduras

Una familia salvadoreña se presenta para una foto en frente de su casa. La familia es muy importante en Latinoamérica. ¿Crees que la familia es una parte importante de la vida en los Estados Unidos?

RELACIONES FAMILIARES

Nos describimos con relación a diferentes aspectos de nuestra vida: los intereses, la personalidad, las características físicas, la profesión y muchos más. En el mundo hispanohablante, las relaciones familiares son un aspecto muy importante de la identidad personal. ¿Es tu familia una parte importante de tu vida diaria? ¿Cuánto tiempo pasas con miembros de tu familia en una semana? En este capítulo, vas a explorar el concepto de la familia y de las relaciones interpersonales.

Los datos

Mira los gráficos y luego indica si las siguientes oraciones se refieren a Honduras o a El Salvador.

afro-hispanos 2%
amerindios 7%
caucásicos 1%
mestizos 90%

Honduras

caucásicos 9%
amerindios 1%
mestizos 90%

El Salvador

① Hay más diversidad étnica en este país.
② Hay más amerindios en este país.
③ Hay más caucásicos en este país.

¡Adivina!

¿Qué sabes de Honduras y El Salvador? Di si las oraciones se refieren a Honduras, a El Salvador o a los dos. (Las respuestas están en la página 158.)

① La mayoría de la población es de origen mestizo.
② Hay una pequeña pero significativa población afro-hispana.
③ Hay una pequeña pero significativa población caucásica.
④ Tiene ruinas de la civilización maya.
⑤ Es el país más pequeño de Centroamérica.

OCÉANO ATLÁNTICO
HONDURAS
Tegucigalpa ★
San Salvador ★
OCÉANO PACÍFICO
EL SALVADOR

¡IMAGÍNATE!

Vocabulario útil 1

ANILÚ:	Son fotos de mi **familia.**
DULCE:	¿De veras? ¿En la computadora?
ANILÚ:	Sí, mi **hermanito** Roberto tiene una cámara digital. Saca fotos de la familia y me las manda por Internet.

LA FAMILIA NUCLEAR

la madre (mamá)	*mother*
el padre (papá)	*father*
los padres	*parents*
la esposa	*wife*
el esposo	*husband*
la hija	*daughter*
el hijo	*son*
la hermana (mayor)	*(older) sister*
el hermano (menor)	*(younger) brother*
la tía	*aunt*
el tío	*uncle*
la prima	*female cousin*
el primo	*male cousin*
la sobrina	*niece*
el sobrino	*nephew*
la abuela	*grandmother*
el abuelo	*grandfather*
la nieta	*granddaughter*
el nieto	*grandson*

LA FAMILIA POLÍTICA

la suegra	*mother-in-law*	**el yerno**	*son-in-law*
el suegro	*father-in-law*	**la cuñada**	*sister-in-law*
la nuera	*daughter-in-law*	**el cuñado**	*brother-in-law*

OTROS PARIENTES

la madrastra	*stepmother*	**el hermanastro**	*stepbrother*
el padrastro	*stepfather*	**la media hermana**	*half-sister*
la hermanastra	*stepsister*	**el medio hermano**	*half-brother*

> In Spanish, the masculine plural **hermanos** can mean both *brothers* (all males) and *brothers and sisters / siblings* (both males and females).

> Notice that **parientes** is a false cognate: it does *not* mean *parents;* it means *family members.* **Los padres** is the correct term for *parents.*

Actividades

ACTIVIDAD 1 **La familia de Anilú.** Con un(a) compañero(a) de clase, háganse preguntas sobre el árbol genealógico (*family tree*) de Anilú. Túrnense nombrando la persona y diciendo cuál es su relación con Anilú.

MODELO: Compañero(a): *¿Quién es Beatriz Vega Chapa?*
Tú: *Es la abuela de Anilú.*

Arturo Villa González **y** Beatriz Vega Chapa de Villa   Rodrigo Guzmán Corona **y** Adela Flores Romero de Guzmán

Carlos   Irene   Amelia   Pedro   Hernán   Rosa

Tomás   Rafael   Gloria   Anilú   Roberto   Alberto   Sonia

> Notice that two surnames are given for the grandparents in Anilú's family tree. In Spanish-speaking countries, a person's first surname comes from his or her father's side, and their second surname comes from his or her mother's side. Anilú's full name will be Anilú Guzmán Villa until she marries. Then she will add her husband's first surname (for example, Rodríguez) after her name: Anilú Guzmán Villa de Rodríguez, and be known simply as Sra. Rodríguez. This tradition is changing in many Spanish-speaking countries.

ACTIVIDAD 2 **El árbol genealógico.** Dibuja el árbol genealógico de tu familia nuclear. Empieza con tus abuelos y sigue con el resto de tu familia. Luego, en grupos de tres, intercambien sus árboles y háganse preguntas sobre sus familias.

MODELO: Tú: *¿Tom es tu hermano?*
Compañero(a): *Sí, es mi hermano menor. Tiene quince años y es muy divertido.*
Tú: *¿Quién es Elisa?*
Compañero(a): *Es mi sobrina. Es la hija de mi hermana mayor.*

ACTIVIDAD 3 **Mi familia.** Escribe un párrafo corto sobre cada miembro de tu familia nuclear. Para cada individuo, di quién es, cómo se llama y cuántos años tiene. Incluye algunas características físicas y también unas de personalidad. Luego, en grupos de tres lean sus descripciones al grupo. El grupo te hace preguntas sobre cada miembro de tu familia y tú contestas.

¡COMPÁRATE!

Internet

En español frecuentemente se usan **palabras diminutivas,** como hace Anilú cuando habla de su **hermanito.** Se forma el diminutivo añadiendo (*adding*) **-ito** o **-ita** a un sustantivo (*noun*): **hermano → hermanito.** (Otras palabras forman el diminutivo añadiendo **-cito / -cita: coche → cochecito.**)

Una palabra diminutiva puede tener dos significados. Uno es para decir que algo o alguien es pequeño o menor: una **casita** es una casa pequeña; una **hermanita** es una hermana menor. El segundo uso del diminutivo es para expresar afecto o cariño (*love, fondness*). Por ejemplo, si Anilú habla de su abuela, la puede llamar **abuelita** para indicar que la quiere mucho.

Para expresar cariño los hispanohablantes también usan mucho los apodos (*nicknames*). Por ejemplo, los personajes del video tienen una variedad de apodos: **Anilú** es apodo de Ana Luisa, **Beto** es apodo de Roberto y **Chela** es apodo de Graciela.

 PRÁCTICA. Con un(a) compañero(a) de clase, contesten las siguientes preguntas sobre los apodos.

1. ¿Tienes apodo? Si tienes uno, ¿te gusta? ¿Por qué?
2. ¿Puedes nombrar apodos que no son formas cortas (*short*) del nombre? Por ejemplo, ¿qué apodos se relacionan con características físicas o de personalidad?
3. En tu opinión, ¿es un apodo una indicación de cariño? ¿Por qué?
4. ¿Te gusta la idea de palabras diminutivas? ¿Por qué? ¿Existe una forma equivalente en inglés?

DULCE:	¿Quién es este señor?
ANILÚ:	Es mi papá. Se enoja cuando Roberto le saca fotos. No le gusta salir en fotos. Dice que se ve muy gordo.
DULCE:	¿Qué hace tu papá?
ANILÚ:	Es **arquitecto.** Diseña edificios para negocios.

> Notice that when you describe someone's profession, you don't use an article as we would in English: **Es abogada** translates as *She is a lawyer.*

LAS PROFESIONES Y LAS CARRERAS

la abogada · el periodista · la médica · la artista

> **El policía** means a single policeman. **La policía** can mean a single policewoman or the entire police force. You have to extract the correct meaning from context. Other professions whose meaning depends on the context and the article are: **el químico / la química, el físico / la física, el músico / la música, el matemático / la matemática, el guardia / la guardia.**

el bombero · la carpintera · la policía · el plomero · el arquitecto

MÁS PROFESIONES

el actor / la actriz	*actor / actress*	el hombre / la mujer de negocios	*businessman / businesswoman*
el (la) camarero(a)	*waiter, waitress*	el (la) ingeniero(a)	*engineer*
el (la) cocinero(a)	*cook, chef*	el (la) maestro(a)	*teacher*
el (la) contador(a)	*accountant*	el (la) mecánico(a)	*mechanic*
el (la) dentista	*dentist*	el (la) peluquero(a)	*barber / hairdresser*
el (la) dependiente	*salesclerk*	el (la) programador(a)	*programmer*
el (la) diseñador(a) gráfico(a)	*graphic designer*	el (la) secretario(a)	*secretary*
el (la) dueño(a) de...	*owner of . . .*	el (la) trabajador(a)	*worker*
el (la) enfermero(a)	*nurse*	el (la) veterinario(a)	*veterinarian*
el (la) gerente de	*manager of . . .*		

Actividades

 ACTIVIDAD 4 **Quiere ser...** Tú y tu compañero(a) hablan de varios amigos. Tú le dices a tu compañero(a) qué es lo que estudia esa persona y tu compañero(a) te dice qué quiere ser esa persona.

MODELO: medicina
Tú: *Marcos estudia medicina*
Compañero(a): *Quiere ser médico.*

1. contabilidad
2. administración de empresas
3. ingeniería
4. informática
5. diseño gráfico
6. arte
7. pedagogía
8. periodismo

ACTIVIDAD 5 **Presentaciones.** Estás en la fiesta de un amigo. Él te presenta a varios miembros de su familia. Lee sus presentaciones. Luego, para cada persona, indica cuál es su relación con el narrador y su profesión.

1. Quiero presentarte a Antonio. Él es el hijo de mi tía Rosa. Antonio trabaja en el Hospital Garibaldi. Ayuda a las personas enfermas.

   Nombre: Antonio *Relación:* _____ *Profesión:* _____

2. Te presento a Miranda. Miranda es la hija de mi tío Ricardo. Miranda enseña francés en el Colegio Del Valle.

   Nombre: Miranda *Relación:* _____ *Profesión:* _____

3. Mira, te presento a Olga. Olga trabaja para el periódico *El Universal*. Olga es la esposa de mi hermano.

   Nombre: Olga *Relación:* _____ *Profesión:* _____

4. Quiero presentarte a César. César es el hijo de mi hermano. César trabaja en una pizzería después del colegio.

   Nombre: César *Relación:* _____ *Profesión:* _____

5. Éste es Raúl. Raúl es el hermano de mi padre. Él diseña casas y edificios.

   Nombre: Raúl *Relación:* _____ *Profesión:* _____

6. Te presento al señor Domínguez, el padre de mi esposa. Él escribe software para una compañía dot.com.

   Nombre: señor Domínguez *Relación:* _____ *Profesión:* _____

ACTIVIDAD 6 **¿Qué quieres ser?** En grupos de tres, hablen sobre sus planes para el futuro.

MODELO: Tú: *¿Qué profesión te interesa?*
Compañero(a): *¿A mí? Yo quiero ser abogada.*
Tú: *¿Dónde quieres trabajar?*
Compañero(a): *Quiero trabajar aquí, en Los Ángeles.*

ACTIVIDAD 7 **El español y las profesiones.** En Estados Unidos, hay muchas oportunidades profesionales para personas que hablan español. Aquí hay algunas carreras que utilizan el español.

- abogado(a)
- académico(a)
- banquero(a) o financiero(a) que se especializa en Latinoamérica
- enfermero(a)
- hombre / mujer de negocios para una compañía multinacional
- intérprete
- médico(a)
- policía
- profesor(a) o maestro(a) de español
- secretario(a) bilingüe

Con un(a) compañero(a) de clase, contesten las siguientes preguntas.

1. ¿Te interesa alguna de estas carreras? ¿Por qué? ¿Crees que poder hablar español es importante para tu futuro?
2. En Europa, los estudiantes de colegio aprenden inglés y muchas veces otro idioma además de su lengua nativa. ¿Crees que es buena idea? ¿Por qué? ¿Crees que los estadounidenses deben aprender otro idioma además del inglés? ¿Por qué?

Internet

¡FÍJATE!

Las profesiones y el género

¿Se dice **la piloto, la pilota, la señora piloto, la mujer piloto?** ¡Qué confusión! Con algunas profesiones existe mucha ambigüedad sobre cómo especificar el género. Frecuentemente, esto ocurre con profesiones tradicionalmente masculinas que ahora incluyen a mujeres. Algunas de estas profesiones son: bombero, ingeniero, general, mecánico, plomero.

La ambigüedad con respecto al género de las profesiones también existe a causa del gran número de opciones gramaticales que el español presenta para especificar el género. Algunas profesiones cambian su terminación y artículo: **el actor / la actriz, el** maestro / la maestra, **el** alcalde (*mayor*) / **la** alcaldesa. Otras profesiones sólo cambian el artículo: **el** gerente / **la** gerente, **el** dentista / **la** dentista. A veces, la palabra **mujer** o **señora** sirve para especificar el género: la **señora** juez (*judge*), la **mujer** policía.

PRÁCTICA. ¿Qué opción (opciones) tiene el inglés para especificar el género en las profesiones? ¿Qué lengua presenta más opciones, el inglés o el español?

ANILÚ:	Mamá, ¿está Roberto por allí? Necesito hablar con él.
MAMÁ:	No puede venir al teléfono. Se está bañando.
ANILÚ:	¿Está bañándose? ¿A esta hora?
MAMÁ:	Acaba de regresar de su partido de fútbol. ¡Ay! ¡No hay ni **toallas** ni **jabón** en el baño! Me tengo que ir. Tengo que llevarle a tu hermano una toalla, el jabón y el **champú**…

EN EL BAÑO   *In the bathroom*

Actividades

ACTIVIDAD 8 **¿Qué necesitan comprar?** Según la situación, ¿qué necesita comprar cada persona?

MODELO: *Él necesita comprar champú.*

1.

2.

3.

4.

5.

6.

ACTIVIDAD 9 **La Farmacia Rivera.** Tú y tu hermano(a) ven un anuncio para la Farmacia Rivera en el periódico. Tú le dices qué quieres comprar y él o ella te dice cuánto dinero necesitas para comprar ese artículo.

(**¡Ojo!** *Dollars* = **dólares** y *cents* = **centavos.**)

MODELO: Tú: *Quiero comprar un cepillo y un peine.*
Hermano(a): *Necesitas tres dólares y setenta y nueve centavos para comprar el cepillo y el peine.*

Farmacia Rivera
¡Todo para la familia!
¡Los mejores precios de la ciudad!

Cepillo y peine "La Bella":
~~$4,39~~ **$3,79**

Champú "Largo y limpio":
~~$3,39~~ **$2,79**

Cepillo de dientes y pasta de dientes "Brillante":
~~$4,75~~ **$3,75**

Desodorante "Frescura":
~~$2,69~~ **$1,99**

Jabón antibacterial "Sanitario":
~~$1,49~~ **$1,19**

Máquina de afeitar "El Varonil":
~~$24,99~~ **$19,99**

Paquete de seis rasuradoras "Para ella":
~~$3,97~~ **$3,47**

Paquete de dos toallas de mano "Elegantes":
~~$4,99~~ **$3,99**

Video/DVD

Antes de ver el video

ACTIVIDAD 1 Mira las fotos y el guión (*script*) en las páginas 136, 139 y 142 para ver si puedes encontrar la información necesaria para evaluar los siguientes comentarios.

¿Cierto o falso?

1. _____ Este segmento es sobre Anilú y su familia.
2. _____ Conocemos a (*We meet*) Roberto, el hermano de Anilú, a su papá y a su hermana Dulce.
3. _____ El papá de Anilú es abogado.
4. _____ El papá de Anilú tiene una cámara digital.
5. _____ La mamá de Anilú dice (*says*) que Roberto necesita toalla y jabón en el baño.
6. _____ Anilú quiere hablar con su hermano.

ACTIVIDAD 2 Antes de ver el video, mira las fotos a la izquierda (*on the left*) como preparación para el contenido del segmento. A ver si puedes relacionar las fotos y los diálogos que siguen. Escribe la letra de la foto al lado de la parte del diálogo que le corresponde.

a.

_____ 1. Dulce: ¿Qué hace tu papá?
       Anilú: Es arquitecto. Diseña edificios para negocios.

_____ 2. Mamá: Bueno, pero siempre hay que hacer tiempo para llamar a tu mamá.
       Anilú: Sí, mamá, está bien. Perdóname.

_____ 3. Anilú: Mira, ven a ver.
       Dulce: ¿Qué es?
       Anilú: Son fotos de mi familia.

b.

ESTRATEGIA

Listening for the main idea

When you are listening to Spanish, it's sometimes hard to know what to listen to first. There are often words you don't understand; also, the difference between seeing words on a page and hearing them spoken can be a big one. A good way to organize your viewing task is to focus on getting the main idea of the segment, or of each part of the segment. Don't try to understand every single word, but instead try to get the gist of each scene. Later, with the help of textbook activities and another viewing, some of the other details of the segment will emerge.

c.

El video

Ahora mira el video para el **Capítulo 5.** Trata de entender la idea principal de cada escena.

Después de ver el video

Internet

ACTIVIDAD 3 Conecta cada idea de la derecha (*on the right*) con su escena correspondiente a la izquierda (*on the left*).

1. _____ **Escena 1:** Anilú está mirando (*is looking at*) la computadora.

2. _____ **Escena 2:** Anilú habla con su mamá por teléfono.

3. _____ **Escena 3:** Anilú y Dulce miran una foto en la impresora.

4. _____ **Escena 4:** Roberto llama a Anilú.

5. _____ **Escena 5:** Anilú mira la foto de la fiesta de cumpleaños del abuelo.

a. La mamá de Anilú dice que ella nunca la llama.

b. A Anilú no le gusta la foto pero Roberto cree que es muy cómica.

c. Roberto quiere saber (*to know*) si a Anilú le gustan las fotos.

d. Anilú dice (*says*) que tiene unas fotos digitales.

e. Ven una foto de su papá.

 ACTIVIDAD 4 Ahora mira el segmento una o más veces para captar los detalles. Trabaja con un(a) compañero(a) para contestar las siguientes preguntas.

1. ¿Cómo manda Roberto las fotos a Anilú?
2. ¿Qué tipo de edificios (*buildings*) diseña el papá de Anilú y Roberto?
3. ¿Por qué no le gusta al papá cuando Roberto le saca fotos?
4. ¿Qué tiene que llevarle la mamá a Roberto?

> ¿Te interesa tener una de las profesiones de las cuales habla la Sra. Kenig?

VOCES DE LA COMUNIDAD

Internet

Graciela Kenig

" Sin duda, ser bilingüe aumenta las posibilidades de trabajo. Mi propia experiencia lo demuestra (*shows it*). De los diez trabajos o posiciones como consultora que he tenido (*I have had*) en los últimos veinte años, nueve se deben directamente al hecho (*fact*) de que hablo inglés y español. "

Graciela Kenig es columnista de *¡Éxito!,* una publicación semanal en español del *Chicago Tribune.* Su columna "Oportunidades" presenta consejos (*advice*) e información general sobre oportunidades profesionales para los bilingües. Kenig también es autora de *Best Careers for Bilingual Latinos: Market Your Fluency in Spanish to Get Ahead on the Job.* Este libro ofrece información importante sobre siete profesiones que presentan oportunidades especiales para los bilingües; entre ellos, la medicina, la tecnología, la publicidad y la educación. Esta exitosa nativa de Argentina es conferencista (*speaker*) profesional y fundadora y presidente de su propia agencia de consultores de servicios profesionales.

¡PREPÁRATE!

Gramática útil 1

Describing daily activities: Irregular *yo* verbs in the present indicative

---

CÓMO USARLO

1. You have already learned the present indicative tense of many verbs. These include regular **-ar, -er,** and **-ir** verbs (**hablar, comer, vivir,** etc.), some irregular verbs **(ser, tener, ir),** and some stem-changing verbs (**pensar, poder, dormir,** etc.).

2. Now you will learn some verbs that are regular in all forms of the present indicative except the first-person singular, the **yo** form. Like the other verbs you learned to use in the present indicative tense, these verbs can be used to say what you routinely do, what you are doing at the moment, or what you plan to do in the immediate future.

Todos los días **salgo** para la universidad a las ocho.	*Every day **I leave** for the university at 8:00.*
Ahora mismo, **pongo** mis libros en la mochila y **digo** "hasta luego" a mi compañera de cuarto.	*Right now, **I put / I'm putting** my books in my backpack and **I say / I'm saying,** "See you later" to my roommate.*
Esta noche, **traigo** mis libros a casa otra vez y **hago** la tarea.	*Tonight, **I bring / I'll bring** my books home again and **I do / I'll do** my homework.*

CÓMO FORMARLO

Many irregular **yo** verbs in the present indicative fall into several recognizable categories. Others have to be learned individually.

1. -go endings:

hacer	*to make; to do*	**hago,** haces, hace, hacemos, hacéis, hacen
poner	*to put*	**pongo,** pones, pone, ponemos, ponéis, ponen
salir	*to leave, to go out (with)*	**salgo,** sales, sale, salimos, salís, salen
traer	*to bring*	**traigo,** traes, trae, traemos, traéis, traen

2. **-zco** endings:

conducir	*to drive; to conduct*	**conduzco,** conduces, conduce, conducimos, conducís, conducen
conocer	*to know a person, to be familiar with*	**conozco,** conoces, conoce, conocemos, conocéis, conocen
traducir	*to translate*	**traduzco,** traduces, traduce, traducimos, traducís, traducen

Conducir is used more frequently in Spain. In most of Latin America, the verb **manejar** (a regular **-ar** verb) is used to talk about driving.

3. Other irregular **yo** verbs:

dar	*to give*	**doy,** das, da, damos, dais, dan
oír	*to hear*	**oigo,** oyes, oye, oímos, oís, oyen
saber	*to know a fact, to know how to*	**sé,** sabes, sabe, sabemos, sabéis, saben
ver	*to see*	**veo,** ves, ve, vemos, veis, ven

Note that **oír** requires a **y** in the **tú**, **él / ella / Ud.,** and **ellos / ellas / Uds.** forms.

4. Irregular **yo** verbs with a stem change:

decir	*to say, to tell*	**digo,** dices, dice, decimos, decís, dicen
venir	*to come, to attend*	**vengo,** vienes, viene, venimos, venís, vienen

5. Remember that these verbs are irregular only in the **yo** form. Otherwise, they follow the rules for regular **-ar, -er,** and **-ir** verbs that you have already learned. **Oír** uses the regular endings but includes a spelling change: the addition of **y** to all forms except the **yo** form.

6. **Saber** vs. **conocer**

Note that **saber** and **conocer** both mean *to know*. It's important to know when to use each one.

◆ Use **saber** to say that you know a fact or information, or that you know how to do something.

Eduardo **sabe** hablar alemán, jugar tenis y bailar flamenco. Además **sabe** dónde están todos los restaurantes buenos de la ciudad.	*Eduardo **knows how** to speak German, play tennis, and dance flamenco. He also **knows** where all the good restaurants in the city are.*

◆ Use **conocer** to say that you know a person or are familiar with a thing.

—¿**Conocen** a Sandra?	*Do you **know** Sandra?*
—No, pero **conocemos** a su hermana.	*No, but we **know** her sister.*
—¿**Conoces** bien Tegucigalpa?	*Do you **know** Tegucigalpa well?*
—Sí, pero no **conozco** las otras ciudades de Honduras.	*Yes, but I don't **know** the other cities in Honduras.*

7. The personal **a**

When you use **conocer** to say that you know a person, you must use the preposition **a** before the noun referring to the person. This preposition is known as

Algún día vas a tener hijos y entonces vas a **saber** cómo es.

One way to remember the difference between **saber** and **conocer** is that **saber** is usually followed by either a verb or a phrase, while **conocer** is often followed by a noun.

the personal **a** in Spanish and it must be used whenever a person receives the action of the verb. It has no equivalent in English.

Conocemos **a** Nina y **a** Roberto. *We know Nina and Roberto.*
¿Ves **a** tus amigos frecuentemente? *Do you see your friends frequently?*

Actividades

ACTIVIDAD 1 **La mamá de Anilú.** La mamá de Anilú le describe un día normal a una amiga. Da su descripción desde su punto de vista (*viewpoint*).

1. salir del trabajo a las cinco
2. generalmente, traer trabajo a casa
3. cuando llego a casa, venir muy cansada
4. hacer la cena (*dinner*) a las siete
5. poner la mesa (*set the table*) antes de hacer la cena
6. cuando la cena está preparada, decir «todo está listo»
7. conocer a mis hijos muy bien
8. saber que tengo que llamarlos varias veces
9. por fin, oír a los niños apagar la tele
10. dar las gracias por otro día más o menos normal

Ahora escribe un párrafo sobre un día normal en tu vida. Trata de usar los mismos verbos que usa la mamá de Anilú.

 ACTIVIDAD 2 **Cuestionario.** En grupos de tres, háganse las preguntas del siguiente cuestionario. Si quieren, pueden añadir algunas preguntas al cuestionario. Cada uno en el grupo debe contestar cada pregunta.

1. **Tu horario**
   ¿Cuándo haces ejercicio?
   ¿Cuándo haces la tarea?
   ¿Cuándo haces la cena?
2. **Tu vida social**
   ¿Cuántas veces sales cada semana?
   ¿Sales por la noche? ¿Adónde vas?
   ¿Con quién sales los fines de semana?
3. **Tu medio de transporte preferido**
   ¿Tienes coche? ¿Conduces a la universidad?
   ¿Conduces al trabajo?
   ¿Conduces todos los días o usas otro medio de transporte?
4. **Tu tiempo libre**
   ¿Sabes hablar varios idiomas? ¿Cuáles?
   ¿Sabes jugar algún deporte?
   ¿Sabes tocar un instrumento? ¿Cuál?
5. **¿Conoces el mundo?**
   ¿Conoces los países de Europa? ¿Cuáles?
   ¿Conoces Canadá?
   ¿Cuántos estados de EEUU conoces?

ACTIVIDAD 3 **¿Sabes...?** Con un(a) compañero(a), formen preguntas con las siguientes frases. Túrnense para hacerse las preguntas. Luego, inventen nuevas preguntas usando el verbo en cada frase y háganse esas preguntas.

MODELO: conducir para llegar a la universidad
Tú: *¿Conduces para llegar a la universidad?*
Compañero(a): *No, no conduzco para llegar a la universidad.*

Tú: *¿Conduces todos los días?*
Compañero(a): *No, conduzco tres días por semana.*

1. conocer al presidente de la universidad
2. dar tu contraseña a tus amigos
3. decir siempre la verdad
4. hacer la tarea puntualmente
5. saber navegar por Internet
6. salir frecuentemente con amigos
7. traducir poemas del inglés al español
8. traer la computadora portátil a la clase
9. venir cansado(a) o aburrido(a) de las clases
10. ver televisión por la mañana, la tarde o la noche

ACTIVIDAD 4 **¿Saber o conocer?** Con un(a) compañero(a), túrnense para hacer las siguientes preguntas. La persona que hace las preguntas tiene que decidir entre los verbos **saber** o **conocer.** Y ¡recuerden la **a** personal!

MODELO: hablar español
Tú: *¿Sabes hablar español?*
Compañero(a): *Sí, sé hablar español.*

1. el (la) compañero(a) de cuarto de...
2. Nueva York, París o Londres
3. tocar el violín
4. el (la) profesor(a) de estadística
5. Honduras
6. cómo llegar a la residencia estudiantil de...
7. el (la) nuevo(a) estudiante salvadoreño(a)
8. preparar comida hondureña o salvadoreña
9. dónde está la biblioteca municipal
10. el número del celular de...
11. la dirección electrónica de...

ACTIVIDAD 5 **Sé y conozco.** Escribe cinco cosas que sabes hacer. Luego escribe el nombre de cinco personas o lugares que conoces. Intercambia tu lista con un(a) compañero(a). Tu compañero(a) tiene que informarle a la clase lo que tú sabes y conoces y tú tienes que hacer lo mismo con la lista de tu compañero(a).

MODELO: Tu lista: *Sé jugar tenis.*
Conozco a muchas personas que juegan tenis.

Tu compañero(a): *Javier sabe jugar tenis.*
Conoce a muchas personas que juegan tenis.

Gramática útil 2

Describing daily activities: Reflexive verbs

¡graduarse está de moda!

Elige la Gafa de sol que más te guste
y llévatela con los cristales Graduados*
...sin ningún coste adicional

This advertisement for graduated-lens sunglasses contains a verb used reflexively. What is it? What play on words does the advertisement make?

Notice that the reflexive pronoun and verb must always match the subject of the sentence: **Nosotros nos bañamos, Ellos se duermen, Mateo se lava,** etc.

CÓMO USARLO

1. So far, you have learned to use Spanish verbs to say what actions people are doing or to describe people and things.

Elena **habla** por teléfono con Eduardo.	*Elena **talks** on the phone with Eduardo.*
La mujer **toca** la guitarra.	*The woman **plays** the guitar.*
Tu hermano **está** cansado y aburrido.	*Your brother **is** tired and bored.*

2. Spanish has another category of verbs, called *reflexive* verbs, where the action of the verb *reflects back* on the person who is doing the action. When you use reflexive verbs in Spanish, they are often translated as *with* or *to myself, yourself, himself, herself, ourselves, yourselves, themselves* in English.

Lidia **se maquilla** todos los días.	*Lidia **puts makeup on (herself)** every day.*
Antes de ir a clase, yo **me ducho, me visto** y **me peino.**	*Before going to class, **I shower, get dressed** and **comb my hair.***

3. Notice how a reflexive verb is always used with a reflexive pronoun. These pronouns always match the subject of the sentence. The action of the verb *reflects back* on the person when the pronoun is used.

Yo me acuesto a las once todos los días.	*I go to bed (**put myself to bed**) at eleven every day.*
Tú te despiertas a las diez los fines de semana.	*You get up (**wake yourself up**) at ten on the weekends.*
Nosotros nos bañamos antes de salir de casa.	*We bathe (**ourselves**) before we leave the house.*
Ellos se afeitan todos los días.	*They shave (**themselves**) every day.*

4. Almost all reflexive verbs can also be used without the reflexive pronoun to express non-reflexive actions, that is, actions that are performed on someone other than oneself.

Mateo **se lava** el pelo todos los días.	*Mateo **washes** his hair every day.*
Mateo **lava** los platos todos los días.	*Mateo **washes** the dishes every day.*

5. Reflexive pronouns can also be used to indicate *reciprocal actions*.

Roque y Rocío **se cortan** el pelo.	*Roque and Rocío **cut each other's** hair.*

CÓMO FORMARLO

LO BÁSICO

- A *reflexive verb* is one in which the action described reflects back on the subject.
- A *reflexive pronoun* is a pronoun that refers back to the subject of the sentence. Reflexive pronouns in English are *myself, yourself, herself, ourselves,* etc.

1. You conjugate reflexive verbs the same way you would any other verb. The only difference is that you must always include the reflexive pronoun.

2. Here is the reflexive verb **lavarse** conjugated in the present indicative tense.

lavarse (*to wash oneself*)	
yo	<u>me</u> lav<u>o</u>
tú	<u>te</u> lav<u>as</u>
él / ella / Ud.	<u>se</u> lav<u>a</u>
nosotros(as)	<u>nos</u> lav<u>amos</u>
vosotros(as)	<u>os</u> lav<u>áis</u>
ellos / ellas / Uds.	<u>se</u> lav<u>an</u>

3. The only difference in the way that reflexive and non-reflexive verbs are conjugated is the addition of the reflexive pronoun to the verb form. Verbs that are irregular or stem-changing when used non-reflexively have the same irregularities or stem changes when used with a reflexive pronoun.

Me despierto a las seis y media.	*I wake (**myself**) up at 6:30.*
Despierto a mi esposo a las siete.	*I wake my husband up at 7:00.*

4. When you use a reflexive verb in its infinitive form, the reflexive pronoun may attach at the end of the infinitive (most common) or go at the beginning of the entire verb phrase.

Voy a acostarme a las once.	OR:	**Me voy a acostar** a las once.
Necesito acostarme a las once.		**Me necesito acostar** a las once.
Tengo que acostarme a las once.		**Me tengo que acostar** a las once.

Notice that with **gustar** (and similar verbs), the reflexive pronoun *must* be attached at the end of the infinitive.

Me gusta acostarme a las once.

> Remember that when you use a reflexive verb as an infinitive, you still need to change the pronoun to match the subject of the sentence: **Voy a acostarme a las once, pero tú vas a acostarte a medianoche.**

5. Here are some common reflexive verbs, many of which refer to daily routine. Many reflexive verbs have a stem change, which is indicated in parenthesis.

acostarse (ue) *to go to bed*	**levantarse** *to get up*
afeitarse *to shave oneself*	**maquillarse** *to put on makeup*
bañarse *to take a bath*	**peinarse** *to brush / comb one's hair*
cepillarse el pelo *to brush one's hair*	**ponerse (la ropa)** *to put on (clothing)*
despertarse (ie) *to wake up*	**prepararse** *to get ready*
ducharse *to take a shower*	**quitarse (la ropa)** *to take off (clothing)*
lavarse *to wash oneself*	**secarse el pelo** *to dry one's hair*
lavarse el pelo *to wash one's hair*	**sentarse (ie)** *to sit down*
lavarse los dientes *to brush one's teeth*	**vestirse (i)** *to get dressed*

6. Some Spanish verbs are used with reflexive pronouns to emphasize a change in state or emotion. Spanish has many more verbs that are used this way than English does. Note that some of these verbs (**casarse, comprometerse,** etc.) are usually used to express reciprocal actions, due to the nature of their meaning.

casarse *to get married*	**irse** *to leave, to go away*
comprometerse *to get engaged*	**pelearse** *to have a fight*
despedirse (i) *to say goodbye*	**preocuparse** *to worry*
divertirse (ie) *to have fun*	**quejarse** *to complain*
divorciarse *to get divorced*	**reírse (i)** *to laugh*
dormirse (ue) *to fall asleep*	**reunirse** *to meet, to get together*
enamorarse *to fall in love*	**separarse** *to separate*
enfermarse *to get sick*	

7. Here are some useful words and phrases to use with these verbs.

a veces	*sometimes*
antes	*before*
después	*after*
luego	*later*
nunca	*never*
siempre	*always*
todas las semanas	*every week*
todos los días	*every day*
... veces al día / por semana	*. . . times a day / per week*

Actividades

ACTIVIDAD 6 **Necesito...** Para vernos y sentirnos bien, todos tenemos que hacer ciertas cosas antes o después de participar en ciertas actividades. Escucha las descripciones y escoge el dibujo que le corresponde a cada descripción.

MODELO:

1. _____   2. _____   3. _____   4. _____   5. _____   6. _____

ACTIVIDAD 7 **De visita.** Estás de visita en la casa de tu compañero(a) y quieres saber más de la rutina diaria de él (ella) y de su familia. Hazle las preguntas de la lista y si quieres, también inventa otras.

MODELOS: padres: acostarse (¿a qué hora?)
Tú: *¿A qué hora se acuestan tus padres?*
Compañero(a): *Generalmente se acuestan a las diez o las once de la noche.*

1. tú: lavarse el pelo (¿todos los días?)
2. abuelo: afeitarse (¿cuántas veces por semana?)
3. madre: despertarse (¿tarde o temprano?)
4. hermano: ducharse (¿por la mañana o por la noche?)
5. hermana: maquillarse (¿antes de salir para la universidad?)
6. abuela: dormirse (¿a qué hora?)
7. padre: levantarse (¿a qué hora?)
8. primo: peinarse (¿antes de salir para el colegio?)
9. tú y tus hermanos: lavarse los dientes (¿cuántas veces por día?)

ACTIVIDAD 8 **Preguntas personales.** Tú y tu compañero(a) quieren saber más sobre sus rutinas diarias. Háganse las siguientes preguntas o inventen otras que usen los verbos de la rutina diaria.

1. ¿A qué hora te acuestas durante la semana? ¿Los fines de semana?
2. ¿A qué hora te levantas durante la semana? ¿Los fines de semana?
3. ¿Qué haces después de levantarte?
4. ¿Te afeitas / maquillas todos los días?
5. ¿Prefieres bañarte o ducharte? ¿Prefieres bañarte o ducharte por la mañana o por la noche?
6. ¿Cuántas veces por semana te lavas el pelo?
7. ¿Cuántas veces al día te lavas los dientes?
8. Después de ir al gimnasio, ¿te duchas allí en el gimnasio o esperas a ducharte en casa?
9. ¿…?

ACTIVIDAD 9 **La telenovela.** Miguel y Marta son los protagonistas de una telenovela famosa. Tú eres el (la) guionista (*script writer*) y tienes que escribir una descripción del desarrollo de su relación. Sigue el modelo.

MODELO: divertirse en la fiesta de unos amigos
Miguel y Marta se divierten en la fiesta de unos amigos.

1. enamorarse después de un mes
2. comprometerse después de un año
3. casarse en la casa de los padres de Marta
4. pelearse frecuentemente
5. quejarse mucho a sus amigos
6. separarse por seis meses
7. divorciarse después de dos años de matrimonio
8. despedirse en el aeropuerto
9. irse a diferentes regiones del país
10. por fin reunirse

Gramática útil 3

Describing actions in progress: The present progressive tense

Las fotos. **¿Estás viendo las fotos?**

CÓMO USARLO

1. The present progressive tense is used in Spanish to describe actions that are in progress at the moment of speaking. It is equivalent to the *is / are + -ing* structure in English.

En este momento estamos llamando a los abuelos.	***Right now, we are calling** the (our) grandparents.*
Están comiendo ahora.	***They are eating** right now.*

2. Note that the present progressive tense is used *much* more frequently in English than it is in Spanish. Whereas in English it is used to describe future plans, in Spanish the present indicative or the **ir + a** + infinitive structure is used instead.

Salimos con la familia este viernes.	***We are going out** with the family this Friday.*
Vamos a salir con la familia este viernes.	***We are going to go out** with the family this Friday.*

3. Use the present progressive in Spanish only to describe actions in which people are engaged at the moment. Do *not* use it to describe routine ongoing activities (use the present indicative), to describe generalized action (use the infinitive), or to describe future actions.

Right now:	No puedo hablar. **Estamos estudiando.**	*I can't talk. **We're studying** (right now).*
BUT:		
Routine:	**Estudio** español, biología, historia e informática.	*I am studying / I study Spanish, biology, history, and computer science.*
Generalized action:	**Estudiar** es importante.	***Studying** is important.*
Future:	**Estudio** con Mario el lunes.	***I will study** with Mario on Monday.*

CÓMO FORMARLO

LO BÁSICO

A *present participle* is the verb form that expresses a continuing or ongoing action. It is equivalent to the *-ing* form in English.

1. Form the present progressive tense by using the present indicative forms of the verb **estar** (which you learned in **Capítulo 4**) and the present participle.

> **estoy / estás / está / estamos / estáis / están** + present participle

2. Here's how to form the present participle of regular **-ar, -er,** and **-ir** verbs.

-ar verbs	**-er / -ir** verbs
Remove the **-ar** from the infinitive and add **-ando.**	Remove the **-er / -ir** from the infinitive and add **-iendo.**
caminar → **caminando**	ver → **viendo** escribir → **escribiendo**

Estamos caminando al centro.   *We're walking downtown.*
Estoy viendo la televisión.   *I'm watching television.*
Chali **está escribiendo** su trabajo.   *Chali is writing her paper.*

3. A few present participles are irregular.

leer: **leyendo**   oír: **oyendo**

4. All **-ir** stem-changing verbs show a stem change in their present participle as well.

e → i			
despedirse	**despidiéndose**	reírse	**riéndose**
divertirse	**divirtiéndose**	repetir	**repitiendo**
pedir	**pidiendo**	servir	**sirviendo**
o → u			
dormir	**durmiendo**	morir	**muriendo**

5. As you may have noticed in the list above, to form the present participle of reflexive verbs, you may attach the reflexive pronoun to the end of the present participle, or place it before the entire verb phrase, the same as when you use reflexive verbs in the infinitive. Note that when the pronoun is attached, the new present participle form requires an accent to maintain the correct pronunciation.

Lina **está levantándose** ahora mismo.   *Lina is getting up right now.*
Lina **se está levantando** ahora mismo.

Estoy divirtiéndome mucho.   *I'm having a lot of fun.*
Me estoy divirtiendo mucho.

Actividades

 ACTIVIDAD 10 **¿Qué están haciendo?** Básandote en los dibujos, pregúntale a un(a) compañero(a) qué está haciendo la persona del dibujo. Menciona la profesión de la persona también.

MODELO: camarero
Tú: *¿Qué está haciendo el camarero?*
Compañero(a): *Está sirviendo la comida.*

1. la profesora   2. la médica   3. la programadora   4. el cocinero   5. la secretaria   6. el bombero

Esta escribiendo   *Esta hablando*   *esta usando el computadora*   *esta cocinando*   *esta usando el fax*   *esta durmiendo*

Ahora, digan qué están haciendo el (la) profesor(a) y sus compañeros de clase en este momento.

MODELOS: *Alberto está comiendo algo.*
La profesora está hablando con un estudiante.

You might want to write down the infinitive verb forms for each person as you listen to the telephone conversation the first time. Then you can write out the sentences after.

 ACTIVIDAD 11 **Preparaciones.** La familia González va a una boda (*wedding*) y todos están preparándose. Escucha la conversación telefónica de un miembro de la familia y escribe qué está haciendo cada persona mencionada. Usa la forma del modelo.

MODELO: la prima
La prima está peinándose.

1. el padre
2. la madre
3. el hermano
4. la hermana
5. los abuelos
6. las tías

 ACTIVIDAD 12 **¡Imagínense!** Trabaja con un(a) compañero(a) de clase. Juntos hagan una lista de diez personas famosas. Luego, digan qué (en su opinión) están haciendo en este momento. Escriban por lo menos dos frases para cada persona. ¡Sean creativos!

 ACTIVIDAD 13 **¡Chismosos!** Ahora, intercambien sus frases de la **Actividad 12** con las de otra pareja. Juntos escriban una columna de chismes (*gossip*) para una revista semanal. Traten de escribir de una manera interesante y descriptiva. Pueden incluir dibujos de las personas, si quieren.

Sonrisas

EXPRESIÓN. Trabaja con un(a) compañero(a) de clase para imaginar cómo es el día de un presidente de una compañía dot.com (o de otra profesión). ¿Cuál es su rutina diaria? Hagan un horario de un día típico.

MODELO: *Son las ocho de la mañana. Está preparándose para una reunión.*

Honduras y El Salvador

Países diversos. Mira los grupos de textos y fotos que describen varios aspectos de Honduras y El Salvador. Luego, di si las siguientes oraciones se refieren a la información del **Grupo 1, 2, 3 o 4.**

Grupo	Oración
	1. Esta cultura es un ejemplo de una población afro-hispana.
	2. Muchos edificios de origen español todavía existen en Honduras y El Salvador.
	3. Hay mucha diversidad étnica en El Salvador y Honduras.
	4. Las catedrales de Centroamérica son un símbolo de la fe católica.
	5. Esta ciudad maya es un descubrimiento importante.
	6. Esta cultura también existe en Nicaragua y Belice.
	7. Este sitio tiene más de 1.400 años de edad.
	8. Los amerindios son descendientes de los nativos originales de Centroamérica.

Una mujer garífuna

Grupo 1

¿Quiénes son los garífunas?

Los garífunas son de ascendencia africana, arauaca e indio-caribe. Sus antepasados, exiliados de la isla de San Vicente en 1797, viajaron a la costa Atlántica de Belice, Honduras y Nicaragua. Como no son descendientes de esclavos (*slaves*), la mayor parte de su cultura está intacta, incluso su música y arte tradicionales. Ahora cambios políticos, reformas territoriales, desastres naturales y la economía comienzan a influenciar la comunidad garífuna.

Grupo 2

Un monumento maya

Joya de Cerén, Monumento de la Humanidad de la UNESCO, es un descubrimiento de gran importancia. Es un pueblo (*town*) entero sepultado en el siglo VII por una erupción volcánica.

Como una Pompeya americana, Joya de Cerén es de inestimable valor arqueológico e histórico. Como no sabemos mucho de la vida cotidiana de los mayas, este sitio presenta una oportunidad inigualable para aprender algunos de los secretos de la cultura maya.

Grupo 3

Diversidad étnica

En Centroamérica hay cuatro grupos étnicos principales.

1. **Amerindios,** descendientes directos de las culturas indígenas de la región.
2. **Caucásicos,** descendientes de colonizadores europeos o emigrantes más recientes.
3. **Afro-hispanos,** descendientes de africanos negros.
4. La mezcla de varios grupos: **mestizos** (descendientes de europeos blancos y amerindios), **mulatos** (descendientes de europeos y africanos) y **zambos** (descendientes de africanos y amerindios).

Joya de Cerén

Un mercado al aire libre en Honduras

Grupo 4

La herencia colonial

Es posible ver muchas influencias de la época colonial española por toda Centroamérica. En Honduras y El Salvador, este período empieza en el siglo XVI y termina con la independencia en el siglo XIX. Las iglesias y catedrales son ejemplos muy típicos de la arquitectura colonial. Estos edificios abundan porque la idea de convertir a las poblaciones indígenas al catolicismo fue (*was*) muy importante para los colonizadores españoles.

La arquitectura colonial

Internet

¡CONÉCTATE!

El Salvador y Honduras son dos países bastante similares, pero también existen muchas diferencias. Con un grupo de tres a cinco estudiantes, hagan un informe que compare los dos países con relación a uno de los siguientes temas. Usen los enlaces sugeridos en el sitio web de *Nexos Media* para ir a otros sitios web posibles.

Temas posibles:

- origen étnico
- atracciones naturales y geográficas
- museos y atracciones culturales
- deportes
- industrias principales

MODELO: *En Honduras hay...*
En El Salvador también hay... O: *Pero en El Salvador hay...*

A LEER

Antes de leer

ACTIVIDAD 1 Mira otra vez la información del **Grupo 1** de **Exploraciones culturales** (pág. 158). Luego, completa las siguientes oraciones sobre la cultura garífuna.

1. La cultura garífuna es bastante antigua. Tiene aproximadamente... años.
   a. 350   b. 250   c. 200   d. 150

2. Los garífunas son de origen...
   a. español   b. europeo   c. africano   d. latinoamericano

3. Los garífunas todavía tienen su propia...
   a. economía   b. grupo legislativo   c. país   d. cultura

 ACTIVIDAD 2 Hay varias palabras que no conoces en el artículo. Trabaja con un(a) compañero(a) de clase para familiarizarse con algunas de las palabras y frases más importantes. Usen los cognados en negrilla **(boldface)** para relacionar las frases en inglés a la derecha (*right*) con las palabras y frases españolas a la izquierda (*left*).

1. _____ a las **culturas** que los rodeaban
2. _____ querían que los dejaran en **paz**
3. _____ están **separados** por fronteras **nacionales**
4. _____ se mantienen... **unidos**
5. _____ los **antecesores** han legado
6. _____ han permanecido fieles a su **pasado**

a. *the **ancestors** have left to them*
b. *they maintain themselves **united***
c. *they are **separated** by **national** borders*
d. *have remained faithful to their **past***
e. *to the **cultures** that surround them*
f. *they wanted to be left in **peace***

Lectura

ACTIVIDAD 3 Ahora lee el siguiente artículo sobre la cultura garífuna de Centroamérica. Presta atención en particular a las frases en negrilla. Éstas son importantes para entender la sección. Después de cada sección, vas a tener la oportunidad de ver si entiendes bien las ideas principales.

LA CULTURA GARÍFUNA

Durante siglos[1] los garífunas, que constituyen un grupo étnico disperso a lo largo de las costas de cinco países, **se han mantenido apartados[2]** de los demás pueblos[3]. Desde el principio, sus antepasados **no buscaron[4]** conquistar ni asimilarse a las culturas que los rodeaban. Sólo querían que los dejaran en paz.

En la actualidad[5], alrededor de 200.000 garífunas viven en Honduras, unos 15.000 en Belice, 6.000 en Guatemala y otros pocos miles en las islas de Barlovento de Nicaragua. **Aunque están separados por fronteras nacionales, los garífunas se mantienen no obstante unidos** en su determinación por preservar su cultura, rica en influencias africanas y americanas.

¿CIERTO O FALSO?

1. Los garífunas querían (*wanted to*) asimilarse a otras culturas.
2. Hay pueblos garífunas en Honduras, Belice, Guatemala y Nicaragua.
3. La cultura garífuna es rica en influencias europeas.

Las comunidades garífunas **conservan celosamente[6] su arte, su música, sus artesanías y sus creencias religiosas,** que en conjunto[7] constituyen una forma de vida muy particular. Los antecesores han legado a los garífunas su **música característica, que incorpora canciones y ritmos africanos y americanos,** y un **expresivo lenguaje** que contiene elementos arauacos y caribes —los idiomas originales de los indios caribes— y yoruba, una lengua proveniente de África Occidental. Los garífunas **han permanecido fieles a su pasado.**

¿CIERTO O FALSO?

4. Mantener las tradiciones del arte, de la música y de las creencias religiosas es muy importante para los garífunas.
5. La música garífuna tiene elementos africanos y europeos.
6. La lengua garífuna tiene elementos de lenguas caribes y de una lengua africana.

A través de[8] los siglos, los garífunas sin duda han mantenido el fuego[9] de su vida cultural. En la actualidad, **la libre práctica de sus antiguas tradiciones asegura el conocimiento de su singular historia** y contribuye a acrecentar[10] la riqueza cultural de los países que los albergan[11], compartiendo las sagradas creencias y las ricas expresiones artísticas de sus orgullosos[12] antepasados.

¿CIERTO O FALSO?

7. En realidad, los garífunas no pueden conservar sus tradiciones antiguas.
8. Los garífunas hacen contribuciones culturales a los países donde viven.

Check yourself: 1. F 2. C 3. F 4. C 5. F 6. C 7. F 8. C

---

[1]100 años [2]**se han...** *they kept themselves separate* [3]grupos étnicos [4]**no buscaron** *did not seek to* [5]**En...** Hoy, Ahora mismo [6]*jealously* [7]**en conjunto** como un grupo

[8]**A...** *Across, Throughout* [9]*fire* [10]*to strengthen, increase* [11]**los albergan** *shelter them* [12]*proud*

Después de leer

 ACTIVIDAD 4 Ahora que entiendes las ideas principales de las secciones del artículo, trabaja con un(a) compañero(a) de clase. Lean los párrafos otra vez y luego contesten las siguientes preguntas.

1. ¿Qué país centroamericano tiene la población más grande de garífunas?
2. ¿Cómo es la lengua garífuna?
3. ¿Cómo es la música garífuna?

 ACTIVIDAD 5 En grupos de tres a cuatro estudiantes, identifiquen a uno o dos grupos culturales de Estados Unidos o de otros países que mantienen sus tradiciones y costumbres diferentes de las de sus países de residencia. En su opinión, ¿hay beneficios de mantenerse aislados? ¿Hay desventajas (*disadvantages*)?

A ESCRIBIR

Antes de escribir

ESTRATEGIA

Writing—Creating a topic sentence

When you write, it's important to know what point you are trying to make or the information you want to convey. Once you have chosen a topic for your written piece, you should be able to write a topic sentence that describes succinctly but completely the key ideas you are trying to get across in each paragraph of your written piece.

In the reading section, you learned to look for the main idea while reading a text. Usually this main idea is expressed by a paragraph's topic sentence. A good paragraph will always contain a topic sentence that communicates the main idea, as well as other sentences that provide supporting detail to back up the main idea.

ACTIVIDAD 1 Con un(a) compañero(a) de clase, miren el artículo sobre la cultura garífuna en la página 161. Analicen cada párrafo para identificar la oración que mejor presente la idea principal del párrafo. Ésta es la **oración temática.** Identifiquen la oración temática para cada uno de los cuatro párrafos. El modelo les da la oración temática del primer párrafo del artículo.

MODELO: *Durante siglos los garífunas, que constituyen un grupo étnico disperso a lo largo de las costas de cinco países, se han mantenido apartados de los demás pueblos.*

ACTIVIDAD 2 Vas a escribir unas oraciones temáticas para una composición sobre tu profesión futura o sobre la profesión de un(a) pariente que admiras, si prefieres. Primero, limita el tema a un aspecto específico que puedes desarrollar (*develop*) en tres párrafos. Puedes referirte a las técnicas que se presentan en la sección **A escribir** del **Capítulo 4** del **Cuaderno de práctica (*Workbook*).** Después, piensa en tres párrafos que puedes escribir sobre tu tema y escribe una oración temática para cada uno. Sigue el modelo, que trata el tema de las profesiones como ejemplo.

> **Tema:** *Las profesiones*
> **Aspecto específico del tema que vas a tratar:** *La profesión que quiero tener en el futuro*
> **Párrafo 1:** Description of what the profession is
> > **Oración temática:** *Me interesa el diseño gráfico.*
> **Párrafo 2:** Reason you want to have this profession
> > **Oración temática:** *Me gusta esta profesión porque me interesa el arte y también me gusta trabajar en la computadora.*
> **Párrafo 3:** What you need to do to prepare yourself for this profession
> > **Oración temática:** *Para prepararme, necesito tomar una combinación de cursos de diseño gráfico, de arte, de periodismo, de negocios y de computación.*

Escritura

ACTIVIDAD 3 Usando las oraciones temáticas de la **Actividad 1** como modelo, escribe tres oraciones temáticas para tu composición. Usa la organización que se presenta en la **Actividad 2** para ayudarte a organizar tus ideas. Trata de escribir libremente, sin pensar demasiado en los errores o en la ortografía. (Luego vas a tener la oportunidad de revisar tu trabajo.)

Después de escribir

ACTIVIDAD 4 Después de escribir tu borrador, míralo otra vez y revísalo. Usa la siguiente lista para ayudarte con las revisiones.

- ¿Tienen tus oraciones temáticas toda la información necesaria?
- ¿Imitan los modelos de las **Actividades 1** y **2**?
- ¿Hay errores de ortografía?
- ¿Corresponden los sujetos de las oraciones a los verbos correctos?
- ¿Corresponden las formas de los artículos, los sustantivos y los adjetivos?
- ¿Usas correctamente los verbos reflexivos y los verbos irregulares?

LA FAMILIA NUCLEAR   *The nuclear family*

la madre (mamá)	*mother*
el padre (papá)	*father*
los padres	*parents*
la esposa	*wife*
el esposo	*husband*
la hija	*daughter*
el hijo	*son*
la hermana (mayor)	*(older) sister*
el hermano (menor)	*(younger) brother*
la tía	*aunt*
el tío	*uncle*
la prima	*female cousin*
el primo	*male cousin*
la sobrina	*niece*
el sobrino	*nephew*
la abuela	*grandmother*
el abuelo	*grandfather*
la nieta	*granddaughter*
el nieto	*grandson*

LA FAMILIA POLÍTICA   *In-laws*

la suegra	*mother-in-law*
el suegro	*father-in-law*
la nuera	*daughter-in-law*
el yerno	*son-in-law*
la cuñada	*sister-in-law*
el cuñado	*brother-in-law*

OTROS PARIENTES   *Other relatives*

la madrastra	*stepmother*
el padrastro	*stepfather*
la hermanastra	*stepsister*
el hermanastro	*stepbrother*
la media hermana	*half-sister*
el medio hermano	*half-brother*

LAS PROFESIONES Y CARRERAS
Professions and careers

el (la) abogado(a)	*lawyer*
el actor / la actriz	*actor / actress*
el (la) arquitecto(a)	*architect*
el (la) artista	*artist*
el (la) bombero(a)	*firefighter*
el (la) camarero(a)	*waiter, waitress*
el (la) carpintero(a)	*carpenter*
el (la) cocinero(a)	*cook, chef*
el (la) contador(a)	*accountant*
el (la) dentista	*dentist*
el (la) dependiente	*salesclerk*
el (la) diseñador(a) gráfico(a)	*graphic designer*
el (la) dueño(a) de...	*owner of . . .*
el (la) enfermero(a)	*nurse*
el (la) gerente de...	*manager of . . .*
el hombre / la mujer de negocios	*businessman / businesswoman*
el (la) ingeniero(a)	*engineer*
el (la) maestro(a)	*teacher*
el (la) mecánico(a)	*mechanic*
el (la) médico(a)	*doctor*
el (la) peluquero(a)	*barber / hairdresser*
el (la) periodista	*journalist*
el (la) plomero(a)	*plumber*
el (la) policía	*policeman / woman*
el (la) programador(a)	*programmer*
el (la) secretario(a)	*secretary*
el (la) trabajador(a)	*worker*
el (la) veterinario(a)	*veterinarian*

EN EL BAÑO   *In the bathroom*

el cepillo	*hairbrush*
el cepillo de dientes	*toothbrush*
el champú	*shampoo*
el desodorante	*deodorant*
el jabón	*soap*
el maquillaje	*makeup, cosmetics*
la máquina de afeitar	*electric razor*
la pasta de dientes	*toothpaste*
el peine	*comb*
la rasuradora	*razor*
la toalla	*towel*
la toalla de mano	*hand towel*

VERBOS CON LA FORMA *YO* IRREGULAR

conducir (-zc)	*to drive; to conduct*
conocer (-zc)	*to know a person, to be familiar with*
dar (doy)	*to give*
decir (-g) (i)	*to say, to tell*
hacer (-g)	*to make; to do*
oír (oigo)	*to hear*
poner (-g)	*to put*
saber (sé)	*to know a fact, to know how to*
salir (-g)	*to leave; to go out (with)*
traducir (-zc)	*to translate*
traer (-go)	*to bring*
venir (-g) (ie)	*to come*
ver (veo)	*to see*

VERBOS REFLEXIVOS

Acciones físicas *Physical actions*

acostarse (ue)	*to go to bed*
afeitarse	*to shave oneself*
bañarse	*to take a bath*
cepillarse el pelo	*to brush one's hair*
despertarse (ie)	*to wake up*
dormirse (ue)	*to fall asleep*
ducharse	*to take a shower*
lavarse	*to wash oneself*
lavarse el pelo	*to wash one's hair*
lavarse los dientes	*to brush one's teeth*
levantarse	*to get up*
maquillarse	*to put on makeup*
peinarse	*to brush / comb one's hair*
ponerse (la ropa)	*to put on (clothing)*
prepararse	*to get ready*
quitarse (la ropa)	*to take off (clothing)*
secarse el pelo	*to dry one's hair*
sentarse (ie)	*to sit down*
vestirse (i)	*to get dressed*

Estados / emociones *States / emotions*

casarse	*to get married*
comprometerse	*to get engaged*
despedirse (i)	*to say goodbye*
divertirse (ie)	*to have fun*
divorciarse	*to get divorced*
enamorarse	*to fall in love*
enfermarse	*to get sick*
irse	*to leave, to go away*
pelearse	*to have a fight*
preocuparse	*to worry*
quejarse	*to complain*
reírse (i)	*to laugh*
reunirse	*to meet, to get together*
separarse	*to get separated*

OTROS VERBOS

bañar	*to swim; to give someone a bath*
despertar (ie)	*to wake someone up*
lavar	*to wash*
levantar	*to raise, to lift*
manejar	*to drive*
quitar	*to take off*
secar	*to dry something*
vestir (i)	*to dress someone*

OTRAS PALABRAS Y EXPRESIONES

a veces	*sometimes*
antes	*before*
después	*after*
luego	*later*
nunca	*never*
siempre	*always*
todas las semanas	*every week*
...veces al día / por semana	*. . . times a day / per week*

¿Adónde vas?

Communication

By the end of this chapter you will be able to:
- talk about means of transportation
- say where things are located
- talk about where you are and where you are going
- give directions
- agree and disagree
- indicate and talk about what you plan to buy
- make polite requests and commands
- refer to objects located close to you, farther away, and at a distance

Cultures

By the end of this chapter you will have learned about:
- Mexico
- the indigenous populations of Mexico
- ways to make polite requests in Spanish
- specialty stores and supermarkets
- where Mexico City teens go to have fun

Un policía mexicano les da direcciones a dos turistas en la Ciudad de México. Cuando vas a un lugar nuevo, ¿pides direcciones o no?

LA COMUNIDAD LOCAL

El mundo se hace cada día más pequeño. Los avances en las telecomunicaciones hacen posible el contacto casi inmediato con el resto del mundo. ¿Crees tú que los vecinos, los barrios y los centros comerciales de nuestras comunidades locales todavía tienen importancia? ¿Por qué sí o por qué no? En este capítulo vas a explorar la importancia de la comunidad local y tu lugar en ella.

Los datos

Mira la información de los gráficos sobre México y sus varios idiomas. Luego contesta las preguntas.

Población de México
mayores de 5 años = 84.794.454.

No especificado
2,0%

No habla
español.
16,5%

Habla español.
81,5%

Población indígena de México
mayores de 5 años = 8.701.688
Lenguas indígenas habladas = más de 55

Otras
lenguas
27,3%

Náhuatl
22,7%

Maya
13,5%

Mazateco
3,2%

Totonaca
3,9%

Tzotzil
4,3%

Tzeltal
4,9%

Otomí
5,3%

Mixteco
7,3%

Zapoteco
7,6%

① ¿Qué idioma habla la mayoría de la población mexicana?
② ¿Cuál es la segunda (*second*) lengua indígena en número de hablantes?
③ ¿Cuál de las siguientes oraciones describe mejor las lenguas indígenas de México?
   a. La mayoría de la población mexicana habla maya.
   b. Hay muchos grupos indígenas, cada uno con su propio (*own*) idioma.
   c. No hay muchos idiomas indígenas en México.

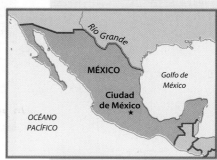

¡Adivina!

¿Qué sabes de México? (Las respuestas están en la página 190.) Di si las siguientes oraciones son ciertas o falsas.

① D.F. se refiere al Distrito Federal, otro nombre para la Ciudad de México.
② México se divide en estados, como Estados Unidos.
③ La geografía de México es más o menos igual por todas partes del país.
④ México tiene dos penínsulas grandes.
⑤ México es la cuna (*cradle*) de dos civilizaciones indígenas prehispánicas muy importantes: la maya y la inca.

¡IMAGÍNATE!

Vocabulario útil 1

SERGIO: Oye, ¿adónde vas con tanta prisa?

JAVIER: Primero tengo que ir al gimnasio, y después al **centro estudiantil.**

SERGIO: Pero, ¿por qué la prisa, hombre?

JAVIER: Después del centro estudiantil, tengo que ir al **banco** a sacar dinero y después al **súper** para comprar la comida para la cena.

SERGIO: ¿Vas **en bicicleta**?

JAVIER: No, voy **a pie...**

EN LA UNIVERSIDAD

las canchas de tenis

la piscina

la pista de atletismo

la cancha/el campo de fútbol

el centro estudiantil

el auditorio

el estadio

el dormitorio/ la residencia estudiantil

el edificio

EN LA CIUDAD O EN EL PUEBLO

el aeropuerto	*airport*	la iglesia	*church*
el almacén	*department store*	la joyería	*jewelry store*
el apartamento	*apartment*	el mercado	*market*
el banco	*bank*	el museo	*museum*
el barrio	*neighborhood*	la oficina	*office*
el cajero	*automated teller*	la oficina de	*post office*
automático	*machine*	correos	
	(ATM)	la papelería	*stationery store*
la casa	*house*	el parque	*park*
el centro	*mall*	la pizzería	*pizzeria*
comercial		la plaza	*plaza*
el cine	*cinema*	el restaurante	*restaurant*
el cuarto	*the room*	el supermercado	*supermarket*
la estación de	*train /*	el teatro	*theater*
trenes /	*bus station*	la tienda…	*store*
autobuses		…de música	*music store*
el estacionamiento	*parking lot*	…de ropa	*clothing store*
la farmacia	*pharmacy*	…de videos	*video store*
el hospital	*hospital*	el (la) vecino(a)	*neighbor*

Since many of the places in the city are cognates, cover the right-hand columns and try to identify as many as you can without looking at the English translation.

Other places of worship beside **iglesia** are: **la sinagoga, el templo, la mezquita** (*mosque*).

MEDIOS DE TRANSPORTE

a pie	*on foot, walking*
en autobús	*by bus*
en bicicleta	*on bicycle*
en carro / coche / automóvil	*by car*
en metro	*on the subway*
en tren	*by train*
en / por avión	*by plane*

In Mexico, **carro** is more commonly used than **coche**, and **camión** is more common for *bus* than **autobús**.

Actividades

ACTIVIDAD 1 **En la ciudad.** Indica adónde debe ir cada persona, según lo que quiere hacer o comprar. ¡No te preocupes si no entiendes todas las palabras!

1. —Es hora de comer. Tengo muchas ganas de comerme una pizza enorme.

2. —¿Escuchaste el último disco compacto de Albita? ¡Es fenomenal! Tengo que comprar ese CD.

3. —No puedo hacer las compras todavía. Primero necesito ir a sacar dinero.

4. —El doctor dice que necesito esta medicina para controlar mi alergia.

5. —No quiero cocinar en casa. Quiero salir a comer.

6. —Necesito comprar unos cuadernos y bolígrafos para mi clase de literatura.

7. —¿Qué te parece si alquilamos unos videos para ver después de la cena?

ACTIVIDAD 2 **¿Adónde van?** Habla con varios compañeros. ¿Adónde van? ¿Qué van a hacer en ese sitio? También diles adónde vas tú y por qué vas allí.

MODELO: Tú: *¿Adónde vas?*
Compañero(a): *Voy al dormitorio.*
Tú: *¿Qué vas a hacer allí?*
Compañero(a): *Estoy cansado(a). Voy a descansar.*

In some varieties of Spanish, to indicate playing a sport, **jugar** is used with the preposition **a: jugar al tenis, jugar al fútbol.** Usage of **a** with **jugar** varies from region to region.

Ideas posibles:

jugar (al) tenis / fútbol	hacer la tarea
levantar pesas	mirar televisión
correr	estudiar
nadar	cenar
cocinar	trabajar
dormir	¿...?

 ACTIVIDAD 3 **¿Vas a pie?** Tu compañero(a) tiene que ir a varios sitios. Pregúntale cómo piensa llegar a esos sitios. Inventa destinos lógicos para cada forma de transporte.

MODELO: Tú: *¿Cómo piensas ir a la fiesta de Carmen?*
Compañero(a): *Voy a ir en autobús.*

 1.   2.   3.

 4.   5.   6.

Internet

La diversidad lingüística en el mundo de habla hispana

Todas las lenguas exhiben variaciones geográficas. El español de México no es exactamente igual al español de Puerto Rico o al español de España. Estas variantes regionales de una lengua se llaman *dialectos*.

En general, el léxico o vocabulario es lo que más varía de una zona dialectal a otra en el mundo hispano. Por ejemplo, algunas de las palabras referentes a los medios de transporte exhiben variación dialectal: **carro, máquina, auto, automóvil** y **coche** se usan en diferentes zonas del mundo hispano. De la misma manera, **autobús, bus, guagua, colectivo, camión, ómnibus** y **micro** son diferentes maneras de referirse a *bus*.

La fonología o pronunciación del español también varía de una zona dialectal a otra. Por ejemplo, en algunos lugares del mundo hispano, la letra **s** se puede pronunciar con aspiración, como el sonido inicial de la palabra *hand*. En los dialectos que aspiran, la palabra **español** se pronuncia frecuentemente como [ehpañol].

Es importante recordar que las diferencias entre los dialectos del español son relativamente pocas. Por esta razón, dos hablantes del español de zonas dialectales muy distantes generalmente pueden comunicarse con facilidad.

PRÁCTICA. ¿Puedes dar unos ejemplos de variación léxica dentro de EEUU o entre los países de habla inglesa del mundo?

Vocabulario útil 2

DULCE:	Pero, mujer, ¿adónde vas con tanta prisa?
CHELA:	Quiero ir al gimnasio antes de **hacer las compras** en el supermercado.
DULCE:	Pero si no es tarde, son sólo las tres.
CHELA:	Ya sé, pero si me da tiempo, quiero ir a la **carnicería** para comprar unos **bistecs**.

HACER LAS COMPRAS...

En la carnicería

In Spanish-speaking countries, the ending **-ía** indicates a store that specializes in a certain product. It is clear what the store specializes in because the name of the store contains the product. Notice the names of stores that end in **-ía** in *Vocabulario útil 1*. Notice that the **í** always carries an accent. Can you name any other specialty stores that end this way?

el jamón
la salchicha
el pavo
el bistec
la chuleta de puerco
el pollo

En el supermercado

La comida

el queso
el pan
la leche
los huevos
los vegetales
las papitas fritas
los refrescos
las frutas
el yogur

Actividades

ACTIVIDAD 4 **En el barrio.** Hoy en día, las tiendas especializadas como la carnicería y la panadería no son tan comunes como en el pasado. En las ciudades grandes es más típico ir a un supermercado grande para comprar todos los comestibles en un solo sitio. Los mercados y las tiendas especializadas no pueden competir con los precios de los supermercados más grandes, pero sí ofrecen la oportunidad de hablar con los vecinos y los vendedores en un ambiente agradable e íntimo. Formen grupos de cuatro. Contesten las siguientes preguntas y presenten sus respuestas a la clase.

1. ¿Dónde prefieres hacer las compras, en un supermercado o en pequeñas tiendas especializadas? ¿Por qué?

2. ¿Cuál es el mejor lugar cerca de la universidad para comprar pan? ¿carne? ¿fruta? ¿vegetales?

3. ¿Comes carne? ¿Cuántas veces a la semana comes carne? ¿Dónde?

4. Si eres vegetariano(a), ¿comes mucha fruta y vegetales? ¿Dónde compras la fruta y los vegetales?

5. ¿Qué te importa más cuando haces las compras, el precio de los productos, su calidad (*quality*) o las personas que trabajan en la tienda?

6. ¿Crees que la idea de ir de compras a varias tiendas especializadas es más común en Estados Unidos o en Europa y otros países?

ACTIVIDAD 5 **Las compras.** Formen grupos de cuatro. Cada persona en el grupo debe preparar una lista de las compras que tiene que hacer. Intercambien (*Exchange*) las listas entre el grupo. Túrnense para describir lo que cada persona quiere comprar. Después preparen recomendaciones para cada persona sobre dónde ir de compras.

MODELO: *Mark necesita comprar unas salchichas, pan, queso y unos refrescos. Mark debe ir a la carnicería para las salchichas y al supermercado para el pan, el queso y los refrescos.*

ACTIVIDAD 6 **El día de hoy.** Formen grupos de tres. Cada persona debe preparar una descripción de sus hábitos de consumidor. Intercambien las descripciones y túrnense para leerlas en voz alta. El grupo tiene que adivinar a quién describe cada descripción.

MODELO: Descripción: *Nunca voy al supermercado porque prefiero comer en restaurantes como McDonalds y Burger King. Cuando invito a amigos a comer en casa, voy a una pizzería y compro todo lo que necesito.*
Grupo: *¡Es Mark!*

A VER

Video/DVD

Antes de ver el video

ACTIVIDAD 1 Mira las fotos y las conversaciones en las páginas 168 y 171. Luego completa las siguientes oraciones sobre las personas de las fotos.

1. Javier habla con Sergio. Javier va al _____.
2. Javier también tiene que ir al _____ y al _____.
3. Javier va a ir _____.
4. Chela habla con Dulce. Chela va al _____, al _____ y si tiene tiempo, a la _____.

ACTIVIDAD 2 Aquí hay una lista de frases que se usan en el video que contienen palabras que no conoces. Trabaja con un(a) compañero(a) de clase para ver si pueden encontrar el equivalente correcto en inglés para cada una.

1. _____ Oye, ¿adónde vas con tanta **prisa**?
2. _____ Tal vez hoy es mi día de **suerte**.
3. _____ Nunca sabes cuándo vas a conocer a la persona de tus **sueños**.
4. _____ **Siga derecho** hasta aquella **esquina**.
5. _____ **En la esquina, doble a la derecha** y camine dos **cuadras**.

a. *You never know when you're going to meet the person of your **dreams**.*
b. *So, where are you going in such a **hurry**?*
c. *Perhaps today is my **lucky** day.*
d. ***At the corner turn (to the) right** and walk two **blocks**.*
e. ***Continue straight** until that **corner**.*

ESTRATEGIA

Watching facial expressions

As you learned in **Capítulo 3,** watching body language can often help you understand what the characters in the video are saying and feeling. The same is true of watching facial expressions: a smile, a frown, a raised eyebrow, or a laugh. These gestures, combined with the actual words you hear, give you a more complete understanding of what the character is trying to express.

El video

Now watch the video segment for **Capítulo 6** without sound. As you watch, focus on the characters' facial expressions and see if they give you a better understanding of what they are saying. Watch it a second time with sound.

Después de ver el video

Internet

ACTIVIDAD 3 Completa la tabla siguiente para indicar si las expresiones faciales de estas personas contribuyen significativamente al sentido de lo que dicen. Cuando contestas que sí, indica qué emoción expresa cada expresión. (En algunos casos puede haber más de una emoción.)

Emociones posibles: aburrimiento (*boredom*), celos (*jealousy*), cólera (*anger*), humor, irritación, melancolía, curiosidad

	Sí	No	¿Qué emoción?
1. Javier: Primero tengo que ir al gimnasio y después al centro estudiantil.			
2. Sergio: Dicen que el supermercado es el lugar ideal para conocer a la mujer ideal.			
3. Dulce: ¿A la carnicería? ¿Viene alguna persona especial a cenar?			
4. Chela: Gracias. Nos vemos luego.			
5. Señora: Muchas gracias, joven.			
6. Javier: Siga derecho hasta aquella esquina.			
7. Sergio: Algún día, mi amigo, algún día.			
8. Chela: Sí, todavía sola.			

 Conexión cultural. Mira el segmento cultural que está al final del episodio. Luego, en grupos de tres a cuatro, comparen la vida de ciudad en su país con la del mundo hispano.

ACTIVIDAD 4 Ahora mira el video una vez más y pon las actividades de Javier y Chela en el orden correcto. Luego, contesta las siguientes preguntas. Mira el video una vez más para obtener toda la información si te es necesario.

Javier

_____ ir al banco

_____ ir al gimnasio

_____ ir al centro estudiantil

_____ ir al supermercado

Chela

_____ ir al gimnasio

_____ ir a la carnicería

_____ ir al supermercado

1. Según Sergio, ¿el supermercado es el lugar ideal para conocer a quién?
2. ¿Qué va a comprar Javier en el súper?
3. ¿Cómo va a ir Javier?
4. ¿Va alguien especial a la cena de Chela?
5. ¿Adónde quiere ir la mujer que le pide direcciones a Javier?
6. ¿Cuántas oportunidades de conocerse tienen Javier y Chela?

¿Te interesan los programas de Casa Central? ¿Qué servicio te interesa más?

VOCES DE LA COMUNIDAD

Internet

Ann R. Álvarez

❝ Las jóvenes profesionales deben encontrar su pasión en la vida, perseverar para lograr (_achieve_) sus objetivos profesionales y personales y comprometerse a seguir estudiando y aprendiendo durante toda su carrera. ❞

La puertorriqueña Ann R. Álvarez es presidente de Casa Central Social Services, la mayor organización de servicios sociales hispanos en Chicago. Casa Central tiene como misión crear y ofrecer programas comunitarios que promueven el bienestar de individuos y familias. Los servicios que ofrece Casa Central para familias sin hogares (_homeless_), jóvenes y ancianos se consideran programas modelo al nivel (_level_) nacional. Desde 1989, Ann trabaja incansablemente para aumentar la participación de corporaciones, iglesias y el gobierno en causas y proyectos que beneficien a las diferentes comunidades de Chicago. La revista electrónica _Today's Chicago Woman_ seleccionó a Álvarez entre las cien mujeres que están efectuando cambios positivos y significativos en la zona de Chicago, y la revista _Hispanic Business_ seleccionó a Casa Central como una de las veinticinco organizaciones filantrópicas hispanas más importantes de Estados Unidos.

Gramática útil 1
Indicating location: Prepositions of location

CÓMO USARLO

Use prepositions of location to say where something is positioned in relation to other objects, or where it is located in general.

La carnicería está **al lado del** supermercado.

La farmacia está **lejos de** aquí.

El restaurante está **frente a** la iglesia.

El café está **dentro del** almacén.

*The butcher shop is **next to the** supermarket.*

*The pharmacy is **far from** here.*

*The restaurant is **facing** the church.*

*The café is **inside** the department store.*

En la última cuadra, **frente al** banco, va a ver el centro comercial.

CÓMO FORMARLO

1. Commonly used prepositions of location include the following.

al lado de	*next to, on the side of*	La farmacia está **al lado del** hospital.
entre	*between*	La farmacia está **entre** el hospital y la oficina de correos.
delante de	*in front of*	La joyería está **delante del** hotel.
enfrente de	*in front of, opposite*	El joyería está **enfrente del** hotel.
frente a	*in front of, facing, opposite*	La joyería está **frente al** hotel.
detrás de	*behind*	El hotel está **detrás de** la joyería.
debajo de	*below, underneath*	Los libros están **debajo de** la mesa.
encima de	*on top of, on*	El cuaderno está **encima de** los libros.
sobre	*on, above*	La comida está **sobre** la mesa.
dentro de	*inside of*	Las frutas están **dentro del** refrigerador.
fuera de	*outside of*	El pan está **fuera del** refrigerador.
lejos de	*far from*	El súper está **lejos de** la universidad.
cerca de	*close to*	La panadería está **cerca de** la universidad.

> Usage of **enfrente de, delante de,** and **frente a** varies from country to country. However, they are more or less equivalent to each other.

> Some of these prepositions can be used without the **de** as adverbs. For example, **El museo está cerca.**

> Remember that when **de** or **a** follows a preposition of location, they combine with **el** to form **del** and **al**: **frente al hotel, dentro del refrigerador.**

2. Since these prepositions provide information about *location*, they are frequently used with the verb **estar,** which, as you learned in **Capítulo 4,** is used to say where something is located.

Actividades

ACTIVIDAD 1 **¿Dónde está...?** Llegas a clase y te das cuenta (*you realize*) que no tienes varias cosas que necesitas. Llama a tu compañero(a) de cuarto para pedirle que te traiga (*he or she bring*) las cosas que necesitas. Explícale a tu compañero(a) dónde están los siguientes objetos en tu cuarto.

1. los apuntes
2. los cuadernos
3. el diccionario de español
4. el CD portátil
5. mi asistente electrónico
6. mi mochila

ACTIVIDAD 2 **Nuestro salón de clase.** Ahora, en grupos de tres, describan dónde están varios objetos en su salón de clase.

ACTIVIDAD 3 **Treviño.** En grupos de tres, estudien el mapa del pueblo de Treviño. Luego, túrnense para describir dónde están situados por lo menos diez edificios o sitios.

ACTIVIDAD 4 **Nuestra universidad.** Ahora, trabajen en grupos de tres a cinco para dibujar un mapa de su universidad. Incluyan por lo menos seis edificios principales. Luego, alguien en el grupo describe la posición de uno de los edificios y el grupo tiene que adivinar qué edificio se describe. Túrnense para dar las descripciones.

Gramática útil 2
Telling others what to do: Commands with *usted* and *ustedes*

CÓMO USARLO

1. You have already been seeing command forms in direction lines. In Spanish, there are two sets of singular command forms, since there are two ways to address people directly (**tú** and **usted**). The informal commands, which you will learn in **Capítulo 7,** are used with people you would address as **tú.** In this chapter you will learn formal commands, as well as plural commands with **ustedes.**

2. Command forms are not used as frequently in Spanish as they are in English. For example, in **Capítulo 4** you learned that courteous, softening expressions are often used instead of commands: **¿Le importa si uso la computadora?** instead of **Déjeme** (*Let me*) **usar la computadora.**

3. However, one situation in which command forms are almost always used is in giving instructions to someone, such as directions to a specific location.

Siga derecho hasta la esquina. Allí **doble** a la izquierda.

*Continue straight ahead until the corner. **Turn** left there.*

Camine tres cuadras hasta llegar a la farmacia. Allí **doble** a la derecha y **cruce** la calle. La carnicería está al lado del banco.

*Walk three blocks until you arrive at the pharmacy. There, **turn** right and **cross** the street. The butcher shop is next to the bank.*

Mira este anuncio mexicano para un servicio de televisión. ¿Puedes encontrar los dos mandatos formales?

CÓMO FORMARLO

LO BÁSICO

A *command* form, also known as an *imperative* form, is used to issue a direct order to someone you are addressing: ***Vaya* a la esquina y *doble* a la derecha.** (*Go to the corner and **turn** right.*)

1. Study the following chart that shows the singular formal (**usted**) and plural (**ustedes**) command forms of the verb **seguir** (*to go, to follow*).

	singular	plural
affirmative	**siga**	**sigan**
negative	**no siga**	**no sigan**

2. Here are the rules for forming the **usted** and **ustedes** command forms of most verbs.

◆ Take the **yo** form of the verb in the present indicative. Remove the **-o** and add **-a** for **-er / -ir** verbs or **-e** for **-ar** verbs, to create the **usted** command.

poner: → pongo → pong- + -a → **ponga**

◆ Add an **-n** to the **usted** command form to create the **ustedes** command.

ponga → **pongan**

By using the **yo** form of the present indicative you have already incorporated any irregularities in the verb. Now they automatically carry over into the command form.

infinitive	**yo** form minus the **-o** ending	plus **-e / -en** for **-ar** verbs OR **-a / -an** for **-er / -ir** verbs	**usted / ustedes** command forms
hablar	habl-	+ -e / -en	**hable / hablen**
pensar	piens-	+ -e / -en	**piense / piensen**
tener	teng-	+ -a / -an	**tenga / tengan**
decir	dig-	+ -a / -an	**diga / digan**
escribir	escrib-	+ -a / -an	**escriba / escriban**
servir	sirv-	+ -a / -an	**sirva / sirvan**

3. A few command forms require spelling changes to maintain the original pronunciation of the verb.

◆ verbs ending in **-car:** change the **c → qu:**

buscar: → **busco** → **busque / busquen**

◆ verbs ending in **-zar:** change the **z → c:**

empezar: → **empiezo** → **empiece / empiecen**

◆ verbs ending in **-gar:** change the **g → gu:**

pagar: → **pago** → **pague / paguen**

4. A few verbs have irregular **usted** and **ustedes** command forms.

dar	**dé / den**
estar	**esté / estén**
ir	**vaya / vayan**
saber	**sepa / sepan**
ser	**sea / sean**

5. When you use command forms of reflexive verbs, you attach the reflexive pronoun to the *end* of *affirmative* **usted / ustedes** commands, and place it *before* *negative* **usted / ustedes** commands. A written accent is added to the stressed syllable of the affirmative command form in order to retain the original pronunciation.

Prepárese para una sorpresa.   *Prepare yourself* for a surprise.
No se ponga nervioso.   *Don't get* nervous.

6. Here are some useful words and phrases, some of which you already know, to use when giving directions. Remember, you will be using **usted** and **ustedes** command forms in this situation since you are talking to people you don't know.

¿**Me puede decir cómo llegar a...?**   *Can you tell me how to get to . . . ?*
¿**Me puede decir dónde queda...?**   *Can you tell me where . . . is located?*
Cómo no. Vaya...   *Of course. Go . . .*
    a la avenida...   *to the avenue . . .*
    a la calle...   *to the street . . .*
    a la derecha   *to the right*
    a la esquina   *to the corner*
    a la izquierda   *to the left*
    dos cuadras   *two blocks*
    (todo) derecho   *(straight) ahead*

bajar (baje)	*to get down from, to get off of* (a bus, etc.)	
caminar (camine)	*to walk*	
cruzar (cruce)	*to turn*	
doblar (doble)	*to turn*	
seguir (i) (siga)	*to continue*	
subir (suba)	*to go up, to get on*	

One commonly used command in Spanish is **¡Vamos!** (*Let's go!*), which the speaker uses to refer to several people, including himself or herself. Because it includes the speaker in the action, it is used instead of an **ustedes** command form.

Actividades

ACTIVIDAD 5 **Los anuncios.** El campo de la publicidad hace uso frecuente de los mandatos formales para tratar de convencer al público que compre o use su producto. Completa los anuncios con mandatos, usando la forma de **usted** de los verbos entre paréntesis.

1. (abrir, poner, tener)

BANCO MUNDIAL
____ una cuenta en Banco Mundial.
____ su dinero en nuestras manos.
____ confianza en nuestros profesionales.

2. (venir, cocinar, comprar)

SUPERMERCADO CENTRAL
____ al Supermercado Central para hacer las compras.
____ con la comida más fresca y más natural de la ciudad.
____ las comidas favoritas de sus hijos.

3. (esperar, llamar, servir)

PIZZERÍA ITALIA
No ____ .
____ al 555-6677 para ordenar su pizza.
____ la pizza más fresca y deliciosa en su propia casa en menos de treinta minutos.

4. (trabajar, venir, descubrir)

Restaurante París
Esta noche, no ____ *en la cocina.*
____ *al Restaurante París para disfrutar de nuestro ambiente relajante y nuestro excelente servicio.*
____ *nuestra riquísima cocina francesa.*

5. (levantar, hacer, recibir)

GIMNASIO LA SALUD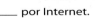
____ pesas en un ambiente agradable.
____ ejercicio todos los días para mantenerse en forma.
____ un relajante masaje después de su sesión de ejercicios.

6. (navegar, visitar, tomar, escribir)

CAFÉ CIBERESPACIO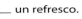
____ por Internet.
____ con amigos.
____ un refresco.
¡ ____ e-mails a todos sus amigos!

ACTIVIDAD 6 **¡Compre, compre, compre!** Ahora, con un(a) compañero(a), escriban un anuncio comercial para la televisión. Usen el mandato formal con **usted** para convencer a su público. Presenten el anuncio a la clase.

ACTIVIDAD 7 **¡Niños!** Los padres también usan los mandatos con frecuencia al hablar con sus hijos. La señora Díaz tiene que salir esta noche. ¿Qué les dice a sus hijos? Indica sus mandatos con la forma de **ustedes.**

1. empezar la tarea al llegar a casa
2. apagar la computadora después de terminar la tarea
3. ser pacientes con la niñera (*babysitter*)
4. no abrir la puerta
5. no jugar fútbol dentro de la casa
6. no salir de la casa
7. no ir a visitar a sus amigos
8. no comer papitas fritas después de cenar
9. acostarse a las diez
10. cepillarse los dientes antes de acostarse
11. dormir bien
12. estar tranquilos

ACTIVIDAD 8 **¿Cómo llego?** Tu compañero(a) es turista y te pregunta cómo llegar a varios sitios. Dile cómo llegar y dile qué medio de transporte debe usar. Luego, haz tú el papel (*role*) del (de la) turista; tu compañero(a) te va a dar instrucciones. Pueden usar el mapa de la **Actividad 3,** o pueden decirse cómo llegar a sitios en su comunidad.

1. el supermercado
2. el centro comercial
3. el metro
4. la estación de trenes
5. la estación de autobuses
6. las canchas de tenis
7. la oficina de correos
8. el banco

ACTIVIDAD 9 **La oficina de correos.** Escucha la conversación entre un señor y una señorita. La primera vez que escuches la conversación, apunta la información que vas a necesitar. Luego, escribe las instrucciones que le da la señorita al señor para llegar a la oficina de correos. Usa los siguientes verbos en tus oraciones.

1. caminar
2. doblar
3. seguir
4. cruzar
5. doblar
6. caminar

Usamos mandatos con bastante frecuencia en inglés, pero no son tan frecuentes en español. Los mandatos formales pueden parecer (*seem*) un poco descorteses en español, fuera de algunos contextos muy específicos: por ejemplo, para decirle a alguien cómo llegar a un sitio específico, o para dirigirse al público en anuncios y letreros (*signs*).

Cuando los hispanohablantes hablan con alguien que no conocen bien (o que tratan de usted), frecuentemente usan expresiones de cortesía en vez de mandatos formales. Ya sabes usar algunas de estas expresiones: **¿Le molesta...?, ¿Le importa...?** Aquí hay otras que puedes usar para hablar más cortésmente en español.

Me gustaría (+ infinitive)...	*I'd like* (+ *infinitive*) . . .
Por favor, ¿me puede decir...?	*Please, can you tell me . . . ?*
¿Pudiera usted (+ infinitive)**...?**	*Could you* (+ *infinitive*) . . . ?
Quisiera (+ infinitive)**...**	*I'd like* (+ *infinitive*) . . .

—Por favor, **me gustaría** ir a Oaxaca. **¿Me puede** decir cuándo sale el autobús?

—Cómo no. Sale a las tres y veinte. **¿Quisiera** reservar un asiento?

—Sí, gracias. **¿Pudiera** darme un asiento en la ventana, por favor?

PRÁCTICA 1. Con un(a) compañero(a) de clase, escriban una lista de cinco mandatos que les gustaría usar en el salón de clase. Luego, túrnense para decir los mandatos de una forma más cortés, usando las expresiones de cortesía mencionadas.

MODELO: (escrito) *No usen su celular en el salón de clase.*
     (hablado) *Por favor, ¿le molesta no usar su celular en el salón de clase?* O:
          Por favor, ¿pudiera usted dejar de usar su celular en el salón de clase?

PRÁCTICA 2. Hablen de sus respuestas a las siguientes preguntas sobre la cortesía.

1. ¿Cuándo usas palabras y expresiones en inglés como las que se mencionan arriba? ¿Qué otras palabras y expresiones usas en inglés cuando quieres ser cortés?
2. ¿Crees que la cortesía es muy importante, bastante importante, un poco importante o no muy importante? ¿Por qué? ¿En qué situaciones es importante la cortesía?

Sonrisas

EXPRESIÓN. En grupos de tres a cuatro personas, piensen en las órdenes que les gustaría dar a los profesores de la universidad. Luego, escriban una lista de sus ideas.

MODELO: *No den tarea para los fines de semana.*

Gramática útil 3

Affirming and negating: Affirmative and negative expressions

An exception to the "no double negative" rule in English is *neither / nor: Neither* Susana *nor* Margarita is coming to the party.

CÓMO USARLO

1. There are a number of words and expressions that are used to express affirmatives and negatives in Spanish. Notice that a double negative form is often used in Spanish, where it is hardly ever used in English.

No conozco a **nadie** aquí.	*I don't know **anyone** here.*
¿Conoces a **alguien** aquí?	*Do you know **anyone** here?*
No quiero ni este libro **ni** ése.	*I don't want this book **or** that one.*

2. Remember to use the personal **a** that you learned in **Capítulo 5** when you refer to people.

No veo **a** nadie aquí.

CÓMO FORMARLO

1. Here are some frequently used affirmative and negative words in Spanish. You have already learned some of these, such as **también, siempre,** and **nunca.**

alguien	*someone*	nadie	*no one, nobody*
algo	*something*	nada	*nothing*
algún / alguno (a, os, as)	*some, any*	ningún / ninguno (a, os, as)	*none, no, not any*
siempre	*always*	nunca / jamás	*never*
también	*also*	tampoco	*neither, not either*
o... o...	*either / or*	ni... ni...	*neither / nor*

¿Viene **alguna** persona especial a cenar?

2. Most of these words do not change, regardless of the number or gender of the words they modify. However, the words **alguno** and **ninguno** can also be used as *adjectives*. In this case, they must change to agree with the nouns they modify. Additionally, when they are used before a masculine noun they shorten to **algún** and **ningún.**

—¿Tienes **algún** libro sobre la informática?	*Do you have **a (any)** book about computer science?*
—No, no tengo **ningún** libro sobre ese tema. Pero tenemos **algunos** libros muy interesantes sobre la red mundial.	*No, I don't have **a (any)** book on that subject. But we do have **some** very interesting books about the World Wide Web.*
—No, gracias, ya tengo **algunas** revistas. ¿No tienes **ninguna** sugerencia sobre otros libros?	*No, thanks, I already have **some** magazines. You don't have **any** suggestions for other books?*

Note that the plural forms of **ninguno** and **ninguna, ningunos** and **ningunas,** are hardly ever used.

3. Alguno and **ninguno** can also be used as *pronouns* that replace a noun already referred to. In this case, they match the number and gender of the nouns they replace.

—¿Quieres estos **libros**?　　　　　*Do you want these **books**?*
—No, gracias, ya tengo **algunos**.　*No, thanks, I already have **some**.*
—¿No quieres una de estas **revistas**?　*Don't you want one of these **magazines**?*
—No, no necesito **ninguna**.　　　*No, I don't need **any** (**one**).*

4. Notice how in Spanish, unlike English, several negative words can be used in one sentence.

Notice that when a *negative word precedes the verb,* the word **no** is not used: **Nadie viene.** However, when the *negative word comes after the verb,* you must use **no** directly before the verb: **No viene nadie.**

Nunca hay **nadie** aquí.　　　　*There's **never anyone** here.*
Ni viene Laura **ni** Lorenzo **tampoco.**　　*__Neither__ Laura __nor__ Lorenzo is coming __either__.*

Actividades

 ACTIVIDAD 10 **¡Yo también!** Un(a) amigo(a) está en tu casa y tú le explicas algunas cosas sobre los hábitos de tu familia. Él (Ella) dice que su familia es igual. Con un(a) compañero(a), improvisen esta situación.

MODELO: Tú: *Mis tíos nunca cenan antes de las ocho de la noche.*
　　　　　Amigo(a): *Mis tíos tampoco.*

1. Mis primos siempre se levantan temprano.
2. Mi abuelo nunca se viste informalmente.
3. Mi abuela siempre se viste elegantemente.
4. A mis padres les encanta salir a comer.
5. Mi hermana es fanática de la música rap.
6. A mis hermanos no les gusta levantarse temprano.
7. Yo siempre me baño y me visto elegantemente si voy a una fiesta.

Ahora describe los hábitos verdaderos de tu familia. Tu compañero(a) te dice si su familia es igual o no.

 ACTIVIDAD 11 **El visitante.** Un visitante pasa el fin de semana en tu casa. Te hace preguntas sobre tu barrio. Contesta sus preguntas en el negativo. Sigue el modelo.

MODELO: Escuchas: ¿Hay alguna estación de trenes en el barrio?
　　　　　Escribes: *No, no hay ninguna estación de trenes en el barrio.*

 ACTIVIDAD 12 **Encuesta.** Un encuestador te hace las siguientes preguntas. Primero, contesta la pregunta en afirmativo. Luego, contesta la pregunta en negativo. Usa las palabras entre paréntesis en tus respuestas.

MODELO: ¿Comes en la cafetería de la universidad? (siempre / nunca)
　　　　　Sí, siempre como en la cafetería de la universidad.
　　　　　No, nunca como en la cafetería de la universidad.

1. ¿Algunos de los estudiantes van a la biblioteca después de clase? (algunos / nadie)

2. ¿Te gusta comer algo antes de clase? (algo / nada)
3. ¿Hay algún cajero automático en la universidad? (algunos / ningún)
4. ¿Vas en metro a la universidad? (siempre / nunca)
5. ¿Hay alguna tienda de video cerca de la universidad? (algunas / ninguna)
6. ¿Estudias antes de clase o después de clase? (o… o… / ni… ni…)

 ACTIVIDAD 13 **El fin de semana.** Vas a pasar el fin de semana en casa de tu compañero(a). Le haces varias preguntas para determinar cómo vas a pasar el fin de semana. Escoge (*Choose*) ideas de la lista o inventa otras. Luego, cambia de papel (*role*) con tu compañero(a). Usa las palabras afirmativas y negativas que acabas de aprender en tus preguntas y tus respuestas.

Posibles ideas:

divertido en la tele   revista de música popular
comer en el refrigerador   juego interactivo
libro de cocina mexicana   disco compacto de Paulina Rubio
escritora mexicana preferida   ¿…?

MODELO: Compañero(a): *¿Hay algo divertido en la tele?*
           Tú: *No, no hay nada divertido en la tele.*

Gramática útil 4

Indicating relative position of objects: Demonstrative adjectives and pronouns

CÓMO USARLO

Demonstrative adjectives and pronouns are used to indicate *relative distance* from the speaker. **Este** refers to something that is very close to the speaker. **Ese** refers to something that is a little farther away. **Aquel** refers to something that is at a distance or *over there*. In everyday speech, **ese** and **aquel** are often used interchangeably.

Derecho hasta **aquella** esquina…

1. Demonstrative adjectives:

Esta casa es muy bonita. También me gusta **esa** casa. Pero **aquella** casa no me gusta nada.

This house is very pretty. I also like that house. But I don't like that house (over there) at all.

2. Demonstrative pronouns:

¡Mira los edificios grandes! ¡**Éste** es grande, pero **ése** es aun más grande, y **aquél** es el más grande de los tres!

Look at the big buildings! This one is big, but that one is even bigger, and that one (over there) is the biggest of the three!

CÓMO FORMARLO

LO BÁSICO

A *demonstrative adjective* is used *with* a noun to point out a person or thing and to indicate distance. A *demonstrative pronoun* is used *instead of* a noun to point it out and indicate its distance from the speaker.

1. These are the forms for demonstrative adjectives and pronouns.

	Demonstrative adjectives	Demonstrative pronouns
this (*close to speaker*)	este, esta, estos, estas	éste, ésta, éstos, éstas
that (*farther from speaker*)	ese, esa, esos, esas	ése, ésa, ésos, ésas
that (*at a distance from the speaker*)	aquel, aquella, aquellos, aquellas	aquél, aquélla, aquéllos, aquéllas

2. Notice that both demonstrative adjectives and pronouns change to reflect gender and number. Demonstrative adjectives change to reflect the gender and number of the nouns they *modify*. Demonstrative pronouns change to reflect the gender and number of the nouns they *replace*.

3. The only difference between the forms of the demonstrative adjectives and the demonstrative pronouns is that the pronouns are often written with an accent.

4. These words are often used with demonstrative adjectives and pronouns to help indicate relative location.

aquí   *here* (often used with **este**)
allí   *there* (often used with **ese**)
allá   *over there* (often used with **aquel**)

5. Esto and **eso** are often used as neutral pronouns, when referring to a concept, or something that has already been said.

Eso es lo que dijo Séneca sobre la filosofía.	**That** *is what Seneca said about philosophy.*
Todo **esto** es muy interesante.	**All this** *is very interesting.*

Actividades

ACTIVIDAD 14 **¡Ayuda, por favor!** Completa las siguientes conversaciones con el pronombre o adjetivo demostrativo apropiado.

1.   TÚ: Hola, ¿pudiera usted decirme cómo llegar a las canchas de tenis?
   HOMBRE: Cómo no. Siga usted _____ calle aquí hasta _____ esquina allí, la esquina con la avenida Quintana. Luego vaya todo derecho hasta llegar a un parque muy grande. Las canchas de tenis están en _____ parque.

2.   TÚ: Buenos días. Por favor, ¿pudiera usted decirme cómo ir al aeropuerto?
   MUJER: Claro. Usted debe tomar _____ autobús allí en la calle Francisco. A ver, tengo la ruta aquí en _____ guía de autobuses.
   TÚ: Muy bien. Entonces, ¿_____ autobús es el que necesito tomar?
   MUJER: Sí. _____ autobús lo lleva directamente al aeropuerto.

3.　TÚ: Perdón. ¿Puede usted recomendar un restaurante bueno?
　HOMBRE: Seguro. _____ que está aquí cerca es bastante bueno.
　　Pero hay otro allí, mire, al otro lado de la calle, La Criolla.
　　_____ sirve comida muy rica. Creo que _____,
　　La Criolla, es mi favorito.

4.　TÚ: Hola, busco la sección de música latina.
　MUJER: Muy bien. _____ cintas aquí son de música cubana.
　　Allí, en la próxima sección, _____ discos compactos
　　son de música mexicana. Y al otro lado de la tienda, allá,
　　_____ cintas son de música andina.
　　TÚ: ¿Y _____ discos compactos aquí?
　MUJER: ¿_____ allí? _____ discos compactos son de
　　música flamenca.

ACTIVIDAD 15 **En el mercado.** Con un(a) compañero(a) de clase, miren el dibujo de un mercado en México. ¿Qué quieren comprar? Hablen de las cosas que necesitan, usando los adjetivos y pronombres demostrativos correctos.

MODELO:　Tú: *¿Qué quieres comprar? ¿Compramos ese queso?*
　　Amigo(a): *Sí, y también estas salchichas. ¿Qué más? ...*

ACTIVIDAD 16 **¿Adónde vamos?** Con un(a) compañero(a) de clase, hagan una lista de dos de los siguientes lugares. Incluyan sitios que están muy cerca de la universidad, un poco lejos y muy lejos.

restaurantes	museos	tiendas de música
cafés	tiendas de ropa	pizzerías

Ahora, hablen de los varios sitios de su lista, usando adjetivos y pronombres demostrativos.

MODELO:　Tú: *¿Quieres ir al restaurante Chimichangas? Sirven comida mexicana.*
　　Amigo(a): *No, no me gusta ese restaurante. ¿Por qué no vamos a éste, McMurray's? Sirven comida estadounidense.*

EXPLORACIONES CULTURALES

México

Un país de contrastes. Mira el mapa de las nueve zonas culturales de México, según la *Guía Michelin*. Luego, lee los textos en la página 191 y mira las fotos en la página 192. Finalmente, escribe el número del texto (T1, T2, T3, T4, T5) o de la foto (F1, F2, F3, F4) que corresponde a cada zona.

_____ Zona 1: Ciudad de México   _____ Zona 6: Noreste
_____ Zona 2: México Central   _____ Zona 7: Golfo de México
_____ Zona 3: Oeste Central   _____ Zona 8: Costa Pacífico
_____ Zona 4: Noroeste   _____ Zona 9: Yucatán
_____ Zona 5: Baja California

Estados y regiones de México

Texto 1: La comida y la música

En la Sierra Madre Occidental hay cuatro estados que comparten elementos culturales similares. Esta región se conoce por la música norteña, que se caracteriza por sus baladas y rancheras (tipos de canciones mexicanas) con acordeón y guitarra. También es famosa por su comida — la carne asada (*grilled*) y la tortilla de harina (*flour*). Es una zona influenciada por Estados Unidos, especialmente en las áreas cerca de la frontera.

Texto 2: La historia precolombina

En esta parte central del Golfo de México, hay dos estados donde ocurren algunos de los eventos más importantes de la historia mexicana. Los olmecas, la primera civilización de Mesoamérica, se encuentran aquí desde aproximadamente 1800 a. C. (antes de Cristo). Se conocen los olmecas por su sistema de números y por sus estatuas inmensas de cabezas (*heads*) y jaguares. Es esta región, además, por la que entran los conquistadores españoles a México.

Texto 3: Cultura y arte

El Distrito Federal, que es la capital del país, es también su estado más pequeño. Aquí abundan el arte y la cultura. Se puede ver el arte de Diego Rivera, Frida Kahlo, Rufino Tamayo y David Siqueiros, entre muchos otros, y se pueden visitar museos de antropología, historia y arquitectura. Sus parques impresionantes, como el Bosque de Chapultepec y la Alameda Central, se combinan con sus avenidas amplias para hacer de esta ciudad una de las grandes ciudades del mundo.

Texto 4: Influencias indígenas

A lo largo de esta región larga y diversa vive la mayoría de los grupos indígenas del país. Todavía mantienen sus tradiciones, lenguas y costumbres. En algunas áreas su influencia es muy marcada, como en los pueblos indígenas cerca de Guatemala. Hay tanta variedad de lenguas, costumbres y comida que casi es posible considerar estos cuatro estados como cuatro países diferentes.

Texto 5: Los aztecas

Esta región central tiene una historia muy larga. Existe aquí una gran ciudad alrededor de 400 d. C. (después de Cristo). Cuando llegan los aztecas siglos (*centuries*) después, ven la grandeza de las ruinas y nombran el sitio Teotihuacán, que significa "el lugar donde nacieron los dioses (*the gods were born*)". Es el centro del imperio azteca y aquí están las ruinas de las Pirámides del Sol y de la Luna, el templo de Quetzalcóatl y los Palacios de Quetzalpapalotl.

Foto 1: Playas del Pacífico Estos estados son famosos por sus bonitas playas a lo largo del Pacífico. Se distinguen también por la influencia de las culturas indígenas del oeste.

Foto 2: Herencia colonial Esta región de contrastes incluye tierras áridas, un área industrial y unos ejemplos magníficos de arquitectura colonial. También comparte una frontera con Estados Unidos. Este detalle (*detail*) de una catedral famosa es una buena muestra de la arquitectura colonial.

Foto 3: La naturaleza abundante Localizada en el océano Pacífico y el Mar de Cortés, ésta es la península más grande del mundo. Es famosa por su diversidad de flora y fauna.

Foto 4: Los mayas Aproximadamente 900.000 indígenas, que aún hablan maya, viven en esta península, que se conoce por sus antiguas ciudades mayas como Chichén Itzá y Uxmal, sus playas y sus reservas ecológicas.

Internet

¡CONÉCTATE!

Como ves, México es un país muy diverso. Con un grupo de tres a cinco estudiantes, busquen información sobre una de las zonas de arriba. Pueden incluir la siguiente información, u otros datos que les interesen.

- ciudades principales
- industrias principales
- atracciones turísticas
- poblaciones indígenas

Luego, preparen un breve informe y preséntenlo en clase. Usen los enlaces sugeridos en el sitio web de *Nexos Media* para ir a otros sitios web posibles.

Antes de leer

ESTRATEGIA

Working with unknown grammatical structures

When you read texts that were written for native speakers of Spanish, you will frequently come across grammatical structures you haven't learned yet. This is only natural, since native speakers don't have to worry about using carefully sequenced language the way Spanish textbooks do!

At first, seeing grammatical endings you don't recognize may be intimidating. But if you focus just on getting the meaning of the infinitive of the verb, you can almost always get the general idea of the word. Often you can figure out the tense (present, past, future, etc.) by looking at the context of the rest of the sentence. By not allowing unknown grammatical structures to hold you back, you'll make a great leap forward in your comprehension of authentic texts in Spanish.

ACTIVIDAD 1 Aquí tienes algunas frases de la lectura que contienen estructuras gramaticales que no sabes. Mira el significado general del verbo para ver si puedes hacer una correspondencia entre las palabras en español y aquéllas en inglés.

1. _____ es necesario que conozca
2. _____ podrá descifrar
3. _____ esté todo el día conectado al monitor
4. _____ que se encuentre ahí
5. _____ acuda la gente más "nice"
6. _____ estar vestido perfectamente
7. _____ el restaurante que ofrezca

a. *you will be able to decipher*
b. *that may be found there*
c. *it's necessary that you know*
d. *the restaurant that offers*
e. *to be dressed perfectly*
f. *that he is connected to the screen all day*
g. *the nicest people gather*

ACTIVIDAD 2 Ahora, mira las frases de la **Actividad 1.** En cada caso, ¿cuál es la forma gramatical que no sabes? Con un(a) compañero(a), hagan una lista de las siete formas gramaticales. ¿Son del tiempo presente o futuro? Usen la siguiente tabla para escribir sus respuestas.

forma gramatical	¿presente o futuro?

Lectura

ACTIVIDAD 3 Vas a leer un artículo sobre adónde van los jóvenes de la Ciudad de México para divertirse. Mientras lees, trata de entender los verbos sin pensar demasiado en las terminaciones o en estructuras gramaticales que no reconoces. Trata de comprender las ideas principales del artículo. No es necesario entender todas las palabras para hacer las actividades.

Los jóvenes se divierten
Alejandro Esquivel

¿Usted sabe cómo se divierten los "teens"? Las maneras de entretenerse en estos tiempos de revolución electrónica, video juegos, DVDs, equipos mp3 y antros son tan heterogéneas como la población que ocupa[1] solamente el Distrito Federal... Es necesario que conozca ciertos perfiles de los jóvenes contemporáneos para entender más su manera de ir por la vida. Es así como podrá descifrar algunos de los códigos[2] de la juventud para saber adónde van y qué hacen... ∎

El telemaníaco

Una de las formas de entretenimiento más "ancestrales" es el observar televisión por más de cuatro horas seguidas[3]. A esta joven especie[4] no le interesa ni en lo más mínimo la vida social, pues prefiere observar un maratón entero de Los Simpson a tomar un buen café con sus cuates[5]... Algunos padres prefieren que su "hijito" esté todo el día conectado al monitor, argumentando que es preferible que se encuentre ahí a estar vagabundeando en las calles.

El peace & love

En cuanto a este tipo de jóvenes, les preocupa más lo natural, el amor y la fraternidad entre razas. A diferencia del telemaníaco, éste trata de[6] pasar el menor tiempo posible frente a un televisor. Dentro de sus principales maneras de divertirse está el acudir[7] todos los domingos a la Plaza de Coyoacán, para buscar algún libro y observar los espectáculos culturales que semana a semana ahí se presentan.

El fresa[8]

Este "teen modelo" gusta de asistir a lugares a los cuales acuda la gente más "nice" de la ciudad. Otra forma de diversión son las cenas y los cafés que regularmente se realizan[9] en restaurantes y cafeterías ubicadas[10] en la zona de Bosques de las Lomas y Santa Fe. Al fresa le late[11] bastante asistir a "antros"[12] donde la música comercial sea el hit.

El raver

Los ravers son los encargados de llenar[13] los festivales de música electrónica o raves, ya que éstos sólo son posibles gracias a la asistencia de más de 3 mil personas... La música que se toca es la electrónica y durante los raves se baila sin parar[14] por más de nueve horas continuas y sólo bebiendo agua embotellada. El raver también acude a antros donde solamente se toque electrónica.

El fashion

Otro espécimen fácil de identificar, ya que su preocupación más grande es estar vestido perfectamente. Entre sus grandes pasatiempos está leer revistas de moda[15], pero a la hora de salir trata siempre de asistir al lugar que acaban de inaugurar o al lugar más fashion. También prefiere las cenas en compañía de sus amigos en el restaurante que ofrezca lo último[16] en cocina.

[1]*vive* [2]*codes* [3]*continuas* [4]*species* [5]*amigos* [6]**trata de** *tries to* [7]*ir* [8]*affluent youth* [9]**se realizan** *take place* [10]*located* [11]**le late** *le gusta* [12]*bar or club, the "in" place* [13]**encargados...** *in charge of filling* [14]*to stop* [15]**revistas...** *fashion magazines* [16]**lo último** *the latest*

Después de leer

 ACTIVIDAD 4 Con un(a) compañero(a), escriban el nombre del grupo de jóvenes que va a cada lugar indicado. En algunos casos, más de un grupo va al lugar.

Lugar	Grupo
1. antros	
2. raves	
3. la Plaza de Coyoacán	
4. festivales de música electrónica	
5. la zona de Bosques de las Lomas	
6. casa	
7. los lugares más "fashion"	
8. restaurantes	
9. cafés	

 ACTIVIDAD 5 En el **Capítulo 4** hay una nota sobre los préstamos del inglés al español. Este artículo tiene muchos ejemplos de este tipo de palabra. Trabaja con un(a) compañero(a) de clase. ¿Pueden encontrar seis préstamos del inglés al español?

 ACTIVIDAD 6 Trabaja en un grupo de tres a cuatro estudiantes. ¿Pueden identificar cinco grupos de "tipos" entre los jóvenes estadounidenses? Escriban una lista de los grupos, unas de sus características y adónde van para divertirse. Luego, compartan su lista con la clase entera.

EN LA UNIVERSIDAD   *At the university*

el apartamento	*apartment*
el auditorio	*auditorium*
la cancha / el campo de fútbol	*soccer field*
las canchas de tenis	*tennis courts*
el centro estudiantil	*student center*
el cuarto	*room*
el dormitorio / la residencia estudiantil	*dormitory*
el edificio	*building*
el estadio	*stadium*
la oficina	*office*
la piscina	*swimming pool*
la pista de atletismo	*athletics track*

EN LA CIUDAD O EN EL PUEBLO
In the city or in the town

el aeropuerto	*airport*
el almacén	*store*
el banco	*bank*
el barrio	*neighborhood*
el cajero automático	*automated teller machine (ATM)*
la casa	*house*
el centro comercial	*mall*
el cine	*cinema*
la estación de trenes / autobús	*train / bus station*
el estacionamiento	*parking lot*
la farmacia	*pharmacy*
el hospital	*hospital*
la iglesia	*church*
la joyería	*jewelry store*
el mercado	*market*
el museo	*museum*
la oficina de correos	*post office*
la papelería	*stationery store*
el parque	*park*
la pizzería	*pizzeria*
la plaza	*plaza*
el restaurante	*restaurant*
el supermercado	*supermarket*
el teatro	*theater*

la tienda...	*store*
...de música	*music store*
...de ropa	*clothing store*
...de videos	*video store*
el (la) vecino(a)	*neighbor*

HACER LAS COMPRAS...   *Shopping . . .*

En la carnicería   *At the butcher shop*

el bistec	*steak*
la chuleta de puerco	*pork chop*
el jamón	*ham*
las papitas fritas	*potato chips*
el pavo	*turkey*
el pollo	*chicken*
la salchicha	*sausage*

En el supermercado   *At the supermarket*

la comida	*food*
las frutas	*fruits*
los huevos	*eggs*
la leche	*milk*
el pan	*bread*
el queso	*cheese*
los refrescos	*soft drinks*
los vegetales	*vegetables*
el yogur	*yogurt*

MEDIOS DE TRANSPORTE
Means of transportation

a pie	*on foot, walking*
en autobús	*by bus*
en bicicleta	*on bicycle*
en carro / coche / automóvil	*by car*
en metro	*on the subway*
en tren	*by train*
por avión	*by plane*

PARA DECIR CÓMO LLEGAR
Giving directions

¿Me puede decir cómo llegar a...?	*Can you tell me how to get to . . . ?*
¿Me puede decir dónde queda...?	*Can you tell me where . . . is located?*
Cómo no. Vaya...	*Of course. Go . . .*
a la avenida...	*to the avenue . . .*
a la calle...	*to the street . . .*
a la derecha	*to the right*
a la esquina	*to the corner*
a la izquierda	*to the left*
dos cuadras	*two blocks*
(todo) derecho	*(straight) ahead*
bajar	*to get down from, to get off of (a bus, etc.)*
cruzar	*to cross*
doblar	*to turn*
seguir (i)	*to continue*
subir	*to go up, to get on*

EXPRESIONES DE CORTESÍA

Me gustaría (+ infinitive)...	*I'd like (+ infinitive) . . .*
¿Por favor, me puede decir...?	*Please, can you tell me . . . ?*
¿Pudiera Ud. (+ infinitive)...?	*Could you (+ infinitive) . . . ?*
Quisiera (+ infinitive)...	*I'd like (+ infinitive) . . .*

EXPRESIONES AFIRMATIVAS Y NEGATIVAS

algo	*something*
alguien	*someone*
algún, alguno (a, os, as)	*some, any*
jamás	*never*
nada	*nothing*
nadie	*no one, nobody*
ni... ni...	*neither / nor*
ningún, ninguno (a, os, as)	*none, no, not any*
nunca	*never*
o... o...	*either / or*
siempre	*always*
también	*also*
tampoco	*neither, not either*

PREPOSICIONES

al lado de	*next to, on the side of*
cerca de	*close to*
debajo de	*below, underneath*
delante de	*in front of*
dentro de	*inside of*
detrás de	*behind*
encima de	*on top of, on*
enfrente de	*in front of, opposite*
entre	*between*
frente a	*in front of, facing, opposite*
fuera de	*outside of*
lejos de	*far from*
sobre	*on, above*

ADJETIVOS DEMOSTRATIVOS

aquel, aquella, aquellos, aquellas	*those (over there)*
ese, esa, esos, esas	*those*
este, esta, estos, estas	*these*

PRONOMBRES DEMOSTRATIVOS

aquél, aquélla, aquéllos, aquéllas	*those (over there)*
ése, ésa, ésos, ésas	*those*
eso	*that*
éste, ésta, éstos, éstas	*these*
esto	*this*

OTRAS PALABRAS Y EXPRESIONES

allá	*over there*
allí	*there*
aquí	*here*

¿Cuáles son tus pasatiempos preferidos?

CAPÍTULO 7

Communication

By the end of this chapter you will be able to:
- talk about sports and leisure-time activities
- talk about seasons and the weather
- say how you feel using **tener** expressions
- describe your recent leisure-time activities
- suggest activities and plans to friends

Cultures

By the end of this chapter you will have learned about:
- Costa Rica and Panamá
- seasons and the equator
- Fahrenheit and Celsius temperatures
- white-water rafting in Costa Rica

Esta mola, una obra de arte tradicional de los kunas de Panamá, conmemora un combate de boxeo.

LOS RATOS LIBRES

¿Trabajas para vivir o vives para trabajar? ¿Cuál es más importante para ti —los ratos libres o el trabajo? ¿Te defines según tu profesión, tus intereses o una combinación de los dos? En este capítulo vamos a explorar cómo pasamos el tiempo libre.

Los datos

Mira la información de las tablas y luego contesta las siguientes preguntas.

Conversiones	Fórmula	Ejemplo
grados C → grados F	(C° × 1.8) + 32 = F°	(30°C × 1.8) + 32 = 86°F
grados F → grados C	(F° − 32) ÷ 1.8 = C°	(86°F − 32) ÷ 1.8 = 30°C
pulgadas a milímetros	pulgadas × 25,4 = mm	70,5″ × 25,4 = 1.790,7 mm
milímetros a pulgadas	milímetros ÷ 25,4 = pul.	1.790 mm ÷ 25,4 = 70,5″

❶ ¿Qué significa la palabra **pulgada**?
❷ ¿Cuándo se usa una coma (*comma*) con los números en español? ¿Cuándo se usa un punto (*period*)? ¿Es lo mismo (*the same*) en inglés o es diferente?
❸ ¿Cuántos grados Celsio son 50 grados Fahrenheit?
❹ ¿Cuántas pulgadas son 500 milímetros?

		Costa Rica	Panamá
Temperatura	enero	19,1 C / 66,4 F	26,5 C / 79,7 F
media en...	julio	20,4 C / 68,7 F	26,6 C / 79,9 F
Precipitación anual media		1.793 mm / 70,6 pulgadas	2.512 mm / 98,9 pulgadas

❺ Por lo general, ¿en que país hace más calor (*is it hotter*), en Costa Rica o Panamá?
❻ ¿En que país hay menos precipitación anual?
❼ ¿Cuál de los dos países tiene el clima más tropical?

¡Adivina!

¿Qué sabes de Costa Rica y Panamá? (Las respuestas están en la página 223.)

❶ Este país tiene costa en el Océano Pacífico y en el Mar Caribe.
❷ Estados Unidos construyó un canal en este país y en 1999 se lo cedió al gobierno de ese país.
❸ Este país no tiene fuerzas armadas.
❹ Este país es famoso por sus playas (*beaches*) hermosas.

Vocabulario útil 1

SERGIO: ¿Viste el **partido de fútbol** entre Argentina y México ayer?

JAVIER: No, llegué tarde a casa.

SERGIO: Pues, te perdiste un partido buenísimo. Yo lo vi en casa de Arturo.

JAVIER: ¿Ah, sí? ¿Quién ganó?

SERGIO: Argentina, 2 a 1.

JAVIER: Me encanta ver los partidos de fútbol internacional por tele.

SERGIO: Y además del fútbol, ¿qué otros deportes te gustan?

JAVIER: Las **competencias de natación,** el **ciclismo** y el **boxeo.**

SERGIO: ¿El boxeo? ¡Guau! Yo prefiero el fútbol nacional, el italiano, el español…

JAVIER: ¿Qué piensas de los deportes de **invierno?**

SERGIO: No sé, hay algunos que me parecen interesantes, como el **hockey sobre hielo** y el **esquí alpino.**

LOS DEPORTES

el boxeo	*boxing*	el golf	*golf*
el esquí acuático	*water skiing*	el hockey sobre hielo	*ice hockey*
el esquí alpino	*downhill skiing*	la natación	*swimming*

ACTIVIDADES DEPORTIVAS

entrenarse	*to train*	navegar en rápidos	*to go white-*
esquiar	*to ski*		*water rafting*
jugar (al) tenis / (al) béisbol / etc.	*to play tennis / baseball / etc.*	patinar sobre hielo	*to ice skate*
		practicar / hacer alpinismo	*to hike*
levantar pesas	*to lift weights*		
nadar	*to swim*	practicar / hacer surfing	*to surf*

Remember, as you learned in **Capítulo 6, jugar** is used with the preposition **a** in a number of Spanish-speaking countries: **jugar al tenis, jugar al fútbol.** Usage of **a** varies from region to region.

MÁS PALABRAS SOBRE LOS DEPORTES

la competencia	*competition*	peligroso(a)	*dangerous*
el equipo	*team*	la pelota	*ball*
el lago	*lake*	la piscina	*pool*
el partido	*game, match*	el río	*river*
el peligro	*danger*	seguro(a)	*safe*

OTROS DEPORTES

remar

pescar

montar a caballo

montar en bicicleta

hacer ejercicio

patinar en línea

el fútbol

el tenis

el béisbol

el hockey sobre hierba

el volibol

el fútbol americano

el básquetbol

el ciclismo

LAS ESTACIONES

el verano
julio

el invierno

la primavera
abril

el otoño

Actividades

ACTIVIDAD 1 **En las montañas.** Mira la siguiente tabla. Luego, indica qué deportes se pueden practicar en cada lugar. En algunos casos, puede haber varias posibilidades. Limita tus respuestas a un máximo de tres actividades o deportes por cada lugar.

el parque	el océano	el lago	la cancha

las montañas	el gimnasio	la piscina	el río

 ACTIVIDAD 2 **Atletas famosos.** Con un(a) compañero(a) de clase, hagan una lista de atletas famosos. Luego, digan con qué deporte se asocia cada atleta.

MODELO: *Gabrielle Reese*
Gabrielle Reese juega volibol.
Kelly Slater
Kelly Slater hace surfing.

 ACTIVIDAD 3 **¡Peligro!** Con un(a) compañero(a) de clase, digan qué deportes creen que son peligrosos y cuáles no lo son. Hagan una lista. Luego, intercambien su lista con la de otra pareja. ¿Tienen las mismas opiniones?

ACTIVIDAD 4 **El deporte preferido.** En grupos de tres o cuatro estudiantes, hagan una lista de sus cinco actividades o deportes preferidos. Luego hagan una lista de los cinco deportes o actividades que no les gustan mucho. Después, intercambien su lista con la lista de otro grupo y hagan comparaciones entre los deportes que más y menos les gustan.

MODELO: *En el Grupo #1, el fútbol es el deporte preferido del grupo.*
En el Grupo #2, el hockey sobre hielo es el deporte preferido del grupo.

ACTIVIDAD 5 **Las estaciones.** ¿Sabes que los hemisferios norte y sur están en estaciones opuestas durante todo el año? Cuando es el verano en el hemisferio norte, es el invierno en el hemisferio sur. Con un(a) compañero(a) de clase, mira la tabla e indica la estación que corresponde con cada país y mes.

País/mes	Estación
1. Argentina, julio	
2. España, febrero	
3. México, octubre	
4. Uruguay, septiembre	
5. Paraguay, diciembre	
6. Cuba, octubre	
7. Panamá, agosto	
8. Bolivia, octubre	

ACTIVIDAD 6 **En el otoño…** Trabaja con un(a) compañero(a) de clase. Digan qué deportes y actividades les gusta hacer en cada estación.

1. en la primavera
2. en el verano
3. en el otoño
4. en el invierno

Internet

¡FÍJATE!

Los préstamos deportivos

El vocabulario deportivo del español tiene muchas palabras que vienen del inglés; por ejemplo, **jonrón, gol, béisbol, bate, derbi** y **fútbol**. Estas palabras tienen sus raíces en la lengua inglesa, pero es importante recordar que su ortografía, pronunciación y uso gramatical siguen las reglas (*rules*) del español. Todas las consonantes y vocales de *homerun* se adaptan al español para crear **jonrón.** Igualmente, se pronuncia con la erre ("r") múltiple del español que aparece en palabras como **perro** o **rojo.** Además, el plural de **jonrón** es **jonrones,** según las reglas del español. Este proceso de adaptación que afecta a los préstamos se llama "nativización".

PRÁCTICA. ¿Cómo se adaptan las palabras inglesas *baseball, basketball* y *volleyball* para crear las palabras españolas **béisbol, básquetbol** y **volibol?**

Vocabulario útil 2

JAVIER: Hola, Beto. Qué milagro verte por aquí.

BETO: Ya sé. ¡Odio el gimnasio! No **tengo ganas** de hacer ejercicio en estas malditas máquinas.

SERGIO: ¡Pobre Beto!… ¿Les **tienes miedo** a las "maquinitas"?

BETO: No, ¡no seas ridículo! Yo prefiero jugar tenis, pero hoy no puedo porque **está lloviendo.**

JAVIER: **Tienes razón.** Y además, **hace mucho viento.** Ayer salí a correr pero hoy no tuve otra opción que venir aquí.

BETO: Sí. ¡**Hace mal tiempo** desde el lunes!

EXPRESIONES CON *TENER*

tener cuidado	*to be careful*
tener ganas de	*to have the urge to, to feel like*
tener miedo (de, a)	*to be afraid (of)*
tener razón	*to be right, correct*
tener vergüenza	*to be embarrassed*

EL TIEMPO

¿Qué tiempo hace?   *What's the weather like?*

Hace buen tiempo.	*It's nice weather.*
Hace mal tiempo.	*It's bad weather.*
Hace fresco.	*It's cool.*
Hace sol.	*It's sunny.*

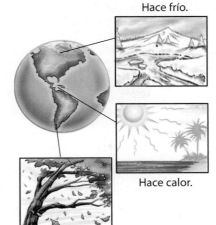

Hace frío.

Hace calor.

Hace viento.

LA TEMPERATURA

grados centígrados	*degrees Celsius*
grados Fahrenheit	*degrees Fahrenheit*
La temperatura está a 20 grados centígrados.	*It's 20 degrees Celsius.*
La temperatura está a 70 grados Fahrenheit.	*It's 70 degrees Fahrenheit.*

Está nevando. Nieva.

Está nublado.

Está lloviendo. Llueve.

> You can also say **La temperatura está a 20 grados Celsio(s).**

Actividades

ACTIVIDAD 7   **¡Tengo sueño!** Indica cómo te sientes en las siguientes situaciones. En algunos casos hay más de una respuesta posible.

1. Tienes un examen muy difícil.
2. Es el verano y no tienes aire acondicionado.
3. Tienes una nueva raqueta de tenis.
4. Ya son las ocho de la noche y todavía no has cenado (*haven't eaten dinner*).
5. Acabas de jugar básquetbol por tres horas.
6. Ves una película de terror.
7. Son las tres de la mañana y acabas de estudiar.
8. Es el invierno y no llevas chaqueta.
9. Ya son las diez y tu clase de cálculo empieza a las 9:40.
10. Sabes las respuestas correctas a todas las preguntas.

ACTIVIDAD 8 **¿Qué tienes?** Usa la siguiente lista. Pasea por la clase y busca una persona que tenga una de las emociones que se describen en la lista. Escribe los nombres al lado de las emociones. Luego escribe un resumen de tu encuesta. (¡Es posible que no encuentres nombres para todas las categorías!)

Esta persona...	Nombre
siempre tiene calor:	
tiene miedo de las serpientes:	
tiene ganas de viajar a Nepal:	
tiene vergüenza cuando tiene que hablar enfrente de mucha gente:	
nunca tiene sueño:	
siempre tiene razón:	
nunca tiene prisa:	
tiene ganas de hacer surfing:	

MODELO: *Kelly y Sandra siempre tienen calor. Y Jessie...*

ACTIVIDAD 9 **El tiempo.** Di qué tiempo hace por lo general durante las estaciones o meses indicados.

1. el mes de marzo en tu ciudad
2. el mes de agosto en tu ciudad
3. el mes de enero en tu ciudad
4. el mes de octubre en tu ciudad
5. en invierno en Buenos Aires
6. en invierno en Seattle
7. en verano en Miami
8. en invierno en Chicago

 ACTIVIDAD 10 **Prefiero...** Trabaja con un(a) compañero(a) de clase. Identifiquen por lo menos dos actividades que les gusta hacer y dos que no les gusta hacer cuando hace el tiempo indicado. Luego, escriban oraciones completas para hacer un resumen de sus preferencias.

1. cuando hace calor
2. cuando hace frío
3. cuando hace mucho viento
4. cuando nieva
5. cuando llueve

Internet

¡COMPÁRATE!

Cuando hablas del tiempo y de la temperatura en español, hay varias cosas importantes que debes saber. Primero, como viste en la **Actividad 5,** los países al norte y al sur del ecuador están en estaciones opuestas. Es decir, cuando en el norte estamos en invierno, los países al sur están en verano. Cuando es otoño en EEUU, allá es primavera.

Segundo, Estados Unidos y los países de habla española usan dos sistemas diferentes para medir (*to measure*) la temperatura. Aquí usamos el sistema Fahrenheit, mientras que en Latinoamérica y España usan el sistema Celsio. El sistema Celsio se usa en la mayoría de los países del mundo y también en las investigaciones científicas. Para ver las fórmulas para convertir temperaturas entre los dos sistemas, mira la página 199.

Finalmente, México, los países del Caribe y varios países de Centroamérica y Sudamérica tienen temporadas de lluvias y temporadas secas (*dry*). Aunque esto es más común en los países más cerca del ecuador, también puede ocurrir cuando corrientes del océano crean condiciones especiales, como en el noroeste Pacífico de EEUU y en Perú.

PRÁCTICA. Miren las siguientes tablas y contesten las preguntas sobre el tiempo en las dos ciudades. (**tormenta** = *thunderstorm*, **chaparrón** = *cloudburst, downpour*)

1. ¿Cuál es la temperatura máxima en San José? ¿Y la temperatura mínima?
2. ¿Crees que se dan estas temperaturas en grados Celsio o Fahrenheit? (Si necesitas más ayuda, mira la página 199.)
3. ¿Qué tiempo hace en San José el martes 28 de agosto? ¿Qué tiempo va a hacer el miércoles? ¿y el sábado?
4. ¿Cuál es la temperatura máxima en la Ciudad de Panamá? ¿Y la temperatura mínima?
5. ¿Hace más calor en la Ciudad de Panamá o en San José?
6. ¿Cuál es el pronóstico para los días entre el jueves y el sábado en la Ciudad de Panamá?
7. ¿Cuándo es la temporada de lluvias en cada país?

TIEMPO, 28 DE AGOSTO

Tiempo > Costa Rica > **San José**

	Hoy	mié	jue	vie	sáb
27°	máx. 28°				
13:00 CST mar	mín. 20°				
	Lluvia	Tormentas máx. 30 min. 21	Tormentas máx. 31 min. 19	Lluvia máx. 28 min. 21	Chaparrones máx. 30 min. 20

Tiempo > Panamá > **Ciudad de Panamá**

	Hoy	mié	jue	vie	sáb
	máx. 33°				
	mín. 26°				
	Chaparrones	Tormentas máx. 32 min. 25	Chaparrones máx. 34 min. 23	Chaparrones máx. 33 min. 26	Chaparrones máx. 34 min. 25

A VER

Video/DVD

Antes de ver el video

ACTIVIDAD 1 Mira las fotos en las páginas 200 y 204 del **Vocabulario útil.** Luego, completa las siguientes oraciones sobre las personas de las fotos.

1. Javier y Sergio hablan de _____.
   a. los cursos   b. los deportes   c. el gimnasio

2. Sergio prefiere _____ sobre el boxeo.
   a. el fútbol nacional   b. el hockey sobre hielo   c. el esquí alpino

3. Según Beto, él no les tiene _____ a las máquinas del gimnasio.
   a. frío   b. hambre   c. miedo

4. Además, Beto no tiene _____ de hacer ejercicio en el gimnasio.
   a. razón   b. ganas   c. vergüenza

5. Beto no puede jugar tenis porque está _____.
   a. lloviendo   b. nevando   c. nublado

6. Hoy también hace _____.
   a. calor   b. sol   c. viento

ACTIVIDAD 2 Mira la siguiente tabla y fíjate en la información que necesites del video para completarla.

	A Javier...	A Sergio...	A Beto...	A Dulce...
le gusta...				
no le gusta...				

ESTRATEGIA

Listening for details

Previously you have learned to listen for the main idea of a video segment. By doing **Actividad 2,** you will focus on finding specific information. Knowing in advance what to listen for helps you focus on finding key pieces of information. For example, when you ask for directions, you might focus on listening to what turns to take or street names and important landmarks.

El video

Ahora mira el segmento del video para el **Capítulo 7** y completa la tabla de la **Actividad 2.** Si el video no tiene la información necesaria, pon una X en la parte correspondiente de la tabla.

Después de ver el video

ACTIVIDAD 3 Escribe frases completas sobre cada persona que sale en el segmento del video, según la información que usaste (*you used*) para completar la tabla de la **Actividad 2.**

MODELO: *A Javier le gustan la natación,...*

 ACTIVIDAD 4 Con un(a) compañero(a) de clase contesta las siguientes preguntas sobre el video.

1. ¿De qué hablan Javier y Sergio al principio de la escena?
2. ¿Va Beto al gimnasio con frecuencia?
3. ¿Qué dice Sergio sobre la condición física de Beto?
4. ¿Por qué empieza Beto a hacer ejercicio con mucho entusiasmo?
5. ¿Qué le dice Beto a Dulce sobre su rutina diaria? ¿Es cierto o falso?
6. ¿Qué hace Dulce cuando hace ejercicio?

ACTIVIDAD 5 Imagínate una conversación entre Dulce y Beto después de verse en el gimnasio. ¿Qué va a hacer Beto? ¿Va a invitar a Dulce a jugar tenis o va a confesarle que en realidad no se entrena en el gimnasio todos los días? Escribe una conversación breve entre los dos. ¡Usa la imaginación!

> Además de Antigua, ¿qué otros deportistas hispanos conoces? ¿Te parece importante que los Harlem Globetrotters tengan un jugador latino? ¿Por qué sí o por qué no?

VOCES DE LA COMUNIDAD

Orlando Antigua

❝ Las miradas de los niños y sus padres nos recuerdan que todos nuestros esfuerzos bien valen la pena (*are worth it*). Nosotros somos embajadores (*ambassadors*) para el bien. Yo tengo la oportunidad de viajar por todo el mundo y entretener a la gente, hacerlos reír. Pocas personas tienen esa oportunidad. ❞

Orlando "el Huracán" Antigua es uno de los jugadores más populares de los Harlem Globetrotters. Este nativo de la República Dominicana es también el primer latino en formar parte de este equipo. Además de ser un deportista excepcional, Antigua es una persona de gran valor y determinación. En su segundo año en la escuela secundaria, el joven Antigua fue víctima inocente de un tiroteo (*shooting*). Dos años más tarde, la familia Antigua se vio (*was*) obligada a vivir en las calles del Bronx, al perder su casa. A pesar de (*In spite of*) estos impedimentos, Orlando se convirtió en uno de los mejores jugadores de su escuela secundaria y más tarde de la Universidad de Pittsburgh. En 2001, la revista *Hispanic Business* seleccionó a Antigua como uno de los cien hispanos más influyentes de EEUU.

¡PREPÁRATE!

Gramática útil 1

Talking about what you did: The preterite tense of regular verbs

¿Quién **ganó**?

Spanish uses another past tense called the *imperfect* to talk about past actions that were routine or ongoing. You will learn more about this tense in **Capítulo 9**.

CÓMO USARLO

LO BÁSICO

A *verb tense* is a form of a verb that indicates whether an action occurred in the past, present, or future. You have already been using the present indicative (**Estudio en la biblioteca**) and the present progressive (**Estoy hablando por teléfono**) tenses.

When you want to talk in Spanish about actions that occurred and were completed in the past, you use the *preterite tense*. The preterite is used to describe

- ◆ actions that began and ended in the past;
- ◆ conditions or states that existed completely within the past.

Me desperté, leí el periódico y **salí** para el gimnasio.	*I woke up, I read the newspaper, and I left for the gym.*
Fui secretario bilingüe por dos años.	*I was a bilingual secretary for two years.*
Estuve muy cansada la semana pasada.	*I was very tired last week.*

CÓMO FORMARLO

1. To form the preterite tense of regular **-ar, -er,** and **-ir** verbs (including reflexive verbs), you simply remove that ending from the infinitive and add the following endings to the verb stem.

	-ar verb: **bailar**		-er and -ir verbs: **comer / escribir**		
yo	**-é**	bail**é**	**-í**	com**í**	escrib**í**
tú	**-aste**	bail**aste**	**-iste**	com**iste**	escrib**iste**
Ud. / él / ella	**-ó**	bail**ó**	**-ió**	com**ió**	escrib**ió**
nosotros / nosotras	**-amos**	bail**amos**	**-imos**	com**imos**	escrib**imos**
vosotros / vosotras	**-asteis**	bail**asteis**	**-isteis**	com**isteis**	escrib**isteis**
Uds. / ellos / ellas	**-aron**	bail**aron**	**-ieron**	com**ieron**	escrib**ieron**

2. Notice that the preterite forms of **-er** and **-ir** verbs are the same.

3. Notice that only the **yo** and **Ud. / él / ella** forms are accented.

4. The **nosotros** forms of the preterite and the present indicative of **-ar** and **-ir** verbs are the same. You can tell which is being used by context.

Bailamos todos los fines de semana.   (present)
Bailamos la salsa con Mario ayer.   (past)

5. All stem-changing verbs that end in **-ar** or **-er** are regular in the preterite.

Me desperté a las ocho cuando   *I woke up at 8:00 when the telephone*
   sonó el teléfono.   *rang.*
Volví temprano de mis vacaciones   *I returned early from my vacation*
   porque **perdí** mi pasaporte.   *because I lost my passport.*

> Stem-changing verbs that end in **-ir** also have stem changes in the preterite. You will learn these forms in **Capítulo 8.**

6. Many of the verbs you have already learned are regular in the preterite tense. A few have some minor changes.

◆ Verbs that end in **-car, -gar,** and **-zar** have a spelling change in the **yo** form to maintain the correct pronunciation.

-car: **c → qu** sacar: **saqué,** sacaste, sacó, sacamos, sacasteis, sacaron
-gar: **g → gu** llegar: **llegué,** llegaste, llegó, llegamos, llegasteis, llegaron
-zar: **z → c**   cruzar: **crucé,** cruzaste, cruzó, cruzamos, cruzasteis, cruzaron

◆ Verbs that end in **-eer,** as well as the verb **oír,** change **i** to **y** in the two third-person forms. Note the accent on the **-íste, -ímos,** and **-ísteis** endings.

leer: leí, leíste, leyó, leímos, leísteis, leyeron
creer: creí, creíste, creyó, creímos, creísteis, creyeron
oír: oí, oíste, oyó, oímos, oísteis, oyeron

7. You have already learned the word **ayer.** Here are some other useful time expressions to use with the preterite tense: **anoche** (*last night*), **anteayer** (*the day before yesterday*), **la semana pasada** (*last week*), **el mes pasado** (*last month*), **el año pasado** (*last year*).

Actividades

ACTIVIDAD 1 **¿Presente o pasado?** Escucha las oraciones e indica si las actividades que se describen ocurren en el presente o el pasado.

	Presente	Pasado
1. esquiar	———	———
2. entrenarse	———	———
3. navegar en rápidos	———	———
4. pescar	———	———
5. remar	———	———
6. jugar golf	———	———
7. patinar sobre hielo	———	———
8. nadar	———	———

ACTIVIDAD 2 **El calendario de Rosario.** Usa el siguiente calendario para decir qué hizo (*did*) Rosario la semana pasada.

lunes 17	martes 18	miércoles 19	jueves 20	viernes 21	sábado 22	domingo 23
AM: estudiar con Lalo	**AM:** trabajar en la biblioteca	**AM:** almorzar con Neti	**AM:** leer en la biblioteca	**AM:** correr dos millas	**AM:** desayunar con Sergio	**AM:** ¡descansar!
PM: jugar tenis con Fernando	**PM:** salir con Lalo	**PM:** sacar la basura	**PM:** escribir el ensayo para la clase de literatura	**PM:** ¡bailar en la discoteca!	**PM:** entrenarse en el gimnasio	**PM:** comer con Lalo

MODELOS: *El lunes por la mañana Rosario estudió con Lalo.*
O: *El lunes por la mañana Rosario y Lalo estudiaron.*

ACTIVIDAD 3 **Ayer.** Di qué hicieron (*did*) las siguientes personas ayer.

ACTIVIDAD 4 **La semana pasada.** Ahora, usa el horario de la **Actividad 2** como modelo y complétalo con tu propia información sobre la semana pasada. Luego, trabaja con un(a) compañero(a) de clase para hablar de sus actividades de la semana pasada.

MODELO: Tú: *¿Qué hiciste* (What did you do) *el lunes por la mañana?*
Compañero(a): *Jugué golf. ¿Y tú? ¿Qué hiciste el miércoles por la tarde?*

Gramática útil 2

Talking about what you did: The preterite tense of some common irregular verbs

CÓMO USARLO

As you learned in *Gramática útil 1*, the preterite is a Spanish past tense form that is used to talk about actions that occurred and were completed in the past. It describes actions that began and ended in the past as well as conditions that existed completely within the past.

Fuimos al restaurante.　　　　　*We went to the restaurant.*
Hicimos deporte todo el día.　　　*We played sports all day.*
¡**Estuvimos** bien cansados!　　　　*We were really tired!*

¿**Viste** el partido de fútbol entre Argentina y México ayer?

CÓMO FORMARLO

1. Here are the irregular preterite forms of some frequently used verbs.

	estar	**hacer**	**ir**	**ser**
yo	estuve	hice	fui	fui
tú	estuviste	hiciste	fuiste	fuiste
Ud. / él / ella	estuvo	hizo	fue	fue
nosotros / nosotras	estuvimos	hicimos	fuimos	fuimos
vosotros / vosotras	estuvisteis	hicisteis	fuisteis	fuisteis
Uds. / ellos / ellas	estuvieron	hicieron	fueron	fueron

	dar	**ver**	**decir**	**traer**
yo	di	vi	dije	traje
tú	diste	viste	dijiste	trajiste
Ud. / él / ella	dio	vio	dijo	trajo
nosotros / nosotras	dimos	vimos	dijimos	trajimos
vosotros / vosotras	disteis	visteis	dijisteis	trajisteis
Uds. / ellos / ellas	dieron	vieron	dijeron	trajeron

Ver is irregular only because it does not carry accents on the **yo** and **Ud. / él / ella** forms. **Dar** is irregular because it uses the regular **-er / -ir** endings, rather than the **-ar** endings.

2. Verbs that end in **-cir** follow the same pattern as **traer** and **decir.**

conducir: conduje, condujiste, condujo, condujimos, condujisteis, condujeron
producir: produje, produjiste, produjo, produjimos, produjisteis, produjeron
traducir: traduje, tradujiste, tradujo, tradujimos, tradujisteis, tradujeron

3. Notice that although these irregular verbs do for the most part use the regular endings, they have internal changes to the stem that must be memorized.

4. Notice that none of these verbs requires accents in the preterite.

5. Notice that **ser** and **ir** have the same forms in the preterite. But because the verbs have such different meanings, it is usually fairly easy to tell which one is being used.

Fuimos estudiantes durante esos años.　　*We **were** students during those years.*
Todos **fuimos** a una fiesta muy alegre.　　*We all **went** to a really fun party.*

Actividades

ACTIVIDAD 5 **¿Qué hicieron?** Haz oraciones completas para decir qué pasó la semana pasada.

MODELO:　**ir**
　　　　　ellos / al parque a jugar tenis
　　　　　Ellos fueron al parque a jugar tenis.

estar
1. tú y yo / en las montañas para hacer alpinismo
2. Mónica y Sara / en el gimnasio todos los días
3. usted / en la costa para hacer surfing

ir
4. ustedes / al gimnasio a entrenarse
5. yo / a la biblioteca a estudiar
6. Jorge / al parque a jugar básquetbol

ver
7. yo / una película muy buena
8. nosotros / a Mónica y a Sara en el gimnasio
9. tú / una serpiente en el parque

traer
10. Luis / su pelota de béisbol a mi casa para jugar
11. ellos / su equipo (*equipment*) para jugar hockey sobre hierba
12. tú / tus pesas para entrenarte

ACTIVIDAD 6 **¿Quién fue?** Con un(a) compañero(a) de clase, digan quiénes fueron las personas indicadas. (En algunos casos, hay más de una respuesta posible.)

MODELO:　Abraham Lincoln
　　　　　¿Quién fue Abraham Lincoln?
　　　　　Fue presidente de Estados Unidos.

Respuestas posibles: presidente, futbolista, actor / actriz, científico(a), político(a), revolucionario(a)

1. Monsieur y Madame Curie
2. Albert Einstein
3. Sarah Bernhardt y Gloria Swanson
4. George Washington y John F. Kennedy
5. Mahatma Gandhi
6. Che Guevara
7. Jack Lemmon y James Stewart
8. Pelé

 ACTIVIDAD 7 **Las vacaciones.** Averigua qué hizo tu compañero(a) de clase durante sus vacaciones del año pasado. Luego explícale a tu compañero(a) lo que tú hiciste en tus vacaciones del año pasado. Juntos, determinen la siguiente información.

1. ¿Quién viajó más?
2. ¿Quién gastó más dinero?
3. ¿Quién trabajó más?
4. ¿Quién ganó más dinero?
5. ¿Quién hizo más ejercicio?

ACTIVIDAD 8 **La reunión.** Escucha mientras Cecilia describe qué pasó la semana pasada en la reunión de ex alumnos de su colegio. Primero, completa la tabla con la información necesaria. Luego, escribe oraciones completas según el modelo.

Persona	¿Qué dijo?
yo (Cecilia)	
tú (Rosa Carmen)	
José María	
Marcos	*Es periodista.*
Laura y Sebastián	
Leticia	
Pilar y Antonio	

MODELO: Marcos
        Marcos dijo que es periodista.

1. yo
2. tú
3. José María

4. Laura y Sebastián
5. Leticia
6. Pilar y Antonio

Gramática útil 3

Referring to something already mentioned: Direct object pronouns

CÓMO USARLO

LO BÁSICO

A *direct object* is a noun or noun phrase that receives the action of a verb: I buy *a book*. We invite *our friends*. *Direct object pronouns* are pronouns that replace direct object nouns or phrases: I buy *it*, We invite *them*. Often you can identify the direct object of the sentence by asking *what?* or *whom?*: We buy *what?* (a book / it) / We invite *whom?* (our friends / them).

You use direct object pronouns in both Spanish and English to avoid repetition and to refer to things or people that have already been mentioned. Look at the following passage in Spanish and notice how much repetition there is.

Quiero hablar con María. Llamo a María por teléfono e invito a María a visitar a mis padres. Visito a mis padres casi todos los fines de semana.

Now read the passage after it's been rewritten using direct object pronouns to replace some of the occasions when the nouns **María** and **padres** were used previously. (The direct object pronouns appear underlined.)

Quiero hablar con María. <u>La</u> llamo por teléfono y <u>la</u> invito a visitar a mis padres. <u>Los</u> visito casi todos los fines de semana.

CÓMO FORMARLO

Pues, te perdiste un partido buenísimo. Yo **lo** vi en casa de Arturo.

1. Here are the direct object pronouns in Spanish.

singular		plural	
me	*me*	nos	*us*
te	*you (fam.)*	os	*you (fam.)*
lo	*you (form. masc.), him, it*	los	*you (form. masc.), them, it*
la	*you (form., fem.), she, it*	las	*you (form. fem.), them, it*

2. The third-person direct object pronouns in Spanish must agree in gender and number with the noun they replace.

Compramos **el libro.**	→	**Lo** compramos.
Compramos **la raqueta.**	→	**La** compramos.
Compramos **los libros.**	→	**Los** compramos.
Compramos **las raquetas.**	→	**Las** compramos.

3. Pay particular attention to these **lo / la** and **los / las** forms, since they can have a variety of meanings.

Los llamo.   →   I call them (*group of all men, or men and women*).
I call you (*polite form, more than one person, at least one man in group*).

Las llamo. → I call them (*group of all women*).
I call you (*polite form, all women*).

4. Direct object pronouns always come *before* a *conjugated verb* used by itself.

Me llamas el viernes, ¿no? You'll call **me** on Friday, right?
Te invito a la fiesta. I'm inviting **you** to the party.
No voy a leer este libro. ¿**Lo** quieres? I'm not going to read this book. Do you want **it?**

5. When a direct object pronoun is used with an *infinitive* or with the *present progressive*, it may come *before* the conjugated verbs or it may be *attached* to the infinitive or to the present participle.

Te voy a llamar. OR: Voy a llamar**te**.
Te estoy llamando. OR: Estoy llamándo**te**.

> Notice that when the direct object pronoun attaches to the present participle you must add an accent to the next-to-last syllable of the present participle to maintain the correct pronunciation: **llamándote.**

6. When a direct object pronoun is used with a *command form*, it *attaches to the end of the affirmative command* but *comes before the negative command* form.

Hágalo ahora, por favor. BUT: **No lo haga** ahora, por favor.

7. When you use direct object pronouns with *reflexive pronouns*, the *reflexive pronouns come before the direct object pronouns.*

Me estoy lavando **la cara.** I am washing **my face.**
Me **la** estoy lavando. I am washing **it.**

Estoy lavándome **la cara.** I am washing **my face.**
Estoy lavándome**la.** I am washing **it.**

> Again notice that when the direct object pronoun attaches to the command form you must add an accent to the next-to-last syllable of command forms of two or more syllables in order to maintain the correct pronunciation: **hágalo.**

Actividades

ACTIVIDAD 9 **El día horrible de Manuel.** Lee sobre el día horrible de Manuel. Sustituye las palabras **en negrilla (*boldface*)** con complementos directos, según el modelo.

MODELO: Compré **los libros.**
Los compré.

Un día horrible

¡Ayer estuve muy ocupado! Empezaron las clases y tuve que comprar los libros. Compré **los libros** en la librería de la universidad. Pero no encontré el libro para mi clase de cálculo. Tuve que ir a otra librería que me recomendaron. Busqué **la librería,** pero, como no me dieron buenas indicaciones para llegar, ¡no encontré **la librería** hasta después de dos horas! Por fin, vi el libro de clase y compré **el libro.**

Después fui al supermercado para comprar algunos comestibles pero no pude comprar **los comestibles** porque no encontré mi tarjeta de crédito (*credit card*). Volví a la librería para buscar mi tarjeta, pero no encontré **la tarjeta** allí.

Decidí ir a la residencia estudiantil para descansar un poco y hacer un poco de trabajo. Vi a mi compañero de cuarto en la entrada. Saludé a **mi compañero de cuarto.** Él me dijo que me escribió una nota. Escribió **la nota** para decirme que la computadora no funciona bien. Examiné **la computadora,** pero no pude (*I couldn't*) reparar **la computadora.** Tenemos que llevar **la computadora** al centro de computación para hacerle reparaciones. ¡Otra cosa que tengo que hacer!

ACTIVIDAD 10 **Pobre Manuel.** Contesta las preguntas sobre el día horrible de Manuel. Usa un complemento directo en tu respuesta.

MODELO: ¿Encontró Manuel el libro en la librería de la universidad?
No, no lo encontró.

1. ¿Encontró Manuel la librería que le recomendaron sus amigos?
2. ¿Compró los comestibles?
3. ¿Encontró su tarjeta de crédito?
4. ¿Vio a su compañero de cuarto en la residencia estudiantil?
5. Cuando llegó a la residencia estudiantil, ¿pudo hacer su trabajo?
6. ¿Usó la computadora en su cuarto?
7. ¿Tuvo que llevar la computadora al centro de computaciones?
8. ¿Tuvo un día tranquilo?

ACTIVIDAD 11 **Natalia.** El padre de Natalia y Nico es muy exigente (*demanding*). Les hace muchas preguntas. Haz el papel de Natalia y contesta las preguntas de su padre.

MODELOS: Padre: ¿Limpiaron el baño? (sí)
Natalia: *Sí, lo limpiamos.*

Padre: ¿Limpiaste tu cuarto? (no)
Natalia: *No, pero estoy limpiándolo ahora mismo.*

1. ¿Hiciste la tarea? (sí)
2. ¿Prepararon el almuerzo? (no)
3. ¿Hicieron los planes para la fiesta? (no)
4. ¿Leíste la nota de tu mamá? (sí)
5. ¿Viste la lista de comida que debes comprar en el supermercado? (sí)
6. ¿Llamaste a tu abuela? (sí)
7. ¿Tomaron sus vitaminas? (no)
8. ¿Te lavaste los dientes? (no)

ACTIVIDAD 12 **¿Lo leíste?** Trabaja con un(a) compañero(a) de clase. Háganse preguntas y contéstenlas, usando complementos directos. Sigan el modelo.

MODELO: leer / el nuevo libro de Stephen King
Compañero(a): *¿Leíste el nuevo libro de Stephen King?*
Tú: *Sí, lo leí.* O: *No, no lo leí.*

1. ver / la nueva película de Pedro Almodóvar
2. leer / el nuevo libro de Tom Clancy
3. ver / los partidos de básquetbol del WNBA
4. traer / computadora portátil a clase
5. entender / la tarea de la clase de español
6. comprar / las pelotas de tenis
7. comprar / el nuevo CD de Phish
8. ver / los últimos episodios de *Survivor*
9. ver / tus hermanas el mes pasado
10. ¿...?

Sonrisas

EXPRESIÓN. La cortesía... En grupos de tres o cuatro estudiantes, hagan una lista de las reglas (*rules*) de cortesía para el teléfono y el correo electrónico. ¿Qué se debe y no se debe hacer?

MODELO: Cuando llamas por teléfono...
No debes llamar muy temprano por la mañana.
Cuando escribes correo electrónico...
Debes escribir mensajes cortos.

Gramática útil 4

Telling friends what to do: *Tú* command forms

Can you find two tú command forms in this ad? Are they regular or irregular?

SI NO QUIERES EQUIVOCARTE VEN A

CICLOBIKE

En ciclobike encontrarás un grupo de expertos dispuestos a darte el mejor servicio y la información más completa. Pon tu bicicleta en manos de verdaderos profesionales en las últimas tecnologías.

Y TODO POR MUCHO MENOS DE LO QUE IMAGINAS EN...

C/ FRANCISCA MORENO, Nº 5 ● MADRID 28001 ● ☎ (91)431-93-27● HORARIO DE LUNES A SÁBADO

The **vosotros** command forms, which are the plural informal command forms used in Spain, are not provided in this textbook, since **ustedes** forms are used more universally. Remember that outside of Spain you always use the **ustedes** command form to address more than one person, regardless of whether they are people you would address as **tú** or **usted.**

CÓMO USARLO

1. You have already learned how to use polite (**usted** and **ustedes**) command forms in **Capítulo 6.** Now you will learn the informal command forms that correspond to people you would normally address as **tú.** (You've been seeing these forms in activity direction lines in the last few chapters.)

Habla con Claudia.	***Talk*** *to Claudia.*
Pero **no hables** con Leo.	*But **don't talk** to Leo.*

2. Since you are using informal command forms to address people who are friends (or small children and animals), you don't need to worry as much about making your requests sound as polite as you do with **usted** forms. However, it never hurts to use one of the softening expressions you learned in **Capítulo 6!** Here they are again, revised to fit an informal context.

¿Me puedes decir... / Me dices...?	*Can you tell me . . .?*
¿Puedes + *infinitive.* . . ?	*Can you* + infinitive . . .?
¿Quieres / Quisieras + *infinitive.* . . ?	*Would you like to . . .* + infinitive . . .?
¿Te importa...?	*Would / Does it matter to you . . .?*
¿Te molesta...?	*Would / Does it bother you . . .?*

1. Unlike the **usted** forms that you learned in **Capítulo 6, tú** commands have one form for affirmative commands and one form for negative commands.

2. To form the affirmative **tú** command form, simply use the **usted / él / ella** present-tense form of the verb.

Affirmative **tú** command forms		
-ar verb	**-er** verb	**-ir** verb
tomar → **toma**	beber → **bebe**	escribir → **escribe**

3. To form the negative **tú** command form, take the affirmative **tú** command, and replace the final vowel with **-es** for **-ar** verbs and with **-as** for **-er / -ir** verbs.

Negative **tú** command forms			
	-ar verb **hablar**	**-er** verb **beber**	**-ir** verb **escribir**
affirmative **tú** command	habla	bebe	escribe
negative **tú** command	no **hables**	no **bebas**	no **escribas**

Notice that the negative **tú** commands are the same as the **usted** command forms, but with an -s added. **Usted** command: **hable**; negative **tú** command: **no hables**.

4. These **tú** command forms are irregular and must be memorized.

	Affirmative **tú** command	Negative **tú** command
decir	di	no digas
hacer	haz	no hagas
ir	ve	no vayas
poner	pon	no pongas
salir	sal	no salgas
ser	sé	no seas
tener	ten	no tengas
venir	ven	no vengas

Notice that the **tú** command for **ser** (**sé**) is the same as the first person of **saber** (**sé**). Context will clarify which is meant: **¡Sé bueno!** vs. **Sé que Manuel es bueno.** The same is true for the command forms of **ir** (**ve**) and **ver** (**ve**): **Ve a clase.** vs. **Ve ese programa.**

5. As with **usted** command forms, *reflexive pronouns* and *direct object pronouns* attach to affirmative **tú** commands and come before negative **tú** commands. Note that you need to add an accent to the next-to-last syllable of the command form when attaching pronouns.

¡Despiértate, ya es tarde!	*Wake up, it's late!*
¡No te acuestes ahora!	*Don't go to bed now!*
Llámame.	*Call me.*
No me llames después de las once.	*Don't call me after 11:00.*

Actividades

ACTIVIDAD 13 **El campamento.** La semana que viene, tu hermanito va a ir a un campamento de verano. Tú le das algunos consejos antes de salir.

MODELOS: acostarte / temprano   nadar / en el océano
         Acuéstate temprano.   *No nades en el océano.*

1. montar en bicicleta / en la carretera (*highway*)
2. caminar / en el parque por la noche
3. hacer / deportes peligrosos
4. jugar / con los otros niños
5. patinar en línea / sin casco (*helmet*)
6. nadar / después de comer
7. ducharse / después de nadar en el lago
8. tener cuidado / al nadar en el lago

ACTIVIDAD 14 **¡Primo!** Vas a quedarte en la casa de tu primo para el verano. Le haces preguntas sobre la casa y tus quehaceres. Escribe sus respuestas, según el modelo.

MODELO: ¿Apago las luces antes de acostarme?
        Sí, apágalas, por favor.

1. ¿Cierro la puerta del garaje por la noche?
2. ¿Abro las ventanas si hace calor?
3. ¿Pongo los comestibles en el refrigerador?
4. ¿Contesto el teléfono cuando no estás en casa?
5. ¿Apago la computadora antes de acostarme?
6. ¿Saco la basura los lunes por la noche?

Ahora, contesta la preguntas de arriba con un mandato informal negativo.

MODELO: ¿Apago las luces antes de acostarme?
        No, no las apagues.

ACTIVIDAD 15 **Los consejos.** Da un consejo para cada situación.

MODELO: Juan quiere desarrollar sus músculos.
        Levanta pesas dos veces por semana.

        Magda quiere perder peso pero no quiere hacer ejercicio.
        No comas papitas fritas.

1. María desea perder cinco kilos.
2. Pedro quiere entrenarse para un maratón.
3. Pablo quiere mejorar su capacidad aeróbica.
4. Margarita quiere correr más rápido.
5. Francisco quiere ponerse en forma pero no tiene mucho tiempo para hacer ejercicio.

ACTIVIDAD 16 Trabajen en grupos de tres o cuatro personas. Imagínense que un(a) estudiante nuevo(a) acaba de llegar a su residencia estudiantil. Él (Ella) nunca ha vivido (*has lived*) fuera de su casa paterna. Denle consejos importantes para no tener problemas con sus compañeros de residencia. Sigan el modelo.

MODELO: *No pongas la radio después de las nueve de la noche.*

Panamá y Costa Rica

Similares pero diferentes. Lee los textos sobre Panamá y Costa Rica en las páginas 224–225. Luego completa un diagrama Venn como el de abajo. Pon los números de los comentarios sobre Panamá a la izquierda y los números de los comentarios sobre Costa Rica a la derecha. Los números de los comentarios que se refieren a los dos países van en el centro del diagrama.

1. Los indígenas son una parte importante de la cultura.

2. Los grupos indígenas son los Chorotega, Huetar y Brunca.

3. Tiene un teatro famoso en la ciudad capital.

4. Las famosas molas de los kunas se venden a personas de todo el mundo.

5. Cristóbal Colón exploró este país en 1501 y 1502.

6. Es un país democrático que no tiene fuerzas armadas.

7. La población de ascendencia africana vive en la costa del Mar Caribe.

8. Consiguió su independencia de España en 1821.

9. Fue víctima de muchos ataques de piratas.

10. Tiene muchísimas islas.

11. Es muy popular entre los ecoturistas.

12. La población criolla o mestiza es el grupo étnico más grande del país.

Panamá   Costa Rica

PANAMÁ

PANAMÁ

Grupos étnicos:
- Los criollos o mestizos, que es el grupo étnico más grande.
- Los indígenas, que tienen muchas variantes determinadas por las varias tribus. De estas tribus, tal vez la más famosa son los kunas, conocidos por la fabricación de sus molas tradicionales de colores vivos que se venden internacionalmente.
- La población negra, que son los descendientes africanos que forman las poblaciones de Colón, en el Caribe, y Darién, en la costa pacífica.

Historia:
- Vasco Núñez de Balboa y Cristóbal Colón exploraron el país en 1501 y 1502. Buscando el oro y las riquezas de una civilización indígena legendaria, Balboa "descubrió" el Océano Pacífico en 1513.
- Las colonias españolas sufrieron ataques de piratas ingleses y holandeses durante el siglo XVII. En 1671 el pirata inglés Henry Morgan destruyó la ciudad de Panamá y confiscó sus tesoros (*treasures*).
- Después de ganar la independencia de España en 1821, Panamá pasó por mucha turbulencia política. En 1904, Estados Unidos empezó la construcción del canal de Panamá. En 1999, EEUU cedió el canal al gobierno panameño.

Sitios de interés:
- El archipiélago de San Blas, donde viven los kunas, son unas de las 1.600 islas que pertenecen a Panamá.
- El Parque Nacional de Darién es una de las selvas tropicales más densas y bellas de Centroamérica.
- La ciudad de Panamá es famosa por su celebración de Carnaval y también por los espectáculos de danza y música que se presentan en el Teatro Nacional.

Una mujer kuna vende molas en un mercado panameño.

Costa Rica

COSTA RICA

Grupos étnicos:
- La gran mayoría de la población es criolla—mestizos de ascendencia española e indígena.
- La población negra, que constituye menos del 2 por ciento de la población, vive en su mayoría en la costa caribeña.
- Los grupos indígenas componen menos del 1 por ciento de la población y se distinguen tres etnias indígenas—Chorotega, Huetar y Brunca.

Historia:
- Cristóbal Colón fue el primer europeo en llegar a esta área en 1502. Esperando encontrar riquezas naturales y otros metales preciosos, observó los adornos de oro de los indígenas y nombró el país Costa Rica.
- Costa Rica ganó la independencia de España en 1821 y después de unos conflictos políticos, llegó a ser una democracia en 1889.
- En 1949, el Partido Liberación Nacional creó una constitución nacional, dio el derecho (*right*) de votar a las mujeres y a los afro-costarricenses y abolió las fuerzas armadas.

Sitios de interés:
- Costa Rica es uno de los países de mayor diversidad geográfica del mundo. Su extenso sistema de parques nacionales es famoso por todo el mundo e incluye más de 6.132 km^2 de parques con volcanes, selvas tropicales y playas. Es un lugar muy popular para los ecoturistas.
- El Teatro Nacional, en la capital de San José, es una atracción arquitectónica famosa y también sirve como un centro nacional para el arte, la música y otros eventos culturales.
- Sarchí, un pueblo cerca de San José, es el centro de artesanías costarricenses. Es famoso por sus carretas (*wooden carts*) pintadas en colores brillantes.

El Teatro Nacional en San José es un sitio turístico muy popular.

Internet

¡CONÉCTATE!

En parejas, busquen información en Internet sobre uno de los siguientes temas. Luego, preparen un breve informe para dar a la clase. Usen los enlaces sugeridos en el sitio web de *Nexos Media*.

1. la construcción o la historia del canal de Panamá
2. cómo los indios kunas fabrican sus molas (como las de las páginas 198 y 224)
3. por qué Costa Rica decidió abolir las fuerzas armadas
4. las carretas pintadas de Sarchí
5. uno de los parques nacionales de Costa Rica
6. la historia de Balboa en Panamá

A LEER

Antes de leer

ACTIVIDAD 1 Mira el siguiente artículo y las fotos sobre la navegación en rápidos en Costa Rica y ojea (*scan*) el artículo rápidamente para encontrar la siguiente información.

1. cuántos ríos (*rivers*) costarricenses se mencionan
2. los niveles (*levels*) de dificultad que se usan para describir los rápidos de los ríos

ACTIVIDAD 2 Después de anotar la información de la **Actividad 1,** di cuál es, en tu opinión, el propósito (*purpose*) de la lectura.

a. describir el paisaje (*scenery*) a lo largo de los ríos de Costa Rica
b. informar a los aficionados de la navegación en rápidos sobre los ríos de Costa Rica
c. darles a los viajeros a Costa Rica una lista de posibles deportes acuáticos

ACTIVIDAD 3 Las siguientes palabras aparecen (*appear*) en el artículo. Aunque estas palabras no son cognados, tienen una relación semántica con sus equivalentes en inglés. A ver si puedes identificar el equivalente en inglés de cada palabra a la izquierda.

1. _____ media docena   a. *co-owner*
2. _____ principiantes   b. *peaceful*
3. _____ codueño   c. *half dozen*
4. _____ haber pasado   d. *beginners*
5. _____ poblado   e. *stretches*
6. _____ trechos   f. *to have passed* (*navigated*)
7. _____ apacible   g. *town, village*

Lectura

ACTIVIDAD 4 Ahora, lee el artículo rápidamente para buscar la idea principal. Luego mira la **Actividad 5** para ver qué información necesitas para completarla. Vuelve al artículo y busca esa información. No olvides usar los cognados, el formato del artículo y las fotos para ayudarte a entender el texto.

COSTA RICA

Aventuras en los rápidos

Pocos países pueden contar con tan excelentes condiciones para la navegación en rápidos como Costa Rica, donde los retos de este conocido deporte se complementan con la belleza y diversidad de los bosques tropicales.

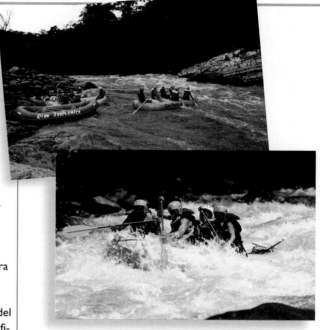

Quizás[1] las aguas más bravas del país sean aptas sólo para expertos remeros—media docena de equipos olímpicos de kayaks utilizan a Costa Rica como base de entrenamiento—, pero la mayoría de sus ríos rápidos ofrecen condiciones perfectas también para principiantes.

Los navegantes de balsas y kayaks poseen un sistema para evaluar el grado de dificultad de los rápidos y ríos individuales, en una escala que va de la Clase I a la Clase VI—donde el 0 es similar a una piscina y el VII, a las Cataratas del Niágara. Los rápidos de Clase II y III son, por lo general, suficientes para acelerar el ritmo cardíaco. Los de Clase IV pueden ser un poco más peligrosos, mientras que los de Clase V están ya cerca de lo imposible. Los ríos de Clase II y III son magníficos para principiantes. No obstante, resulta recomendable haber pasado, al menos, por un río antes de intentar lanzarse[2] en los de Clase II–IV. Los de Clase IV–V requieren una buena condición física y más experiencia con las balsas.

Las rutas de navegación

El río **Reventazón** posee numerosos tramos[3] navegables. El más popular es la sección Tucurrique (Clase III), que ofrece una excursión segura y emocionante, lo suficientemente fácil para un viaje de primera vez. La sección Peralta (Clase V) es la ruta más difícil de Costa Rica para este tipo de navegación, con rápidos indetenibles y bastante peligro, razón por la cual sólo está abierto para expertos.

El río **Pacuare** (Clase III–IV) es una de las maravillas naturales más impresionantes de Costa Rica. Es un río emocionante de navegar, con numerosos y provocadores rápidos de Clase IV. El Pacuare se navega mejor en un viaje de dos o tres días, lo cual permite un contacto más cercano con el bosque[4] tropical—un área excelente para la observación de pájaros[5].

El **Sarapiquí** (Clase III) es un río hermoso que fluye por el norte de la Cordillera Montañosa Central. La sección de rápidos entre La Virgen y Chilamae proporciona una aventura de navegación en balsa de Clase III, que pasa a través de muchos bosques tropicales y cataratas. La parte más baja del Sarapiquí es un flotador suave que resulta perfecto para niños pequeños.

El **Naranjo** (Clase III–IV) es un río emocionante y provocador que exige[6] cierta experiencia de navegación en balsa. Puede navegarse sólo en meses lluviosos. Queda[7] a un día desde Manuel Antonio y Quepos.

El **Corobicí** (Clase I–II) es un río completamente apacible. Es excelente para los amantes[8] de la naturaleza y puede ser navegado por personas de cualquier edad. En el bosque que viste sus orillas[9] se pueden ver iguanas, monos[10] y una rica variedad de pájaros.

[1]*Perhaps* [2]**intentar...** *to try to throw oneself* [3]*sections* [4]*forest* [5]*birds* [6]*demands* [7]*It is located* [8]*lovers* [9]*shores* [10]*monkeys*

Después de leer

ACTIVIDAD 5 Completa la siguiente tabla con información del artículo. Si te es necesario, vuelve al artículo para buscarla.

Río	Clase	Una cosa interesante
Reventazón	III-V	
	I-II	
		Una parte es perfecta para los niños pequeños.
Naranjo		
		Tiene uno de los paisajes más bellos del país.

 ACTIVIDAD 6 Trabajen en grupos de tres a cuatro estudiantes para hablar de los cinco ríos que se describen en el artículo. ¿Cuál les interesa más? Escojan (*Choose*) un lugar para ir de vacaciones con el grupo. Para ayudarles con la decisión, contesten las siguientes preguntas.

1. ¿Cuánta experiencia con la navegación en rápidos tienen las varias personas del grupo?
2. ¿Van a viajar durante la temporada de lluvia (verano) o durante el invierno?
3. ¿A qué distancia de San José están dispuestos (*willing*) a viajar?
4. ¿Cuánto tiempo quieren pasar en el río?
5. ¿Qué les interesa más, la belleza natural o la aventura de los rápidos?

MODELOS: *A mí me gusta...*
Yo prefiero... porque...
Vamos a viajar en...

Antes de escribir

Writing—Freewriting

Freewriting is a useful composition technique. Once you have brainstormed a list of ideas for a written piece and organized how the information will appear, it's time to begin writing a first draft. The idea of freewriting is to write continuously without worrying about spelling, punctuation, grammar, or other kinds of errors. Instead, let the words flow out as quickly as you can until you run out of things to write about. After the freewriting phase, you will have the opportunity to revise what you've written. Freewriting is a good way to get your thoughts down on paper without worrying about the specifics.

ACTIVIDAD 1 Trabaja con un(a) compañero(a) de clase. Entre los dos van a escribir un artículo de tres párrafos breves para el periódico universitario. Van a describir un pasatiempo interesante que se puede hacer en su pueblo o ciudad. Para empezar, hagan una lista de actividades posibles. (Usen el artículo de la página 227 como modelo para su artículo.)

ACTIVIDAD 2 Cuando tengan la lista de ideas, escojan (*choose*) la que les guste más. Juntos, escojan tres aspectos específicos para desarrollar (*to develop*) en los tres párrafos del artículo. Escriban una oración temática para cada uno.

Párrafo 1:
Párrafo 2:
Párrafo 3:

Escritura

ACTIVIDAD 3 Individualmente, usa la información que preparaste con tu compañero(a). Usando las oraciones temáticas que escribiste para la **Actividad 2,** escribe los tres párrafos que forman el primer borrador (*draft*) del artículo. Trata de escribir libremente, sin preocuparte por los errores, la organización, la ortografía o la gramática.

Después de escribir

 ACTIVIDAD 4 Ahora trabaja con tu compañero(a) otra vez. Intercambien sus borradores. Usen las dos versiones para crear un solo artículo que contenga lo mejor de los dos borradores.

 ACTIVIDAD 5 Ahora, miren juntos la nueva versión del artículo. Usen la siguiente lista para ayudarles a revisarla (*to edit it*).

- ¿Tiene el artículo toda la información necesaria?
- ¿Es interesante e informativo también?
- ¿Usaron pronombres de complemento directo (*direct object pronouns*) para eliminar la repetición?
- ¿Usaron bien las formas del pretérito?
- ¿Usaron las formas correctas de todos los verbos?
- ¿Hay errores de ortografía?

LOS DEPORTES *Sports*

el básquetbol	basketball
el béisbol	baseball
el boxeo	boxing
el ciclismo	cycling
el esquí acuático	water skiing
el esquí alpino	downhill skiing
el fútbol	soccer
el fútbol americano	football
el golf	golf
el hockey sobre hielo	ice hockey
el hockey sobre hierba	field hockey
la navegación en rápidos	white-water rafting
la natación	swimming
el tenis	tennis
el volibol	volleyball

ACTIVIDADES DEPORTIVAS *Sport activities*

entrenarse	to train
esquiar	to ski
hacer ejercicio	to exercise
jugar (ue) (tenis, béisbol, etc.)	to play (tenis, baseball, etc.)
montar a caballo	to ride horseback
montar en bicicleta	to ride a bike
nadar	to swim
navegar en rápidos	to go white-water rafting
patinar en línea	to inline skate (rollerblade)
patinar sobre hielo	to ice skate
pescar	to fish
practicar / hacer alpinismo	to hike
practicar / hacer surfing	to surf
remar	to row

MÁS PALABRAS SOBRE LOS DEPORTES
More sports words

la competencia	competition
el equipo	team
el lago	lake
el partido	game, match
el peligro	danger
peligroso(a)	dangerous
la pelota	ball
la piscina	pool
el río	river
seguro(a)	safe

LAS ESTACIONES *Seasons*

el invierno	winter
la primavera	spring
el verano	summer
el otoño	fall, autumn

EXPRESIONES CON *TENER*

tener calor	to be hot
tener cuidado	to be careful
tener frío	to be cold
tener ganas de	to have the urge to, to feel like
tener hambre	to be hungry
tener miedo (a, de)	to be afraid (of)
tener prisa	to be in a hurry
tener razón	to be right
tener sed	to be thirsty
tener sueño	to be sleepy
tener vergüenza	to be embarrassed, ashamed

EL TIEMPO *Weather*

¿Qué tiempo hace?	What's the weather like?
Hace buen / mal tiempo.	It's nice / bad weather.
Hace calor.	It's hot.
Hace fresco.	It's cool.
Hace frío.	It's cold.
Hace sol.	It's sunny.
Hace viento.	It's windy.
Está lloviendo. (Llueve.)	It's raining.
Está nevando. (Nieva.)	It's snowing.
Está nublado.	It's cloudy.

LA TEMPERATURA *Temperature*

grados centígrados	degrees Celsius
grados Fahrenheit	degrees Fahrenheit
La temperatura está a 20 grados centígrados.	It's 20 degrees Celsius.
La temperatura está a 68 grados Fahrenheit.	It's 68 degrees Fahrenheit.

PALABRAS RELATIVAS AL TIEMPO

anoche	last night
anteayer	the day before yesterday
el año pasado	last year
el mes pasado	last month
la semana pasada	last week

¿En qué puedo servirle?

Se venden suéteres de alpaca en este mercado ecuatoriano.

Communication

By the end of this chapter you will be able to:
- talk about clothing and fashion
- shop for various articles of clothing and discuss prices
- describe recent purchases and shopping trips
- talk about buying items and doing favors for friends
- make comparisons

Cultures

By the end of this chapter you will have learned about:
- Perú and Ecuador
- traditional clothing vs. popular clothing
- Chinese immigration to Perú and the U.S.
- attitudes towards jeans around the world

ESTILO PERSONAL

¿Tienen mucha importancia para ti la ropa y el estilo personal? ¿Crees que la ropa es una forma de expresión o es solamente para cubrirse? Para mucha gente, la ropa es una forma importante de presentarse al mundo e identificarse con los demás. En este capítulo vamos a explorar varios aspectos de la moda.

Los datos

Mira la información del diagrama. Luego completa cada oración que sigue con la mejor respuesta.

❶ El guanaco es una especie más
_____ que las llamas.
a. moderna
b. antigua
c. fuerte

❷ Hay un número casi igual
de _____ en el mundo.
a. guanacos y vicuñas
b. vicuñas y alpacas
c. alpacas y llamas

❸ _____ fue domesticado/a
por los incas.
a. El guanaco
b. La vicuña
c. La llama

El guanaco
Animal silvestre, progenitor de las llamas, las alpacas y las vicuñas. Unos 500.000 viven en las altas montañas de Argentina y Chile. Es una especie en peligro de extinción.

← pelo más suave (*soft*)   pelo menos suave →

La vicuña	La alpaca	La llama
Animal domesticado. Más de 120.000 en el centro y sur de Perú. Su pelo se considera una de las fibras más valiosas del mundo.	Animal domesticado. Más de 3,5 millones en Perú. Su pelo es de varios colores y se usa para ropa ligera (*light*) pero caliente.	Animal domesticado. Más de 3,5 millones en Sudamérica, con la mayoría en Perú. Se usa su pelo en la industria textil.

Nota: Las llamas y las alpacas fueron domesticadas por los incas hace 6.000 años.

¡Adivina!

¿Qué sabes de Perú y Ecuador? Indica a qué país o países se refiere cada oración. (Las respuestas están en la página 258.)

❶ En este país están las ruinas del famoso sitio inca de Machu Picchu.
❷ Este país recibió su nombre de un delineador geográfico.
❸ El lago Titicaca, el lago navegable más alto del mundo, está situado entre este país y Bolivia.
❹ Este país ha tenido (*has experienced*) problemas políticos durante las últimas décadas.
❺ Este país tiene como capital la ciudad de Quito, un lugar famoso por su hermosa arquitectura colonial.

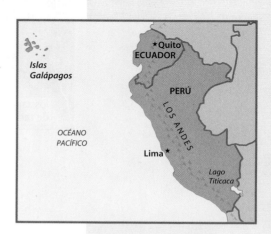

233

Vocabulario útil 1

DEPENDIENTE: ¿En qué puedo servirle, señor?

JAVIER: Pues, estoy buscando un regalo para mi madre pero no sé, no veo nada.

DEPENDIENTE: Pues, si le gusta la **ropa** fina, esta **blusa de seda** es muy bonita y además está rebajada.

JAVIER: No, no le gusta ese color.

DEPENDIENTE: ¿Quizás este **suéter**?

JAVIER: No. Tampoco necesita suéter.

DEPENDIENTE: Y las **joyas,** ¿a quién no le gustan las joyas?… ¿Quizás estos **aretes**? Son de **oro** y le dan ese toque de elegancia a cualquier **vestido.**

LAS PRENDAS DE ROPA

el suéter

la blusa

la camisa

el saco

el abrigo

la corbata

el vestido

los pantalones cortos

los pantalones

los calcetines

las botas

los zapatos de tacón alto

los zapatos

The names for articles of clothing can vary greatly from region to region. For example, *jeans* can also be called **vaqueros, tejanos, bluyines,** or **pantalones de mezclilla.**

To say that an item is made of a certain fabric, you need to use **de**: **botas de cuero, abrigo de piel, camiseta de algodón.**

There is a great deal of variation in the vocabulary for articles of clothing from country to country. For example, in Spain a handbag is **el bolso** and in Mexico it is **la bolsa;** in some places, **la cartera** can also be a handbag, not just a wallet. Other variations are: **los aretes / los pendientes, el anillo / la sortija, la gorra / el gorro,** and **las gafas / los lentes / los anteojos.**

LAS TELAS

Está hecho(a) de...   *It's made out of . . .*
Están hechos(as) de...   *They're made out of . . .*

el algodón	*cotton*	**a cuadros**	*plaid*
la lana	*wool*	**a rayas / rayado(a)**	*striped*
el lino	*linen*	**bordado(a)**	*embroidered*
la mezclilla	*denim*	**de lunares**	*polka-dotted*
la piel / el cuero	*leather*	**de un solo color**	*solid, one single color*
la seda	*silk*		
		estampado(a)	*print*

LOS ACCESORIOS

LAS JOYAS

la cadena	*chain*
... (de) oro	*(made of) gold*
... (de) plata	*(made of) silver*

Actividades

ACTIVIDAD 1 **Llevo…** Describe qué ropa llevas hoy. ¡No te olvides de incluir los colores!

MODELO: *Llevo unos pantalones negros, una camiseta azul y unos zapatos negros.*

ACTIVIDAD 2 **Me gustan…** Para cada prenda de ropa, indica el tipo de tela y diseño que prefieres. Sigue el modelo.

MODELO: el vestido
Me gustan los vestidos de seda.
O: *Me gustan los vestidos estampados.*

1. el suéter
2. los zapatos de tenis
3. la blusa
4. los pantalones
5. el traje
6. la falda
7. la camiseta
8. la chaqueta

ACTIVIDAD 3 **¿Ropa formal o informal?** Trabaja con un(a) compañero(a) de clase. Digan qué les gusta llevar en las siguientes situaciones. Sean tan específicos como puedan.

1. para estudiar
2. para salir a bailar
3. para trabajar en el jardín
4. para visitar a la familia
5. para ir a clases
6. para ir al gimnasio

ACTIVIDAD 4 **Las estrellas.** Trabajen en grupos de tres a cuatro estudiantes. Primero, hagan una lista de tres personas que son famosas por su manera de vestirse. Luego, usen la imaginación para describir qué llevan en este momento. Incluyan tantos detalles como puedan.

Personas posibles: Madonna, Elton John, Jennifer López, Gwen Stefani, Gwyneth Paltrow, etc.

ACTIVIDAD 5 **Los accesorios.** ¿Quién lleva las siguientes cosas? Para cada accesorio indicado, identifica quién(es) en la clase lo lleva(n). Si nadie lleva el accesorio indicado, di a quién le gusta llevarlo generalmente, o da el nombre de una persona famosa que lo lleva frecuentemente.

MODELOS: una cadena de oro
Stacy lleva una cadena de oro hoy.
O: *Generalmente Stacy lleva una cadena de oro, pero hoy no la lleva.*
los guantes
Nadie lleva guantes ahora mismo. A Michael Jackson le gusta llevar un solo guante.

1. una cadena de oro
2. gafas de sol
3. un sombrero
4. un reloj
5. un pañuelo de seda
6. un brazalete
7. un cinturón de cuero
8. aretes de plata

ACTIVIDAD 6 **¿Qué me pongo?** Descríbele a tu compañero(a) qué ropa y accesorios llevas en las siguientes situaciones. Luego, él o ella hace lo mismo.

1. Es tu primera cita (*date*) con alguien que te gusta mucho.
2. Vas a una recepción para recibir un premio (*prize*).
3. Vas al gimnasio con tu mejor amigo(a).
4. Vas a un concierto de música hip-hop con un grupo de amigos.
5. Vas a una entrevista para un trabajo de verano.
6. Vas a ir a esquiar en las montañas el fin de semana.

 ACTIVIDAD 7 **¡Qué anticuado!** Trabaja con un(a) compañero(a) de clase. Juntos hagan una lista de ropa y accesorios que están de moda en este momento y otra de los que están pasados de moda. Luego, comparen su lista con la de otra pareja. ¿Incluyeron las mismas prendas?

De moda	Pasado de moda

Vocabulario útil 2

DEPENDIENTE: Buenas, señorita. **¿En qué puedo servirle?**

CHELA: La verdad es que estoy buscando un regalo para el cumpleaños de mi mamá pero no tengo ni la menor idea qué comprarle.

DEPENDIENTE: Su mamá seguro es una mujer de muy buen gusto. Tal vez esta blusa de seda…

CHELA: Uy, no, ¡a mamá no le gusta ese color! …

DEPENDIENTE: ¡Ya sé exactamente lo que busca!… Estos aretes de oro son preciosos y **están a muy buen precio** hoy.

CHELA: ¡Qué bonitos! Sí, creo que sí le van a gustar a mamá. **Voy a llevármelos.**

IR DE COMPRAS

El (La) dependiente

¿En qué puedo servirle?	*How can I help you?*
¿Cuál es su talla?	*What is your size?*
Está rebajado(a).	*It's reduced (on sale.)*
Está en venta.	*It's on sale.*
Es muy barato(a).	*It's very inexpensive.*
Está a muy buen precio.	*It's a very good price.*
de buena (alta) calidad	*of good (high) quality*
el descuento	*discount*
la oferta especial	*special offer*

El (La) cliente

¿Cuánto cuesta(n)?	*How much does it (do they) cost?*
¿Lo (La / Los / Las) tiene en una talla...?	*Do you have this in a size . . . ?*
Voy a probármelo(la / las / los).	*I'm going to try it / them on.*
Me queda bien / mal.	*It fits nicely / badly.*
Me queda grande / apretado.	*It's too big / too tight.*
Voy a llevármelo(la / las / los).	*I'm going to take it / them.*
Es (demasiado) caro.	*It's (too) expensive.*

LA MODA

(no) estar de moda	*(not) to be fashionable*
pasado(a) de moda	*out of style*

Actividades

ACTIVIDAD 8 **Por favor...** ¿Qué dices en las siguientes situaciones? Escribe una pregunta o una respuesta para cada situación. En muchos casos, hay más de una respuesta posible.

MODELO: Ves una blusa bonita pero no tiene precio.
¿Cuánto cuesta, por favor?

1. Te pruebas una chaqueta, pero es grande.
2. Decides comprar dos blusas.
3. Ves unos zapatos que te gustan, pero no estás seguro(a) si están rebajados.
4. Te pruebas unos zapatos y decides comprarlos.
5. Quieres probarte un vestido en otra talla y se lo pides a la dependiente.
6. Ves unos pantalones que te gustan, pero quieres otro color.
7. El suéter de vicuña es muy fino, pero no sabes si tienes suficiente dinero para comprarlo.
8. Necesitas una talla más grande.

ACTIVIDAD 9 **Situaciones.** Trabaja con un(a) compañero(a) de clase. Representen las siguientes situaciones. Túrnense para hacer los papeles del (de la) dependiente y del (de la) cliente.

Situación 1:
Buscas un regalo para tu novio(a). Quieres algo de muy alta calidad pero a muy buen precio.

Situación 2:
Tienes que ir a una fiesta formal y no sabes qué llevar. Pídele ayuda al (a la) dependiente y compra lo que necesitas.

Situación 3:
Eres un(a) estudiante nuevo(a) en la universidad. Vas a un almacén popular para comprar ropa. ¿Qué debes comprar? Pídele consejos al (a la) dependiente y compra por lo menos dos prendas de ropa.

Situación 4:
Tu prima acaba de tener un bebé. Quieres comprarle un regalo, pero no sabes qué comprar. Escucha las sugerencias del (de la) dependiente y luego compra el regalo.

¡FÍJATE!

¿Tú o usted?

¿Tú o usted? ¿En qué puedo servirte / servirle? No es siempre fácil para los hablantes nativos del español saber si deben usar el trato formal o informal. Esto es porque las normas de uso varían mucho de una zona dialectal a otra en el mundo de habla hispana. Por ejemplo, en algunos países de Latinoamérica el pronombre formal y sus formas verbales correspondientes se usan hasta en el hogar (*home*), entre padres e hijos y entre esposo y mujer. En otros países, el trato formal está reservado sólo para personas de edad muy avanzada o de rango (*rank*) social muy elevado. Los hispanos reconocen que el usar el trato equivocado (especialmente el **tú**) puede tener consecuencias negativas. Por esta razón, en los comercios y otros establecimientos públicos es preferible usar el tratamiento formal. Esta situación sólo cambia cuando la persona de más edad o rango social invita a la otra persona a "tutearla".

PRÁCTICA. ¿Por qué crees que cuando hay dudas es preferible usar el trato formal al informal? ¿Puedes pensar en una situación donde el uso del trato informal en vez del formal también puede ser ofensivo? ¿Y viceversa?

Vocabulario útil 3

DEPENDIENTE: Tiene muy buen gusto, señorita. **¿Cómo desea pagar? En efectivo,** ¿verdad?

CHELA: Sí, gracias.

MÉTODOS DE PAGO

¿Cómo desea pagar?	*How do you wish to pay?*
Al contado. / En efectivo.	*In cash.*
Con cheque.	*By check.*
Con cheque de viajero.	*With a traveller's check.*
Con un préstamo.	*With a loan.*
Con tarjeta de crédito.	*With a credit card.*
Con tarjeta de débito.	*With a debit card.*

LOS NÚMEROS MAYORES DE 100

Cien is used to express the quantity of exactly *one hundred,* as well as before **mil** and **millones. Ciento** is used in combination with other numbers to express quantities from 101–199. Note that with numbers using **-cientos,** the number agrees with the noun it modifies: **doscientas tiendas** but **doscientos mercados.**

100 cien	**800 ochocientos(as)**
101 ciento uno	**900 novecientos(as)**
102 ciento dos, etc.	**1.000 mil**
200 doscientos(as)	**2.000 dos mil, etc.**
300 trescientos(as)	**5.000 cinco mil**
400 cuatrocientos(as)	**10.000 diez mil**
500 quinientos(as)	**100.000 cien mil**
600 seiscientos(as)	**1.000.000 un millón**
700 setecientos(as)	**2.000.000 dos millones, etc.**

Actividades

ACTIVIDAD 10 **Para pagar.** Por lo general, ¿cómo vas a pagar en las siguientes situaciones? Di cuánto crees que te va a costar cada compra.

MODELO: Compras un café grande en Starbucks.
Dos dólares y treinta centavos.

1. Compras un vestido / un traje nuevo.
2. Compras los libros para las clases.
3. Compras un pasaje (*ticket*) de avión.

4. Compras frutas en el mercado.
5. Compras una cadena de oro.
6. Compras unos recuerdos (*souvenirs*) durante tus vacaciones.
7. Cenas en un restaurante muy elegante.
8. Vas al cine para ver una película.
9. Pagas el alquiler (*rent*) de tu apartamento.
10. Compras una casa nueva.
11. Compras un automóvil nuevo.

ACTIVIDAD 11 Trabaja con un(a) compañero(a) de clase. Juntos escojan seis objetos del dibujo y representen una escena como la del modelo. Túrnense para hacer el papel del (de la) dependiente y el (la) cliente. Sigan el modelo.

MODELO: el café
Tú: *Un café grande, por favor.*
Compañero(a): *Muy bien. Son dos dólares y veinticinco centavos. ¿Cómo desea pagar?*
Tú: *En efectivo. Aquí lo tiene.*

A VER

Video/DVD

Antes de ver el video

ACTIVIDAD 1 Mira las páginas 234, 237 y 240 para familiarizarte con los tres personajes del video de este capítulo. Luego, contesta las siguientes preguntas. Algunas de las oraciones se relacionan con los segmentos de video de capítulos anteriores.

1. ¿Qué sabes de Javier? Di si las siguientes oraciones son ciertas **(C)** o falsas **(F).**

   a. _____ A Javier le gustan los deportes y también le gusta cocinar.

   b. _____ Javier conoce a Dulce.

   c. _____ Javier no conoce a Sergio.

   d. _____ Javier tiene novia (*girlfriend*).

   e. _____ A Javier le interesa la natación, el ciclismo y el boxeo.

2. ¿Qué sabes de Chela? Di si las siguientes oraciones son ciertas o falsas.

   a. _____ Chela es reportera para la estación de la universidad.

   b. _____ A Chela no le gusta ir al gimnasio.

   c. _____ Chela es una persona muy frívola.

   d. _____ Chela conoce a Anilú.

   e. _____ Chela tiene novio (*boyfriend*).

3. ¿Se conocen Chela y Javier?

 ACTIVIDAD 2 En el episodio para este capítulo, Chela y Javier independientemente buscan un regalo para sus madres. Mira otra vez las fotos y las conversaciones en las secciones del **Vocabulario útil.**

1. ¿Para quién buscan un regalo Chela y Javier?
2. ¿En qué tipo de tienda están?
3. ¿Cuáles de los accesorios y prendas de ropa del vocabulario pueden ser un regalo bueno para la mamá de Chela y la de Javier?
4. ¿Cuáles de los accesorios y prendas de ropa del vocabulario no son un regalo bueno para la mamá de Chela y la de Javier, según ellos?

Using background knowledge to anticipate content

Often if you have a rough idea of what a video segment is about before you watch it, you can predict what some of its content will be. Think about the topic and think about what kinds of situations will be likely to arise. Ask yourself what kind of language you associate with these situations. By organizing your thoughts in advance, you prepare yourself to understand the content more easily.

Your background knowledge about this video segment includes the knowledge that Javier and Chela are both shopping for a gift for their mothers in a clothing store. How does that help you prepare for viewing the video?

 ACTIVIDAD 3 Basándose en la información de las **Actividades 1** y **2,** hagan una predicción sobre qué va a ocurrir en el video para este capítulo. (**Ideas:** ¿Qué tipo de preguntas van a hacer Chela y Javier? ¿Qué palabras y frases van a usar? ¿Qué tipos de regalos van a considerar? ¿Van a conocerse por fin?)

| Predicción sobre Javier y Chela: |
| Predicción sobre los regalos: |

El video

 Ahora mira el episodio para el **Capítulo 8.** No te olvides de enfocarte en las predicciones que hiciste sobre Javier, Chela y los regalos posibles.

Después de ver el video
Internet

ACTIVIDAD 4 Ahora contesta las siguientes preguntas sobre el video.

1. ¿Acertaste con tus predicciones sobre Javier y Chela?
2. ¿Cómo te ayudó la información anterior (*background knowledge*) a entender el contenido del video?

ACTIVIDAD 5 Contesta las siguientes preguntas para ver si entendiste bien el segmento de video.

1. ¿Compró Javier una blusa para su mamá? ¿y Chela?
2. ¿Compró Javier un suéter para su mamá? ¿y Chela?
3. ¿Qué compraron Javier y Chela para sus mamás?
4. ¿Por qué no les gustó la blusa a Javier y a Chela? ¿y el suéter?
5. ¿Sabemos cuánto costaron los aretes?
6. ¿Cómo pagaron Javier y Chela?
7. ¿Qué pensó el dependiente sobre la relación entre Javier y Chela?

ACTIVIDAD 6 Escribe un resumen corto de lo que ocurrió en el video para este capítulo. Escribe por lo menos seis oraciones que describan la conversación entre el dependiente y Javier y luego entre el dependiente y Chela. Usa las formas del pretérito que aprendiste en el **Capítulo 7.**

Conexión cultural. Mira el segmento que está al final del episodio. Luego, en grupos de tres o cuatro, hablen de lo que hace la gente en su tiempo libre. ¿Cuáles son las actividades más populares entre sus amigos? ¿Son algunas las mismas que son populares en el mundo hispano?

VOCES DE LA COMUNIDAD Internet

Carolina Herrera

❝ Todos hemos visto (*have seen*) diseñadores que hacen ropa muy bonita que no queda bien. Ellos venden una colección, pero no la próxima. ❞

Elegantes, clásicos, puros… éstos son algunos de los adjetivos que frecuentemente se escuchan en relación con los diseños de Carolina Herrera, una de las figuras más importantes de la moda contemporánea. Desde su primera colección en 1980, las creaciones de Herrera han contado con (*have been certain of*) la admiración de un público internacional. Actualmente, sus colecciones de moda y de perfumes para hombres y mujeres se venden en las tiendas más elegantes de EEUU, Latinoamérica y Europa. Originalmente de Venezuela, hoy en día Herrera reside en Nueva York desde donde maneja su gran imperio internacional con Adriana, su hija menor, quien, según la diseñadora, es su más importante colaboradora.

¿Te gusta la idea de vestirte con ropa de diseñadores famosos? ¿Por qué sí o por qué no? ¿Tienes algunas prendas de ropa de diseñadores famosos?

Gramática útil 1

Talking about what you did: The preterite tense of more irregular verbs

CÓMO USARLO

1. In Spanish, as in most languages, many of the verbs you use most often are irregular. In this chapter you will learn the preterite forms of **andar, haber, poder, poner, querer, saber, tener,** and **venir.** Notice that many of these verbs are also irregular in the present indicative.

2. The verbs **conocer, saber, poder,** and **querer** have slight changes in meaning when they are used in the preterite (as opposed to their meaning in the present indicative).

	present indicative meaning	preterite meaning
conocer	*to know someone, to be acquainted with*	*to meet*
saber	*to know a fact*	*to find out some information*
poder	*to be able to do something*	*to accomplish something*
no poder	*not to be able to*	*to try to do something and fail*
querer	*to want; to love*	*to try to do something*
no querer	*to not want, love*	*to refuse to do something*

Elena **quiso** llamarme pero **no pudo** encontrar su celular.

*Elena **tried** to call me but **was unable** (**failed**) to find her cell phone.*

Conocí al padre de Beto y **supe** que Beto está en Colombia.

*I **met** Beto's father and **found out** that Beto is in Colombia.*

Pude completar el trabajo pero **no quise** ir a la oficina.

*I **succeeded in** finishing the work, but I **refused** to go to the office.*

3. Notice that while the rest of these verbs are irregular in the preterite, **conocer** is regular in this tense. Its only irregularity is its **yo** form in the present tense: **conozco.**

CÓMO FORMARLO

Here are the preterite forms of these irregular verbs. Some verbs are somewhat similar in their irregular stems, so they are grouped together to help you memorize them more easily.

andar:	**anduve, anduviste, anduvo, anduvimos, anduvisteis, anduvieron**
tener:	**tuve, tuviste, tuvo, tuvimos, tuvisteis, tuvieron**

poder:	**pude, pudiste, pudo, pudimos, pudisteis, pudieron**
poner:	**puse, pusiste, puso, pusimos, pusisteis, pusieron**
saber:	**supe, supiste, supo, supimos, supisteis, supieron**
haber:	**hay → hubo**

querer:	**quise, quisiste, quiso, quisimos, quisisteis, quisieron**
venir:	**vine, viniste, vino, vinimos, vinisteis, vinieron**

Actividades

ACTIVIDAD 1 **En el centro comercial.** Di qué pasó en el centro comercial hoy. Sigue el modelo.

MODELO: Mario
Mario bebió un refresco grande.

Verbos posibles: beber, querer tomar una siesta pero no poder, comer pizza, andar mucho, poder encontrar muchas cosas, conocer, saber las últimas noticias, venir, poner en la mesa, querer jugar golf

1. Adela
2. Ernesto
3. Arcely

4. Miguel
5. Leo

6. Néstor
7. Beti

ACTIVIDAD 2 **La vida universitaria.** Con un(a) compañero(a) de clase, háganse y contesten las siguientes preguntas.

1. ¿Cómo supiste que te habían aceptado (*had accepted*) en la universidad? ¿Cuándo lo supiste?
2. ¿Viniste a la universidad como estudiante nuevo(a), estudiante de intercambio o te transferiste de otra universidad? ¿Te gustó la universidad cuando llegaste por primera vez?
3. ¿Pudiste traer todas tus cosas a la universidad? ¿Qué cosas no pudiste traer?
4. ¿Conociste a muchas personas la primera semana de clases? ¿Cuántas, más o menos?
5. ¿Tuviste que estudiar mucho el semestre / trimestre pasado? ¿Recibiste buenas notas?
6. ¿Aprendiste algo interesante el semestre / trimestre pasado? ¿Qué fue?
7. ¿Tuviste tiempo para hacer mucho ejercicio? ¿Anduviste mucho el semestre / trimestre pasado?
8. ¿Pudiste tomar todas tus clases preferidas?

ACTIVIDAD 3 **El semestre o trimestre pasado.** Mira el siguiente formulario. Luego, pregúntales a tus compañeros de clase si hicieron las actividades indicadas el semestre o trimestre pasado. Si encuentras a alguien que responde que sí, escribe su nombre en el espacio correspondiente. Sigue el modelo.

MODELO: venir a la universidad con mucha ropa nueva
—*¿Viniste a la universidad con mucha ropa nueva?*
—*No, no vine con mucha ropa nueva.* O:
—*Sí, vine con mucha ropa nueva.* (Escribe su nombre en el formulario.)

¿Quién...?	Nombre
tener que estudiar todos los fines de semana	
no conocer a su compañero(a) de cuarto antes de llegar a la universidad	
poner un refrigerador y un televisor en su cuarto	
venir a las clases sin hacer la tarea	
no poder dormir antes de los exámenes importantes	
venir a la universidad con mucha ropa nueva	
tener sueño en las clases	
no querer comer la comida de la cafetería	

Gramática útil 2

Talking about what you did: The preterite tense of *-ir* stem-changing verbs

Starting with this chapter, all **-ir** stem-changing verbs will be shown with both of their stem changes in parentheses. The first letter or letters show the present-tense stem change and the second letter shows the preterite stem change.

CÓMO FORMARLO

1. As you learned in **Capítulo 7,** the only stem-changing verbs that also change in the preterite are verbs that end in **-ir.** Present-tense stem-changing verbs that end in **-ar** and **-er** do not change their stem in the preterite.

2. In the preterite, **-ir** stem-changing verbs only experience the stem change in the third-person singular **(usted / él / ella)** and third-person plural **(ustedes / ellos / ellas)** forms.

◆ Verbs that change **e** → **ie** in the present change **e** → **i** in the preterite.

> **preferir:** preferí, preferiste, **prefirió,** preferimos, preferisteis, **prefirieron**
>
> Similar verbs you already know: **divertirse, sentirse**
> New verb of this kind: **sugerir (ie, i)** *to suggest*

◆ Verbs that change **e** → **i** in the present also change **e** → **i** in the preterite.

> **pedir:** pedí, pediste, **pidió,** pedimos, pedisteis, **pidieron**
>
> Similar verbs you already know: **despedirse, reírse, repetir, seguir, servir, vestir, vestirse**
> New verbs of this kind: **conseguir (i, i)** *to get, to have;* **sonreír (i, i)** *to smile*

◆ Verbs that change **o** → **ue** in the present change **o** → **u** in the preterite.

> **dormir:** dormí, dormiste, **durmió,** dormimos, dormisteis, **durmieron**
>
> New verb of this kind: **morirse (ue, u)** *to die*

Actividades

ACTIVIDAD 4 **Olivia y Belkys.** Completa la conversación con la forma correcta del pretérito de los verbos indicados. Después, di si, en tu opinión, Belkys tiene razón en sentirse tan avergonzada (*embarrassed*).

OLIVIA: ¿Qué tal tu día de compras? ¿(divertirse) _____?

BELKYS: No, no (divertirse) _____ ni un poquito y además no compré nada.

OLIVIA: ¡No te lo creo! ¿Tú, sin comprar nada? ¡Imposible!

BELKYS: Pero es la verdad. Yo (ir) _____ con Gerardo porque él (insistir) _____ en acompañarme. Él (sugerir) _____ ir al centro porque le gustan los trajes en una tienda allí.

OLIVIA: ¿Pero ustedes no (conseguir) _____ comprar nada?

BELKYS: No. Los dos (ver) _____ unas cosas bonitas, pero no (poder) _____ encontrar nada a buen precio. Por eso, (preferir) _____ no comprar nada.

OLIVIA: ¡Qué pena!

BELKYS: Y lo peor es que Gerardo (vestirse) _____ de traje viejo, muy pasado de moda, verde, con rayas amarillas. Yo casi me muero de vergüenza.

OLIVIA: ¡Pobrecita! ¡Imagínate el horror!

BELKYS: Bueno, tú te ríes, ¡pero te digo que yo no (reírse) _____ en toda la tarde! Nosotros (seguir) _____ buscando en todas las tiendas del centro. Por fin (despedirse) _____ y yo (venir) _____ directamente aquí para contarte toda la historia.

OLIVIA: Ay, chica, tranquila. Por lo menos ¡tú me (hacer) _____ reír un poco!

ACTIVIDAD 5 **Me sentí…** Di cómo se sintieron las siguientes personas en las situaciones indicadas.

MODELO: tu tía / después de perder el trabajo
Se sintió desilusionada.

Emociones posibles: contento, triste, cansado, nervioso, preocupado, ocupado, furioso, aburrido, desilusionado, animado, feliz

1. tú / antes de tus exámenes finales
2. tú y tu mejor amigo(a) / al final del semestre o trimestre
3. tu mejor amigo(a) / cuando estuvo enfermo(a)
4. tus padres / cuando saliste para la universidad
5. tu primo(a) / después de perder el partido de fútbol
6. tus amigos / en una película de tres horas y media
7. tu compañero(a) de cuarto / antes de la visita de sus padres
8. tú / después de conocer a una persona simpática

ACTIVIDAD 6 **En la U.** Con un(a) compañero(a) de clase, háganse las siguientes preguntas sobre su llegada a la universidad y luego contéstenlas.

1. ¿Cómo te sentiste cuando llegaste a la universidad la primera vez?
2. ¿Qué te sugirió tu familia cuando viniste a la universidad?
3. ¿Le pediste ayuda a tu familia para traer todas tus cosas a la universidad?
4. ¿Te divertiste el primer semestre / trimestre? ¿Qué hiciste?
5. ¿Preferiste vivir en una residencia estudiantil o en un apartamento?
6. ¿Conseguiste un trabajo el primer semestre / trimestre?
7. ¿Siguieron tú y tus amigos la misma carrera de estudios?

Gramática útil 3

Saying who is affected or involved: Indirect object pronouns

CÓMO USARLO

LO BÁSICO

- An *indirect object* is a noun or noun phrase that indicates for whom or to whom an action is done: *I bought a gift for* **Beatriz.** *We asked* **the teachers** *a question.*
- *Indirect object pronouns* are used to replace indirect object nouns: *I bought a gift for* **her.** *We asked* **them** *a question.* Often you can identify the indirect object of the sentence by asking *to or for whom?* about the verb: *We bought a gift* **for whom?** (Beatriz / her) / *We asked a question* **to whom?** (the teachers / them).

1. In **Capítulo 7** you learned how to use direct object pronouns to avoid repetition. In this chapter you will learn how you can also use indirect object pronouns to avoid repetition and to clarify what person is being referred to.

2. Look at the following passage and see if you can figure out to whom the boldface indirect object pronouns refer.

Fui al almacén el miércoles. Tenía una lista larga de compras. **Le** compré unos jeans y una camisa a Miguel. También **le** compré una corbata. A Susana y a Carmen **les** compré unas camisetas. También tuve que comprar**les** calcetines. Además **me** compré una falda bonita y un reloj.

CÓMO FORMARLO

1. Although English uses the same set of pronouns for direct object pronouns and indirect object pronouns, in Spanish there are two slightly different sets.

2. Notice that the only difference between the direct object pronouns and the indirect object pronouns is in the two third-person pronouns. Instead of **lo / la,** the indirect object pronoun is **le.** And instead of **los / las,** the indirect object pronoun is **les.** The indirect object pronouns **le** and **les** do not have to agree in gender with the nouns they replace, as do the direct object pronouns **lo, la, los,** and **las.**

¿En qué puedo **servirle,** señor?

Notice that these are the same pronouns you learned to use with **gustar** and similar verbs in **Capítulos 2** and **4.**

	Indirect object pronouns		
me	*to / for me*	**nos**	*to / for us*
te	*to / for you*	**os**	*to / for you (fam. pl.)*
le	*to / for you (form. sing.) /*	**les**	*to / for you (form., pl.) / them*
	him / her		

3. As with direct object pronouns, indirect object pronouns always come before a conjugated verb used alone.

Te traje el periódico.
Nos dieron un regalo bonito.

I brought **you** *the newspaper.*
They gave **us** *a nice gift.*

4. When an indirect object pronoun is used with an infinitive or with the present progressive, it may come before the conjugated verb, or it may be attached to the infinitive or to the present participle.

Te voy a dar el libro.	OR:	Voy a dar**te** el libro.
Te estoy comprando el CD.	OR:	Estoy comprándo**te** el CD.

Notice that when the indirect object pronoun attaches to the present participle, you must add an accent to the next-to-last syllable of the present participle to maintain the correct pronunciation.

5. When an indirect object pronoun is used with a command form, it attaches to the end of the affirmative command but comes before the negative command form.

Cómprame / Cómpreme el libro ahora, por favor.	BUT:	**No me compres / No me compre** el libro ahora, por favor.

Again notice that when the indirect object pronoun attaches to the command form you must add an accent to the next-to-last syllable of command forms of two or more syllables in order to maintain the correct pronunciation.

6. As you learned in **Capítulo 4,** if you want to emphasize or clarify to or for whom something is being done, you can use **a** + the person's name, or **a** + prepositional pronoun (**mí, ti, usted, nosotros, vosotros, ustedes, ellos, ellas**). Note that when **a** + pronoun is used, there is often no direct translation in English.

Les escribo una carta **a ustedes.**	*I'm writing **you** a letter.*
Le doy el regalo **a Lucas.**	*I'm giving the gift **to Lucas.***
Les traigo el periódico **a mis padres.**	*I bring the newspaper **to my parents.***

Prepositional pronouns can follow *any* preposition, not just **a**. Other prepositions you know include **con:** *with* (with **con**, **mí** and **ti** change to **conmigo** and **contigo**); **de:** *from, of;* **sin:** *without.*

Actividades

ACTIVIDAD 7 **¡Ay, Hernando!** Completa la siguiente conversación con el complemento indirecto correcto. Después de completarla, léela otra vez para ver si entiendes por qué se usa cada complemento indirecto.

HERNANDO: Oye, tengo que ir al centro. ¿Quieres acompañarme?

SEBASTIÁN: Cómo no. Tengo que (1) comprar _____ un regalo a mi hermanito para el día de su santo.

HERNANDO: Y yo (2) _____ voy a comprar unos jeans y una camiseta nueva.

SEBASTIÁN: ¿Tú con interés en la moda? Hombre, ¿qué (3) _____ pasa?

HERNANDO: Es Lidia. Ahora que salimos juntos los fines de semana (4) _____ dice que toda mi ropa está pasada de moda.

SEBASTIÁN: ¡No (5) _____ digas! A las mujeres... ¡(6) _____ importa demasiado la ropa!

HERNANDO: Y lo peor es que no tengo mucho dinero. ¿Crees que (7) _____ den un descuento en la tienda donde trabaja Julio?

SEBASTIÁN: Oye, vale la pena (*it's worthwhile*) ir a ver. ¿(8) _____ dijiste a Julio que necesitas comprar ropa?

HERNANDO: Sí. Pero (9) _____ dijo que debemos ir al almacén en el centro. Además dijo que los precios en su tienda son demasiado caros y la calidad no es muy buena.

SEBASTIÁN: Bueno, parece que él no nos puede ayudar. Entonces, ¿vamos directamente al almacén?

HERNANDO: De acuerdo. Oye, ¿no (10) _____ puedes prestar un poco de dinero?

SEBASTIÁN: ¡Hombre! Nunca cambias...

ACTIVIDAD 8 **De compras.** Marisela les compra varias prendas de ropa y accesorios a diferentes miembros de su familia y a varias amistades. Escucha mientras ella describe sus compras. Luego, escribe oraciones que expliquen qué le compró a cada quién. Primero estudia el modelo.

MODELO: Escuchas: A mi tía le encantan las blusas bordadas. Cuando estaba de vacaciones en Ecuador, le compré una blusa bordada muy bonita.
Escribes: *Le compró una blusa bordada a su tía.*

Personas:	**Prendas o accesorios:**
1. padre	pulsera de oro
2. madre	cartera
3. abuelos	guantes de piel
4. tía	zapatos de tenis
5. niños	camisetas
6. yo	blusa bordada
7. nosotros	pantalones cortos

ACTIVIDAD 9 **De vez en cuando.** Trabaja con un(a) compañero(a) de clase. Juntos digan para quiénes hacen las actividades indicadas. Sigan el modelo. Usen cada verbo por lo menos una vez.

MODELO: comprar un café
De vez en cuando le compro un café a mi compañero(a) de cuarto.
O: Nunca le compro un café a nadie.

Acción	**Objeto directo**	**Objeto indirecto**
escribir	cartas	mi madre / padre
dar	flores	mis padres
comprar	regalos	mi amigo(a)
contar	chismes	mis amigos
mandar	notas de agradecimiento	mi profesor(a)
pedir	favores	mis profesores
contar	chistes	mi novio(a)
hacer	ayuda	mi compañero(a) de cuarto
traer	ropa	mis compañeros(as) de cuarto
¿...?	¿...?	

Frases útiles: de vez en cuando (*sometimes*), frecuentemente, muchas veces, todas las semanas, todos los días, rara vez (*hardly ever*), nunca, casi

ACTIVIDAD 10 **¿Quién?** Con un(a) compañero(a), háganse preguntas sobre las acciones de sus compañeros de clase. Pueden usar las ideas de la lista o pueden inventar otras. Asegúrense de usar verbos que requieren el uso del objeto indirecto.

MODELO: Tú: *¿Quién le regaló ropa a su novio(a)?*
Compañero(a): *Dahlia le regaló un traje a su novio Jesús para su cumpleaños.*

1. regalar ropa
2. decir siempre la verdad
3. pagar los estudios
4. escribir mensajes electrónicos
5. ayudar con la tarea
6. ¿...?

Gramática útil 4
Making comparisons: Comparatives and superlatives

¡Canasta!

LOS BOLSOS DE MIMBRE, RAFIA Y
CUERDA SON EL ACCESORIO BÁSICO
DEL VERANO, TANTO PARA IR A LA
PISCINA COMO SI SALES DE NOCHE

FOTOS: **GEMA LÓPEZ** ESTILISMO: **JUAN ANTONIO FRÍAS**

Can you find the comparative words in this text? Are they making an equal or unequal comparison?

CÓMO USARLO

LO BÁSICO

Comparatives compare two or more objects. *Superlatives* indicate that one object exceeds or stands above all others. In English we use *more* and *less* with adjectives, adverbs, nouns, and verbs to make comparisons, and we also add *-er* to the end of most one- or two-syllable adjectives: *more expensive, cheaper.* To form superlatives we use *most / least* with adjectives or add *-est* to the end of most one- or two-syllable adjectives: *the most expensive, the cheapest.*

1. Comparatives in Spanish use **más** (*more*) and **menos** (*less*) to make comparisons between people, actions, and things. **Más** and **menos** can be used with nouns, adjectives, verbs, and adverbs.

Nouns: Hay **más libros** en esta tienda que en aquélla.
             *There are **more books** in this store than in that one.*

Adjectives: Este libro es **menos interesante** que ése.
             *This book is **less interesting** than that one.*

Verbs: Yo **leo menos** que él.
             *I **read less** than he (does).*

Adverbs: Él lee **más lentamente** que yo.
             *He reads **more slowly** than I (do).*

2. Superlative forms indicate that something exceeds all others: *the most, the least.*

Este libro es **interesantísimo.**
Es **el más interesante** de todos.

*This book is **really interesting.** It's the **most interesting** of all of them.*

CÓMO FORMARLO

1. Regular comparatives. Comparisons can be *equal* (as many as) or *unequal* (more than, less than). Comparatives can be used with nouns, adjectives, adverbs, and verbs.

Notice that of all the words used in these comparative forms (**tanto, tan, más, menos, como,** and **que**) only **tanto** changes to reflect number and gender.

	equal comparisons	unequal comparisons
noun	**tanto** + noun + **como** (**Tanto** agrees with the noun.) Tengo **tanto dinero como** tú. Tengo **tantas tarjetas de crédito como** tú.	**más / menos** + noun + **que** (**Más / menos** do not agree with the noun.) Tengo **más dinero que** tú. Tengo **menos tarjetas de crédito que** tú.
adjective	**tan** + adjective + **como** Este reloj es **tan caro como** ése.	**más / menos** + adjective + **que** Este reloj es **más caro que** ése, pero es **menos caro que** aquél.
verb	verb + **tanto como** **Compro tanto como** tú.	verb + **más / menos** + **que** Ella **compra menos que** yo, pero él **compra más que** yo.
adverb	**tan** + adverb + **como** Pago mis cuentas **tan rápidamente como** tú.	**más / menos** + adverb + **que** Ella paga sus cuentas **más rápidamente que** yo, pero él paga **menos rápidamente que** yo.

2. Irregular comparatives. Some adjectives and adverbs have irregular comparative forms.

◆ Adjectives

bueno → **mejor:**	Este libro es **bueno,** pero ese libro es **mejor.**
malo → **peor:**	Esta tienda es **mala,** pero esa tienda es **peor.**
joven → **menor:**	Los dos somos **jóvenes,** pero Remedios es **menor** que yo.
viejo → **mayor:**	Martín no es **viejo,** pero es **mayor** que Remedios.

Menor and **mayor** are usually used to refer to people, although they can be used in place of **más grande** (**mayor**) and **más pequeño** (**menor**) when referring to objects. If you wish to say that one object is *older* or *newer* than another, use **más viejo** or **más nuevo.**

◆ Adverbs

bien → **mejor:**	Lorena canta muy **bien,** pero Alfonso canta **mejor.**
mal → **peor:**	Nosotros bailamos **mal,** pero ellos bailan **peor.**

3. Superlatives

◆ In order to say that a person or thing is extreme in some way, add **-ísimo** to the end of an adjective. (If the adjective ends in a vowel, remove the vowel first.)

> fácil → **facilísimo** (*very easy*)   contento → **contentísimo** (*extremely happy*)

◆ To say that a person or thing is *the most* or *the least*... use the following formula. (Do not use this formula with the **-ísimo** ending—choose one or the other!)

> article + noun + **más / menos** + adjective + **de**

Roberto es **el estudiante más popular de** la universidad.
Ellas son **las dependientes más trabajadoras del** almacén.

These superlative forms must change to reflect the gender and number of the nouns they modify: **unos aretes carísimos, unas camisetas baratísimas,** etc.

Notice that the accent is always on the first **i** of **-ísimo**. If the adjective has an accent, it is dropped when you add **-ísimo: difícil → dificilísimo.**

Notice that the article and the adjective must agree with the noun: **el estudiante popular, las dependientes trabajadoras.**

Actividades

ACTIVIDAD 11 **El almacén Toneti.** Escucha el anuncio sobre Toneti, un almacén grande. Pon una X al lado de cada objeto que se menciona. **¡Ojo!** Asegúrate de que la descripción de cada objeto es la correcta.

1. _____ las mochilas más baratas
2. _____ las mochilas más grandes
3. _____ la selección más grande de zapatos
4. _____ los zapatos de tenis más populares
5. _____ los pantalones menos caros del centro
6. _____ los pantalones más caros del centro
7. _____ las camisetas de la más alta calidad
8. _____ las camisetas más bonitas del centro

ACTIVIDAD 12 **La rebaja.** Haz comparaciones entre los precios de varias prendas de ropa y accesorios. Sigue el modelo.

MODELO: caro: las botas ($50) / los zapatos de tenis ($40)
          Las botas son más caras que los zapatos de tenis.
          Los zapatos de tenis son menos caros que las botas.

1. caro: los suéteres ($25) / las camisetas ($15)
2. caro: las camisetas ($15) / los vestidos ($50)
3. caro: las blusas ($30) / las camisetas ($15)
4. caro: las botas ($50) / los vestidos ($50)
5. barato: los vestidos ($50) / los suéteres ($25)
6. barato: las blusas ($30) / las botas ($50)
7. barato: los vestidos ($50) / los zapatos de tenis ($40)
8. barato: las camisetas ($15) / las blusas ($30)

ACTIVIDAD 13 **Las personas famosas.** Haz comparaciones según el modelo.

MODELO: cantar: Britney Spears o Madonna
Britney Spears canta peor que Madonna.
O: *Britney Spears canta mejor que Madonna.*
O: *Britney Spears canta tan bien como Madonna.*

1. cantar: Jennifer López o Gwen Stefani
2. bailar: Ricky Martin o Gloria Estefan
3. cocinar: tu mejor amigo(a) o tu madre
4. jugar tenis: Venus Williams o Serena Williams
5. jugar golf: Tiger Woods o tu padre
6. patinar sobre hielo: tú o tu mejor amigo(a)
7. nadar: tú o tu hermano(a)
8. jugar béisbol: Nomar Garciaparra o Sammy Sosa
9. hacer esquí acuático: tú o tus amigos
10. tocar la guitarra: Eric Clapton o Carlos Santana

 ACTIVIDAD 14 **En el centro comercial.** Trabaja con un(a) compañero(a) de clase. Juntos miren el dibujo y hagan todas las comparaciones que puedan. Usen las palabras y expresiones útiles por lo menos una vez cada una.

Palabras y expresiones útiles: tanto como, más, menos, tan como, mejor, peor, el (la) más... de todos, el (la) menos... de todos

ACTIVIDAD 15 **Nuestros amigos.** Trabaja con un(a) compañero(a) de clase. Primero piensen en seis personas que conozcan los dos. Luego hagan comparaciones según el modelo.

MODELOS: cómico
Sean es más cómico que Jason.
hablar rápido
Sean habla más rápido que Jason.

Palabras y frases útiles: cómico, joven, viejo, alto, extrovertido, introvertido, hablar rápido, comer despacio (*slowly*), viajar frecuentemente, jugar tenis (u otro deporte) bien, correr rápido, entrenarse frecuentemente

EXPRESIÓN. En grupos de tres a cuatro estudiantes, trabajen para completar la comparación **"Es más loco(a) que un…"** de una manera diferente. Después de crear una lista de posibilidades, escojan una y hagan una tira cómica semejante a la de arriba.

Perú y Ecuador

¿Adivinaste? Answers to the questions on page 233: 1. Perú 2. Ecuador 3. Perú 4. Perú y Ecuador 5. Ecuador

Although most reference books and written texts usually use just **Perú** to refer to the country, you will often hear native speakers say **el Perú**. This use of **el** sometimes occurs with **Ecuador** also.

Influencias andinas. Mira la siguiente tabla y la lista de palabras que aparece arriba de la tabla. Los siguientes textos contienen información sobre cada uno de estos lugares o cosas. Mientras lees, ¿puedes poner diez de las palabras de la lista en la columna correcta de la tabla? (**¡Ojo!** En algunos casos, una cosa o un lugar puede referirse a los dos países.)

el cuy (*guinea pig*)	los aimaraes	los bananos	los nazca
las flores	la vicuña	los Andes	el cultivo genético
las papas	el quechua	el algodón	la alpaca
el volcán Cotopaxi	los incas	la irrigación	el cóndor
el café	el cacao	el tomate	Charles Darwin

	Ecuador	Perú
idiomas		
flora y fauna		
geografía y ciencia		
grupos indígenas		

Internet

¡CONÉCTATE!

Después de leer la lectura sobre Ecuador y Perú, trabaja con un(a) compañero(a) de clase. Hagan una investigación por Internet para buscar información sobre uno de los siguientes temas. Incluyan por lo menos tres datos interesantes sobre el tema. Usen los enlaces sugeridos en el sitio web de *Nexos Media* para ir a otros sitios web posibles.

1. la mítica ciudad incaica de Machu Picchu
2. la exótica flora y fauna de las Islas Galápagos
3. productos de la vicuña o la alpaca
4. expediciones para escalar las montañas de Ecuador
5. recetas (*recipes*) para preparar cuy

Ecuador, un país mágico

Ecuador es un pequeño país de gran diversidad. En medio de sus montañas altas hay ciudades que reflejan la influencia española, pero que también celebran su pasado indígena. La población indígena desciende de las grandes civilizaciones inca y aimara. Cada valle tiene sus costumbres, tradiciones, música, comida e incluso dialectos individuales. Los idiomas predominantes son el quechua, la lengua de los incas, y el español, la lengua que enseñan en las escuelas. La mayoría de los ecuatorianos son perfectamente bilingües.

Unas iguanas de las Islas Galápagos

Es el territorio de la llama, de la vicuña, de la alpaca y del cóndor. La gran altitud del país resulta en una abundancia de luz solar, que permite cultivar una gran variedad de flores que se exportan a todo el mundo. En la costa hay cultivos típicos de los trópicos—bananos, arroz, cacao, café y piñas.

Siendo un país montañoso, Ecuador ofrece vistas y paisajes espectaculares. Cotopaxi, el volcán activo más alto del planeta, se encuentra aquí. A 1.000 kilómetros de la costa están las Islas Galápagos, que son únicas por su belleza pero aun más por su flora y fauna. Las condiciones naturales de las islas no han cambiado (*have not changed*) hace siglos, resultando en ecosistemas permanentes que permitieron a Charles Darwin demostrar su teoría de la evolución, usando la flora y la fauna de estas islas.

Perú lo tiene todo.

Perú es un país de contrastes. Desde los impresionantes picos de los Andes hasta los valles secretos de la selva amazónica, la mayor parte del país se mantiene en estado virgen. Aunque sus ciudades grandes son muy modernas, los habitantes del resto del país mantienen sus costumbres ancestrales.

Las alturas de la ciudad incaica de Machu Picchu

Se considera a la civilización incaica de Perú como una de las civilizaciones más antiguas del mundo. Los incas fueron uno de los primeros grupos en desarrollar la agricultura y el cultivo de animales domesticados. Hace unos 10.000 años los incas inventaron sistemas de irrigación e hicieron modificaciones genéticas en las plantas que cultivaron. Entre sus más grandes contribuciones están el cultivo de 128 plantas nativas, como la papa, el algodón, el tomate y la papaya, y animales como la llama, la vicuña, la alpaca y el cuy.

El territorio que hoy día llamamos Perú también fue la cuna (*cradle*) de otras civilizaciones aun más antiguas como las de Chavín, Tiahuanaco, Vicús, Nazca, Paracas y Mochica-Chimú, convirtiéndose en el más grande y poderoso (*powerful*) imperio de Sudamérica en la época prehispánica. La mayoría de la población peruana habla español, la lengua oficial, pero también existe una variedad de lenguas nativas, de las cuales el quechua es el idioma más hablado. Los indígenas de la selva amazónica tienen sus propias lenguas con sus propios dialectos también.

Línea férrea en Perú

Es común considerar a EEUU como un país de gran diversidad étnica, a causa de su larga historia de inmigración desde otros países. Sin embargo (*Nevertheless*), mucha gente no sabe que los países de Latinoamérica también son sitios de gran inmigración. En el siglo XIX, por ejemplo, Perú tuvo una ola (*wave*) de inmigración desde China, similar a la que ocurrió en EEUU durante los años 1840 hasta 1880. Hoy día hay muchas comunidades chinas y asiáticas en las ciudades principales de Perú, y, aunque en menor grado, en otras partes de Sudamérica y América Central también.

La época de la inmigración china a Perú empezó en el año 1849 cuando el gobierno (*government*) autorizó la inmigración relacionada con la agricultura. Entre los años 1849 y 1974 llegaron más de 100.000 chinos a Perú, la mayoría para trabajar en las haciendas de agricultura en la costa. La ola más grande de inmigrantes chinos ocurrió entre 1861 y 1875, cuando miles de trabajadores vinieron para construir los ferrocarriles (*railroads*) y participar en el cultivo de algodón.

Hoy la presencia china es muy fuerte en Perú. La fusión de costumbres y tradiciones chinas y peruanas se nota en la forma en que hablan español los peruanos y también en costumbres como la preferencia por el arroz en la comida. Existe una variedad de organizaciones chino-peruanas que promueven la armonía y la fusión entre las dos culturas.

 PRÁCTICA. En grupos de tres a cuatro personas, hablen de los siguientes temas.

1. ¿Pueden pensar en otros países, además de EEUU, que tengan una historia de mucha inmigración de otros países? ¿Qué eventos históricos causaron esos períodos de inmigración?

2. En su opinión, ¿hay beneficios por tener muchos inmigrantes en un país? ¿Hay desventajas (*disadvantages*)? ¿Existen diferencias entre los distintos grupos de inmigrantes y las razones por las cuales decidieron inmigrar?

3. Hablen sobre los orígenes étnicos de sus familias. ¿De dónde inmigraron originalmente sus antepasados (*ancestors*)?

A LEER

Antes de leer

ESTRATEGIA

Using background knowledge to anticipate content

As you learned when watching the video segment for this chapter, you can often use knowledge you already have to help you understand the content of authentic language, whether it is a video clip or a reading. By thinking about the content of a piece in advance and reviewing what you already know, you can prepare yourself to understand more information than you might think is possible.

ACTIVIDAD 1 Las siguientes palabras están en el artículo de la página 262, que trata de la popularidad de los jeans por todo el mundo. ¿A qué palabras inglesas son similares?

1. overoles   2. cachemira   3. apliques

ACTIVIDAD 2 El artículo que vas a leer en este capítulo trata de la influencia de los jeans en la moda internacional. Antes de leer el artículo, escribe de cinco a siete palabras que tú asocies con los jeans y con la mezclilla.

ACTIVIDAD 3 Las siguientes frases del artículo contienen palabras que no conoces. A ver si puedes emparejar (*match*) las frases de las dos columnas para adivinar el sentido de las palabras **en negrilla.**

1. _____ algo moderno, permanente y **novedoso...**
2. _____ El jean es muy dúctil... lo puedes **doblar...**
3. _____ puedes **guardar**lo sin que ocupe mucho espacio
4. _____ Hace ver **varonil** a cualquier hombre.

    a. *you can **store** it without it taking up much space*
    b. *It makes any man look **manly**.*
    c. *something modern, permanent, and **novel** . . .*
    d. *A pair of jeans is very flexible . . . you can **fold** it . . .*

Lectura

ACTIVIDAD 4 Lee el artículo de un periódico ecuatoriano en la siguiente página. ¿Hay palabras que escribiste para la **Actividad 2** en el artículo?

El jean impone su encanto

Hace un siglo, el jean se creó para usarse en sectores laborales estadounidenses donde el trabajo arduo hizo de la ropa fuerte una necesidad. Ahora, al pasar los siglos, este material sigue siendo algo moderno, permanente y novedoso...

Los atractivos del jean han sobrepasado[1] los límites del tiempo y de las fronteras. Los clásicos pantalones jeans y los overoles todavía son populares y, además, les dan la posibilidad a sus usuarios de combinarlos de mil maneras. Se pueden usar hasta en ocasiones más elegantes si se usan con una chaqueta o con una blusa de seda o un saco de cachemira. Los beneficios de esta tela son innumerables. Por ejemplo, es común ver carteras de jean, zapatos con tacones de mezclilla y gorras, chalecos, chompas[2], sombreros, mochilas, monederos y otros accesorios de moda que rompen con los diseños tradicionales y se modernizan al usar esta tela tan tradicional y moderna a la vez.

Pero, ¿qué es lo que puede ofrecer el jean a los hombres y a las mujeres de esta época? Escuchemos sus testimonios. ★

▸ "Usar jean es sentirse más joven, a pesar de la edad real que tengas."

▸ "El jean es muy dúctil, por lo que lo puedes doblar y guardarlo sin que ocupe mucho espacio."

▸ "Es resistente a cualquier trato."

▸ "Se lava y sigue como si nada..."

▸ "Puedes llevar libros o bloques de cemento, sabe cuál es su función."

▸ "El cuero es para gente mayor. El jean siempre será[3] joven."

▸ "Hace ver varonil a cualquier hombre."

▸ "Es de los materiales más durables y que además no pasa de moda. Un jean puedes llevarlo años y mientras más rasgado, más en onda[4]."

▸ "Los brazaletes de jean son súper chéveres[5]."

▸ "El jean es discreto cuando debe serlo, pero también sensual cuando le has dado ese papel[6]."

▸ "Sobre el jean puedes poner cualquier tipo de apliques..."

▸ "Es de lo más práctico para vestir. Sólo necesitas un pantalón y falda y la mitad de tus problemas están resueltos[7]."

[1]**han...** *have surpassed* [2]**suéteres** [3]**va a ser** [4]**más rasgado...** *the more ripped, the more in style* [5]*cool* [6]**le...** *you have given it that role* [7]*resolved*

Después de leer

ACTIVIDAD 5 Vuelve a la lista de palabras y asociaciones que hiciste para la **Actividad 2.** ¿Te ayudó pensar en este tema antes de leer el artículo? ¿Pudiste predecir algunas de las ideas del texto? ¿Por qué sí o por qué no?

ACTIVIDAD 6 Trabaja con un grupo de tres a cuatro estudiantes. Juntos contesten las siguientes preguntas sobre la lectura.

1. ¿Con qué país asocia el autor del artículo los jeans?
2. ¿Con qué prendas de ropa sugiere el autor combinar los jeans?
3. ¿Qué otras prendas o accesorios son de mezclilla?
4. Hagan una lista de por lo menos cinco aspectos positivos de los jeans que se mencionan en los "testimonios".

ACTIVIDAD 7 En la opinión de la gente de otros países, los jeans son un símbolo de los Estados Unidos (¡junto con la hamburguesa y los autos grandes!). Hablen en grupo sobre las siguientes preguntas. Luego, cada persona debe escribir un resumen corto de la conversación.

1. ¿Hay una diferencia entre una prenda de ropa muy popular y una prenda de ropa "tradicional"? Por ejemplo, en Perú y Ecuador, la ropa tradicional generalmente se refiere a la ropa que usa la gente indígena de la región andina. Los peruanos que viven en las ciudades usan estilos más modernos e internacionales.
2. En la opinión de ustedes, ¿existe una "ropa tradicional americana"? (Piensen en las regiones geográficas y en los grupos étnicos del país.) Si existe, ¿cómo es?
3. Cuando la gente de otros países piensa en "la ropa americana", ¿a qué tipo de ropa se refieren? En la opinión de ustedes, ¿es correcta o falsa esta imagen del estilo estadounidense?

LAS PRENDAS DE ROPA *Articles of clothing*

el abrigo	*coat*
la blusa	*blouse*
las botas	*boots*
los calcetines	*socks*
la camisa	*shirt*
la camiseta	*t-shirt*
el chaleco	*vest*
la chaqueta	*jacket (outdoor, non-suit coat)*
la falda	*skirt*
el impermeable	*raincoat*
los jeans	*jeans*
los pantalones	*pants*
los pantalones cortos	*shorts*
el saco	*jacket, sports coat*
la sudadera	*sweatpants*
el suéter	*sweater*
el traje	*suit*
el traje de baño	*bathing suit*
el vestido	*dress*

LOS ZAPATOS *Shoes*

las botas	*boots*
las sandalias	*sandals*
los zapatos	*shoes*
los zapatos de tacón alto	*high-heeled shoes*
los zapatos de tenis	*tennis shoes*

LAS TELAS *Fabrics*

Está hecho(a) de... / Están hechos(as) de...	*It's made out of . . . / They're made out of . . .*
el algodón	*cotton*
el cuero	*leather*
la lana	*wool*
el lino	*linen*
la mezclilla	*denim*
la piel	*leather*
la seda	*silk*

a cuadros	*plaid*
a rayas / rayado(a)	*striped*
bordado(a)	*embroidered*
de lunares	*polka-dotted*
de un solo color	*solid (color)*
estampado(a)	*print*

LOS ACCESORIOS *Accessories*

la bolsa	*purse*
la bufanda	*scarf*
la cartera	*wallet*
el cinturón	*belt*
las gafas de sol	*sunglasses*
la gorra	*cap*
los guantes	*gloves*
el sombrero	*hat*

LAS JOYAS *Jewelry*

el anillo	*ring*
los aretes	*earrings*
el brazalete	*bracelet*
la cadena	*chain*
el collar	*necklace*
los pendientes	*earrings*
la pulsera	*bracelet*
el reloj	*watch*
el oro	*gold*
la plata	*silver*

LA MODA *Fashion*

(no) estar de moda	*(not) to be fashionable*
pasado(a) de moda	*out of style*

IR DE COMPRAS *Going shopping*

El (La) dependiente *The clerk*

¿Cuál es su talla?	*What is your size?*
¿En qué puedo servirle?	*How can I help you?*
Es muy barato.	*It's very inexpensive.*
Está a muy buen precio.	*It's a very good price.*
Está en venta.	*It's on sale.*
Está rebajado(a).	*It's reduced / on sale.*
de buena (alta) calidad	*of good (high) quality*
el descuento	*discount*
la oferta especial	*special offer*

El (La) cliente   *The customer*

¿Cuánto cuesta(n)?	*How much does it (do they) cost?*
Es (demasiado) caro.	*It's (too) expensive.*
¿Lo (La / Los / Las) tiene en una talla...?	*Do you have it / them in a size . . .?*
Me queda bien / mal.	*It fits nicely / badly.*
Me queda grande / apretado(a).	*It's too big / too tight.*
Voy a llevármelo(la / los / las).	*I'm going to take it / them.*
Voy a probármelo(la / los / las).	*I'm going to try it / them on.*

MÉTODOS DE PAGO   *Forms of payment*

¿Cómo desea pagar?	*How do you wish to pay?*
Al contado.	*In cash.*
Con cheque.	*By check.*
Con cheque de viajero.	*With a traveller's check.*
Con un préstamo.	*With a loan.*
Con tarjeta de crédito.	*With a credit card.*
Con tarjeta de débito.	*With a debit card.*
En efectivo.	*In cash.*

LOS NÚMEROS MAYORES DE 100
Numbers above 100

cien	*one hundred*
ciento uno	*one hundred and one*
ciento dos, etc.	*one hundred and two, etc.*
doscientos(as)	*two hundred*
trescientos(as)	*three hundred*
cuatrocientos(as)	*four hundred*
quinientos(as)	*five hundred*
seiscientos(as)	*six hundred*
setecientos(as)	*seven hundred*
ochocientos(as)	*eight hundred*
novecientos(as)	*nine hundred*
mil	*one thousand*
dos mil, etc.	*two thousand, etc.*
cinco mil	*five thousand*
diez mil	*ten thousand*
cien mil	*one hundred thousand*
un millón	*one million*
dos millones, etc.	*two million, etc.*

COMPARACIONES

más [noun / adjective / adverb] que	*more [noun / adjective / adverb] than*
menos [noun / adjective / adverb] que	*less [noun / adjective / adverb] than*
[verb] más / menos que	*[verb] more / less than*
tan [adjective / adverb] como	*as [adjective / adverb] as*
tanto(a) [noun] como	*as much [noun] as*
tantos(as) [noun] como	*as many [noun] as*
[verb] tanto como	*[verb] as much as*
mayor	*older; more*
mejor	*better*
menor	*younger; less*
peor	*worse*

PRONOMBRES DE COMPLEMENTO INDIRECTO

me	*to / for me*
te	*to / for you (fam. sing.)*
le	*to / for you (form. sing.), him, her, it*
nos	*to / for us*
os	*to / for you (fam. pl.)*
les	*to / for you (form., pl.), them*

PRONOMBES PREPOSICIONALES

mí	*me*
ti	*you (fam. sing.)*
usted	*you (form. sing.)*
él	*him*
ella	*her*
nosotros(as)	*us*
vosotros(as)	*you (fam. pl.)*
ustedes	*you (form. pl.)*
ellos	*them (male or mixed group)*
ellas	*them (female)*
conmigo	*with me*
contigo	*with you*

VERBOS

andar	*to walk*
conseguir (i, i)	*to get, to obtain*
morirse (ue, u)	*to die*
sonreír (i, i)	*to smile*
sugerir (ie, i)	*to suggest*

¿Qué te apetece?

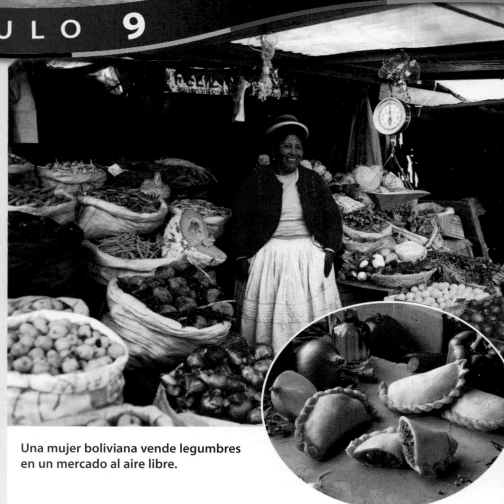

Communication

By the end of this chapter you will be able to:
- talk about food and cooking
- shop for food
- order in a restaurant
- talk about what you used to eat and cook
- say what you do for others

Cultures

By the end of this chapter you will have learned about:
- Bolivia and Paraguay
- traditional foods
- ordering in a restaurant
- bilingual countries in North and South America

Una mujer boliviana vende legumbres en un mercado al aire libre.

Unas salteñas

SABORES

¿Comes para vivir o vives para comer? La comida da sabor a las reuniones entre familia y amigos y juega un papel integral en todas las culturas del mundo. En este capítulo, vamos a examinar la comida y la importancia que tiene en nuestra vida.

Los datos

Mira la información del diagrama. Luego contesta las siguientes preguntas.

Paraguay

el bori de gallina:
una sopa de pollo

la so'o: una sopa
de verduras y
albóndigas
(*meatballs*)

el mbeju:
un panqueque
con queso

el bife (*beef*)
el maíz (*corn*)
la batata
(*sweet potato*)

Bolivia

los chuños:
un tipo de
papa/patata

el satja: una sopa
de pollo

la salteña:
una empanada
de carne

Comidas típicas paraguayas y bolivianas

① ¿Qué comidas típicas tienen en común los dos países?
② ¿En qué país es popular un tipo de sopa de pollo?
③ ¿Qué es la so'o? ¿y la salteña?
④ ¿Cuáles de estas comidas tienen nombres indígenas?
⑤ Piensa en cinco comidas "típicas" de EEUU. ¿Cuál es el origen de cada una?

¡Adivina!

¿Qué sabes de Bolivia y Paraguay? Indica a qué país o países se refiere cada oración.
(Las respuestas están en la página 288.)

① Este país es uno de los pocos países con una biosfera no contaminada.
② Este país recibió su nombre del libertador Simón Bolívar.
③ El mayor complejo hidroeléctrico del mundo se encuentra en este país.
④ Este país no tiene costas.
⑤ Este país es el único en el mundo que tiene dos ciudades capitales.
⑥ Este país tiene dos idiomas oficiales, el español y el guaraní.

¡IMAGÍNATE!

Vocabulario útil 1

CHELA: Quedamos en vernos a las ocho en punto en el **restaurante**. No llegó hasta las ocho y media. Cuando llegó, no ofreció explicaciones y no se disculpó. El **camarero** nos trajo los **menús** pero en ese momento sonó el celular de Sergio. Habló por teléfono —no sé con quién— por diez minutos enteros mientras yo esperaba. Por fin colgó y **ordenamos**. Yo pedí el **pollo asado** y él pidió el **lomo de res**.

Usage and meaning of **bocadillo** and **sandwich** vary throughout the Spanish-speaking world. In general, a **bocadillo** is made with crusty bread similar to the French baguette. A **sandwich** is typically made of pre-sliced loaf-style bread.

Green beans are referred to as **habichuelas** only in the Caribbean. In Spain, they are referred to as **judías verdes,** and in other countries you might see them referred to as **vainas verdes.**

With a partner, go through all the items on the menu and decide whether they are masculine or feminine. Check your answers in the **Vocabulario** section on pages 296–297.

Food terms vary tremendously from country to country and region to region. For example, *cake* can be **pastel** or **torta;** *pork* can be **puerco** or **cerdo;** *banana* can be **plátano, banana,** or **guineo.** When you travel, be prepared to come across a variety of foods that you don't recognize and different names for foods that you do.

EN EL RESTAURANTE MIRAMAR

Cómo ordenar y pagar

Camarero(a), ¿me puede traer el menú?	*Waiter (Waitress), could you please bring me the menu?*
¿Me puede recomendar algo ligero / fuerte?	*Can you recommend something light / filling?*
Para plato principal, voy a pedir…	*For the main course, I would like to order . . .*
Para tomar, quiero…	*To drink, I want . . .*
De postre, voy a pedir…	*For dessert, I would like to order . . .*
¿Me puede traer la cuenta, por favor?	*Can you bring me the check, please?*
¿Cuánto debo dejar de propina?	*How much should I leave as a tip?*

EL MENÚ

Desayuno

cereal	*cereal*
huevos revueltos	*scrambled eggs*
huevos	*eggs,*
estrellados	* sunny-side up*
pan tostado	*toast*

Almuerzo

Ensaladas

ensalada mixta	*mixed salad*
ensalada de	*lettuce and*
lechuga y tomate	* tomato salad*
ensalada de papas	*potato salad*

Sopas

caldo de pollo	*chicken soup*
sopa de fideos	*noodle soup*
gazpacho	*cold, tomato-based*
	* soup (Spain)*

Sándwiches (o bocadillos)

sándwich de	*ham and cheese*
jamón y queso	* sandwich with*
con aguacate	* avocado*
hamburguesa	*hamburger*
hamburguesa	*cheeseburger*
con queso	
perro caliente	*hot dog*
…con papas	*… with French fries*
fritas	

Bebidas y refrescos

café	*coffee*
té o té helado	*hot or iced tea*
agua mineral	*mineral water*
jugo de fruta	*fruit juice*
leche	*milk*
limonada	*lemonade*
vino blanco/tinto	*white/red wine*
cerveza	*beer*

A la carta

Vegetales

frijoles refritos	*refried beans*
zanahorias	*carrots*
bróculi	*broccoli*
espárragos	*asparagus*
guisantes	*peas*
habichuelas	*green beans*

Postres

flan	*custard*
galletas	*cookies*
pastel	*cake*
helado de vainilla/	*vanilla/chocolate*
chocolate	* ice cream*

Frutas

naranja	*orange*
manzana	*apple*
plátano	*banana*
fresas	*strawberries*
uvas	*grapes*
melón	*cantaloupe*

Platos principales

Carnes

lomo de res	*prime rib*
bistec	*steak*
chuleta de puerco	*pork chop*
guisado	*beef stew*
pollo asado	*roasted chicken*
pollo frito	*fried chicken*
arroz con pollo	*chicken with rice*

Mariscos

almejas	*clams*
camarones	*shrimp*
langosta	*lobster*

Pescados

atún	*tuna*
salmón	*salmon*
bacalao	*cod*
trucha	*trout*

Actividades

ACTIVIDAD 1 **¡Tengo hambre!** Tienes mucha hambre. ¿Qué vas a pedir para comer y tomar en las siguientes situaciones?

1. Te despertaste tarde y no tienes mucho tiempo para desayunar antes de ir a la oficina.
2. Acabas de correr cinco millas en una carrera para una organización benéfica (*charity*).
3. Estás en una cita con una persona que es vegetariana y quieres dar una buena impresión.
4. Es tu cumpleaños y estás en un restaurante elegante con varios amigos para celebrarlo.
5. Tu jefe quiere salir a comer contigo para hablar sobre algunos problemas de la oficina.
6. Sales a cenar con tus padres para su aniversario.

ACTIVIDAD 2 **El menú.** Con un(a) compañero(a), preparen un menú para las siguientes personas. Incluyan tres comidas y también algunas meriendas (*snacks*) si creen que le hacen falta a esa persona. Incluyan todos los detalles necesarios, incluso lo que debe tomar esa persona con cada comida o merienda.

1. una persona que está a dieta
2. una persona muy activa que necesita muchas calorías
3. una pareja que sale a cenar para celebrar su aniversario
4. un estudiante universitario que no tiene mucho dinero
5. una persona que acaba de despertarse y va a correr un maratón hoy

ACTIVIDAD 3 **En el restaurante.** En grupos de tres, representen una de las siguientes situaciones. Pueden preparar un guión antes de representar la situación a la clase.

Situación 1: Es el cumpleaños de tu novio(a) y están en un restaurante elegante para la celebración. El (La) camarero(a) es un actor (actriz) a quien no le gusta su trabajo y en realidad no debe servirle comida a la gente.

Situación 2: Tu jefe te invita a cenar. Estás un poco nervioso(a) porque no sabes de lo que quiere hablar. El (La) camarero(a) es un(a) viejo(a) amigo(a) tuyo(a) y te hace muchas recomendaciones, pero tú no tienes hambre y no quieres lo que te sugiere.

Vocabulario útil 2

CHELA: Empezamos a comer. Inmediatamente, Sergio llamó al camarero. ¡Pobre camarero! Sergio fue muy descortés con él. Le dijo que la **sopa** estaba **congelada,** que el **brócoli** no estaba **fresco** y ¡que la **carne** estaba **cruda!** Mandó toda la comida a la cocina. ¡Qué vergüenza! No sabía qué hacer. Mientras esperábamos sus platos, **se enfriaron** los míos.

LAS RECETAS

Los ingredientes

el aceite de oliva	*olive oil*
el ajo	*garlic*
el azúcar	*sugar*
la cebolla	*onion*
la harina	*flour*
la mantequilla	*butter*
la sal y la pimienta	*salt and pepper*
la mayonesa	*mayonnaise*
la mostaza	*mustard*
el vinagre	*vinegar*

La preparación

a fuego suave / lento	*at low heat*
al gusto	*to taste*
al hilo	*stringed*
al horno	*roasted (in the oven)*
a la parrilla	*grilled*
al vapor	*steamed*
congelado(a)	*frozen*
crudo(a)	*raw*
dorado(a)	*golden; browned*
fresco(a)	*fresh*
frito(a)	*fried*
hervido(a)	*boiled*
molido(a)	*crushed, ground*
picante	*spicy*
agregar, añadir	*to add*
calentar (ie) (en el microondas)	*to heat (in the microwave)*
cocer (ue)	*to cook (on the stove)*
enfriarse	*to get cold*
freír (i, i)	*to fry*
hervir (ie, i)	*to boil*
hornear	*to bake in the oven*
mezclar	*to mix*
pelar	*to peel*
picar	*to chop, mince*
unir	*to mix together; incorporate*

Las medidas — *Measurements*

un kilo	*kilo (approximately 2.2 lbs.)*
un medio kilo	*half a kilo*
la libra	*pound*
el litro	*liter*
el galón	*gallon*
la cucharada	*tablespoonful*
la cucharadita	*teaspoonful*
la docena	*dozen*
el paquete	*package*
el pedazo	*piece, slice*
el trozo	*chunk, piece*

Actividades

ACTIVIDAD 4 **Picadillo boliviano.** Lee la siguiente receta para un picadillo boliviano. Con un(a) compañero(a), contesten las siguientes preguntas para ver si entendieron las instrucciones.

Picadillo is a spicy mincemeat typical of Latin America.

PICADILLO

Ingredientes

15 papas peladas y cortadas al hilo
1/2 kg. de cadera de res
5 vainas de ají colorado molido y frito
2 cebollas
1 tomate
1 cucharilla de pimienta
1/4 cucharilla de comino
aceite
sal

Preparación

Pique la carne muy menuda, el tomate en cuadritos y la cebolla finamente picada. En una sartén con poco aceite, fría la cebolla hasta que esté transparente. Añada la pimienta, el comino, la sal al gusto y la carne. Cuando la carne esté dorada, agregue el tomate, deje cocer 5 minutos e incorpore el ají colorado y 1/2 taza de agua. Deje secar a fuego suave el guiso. Aparte fría las papas en abundante aceite caliente. En el momento de servir, una las papas y el guisado de carne. Mezcle bien.

1. ¿Qué debes hacer con las quince papas?
2. ¿Qué debes hacer con la carne antes de freírla?
3. ¿Cómo debes cortar el tomate?
4. ¿Qué debes hacer con la cebolla?
5. ¿Qué le vas a añadir a la cebolla después de freírla?
6. ¿Cuándo puedes agregar el tomate?
7. Después de agregar el tomate, ¿que más le tienes que añadir al guiso?
8. Mientras el guiso se seca a fuego suave, ¿qué debes hacer con las papas?
9. ¿Qué debes hacer al final?

ACTIVIDAD 5 **Telecocina.** Escoge una receta sencilla, como la del picadillo boliviano, y escríbela en una tarjeta. ¡Vas a explicarle a la clase cómo preparar tu plato favorito! Pero lo vas a tener que hacer sin estufa y horno. La clase puede hacerte preguntas durante tu demostración. Imagínate que tu presentación se está transmitiendo por televisión.

Vocabulario útil 3

CHELA: Después de la cena, otro desastre. El camarero nos servía el café cuando sonó el celular de Sergio otra vez. Decidió tomar la llamada en privado. Al levantarse, se pegó en la **mesa** y tiró el café por todo el **mantel**.

DULCE: ¡Uy, qué horror! ¡Parece de película!

CHELA: Sí, ¡de película de horror! Y ¡no me lo vas a creer!, pero después de todo eso, ¡no le dejó propina al pobre camarero! ¡Yo tuve que regresar a dejársela!

LA MESA

Cómo poner la mesa *Setting the table*

el mantel

el vaso

la taza

el cuchillo

la copa

el tenedor

el plato hondo

la servilleta

la cuchara

el plato

Actividades

ACTIVIDAD 6 **¡Necesito un tenedor!** Un(a) amigo(a) da una cena para varios invitados y te pide que lo (la) ayudes. Al oír los comentarios de los invitados, te das cuenta de que necesitan ciertos útensilios. ¿Qué le hace falta a cada persona?

1. «No puedo tomar el caldo de pollo.»
2. «Me gustaría tomarme un té caliente.»
3. «Quisiera un poco de agua mineral, por favor.»
4. «Voy a abrir una botella de vino tinto.»
5. «No puedo cortar este bistec.»
6. «Este arroz se ve delicioso.»
7. «¿En qué debo servir el gazpacho?»
8. «Necesito algo para limpiarme las manos.»

> **Tomar,** not **comer,** is used to refer to eating soup.

ACTIVIDAD 7 **La cena.** En grupos de cuatro, representen la siguiente situación frente a la clase. Pueden preparar un guión si quieren.

Tú y tres amigos van a dar una fiesta para celebrar algo importante. Los cuatro se juntan para planear el menú. No están de acuerdo con varias decisiones.

- dónde va a ser la fiesta
- qué platos van a cocinar
- quién va a preparar qué platos
- cómo los van a preparar
- qué refrescos van a servir
- a quiénes van a invitar
- ¿...?

Antes de ver el video

ACTIVIDAD 1 El video para este capítulo tiene lugar en un restaurante. Chela le describe a Dulce la cena que tuvo la noche anterior con Sergio. Trabaja con un(a) compañero(a) de clase y contesten las siguientes preguntas sobre lo que ya saben de Chela y Sergio.

1. ¿Qué sabes de la personalidad de Chela? Piensa en tres adjetivos que la describan.
2. ¿Qué sabes de la personalidad de Sergio? Piensa en tres adjetivos diferentes que lo describan.
3. En su opinión, ¿son Chela y Sergio compatibles? ¿Por qué sí o por qué no?

ESTRATEGIA

Using visuals to aid comprehension

In the video segment you are going to see, you can gain a lot of information from just looking at the visuals on the screen. In some cases, the scenes and images you see also help you to understand the language that you hear. When watching video, it is important to pay attention to the visuals as well as to the spoken conversation.

ACTIVIDAD 2 Antes de ver el video, mira las siguientes fotos del video. Luego escoge la oración que mejor describa la idea principal de cada foto.

1. _____   2. _____   3. _____   4. _____

Ideas principales
a. Parece que Sergio llegó muy tarde a la cita.
b. A Chela no le gustó nada la conversación telefónica que tuvo Sergio.
c. Sergio fue muy descortés con el camarero.
d. A Sergio no le importó mucho el accidente que tuvo con el café.

El video

Mira el episodio para el **Capítulo 9.** No te olvides de enfocarte en las imágenes del video para ayudarte a entender la acción y los comentarios de Chela.

Después de ver el video

Internet

ACTIVIDAD 3 Pon en el orden correcto los ejemplos de la descortesía de Sergio, según los comentarios de Chela.

_____ "Habló por teléfono —no sé con quién— por diez minutos enteros mientras yo esperaba."

_____ "...Sergio llamó al camarero. ¡Pobre camarero! Sergio fue muy descortés con él."

_____ "Decidió tomar la llamada en privado. Al levantarse, se pegó en la mesa y tiró el café por todo el mantel."

_____ "Quedamos en vernos a las ocho en punto en el restaurante. No llegó hasta las ocho y media."

_____ "Habló de sí mismo por una eternidad y mientras hablaba no dejaba de arreglarse el pelo."

_____ "...después de todo eso, ¡no le dejó propina al pobre camarero!"

> ¿Te gusta experimentar con platillos nuevos o prefieres la comida tradicional? ¿Te interesa comer en el restaurante "¡Pasión!" y probar la Nueva Cocina Latina?

ACTIVIDAD 4 En tu opinión, ¿crees que a Sergio le pareció una cena agradable? Escribe una conversación breve entre Sergio y Beto en la que Sergio describa la cena desde su punto de vista.

VOCES DE LA COMUNIDAD
Internet

Guillermo Pernot

Guillermo Pernot explica por qué su restaurante se llama "¡Pasión!", diciendo: "La comida se parece a mis sentimientos —poderosa (*powerful*), compleja y con mucho sabor (*flavor*)".

Guillermo Pernot es dueño (*owner*) y chef del restaurante "¡Pasión!" de Filadelfia. Este nativo de la Argentina es uno de los pioneros de la Nueva Cocina Latina, un nuevo estilo culinario que combina los sabores de la cocina tradicional y contemporánea de Centro y Sudamérica. La cocina de Pernot se caracteriza por su uso del pescado crudo y cocido y una abundante variedad de frutas y vegetales. *¡Ceviche!*, el nuevo libro de cocina de Pernot y su co-autora Aliza Green, es una innovadora colección de platillos tales como ensalada de papaya, ceviche de langosta y picadillo de atún.

Puedes ver a Pernot en el programa de televisión *Ready, Set, Cook.*

Guillermo Pernot ha recibido (*has received*) algunos de los honores más altos de la industria culinaria de EEUU y en 1999, la revista *Philadelphia Magazine* escogió "¡Pasión!" como el mejor restaurante nuevo de Filadelfia.

¡PREPÁRATE!

Gramática útil 1
Talking about what you used to do: The imperfect tense

Habló por teléfono, no sé con quién, por diez minutos enteros mientras yo **esperaba**.

CÓMO USARLO

1. You have already learned to talk about completed actions and past events using the *preterite tense* in Spanish.

2. Spanish has another past-tense form known as the *imperfect tense*. The imperfect is used to talk about *ongoing actions* or *conditions* in the past.

3. Use the *imperfect tense* to talk about the following events or situations in the past.

◆ to talk about what you *habitually did* or *used to do*

Todos los días, **desayunaba** a las ocho y luego **caminaba** a la escuela.	*Every day **I used to eat breakfast** at eight and then **I walked** to school.*

◆ to describe an *action in progress* in the past

Vivíamos en Asunción con mi prima Enedina y sus padres.	*We were living in Asunción with my cousin Enedina and her parents.*

◆ to *tell the time* in the past

Por lo general, **eran** las diez de la noche cuando **comíamos**.	*It was usually ten at night when we would eat dinner.*

◆ to describe *emotional or physical conditions* in the past

Todos **estábamos** muy contentos y nadie se enfermó ese año. **Nos sentíamos** muy afortunados.	*We were all very happy and no one got sick that year. We felt very fortunate.*

◆ to describe *ongoing weather conditions* in the past

Llovía mucho en Paraguay en esa época.	*It rained a lot in Paraguay during that time.*

◆ to tell someone's *age* in the past

Enedina **tenía** quince años ese año.	*Enedina was fifteen that year.*

4. The imperfect tense is generally translated into English in different ways. For example, **comía** can be translated as *I ate* (routinely), *I was eating, I would eat,* or *I used to eat.*

1. Here are the imperfect forms of regular verbs, which includes almost all Spanish verbs. Notice that **-er** and **-ir** verbs share the same endings, and that the **yo** and **usted / él / ella** forms are identical for all verbs.

	cenar	comer	pedir
yo	cen**aba**	com**ía**	ped**ía**
tú	cen**abas**	com**ías**	ped**ías**
usted / él / ella	cen**aba**	com**ía**	ped**ía**
nosotros / nosotras	cen**ábamos**	com**íamos**	ped**íamos**
vosotros / vosotras	cen**abais**	com**íais**	ped**íais**
ustedes / ellos / ellas	cen**aban**	com**ían**	ped**ían**

> Notice the use of accents on the **nosotros / nosotras** form of -ar verbs, and on *all* forms of the -er and -ir verbs.

2. There are no stem changes in the imperfect tense.

3. There are only three irregular verbs in the imperfect.

	ir	ser	ver
yo	**iba**	**era**	**veía**
tú	**ibas**	**eras**	**veías**
usted / él / ella	**iba**	**era**	**veía**
nosotros / nosotras	**íbamos**	**éramos**	**veíamos**
vosotros / vosotras	**ibais**	**erais**	**veíais**
ustedes / ellos / ellas	**iban**	**eran**	**veían**

> **Ver** is irregular only in that the **e** is maintained before adding the regular -er imperfect endings.

Actividades

ACTIVIDAD 1 **Sergio.** Sergio describe su vida cuando tenía catorce años y estaba en el colegio. Cambia sus oraciones del presente al imperfecto para saber cómo era su vida.

1. Me levanto a las seis de la mañana todos los días.
2. Tomo el desayuno en casa.
3. Salgo a correr dos millas antes de ir al colegio.
4. Voy al colegio en autobús.
5. Almuerzo en la cafetería del colegio.
6. Tengo clases hasta las cuatro de la tarde.
7. Estudio en la casa de mi novia hasta las ocho y media de la noche.
8. Me acuesto a las diez de la noche.

ACTIVIDAD 2 **En la secundaria.** Entrevista a un(a) compañero(a). Quieres saber más de su vida cuando estaba en la secundaria. Puedes usar las siguientes preguntas para tu entrevista, o puedes hacerle las preguntas que quieras. Túrnense para hacer la entrevista.

1. ¿A qué hora empezaban las clases?
2. ¿A qué hora te levantabas / desayunabas?
3. ¿Comías en la cafetería de la escuela o llevabas tu propia comida?
4. Si llevabas tu propio almuerzo, ¿quién lo preparaba?
5. ¿Qué comías de almuerzo?
6. ¿Trabajabas después de la escuela?
7. ¿Cuántas horas de tarea hacías?
8. ¿Participabas en algún deporte?
9. ¿Ibas a fiestas los fines de semana? ¿Solo(a) o con tus amigos?
10. ¿Eras miembro de algún club u organización en tu escuela?
11. ¿Tenías novio(a)?
12. ¿Qué hacías con tus amigos?

 ACTIVIDAD 3 **Los veranos de mi niñez.** ¿Cómo pasabas los veranos cuando eras niño(a)? Escribe una descripción de lo que te acuerdas de los veranos de tu niñez, o de un verano en particular que fue importante u horrible. Léele tu descripción a un(a) compañero(a) y escucha la descripción de él (ella). Usa las siguientes preguntas como guía si quieres.

- ¿Dónde pasabas los veranos? ¿Con quién(es)?
- ¿Qué hacías?
- ¿Qué te gustaba hacer? ¿Por qué?
- ¿Qué no te gustaba hacer? ¿Por qué?
- ¿Cuáles eran tus actividades preferidas del verano?
- ¿...?

Gramática útil 2

Talking about the past: Choosing between the preterite and the imperfect tenses

CÓMO USARLO

1. As you have learned, the preterite tense is generally used in Spanish to express past actions and describe past events that are viewed as completed and over. The imperfect is used to describe past actions or conditions that are viewed as habitual or ongoing.

No **sabía** qué hacer.
Mientras **esperábamos**
sus platos, **se enfriaron**
los míos.

2. Sometimes the choice between the preterite and the imperfect is not clear-cut. It may depend on the speaker's judgment of the event. However, here are some general guidelines for using the two tenses.

Preterite	Imperfect
1. Relates a *completed past action* or a *series of completed past actions*. **Comimos** en ese restaurante la semana pasada. Ayer, **fuimos** al restaurante, **pedimos** el menú, **comimos** y luego **salimos** para ir al teatro.	1. Describes *habitual or routine past actions*. **Comíamos** en ese restaurante todas las semanas. Siempre **íbamos** al restaurante, **pedíamos** el menú, **comíamos** y luego **salíamos** para ir al teatro.
2. Focuses on the *beginning* or *end* of a past event. La cena **comenzó** a las nueve, pero no **terminó** hasta medianoche.	2. Focuses on the *duration* of the event in the past, rather than its beginning or end. **Cenábamos** desde las nueve hasta medianoche.
3. Relates a *completed past condition* that is viewed as completely over and done with at this point in time (usually gives a time period associated with the condition). Manuel **estuvo** enfermo por dos semanas después de comer en ese restaurante, pero ahora está bien.	3. Describes *past conditions*, such as time, weather, emotional states, age, and location, that were ongoing at the time of description (no focus on beginning or end of condition). El restaurante **era** famoso por su comida latinoamericana y **estábamos** muy contentos con los platos que pedimos.
4. Relates an *action that interrupted* an ongoing action. Ya comíamos el postre cuando por fin Miguel **llegó** al restaurante.	4. Describes *ongoing background events* in the past that were interrupted by another action. Ya **comíamos** el postre cuando por fin Miguel llegó al restaurante.

3. Notice that certain words and phrases related to time may suggest when to use the imperfect and when to use the preterite. These are not hard-and-fast rules, but general indicators.

Preterite	Imperfect
de repente (*suddenly*) **por fin** (*finally*) **ayer** **la semana pasada** **el mes / el año pasado** **una vez / dos veces**, etc.	**generalmente / por lo general** **normalmente** **todos los días / meses / años** **todas las semanas** **frecuentemente** **típicamente**

4. In **Capítulo 8** you learned that some verbs (**querer, poder, conocer,** and **saber**) have a different meaning in the preterite tense. This change in meaning does not occur in the imperfect tense.

Quise traer un plato boliviano a la fiesta, pero **no pude** encontrar los ingredientes.	*I **tried** to bring a Bolivian dish to the party, but **I failed** to find the ingredients.*
Quería ir a la fiesta, pero no **podía** salir de la oficina.	*I **wanted** to go to the party, but I couldn't **leave** the office.*
Durante la cena en el restaurante, **conocí** a un hombre que es cocinero profesional y **supe** cómo hacer salteñas perfectas.	*During the dinner at the restaurant, I **met** a man who is a professional chef and I **found out** how to make the perfect salteñas.*
En Bolivia, **conocía** a un hombre que era cocinero profesional y él **sabía** cómo hacer salteñas perfectas.	*In Bolivia I **knew** a man who was a professional chef and he **knew** how to make perfect salteñas.*

CÓMO FORMARLO

Review the preterite forms presented in **Capítulos 7** and **8,** as well as the imperfect forms presented in **Gramática útil 1** (on pages 276–277 of this chapter).

Actividades

ACTIVIDAD 4 **Picadillo boliviano.** ¡Pobre Amelia! Ella describe lo que le pasó cuando estaba preparando un picadillo boliviano para su familia. Escribe las oraciones según el modelo. Ponle mucha atención al uso del pretérito y el imperfecto.

MODELO: picar la carne / sonar el teléfono
Picaba la carne cuando sonó el teléfono.

1. pelar las papas / empezar a llover
2. freír la cebolla / entrar mi hermano a la cocina empapado (*drenched*)
3. cortar el tomate en cuadritos / llegar papá del trabajo muerto de hambre
4. añadir la sal, la pimienta y el comino / mi hermanito poner la tele
5. agregar el tomate / mi hermanita decidir ayudarme
6. dorar la carne / (ellos) anunciar en la tele que venir un huracán
7. secar el guiso a fuego suave / llegar mamá de la oficina
8. freír las papas en aceite caliente / empezar la tormenta
9. mezclar las papas y el guisado / sentarse todos a la mesa
10. servir el picadillo / cortarse la electricidad

ACTIVIDAD 5 **¡Qué decepción!** Anoche, Ricardo y Elena fueron a un restaurante a cenar. Elena le describe la cita a su amiga Fernanda. Completa su descripción con las formas correctas del pretérito y del imperfecto de los verbos entre paréntesis.

Anoche Ricardo y yo (1. ir) a un restaurante elegante. No (2. tener) reservación y por eso no (3. sentarse) hasta las diez de la noche. Los dos (4. estar) muertos de hambre. Yo (5. ordenar) una ensalada mixta, pollo asado con habichuelas, flan y un café. Ricardo (6. pedir) una ensalada de papa, lomo de res y un helado de vainilla. Nosotros (7. hablar) de la película que (8. acabar) de ver cuando (9. regresar) el camarero a la mesa. Él nos (10. explicar) que no (11. haber) ni lomo ni pollo y nos (12. preguntar) si (13. querer) una hamburguesa. Ricardo (14. enojarse) mucho y le preguntó si por favor no nos (15. poder) recomendar algo más apetitoso. El camarero (16. sonreír) y (17. decir) que todo lo que (18. quedar) en la cocina (19. ser) ¡hamburguesas y papas fritas! Con el hambre que (20. tener) los dos, (21. decidir) ordenar las hamburguesas. Yo no (22. querer) dejarle buena propina porque había sido (*had been*) un poco descortés, pero Ricardo (23. insistir) en que no (24. ser) su culpa y le (25. dejar) una propina exagerada.

ACTIVIDAD 6 **Los veranos de Chela.** Escucha mientras Chela describe cómo pasaba los veranos cuando era niña. En un papel aparte, haz dos columnas como las siguientes. Mientras escuchas, escribe los verbos en el pretérito en la primera columna y los verbos en el imperfecto en la segunda columna.

Acciones: visitar a los abuelos, vivir en un pueblito, llevar su computadora, sorprenderse, levantarse muy temprano, ir a dar una vuelta por el centro, estar triste, la computadora no funcionar, salir al pueblo, no usar más la computadora

Completed action in the past	Action in progress or habitual action in the past
	visitaba

ACTIVIDAD 7 **¡Qué horror!** A veces salimos con alguien que no conocemos muy bien y la cita es un desastre. Esto le pasó a Chela cuando salió con Sergio en el video. ¿Has tenido alguna vez una cita desastrosa? Escribe una narración que describa esa cita o una cita imaginaria. Incluye muchos detalles y pon atención al uso del pretérito y del imperfecto.

- ¿Adónde fueron?
- ¿Qué hicieron?
- ¿Qué pasó durante la cita?
- ¿Qué hizo él / ella que te avergonzó (*embarrassed you*) o molestó?
- ¿Cómo te sentías?
- ¿Cómo respondiste?
- ¿…?

¡FÍJATE!

El pretérito y el imperfecto

En español, al hablar del pasado podemos enfocarnos en tres aspectos diferentes de una acción: su comienzo, un punto intermedio o su terminación. El punto de vista (*point of view*) que el hablante adopta sobre una acción determina si va a usar el pretérito o el imperfecto. Por ejemplo, en la oración **A las ocho preparé la cena,** el pretérito sirve para enfocarse en el comienzo de la acción. Por contraste, en la oración **A las ocho preparaba la cena,** el uso del imperfecto indica un momento intermedio durante el cual ocurrió la acción. El pretérito también sirve para indicar el final de una acción, como, por ejemplo, en la oración **A las ocho me caí.**

El pretérito y el imperfecto permiten hacer referencia a una acción pasada con gran precisión. Sin embargo (*Nevertheless*), a veces el hablante sólo tiene interés en comunicar que una acción pasada ocurrió, sin querer destacar ningún aspecto específico de aquella acción. En tal caso, el hablante usa el pretérito, como en la oración **En 1998 viví en La Paz.**

PRÁCTICA. Identifica cuáles de los verbos indicados se pueden expresar con el imperfecto en español. ¿Cómo se puede expresar más claramente el momento intermedio de una acción en inglés?

1. While I *washed* the dishes, my son *cleared* the table.
2. I *burned* myself when I *took* the cake out of the oven.

Gramática útil 3

Avoiding repetition: Double object pronouns

How many object pronouns can you find in this ad? Are they direct or indirect object pronouns? How can you tell?

CÓMO USARLO

1. You have already learned to use direct object pronouns (**me, te, lo, la, nos, os, los, las**) in **Capítulo 7**. In **Capítulo 8** you learned to use indirect object pronouns (**me, te, le, nos, os, les**).

2. Remember that you use direct object pronouns to replace the direct object of a sentence. The direct object receives the action of the verb.

Preparé **la comida.** → **La** preparé.

3. Remember that you use indirect object pronouns to replace the indirect object of a sentence. The indirect object says who the object or action is for.

Preparé la comida (para **ti**). → **Te** preparé la comida.

4. Sometimes you will want to use direct and indirect object pronouns together. In this situation, they are called *double object pronouns*.

Preparé la comida (para **ti**). → **Te la** preparé.
Organicé un almuerzo especial (para **ellos**). → **Se lo** organicé.

CÓMO FORMARLO

1. Here are the indirect and direct object pronouns in Spanish. They stay the same when used together, except for the third-person singular and third-person plural. In those two cases, **se** replaces **le** and **les** as the indirect object pronoun.

Indirect object	Direct object
me	me
te	te
le → se	lo / la
nos	nos
os	os
les → se	los / las

2. When you use double object pronouns, follow these rules.

◆ The *indirect object pronoun* comes *before* the *direct object pronoun*. This is true whether the pronouns are used before the verb or attached to the end of the verb (infinitives, affirmative command forms, present participles).

Pedí una sopa. **Me la** sirvieron inmediatamente.
Luego pedí una ensalada. Le dije al camarero: "Por favor, **tráigamela** con un poco de pan".

◆ Remember that with *negative command forms*, the double object pronouns must come *before the verb*.

Quiero un postre, pero **no me lo traiga** inmediatamente.

◆ When double object pronouns are used with conjugated verbs and infinitives, they may go *before the conjugated verb* or *attach to the infinitive*.

Me lo van a servir en unos minutos.   O: Van a **servírmelo** en unos minutos.

> Remember, when pronouns are attached to the end of infinitives, command forms, and present participles, an accent is placed on the verb to maintain the original pronunciation: **tráigamela.**

◆ When using the direct object pronouns **lo, la, los,** and **las** with the indirect object pronouns **le** or **les,** change **le / les** to **se.** (Notice that you use **se** to replace both **le** and **les.**)

Ileana **le** preparó **una ensalada** a Susana.

Ileana **se la** preparó (a Susana).

Susana **le** llevó **los ingredientes** a Ileana.

Susana **se los** llevó (a Ileana).

Ileana y Susana **les** prepararon **la cena** a sus padres.

Ileana y Susana **se la** prepararon (a sus padres).

Actividades

ACTIVIDAD 8 **Adán y Adelita.** El padre de Adán y Adelita cree que sus hijos sólo deben comer comida nutritiva. Nunca les compra comida rápida y no les permite comer postres llenos de azúcar. Primero, haz el papel del padre y contesta las preguntas de sus hijos. Luego, di si les compró o no les compró las comidas que querían.

MODELO: **Adán:** Papá, quiero un perro caliente.
Papá: *Hijo, no te lo voy a comprar.* O: *Hijo, no voy a comprártelo.*
Tú: *Adán quería un perro caliente. Su papá no se lo compró.*

1. **Adelita:** Papá, quiero un helado.

2. **Adán y Adelita:** Papá, queremos unas hamburguesas.

3. **Adán:** Quiero unos plátanos.

4. **Adelita:** Papá, quiero una ensalada mixta.

5. **Adán y Adelita:** Papá, queremos unas papas fritas.

6. **Adelita:** Papá, quiero unas fresas.

7. **Adán:** Papá, quiero una galleta.

ACTIVIDAD 9 **Miguel.** La mamá de Miguel le pregunta si ha hecho varias cosas para los diferentes miembros de su familia. ¿Cómo contesta Miguel? Sigue el modelo.

MODELO: ¿Le serviste la leche a tu prima?
Sí, se la serví.

1. ¿Le preparaste el café a tu abuelo?
2. ¿Les compraste las galletas a tus tíos?
3. ¿Le serviste la sopa de fideos a tu hermano?
4. ¿Nos trajiste las servilletas?
5. ¿Te compraste los plátanos?
6. ¿Me diste la receta para el picadillo?
7. ¿Les calentaste las tortillas a tu primos?
8. ¿Les dieron las gracias tus primos a tu hermana y a ti?

ACTIVIDAD 10 **A la hora de comer.** Es la hora de comer en casa de Emilia Gutiérrez. La señora Gutiérrez le da instrucciones a Emilia. Escucha lo que le dice y escoge la frase que mejor complete sus instrucciones.

1. _____   a. Ábremelo, por favor.
2. _____   b. Prepáraselo, por favor.
3. _____   c. Sírvesela, por favor.
4. _____   d. Sírveselo, por favor.
5. _____   e. ¿Nos las calientas, por favor?
6. _____   f. Llévaselas, por favor.
7. _____   g. Dáselo, por favor.
8. _____   h. Tráemelo, por favor.

ACTIVIDAD 11 **¿Qué quieres para tu cumpleaños?** Con un(a) compañero(a), túrnense para representar la siguiente situación. Usen los pronombres dobles por lo menos dos veces en su conversación. Pueden practicar antes de representarle la situación a la clase. (Nota que los verbos **dar, traer, servir, preparar** y **comprar** frecuentemente requieren dos pronombres porque indican una acción hacia otra persona.)

Es tu cumpleaños y tus amigos quieren saber qué regalos quieres. Te van a dar una fiesta y también quieren saber qué comidas quieres que preparen. Eres muy exigente (*demanding*): quieres muchas cosas y te gusta una variedad de comidas. Pide todo lo que te apetezca (*you desire*).

MODELO: **Amigo(a):** ¿Qué quieres para tu cumpleaños?
Tú: Me gustaría tener el último CD de Shakira.
Amigo(a): Vamos a comprártelo. ¿Y qué más quieres?
Tú: …

Gramática útil 4

Indicating for whom actions are done and what is done routinely: The uses of *se*

Al levantarse, **se** pegó en la mesa y tiró el café por todo el mantel.

CÓMO USARLO

You have used the pronoun **se** in several different ways. Here's a quick review of its uses, plus one new use.

Use **se...**	
to replace **le** or **les** when they are used with a direct object pronoun.	Marta **le** dio un regalo a Selena. Marta **se** lo dio.
with reflexive verbs, when using **usted / ustedes** and **él / ella / ellos / ellas** forms.	Ustedes **se** vistieron y salieron para la oficina. Ella **se** vistió después de duchar**se**.
to give general and impersonal information about "what is done."	**Se sirve** comida paraguaya en ese restaurante. **Se venden** libros bolivianos en esa librería.

1. When using the **se** + verb construction shown at the bottom of the chart, notice that the verb is in the third-person singular **(sirve)** if the noun that follows is singular, or in the third-person plural **(venden)** if the noun is plural.

Se venden empanadas aquí.	*They sell empanadas here.*
Se busca camarero.	*They are looking for a waiter.*

2. Se can also be used with a *singular verb and no noun* to say what an unspecified person does. (This use is similar to the "one does" use in English.)

Se come muy bien en ese restaurante.	*One eats well in that restaurant.*
Se viaja con gran confort en ese tren.	*One travels in great comfort on that train.*

Actividades

ACTIVIDAD 12 **Los anuncios clasificados.** Vas a escribir unos anuncios clasificados para el periódico universitario. Algunas personas te describen lo que necesitan o buscan. Escribe la primera línea de cada anuncio según lo que te dicen.

MODELO: —Me voy a graduar este año y tengo muchos libros usados que quiero vender.
Se venden libros usados.

1. —Soy director y quiero montar (*put together*) una obra de teatro. Busco tres actores y una actriz.
2. —Vamos a hacer un Festival Boliviano y necesitamos voluntarios para ayudar con todos los detalles.
3. —Voy a estudiar al extranjero este semestre y quiero alquilar mi apartamento.
4. —Para las Navidades queremos darles ropa y juguetes a los niños pobres. Aceptamos donaciones de ropa y juguetes usados.

Sonrisas

 EXPRESIÓN. En grupos de tres a cuatro estudiantes, contesten las siguientes preguntas sobre la tira cómica.

1. ¿Por qué se usa un verbo singular con los dos primeros letreros?
2. ¿Por qué se usa un verbo plural con los dos últimos letreros?
3. ¿Crees que el niño va a recibir dinero de la gente que ve su letrero? ¿Por qué?
4. Piensen en unos letreros cómicos para los siguientes lugares. Luego, compartan sus ideas con otro grupo. ¿Qué grupo tiene los letreros más creativos?

   a. restaurante
   b. tienda
   c. hospital
   d. consultorio (*office*) de un dentista
   e. taller de un mecánico
   f. la pizarra en la clase de español

Bolivia y Paraguay

La tradición y la innovación. Lee los siguientes párrafos sobre Bolivia y Paraguay. Luego, empareja la oración en el cuadro con el párrafo apropiado.

Párrafo	Oración
	1. Una gigante presa (*dam*) es una de las atracciones turísticas más populares de toda Sudamérica.
	2. Este país es un poco diferente de los otros países sudamericanos por dos razones.
	3. Las misiones son una parte importante de la historia de este país.
	4. Las riquezas naturales de este país atraen a muchos turistas.
	5. La gran influencia indígena en este país es obvia por todas partes.
	6. Los instrumentos indígenas forman la base de la música andina.

Bolivia: rica en variadas tradiciones

Párrafo 1

En Bolivia hay más de treinta grupos indígenas; los grupos más grandes son los quechuas, los aimaraes y los tupí-guaraníes. Esta diversidad de culturas resulta en una variedad de tipos de ropa tradicional, artesanías, bailes y música, que atraen a turistas de todo el mundo.

Párrafo 2

Bolivia recibió su nombre de Simón Bolívar, el héroe de la independencia de cinco países sudamericanos. A diferencia de los otros países de Sudamérica, Bolivia no tiene ni costas ni playas. Además, es el único país en Latinoamérica con dos capitales. La Paz es la capital administrativa del gobierno y Sucre es la capital constitucional.

Carnaval en Oruro, Bolivia

Párrafo 3

La música andina se encuentra por toda Bolivia y es popular por todo el mundo. Unos de los instrumentos indígenas típicos y tradicionales son las quenas, los sicus y las flautas que imitan el sonido (*sound*) del viento en los Andes. El charango es una pequeña guitarra y es muy popular en la música de la región.

The **charango** is made from the shell of the armadillo.

Paraguay: pasado y futuro

Párrafo 4

Paraguay es uno de los países menos contaminados del planeta. Por eso, hay muchas áreas naturales que no han cambiado (*haven't changed*) desde hace siglos, paraísos ecológicos que atraen a visitantes de todo el mundo. La flora y fauna de este país son bien conocidas por los ecoturistas, que llegan para visitar sitios como las ciénagas (*swamps*) del altiplano del río Paraná y los secos llanos (*plains*) del Chaco.

Párrafo 5

Itaipú es el mayor complejo hidroeléctrico del mundo. Se encuentra en el río Paraná y es una empresa binacional, construida y operada por Brasil y Paraguay. El complejo provee el 24% de las necesidades de energía eléctrica de Brasil y el 95% de los requisitos del Paraguay. Es una atracción turística inmensa con casi 11 millones de visitantes desde 1977.

Párrafo 6

Las misiones jesuitas de Latinoamérica fueron construidas (*were constructed*) por la orden religiosa Compañía de Jesús entre 1609 y 1768. Estos misioneros jesuitas españoles y portugueses viajaron a las áreas más remotas de Sudamérica donde establecieron misiones, convirtieron a los indígenas al catolicismo y les enseñaron su idioma. La Misión de Trinidad del

El complejo hidroeléctrico Itaipú

Paraná en Paraguay es quizás la más interesante de las misiones jesuitas que quedan, y ha sido declarada Patrimonio Universal de la Humanidad.

Internet

¡CONÉCTATE!

Trabaja con un(a) compañero(a) de clase. Hagan una investigación por Internet para buscar información sobre dos de las siguientes cosas o lugares. Usen los enlaces sugeridos en el sitio web de *Nexos Media*.

1. los instrumentos nativos que se usan en la música andina
2. la presa gigante de Itaipú en el río Paraná
3. la vida de los guaraníes hoy día en Paraguay
4. la vida de los aimaraes a orillas del lago Titicaca
5. ¿...?

Internet

¿Sabes cuántos países oficialmente bilingües hay en las Américas? Tal vez la respuesta te va a sorprender. Hay tres: Perú, Paraguay y Canadá. Perú y Paraguay son los únicos países hispanohablantes que reconocen dos idiomas oficiales. Además del español, Perú reconoce el quechua, y Paraguay reconoce el guaraní. (Guatemala reconoce cuatro idiomas oficiales: el español, el quechua, el aimara y el tupi-guaraní.)

Esta situación existe en Paraguay porque Paraguay siempre ha sido (*has been*) un país bicultural. La herencia indígena de los guaraníes se ha integrado (*has integrated itself*) casi completamente con la cultura hispanohablante paraguaya.

Las escuelas, las oficinas del gobierno y los medios de comunicación paraguayos se comunican con el pueblo paraguayo en los dos idiomas. Aunque el guaraní siempre ha sido una lengua de tradición oral, ha tenido (*has had*) una tradición escrita desde el siglo XVIII, cuando los misioneros católicos vieron la necesidad de crear un alfabeto guaraní para comunicarse con la gente indígena.

Existen varios diccionarios guaraní-español. Además, a causa de la historia de inmigración de Alemania a Paraguay, también existen diccionarios trilingües —guaraní-español-alemán.

 PRÁCTICA. En grupos de tres a cuatro personas, hablen de los siguientes temas.

1. ¿Les gusta la idea de tener más de un idioma oficial? ¿Por qué?
2. Si EEUU tuviera (*had*) más de una lengua oficial, ¿cuál sería (*would be*) la otra lengua?
3. ¿Cuánto saben de Canadá y sus idiomas oficiales? ¿Saben cuál es el otro idioma, además del inglés? ¿Han viajado (*Have you traveled*) a las partes de Canadá donde lo hablan?

A LEER

Antes de leer

ESTRATEGIA

Setting a time limit

One of the best ways to learn Spanish is by reading it. Developing your reading skills will help you avoid spending too much time trying to understand every single word in a reading. In previous chapters, you have learned strategies to help you focus on getting the main idea without becoming too bogged down in the details. Another good way to do this is to set yourself a time limit. Reading under deadline pressure forces you to focus on what's important, rather than on trying to understand every single word.

ACTIVIDAD 1 Vas a leer un ensayo (*essay*) humorístico de un periodista boliviano, Hernán Maldonado. Describe un incidente que le dejó sin muchas ganas de comer en la oficina. Hay varias palabras desconocidas en el ensayo. Mira el dibujo para familiarizarte con estos términos.

La jornada laboral

ACTIVIDAD 2 En este ensayo, el autor describe la tentación de comer **salteñas** en la oficina, aunque está prohibido por la presidenta de la organización. Con un(a) compañero(a) de clase, contesten las siguientes preguntas para prepararse para algunas de las ideas del ensayo.

1. ¿Les gusta comer mientras estudian o trabajan?
2. ¿Creen que en EEUU es aceptable comer y beber en la oficina o en cualquier otro sitio de trabajo? ¿Hay sitios donde no es aceptable comer y beber? ¿Cuáles son?
3. ¿Creen que en EEUU somos más o menos informales con respecto a la comida que en otros países del mundo? ¿Pueden dar unos ejemplos?

Lectura

ACTIVIDAD 3 Ahora, lee el artículo por primera vez. Trata de entender sólo las ideas principales. Pregúntate "¿Qué pasó?" mientras lees. Toma quince minutos y lee el ensayo por completo.

Los bocadillos en las oficinas
por Hernán Maldonado

FINALMENTE PARECE HABERSE superado una etapa[1] en la que no sé todavía por qué razones se prohibía terminantemente en las oficinas comer un bocadillo en medio de una jornada laboral.

Aunque en la mayor parte de las oficinas siempre existe un cuartito que sirve de comedor[2], el 90 por ciento de los empleados, a la hora de su "lunch", comen sobre sus escritorios. Nunca he podido[3] hacer algo similar y yo creo que se trata de un trauma que arrastro desde el primer y único año en que me desempeñé[4] como funcionario público.

Era el año 1969 y fungía[5] como Jefe de Relaciones Públicas del Consejo Nacional del Menor (Coname). Nuestras oficinas funcionaban en el Ministerio del Trabajo. Por razones de espacio, lo que antes era una sola oficina había sido dividida[6] en 10 oficinas con paredes de cartón.

Todos los días, a golpe de 10 de la mañana, acudía al edificio una mujer potosina[7] que vendía salteñas. Al comienzo traía sólo una pequeña canasta, pero como sus bocadillos tuvieron amplia aceptación, al poco tiempo apareció con un balay[8].

Todo andaba sobre ruedas[9] hasta que una mañana la presidenta de Coname, la señora Elsa Omiste de Ovando, prohibió que los empleados comieran salteñas en horas de oficina.

Como doña Elsa prefería despachar[10] desde su casa, la prohibición contra las salteñas fue relajándose y poco a poco, todo volvió a ser como antes, de manera que una mañana mi secretaria me dijo: "Señor Maldonado, la potosina está en la puerta, ¿pedimos?" "¡Por supuesto!" le respondí.

Justamente en ese momento se escucharon gritos en la puerta del edificio: "¿Quién me está comiendo salteñas? ¿Me van a hacer caso[11] o no? ¡Boten[12] a esa mujer de aquí!"

Me quedé congelado mientras escuchaba a nuestra presidenta entrar cubículo por cubículo, abriendo personalmente cajones, profiriendo gritos, dando órdenes. Me sentí despedido.

Y entonces se volvió al escritorio de mi secretaria. Hizo la misma revisión, incluyendo el basurero, y yo esperaba que en cualquier segundo gritaría en triunfo al encontrar las cuatro salteñas. Pero no encontró nada y salió furiosa. Yo no podía creerlo.

Mi secretaria estaba con la vista fija en la pared, como hipnotizada. "¿Qué hizo con las salteñas?" le pregunté.

"Estoy sentada sobre ellas, señor Maldonado", me dijo. Estaba petrificada.

[1]**parece…** *an era seems to have passed* [2]*dining room* [3]**Nunca…** *I have never been able* [4]**me desempeñé** yo trabajé [5]trabajaba [6]**había…** *had been divided* [7]**acudía…** llegaba al edificio una mujer de Potosí (ciudad en Bolivia) [8]**balay** *large basket* [9]**Todo…** Todo iba muy bien, sin problemas [10]trabajar [11]**hacer caso** *pay attention, obey* [12]**Boten** *Throw out*

Después de leer

ACTIVIDAD 4 Di si las siguientes oraciones sobre la lectura son ciertas o falsas.

1. _____ El autor no come en su oficina a causa de una experiencia traumática que tuvo cuando era joven.

2. _____ La secretaria del autor vendía salteñas en la oficina.

3. _____ A la presidenta de la agencia no le gustaba que los empleados comieran (*would eat*) en la oficina.

4. _____ La presidenta siempre estaba en la oficina, espiando a los empleados.

5. _____ Un día la presidenta vino a la oficina y vio que los empleados comían salteñas.

6. _____ La presidenta buscó las salteñas en todas las oficinas.

7. _____ El autor no tenía miedo de la presidenta.

8. _____ La secretaria del autor no pudo esconder (*to hide*) sus salteñas.

ACTIVIDAD 5 Completa las siguientes oraciones sobre la lectura para ver cuánto entendiste.

1. El autor trabajaba en una oficina donde la _____ prohibió el consumo de comida en la oficina.
   a. presidenta
   b. secretaria

2. Una mujer potosina vendía _____ todos los días.
   a. bocadillos
   b. salteñas

3. La presidenta trabajaba fuera _____ la mayoría de los días.
   a. de la oficina
   b. del comedor

4. Como la presidenta no estaba en la oficina, los empleados _____.
   a. comían las salteñas en la oficina
   b. salían temprano de la oficina

5. Un día el autor y su secretaria acababan de _____ cuando entró la presidenta.
   a. comprar salteñas
   b. hablar con la potosina

6. Tuvieron que poner las salteñas _____.
   a. en el basurero
   b. donde la presidenta no podía verlas

7. Cuando salió la presidenta, la secretaria dijo que _____.
   a. se sentó sobre las salteñas
   b. comió todas las salteñas muy rápidamente

ACTIVIDAD 6 En grupos de tres o cuatro, contesten las siguientes preguntas sobre las ideas de la lectura.

1. En su opinión, ¿es exagerada la reacción de la presidenta? ¿por qué sí o por qué no?
2. ¿Creen que esta situación puede ocurrir en una oficina estadounidense ahora? ¿Y hace veinte años (*20 years ago*)?
3. Hay gente que cree que es descortés comer los comestibles que tienen un olor fuerte (*strong smell*) —como la pizza y las palomitas (*popcorn*)— en la oficina. ¿Están de acuerdo? ¿Por qué sí o por qué no?
4. ¿Hay situaciones cuando es descortés comer en público? Por ejemplo: ¿en la iglesia? ¿en una clase? ¿en una ceremonia de graduación? ¿Cómo se decide cuándo es apropiado y cuándo no lo es?

A ESCRIBIR

Antes de escribir

ESTRATEGIA

Writing—Writing a paragraph

You have learned that a topic sentence (**oración temática**) gives the reader your main idea. Each paragraph has a topic sentence, along with examples and details that illustrate it, as you learned in **Capítulo 6** of the *Workbook*. Think of a paragraph as its own separate composition that contains a main idea followed by facts and examples that relate to that idea. When you move onto a new idea, you create a new paragraph.

 ACTIVIDAD 1 Trabaja con un(a) compañero(a) de clase. Van a escribir tres párrafos cortos que describan una experiencia con la comida. Escojan uno de los siguientes temas y piensen en una historia que quieren contar.

1. la primera vez que cociné
2. la primera vez que fui a un restaurante elegante
3. mis experiencias culinarias en un país extranjero

ACTIVIDAD 2 Después de establecer su tema, miren la tabla y complétenla, usando las oraciones modelo como guía.

	Oración temática (que comunica la idea principal del párrafo)	Detalles y ejemplos que ilustran la oración temática
Párrafo 1: Comienzo / fondo (*background*) de la historia (Recuerden que se usa **el imperfecto** para describir.)	*Yo tenía trece años y tenía una familia muy grande.*	*Era el menor de seis hijos y a veces me sentía un poco tímido en la presencia de mis hermanos mayores...*
Párrafo 2: La acción de la historia (Por lo general se usa el **pretérito** para relatar la acción de una historia. Se usa el **imperfecto** para describir las emociones de los participantes y los estados del pasado.)	*Un día tuve que preparar la cena para mi familia entera.*	*Tenía miedo porque no sabía cocinar muy bien y creía que no podía hacerlo. Miraba los libros de recetas...*
Párrafo 3: El fin de la historia y el resultado	*Aunque la cena estaba muy rica, el postre salió crudo.*	*Mis hermanos se rieron, pero no se burlaron de mí (they didn't make fun of me).*

Escritura

ACTIVIDAD 3 Ahora, escriban su historia. Miren la lista de expresiones de la página 279 (**Gramática útil 2**) para unas frases útiles.

Después de escribir

 ACTIVIDAD 4 Intercambien su borrador con el de otra pareja de estudiantes. Usen la siguiente lista para ayudarlos a corregirlo (*to edit it*).

- ¿Tiene su historia toda la información necesaria?
- ¿Es interesante?
- ¿Usaron bien las formas del pretérito? ¿y las del imperfecto?
- ¿Usaron complementos directos e indirectos para eliminar la repetición?
- ¿Hay errores de ortografía?

EN EL RESTAURANTE   *At the restaurant*

el menú	*menu*

El desayuno   *Breakfast*

el cereal	*cereal*
los huevos estrellados	*eggs sunny-side up*
los huevos revueltos	*scrambled eggs*
el pan tostado	*toast*

El almuerzo   *Lunch*

Las ensaladas   *Salads*

la ensalada de fruta	*fruit salad*
la ensalada de lechuga y tomate	*lettuce and tomato salad*
la ensalada de papa	*potato salad*
la ensalada mixta	*tossed salad*

Las sopas   *Soups*

el caldo de pollo	*chicken soup*
el gazpacho	*cold tomato soup* (Spain)
la sopa de fideos	*noodle soup*

Los sandwiches (los bocadillos)   *Sandwiches*

con papas fritas	*with French fries*
la hamburguesa	*hamburger*
la hamburguesa con queso	*cheeseburger*
el perro caliente	*hot dog*
el sandwich de jamón y queso con aguacate	*ham and cheese sandwich with avocado*

Los platos principales   *Main dishes*

Las carnes   *Meats*

el arroz con pollo	*chicken with rice*
el bistec	*steak*
la chuleta de puerco	*pork chop*
el guisado	*beef stew*
el lomo de res	*prime rib*
el pollo asado	*roasted chicken*
el pollo frito	*fried chicken*

Los mariscos   *Shellfish*

las almejas	*clams*
los camarones	*shrimp*
la langosta	*lobster*

Los pescados   *Fish*

el atún	*tuna*
el bacalao	*cod*
el salmón	*salmon*
la trucha	*trout*

A la carta   *À la carte*

Los vegetales   *Vegetables*

el bróculi	*broccoli*
los espárragos	*asparagus*
los frijoles (refritos)	*(refried) beans*
los guisantes	*peas*
las habichuelas	*green beans*
las zanahorias	*carrots*

Los postres   *Desserts*

el flan	*custard*
la galleta	*cookie*
el helado de vainilla / chocolate	*vanilla / chocolate ice cream*
el pastel	*cake*

Las frutas   *Fruit*

las fresas	*strawberries*
la manzana	*apple*
el melón	*cantaloupe*
la naranja	*orange*
el plátano	*banana*
las uvas	*grapes*

Las bebidas y los refrescos   *Beverages*

el agua mineral	*sparkling water*
el café	*coffee*
la cerveza	*beer*
el jugo de fruta	*fruit juice*
la leche	*milk*
la limonada	*lemonade*
el té / té helado	*hot / iced tea*
el vino blanco / tinto	*white / red wine*

Cómo ordenar y pagar   *How to order and pay*

Camarero(a), ¿me puede traer el menú?	*Waiter (Waitress), could you please bring me the menu?*
¿Me puede recomendar algo ligero / fuerte?	*Can you recommend something light / filling?*
Para plato principal, voy a pedir…	*For the main course, I would like to order . . .*
Para tomar, quiero…	*To drink, I want . . .*
De postre, voy a pedir…	*For dessert, I would like to order . . .*
¿Me puede traer la cuenta, por favor?	*Can you bring me the check, please?*
¿Cuánto debo dejar de propina?	*How much should I leave as a tip?*

LAS RECETAS   *Recipes*

Los ingredientes   *Ingredients*

el aceite de oliva	*olive oil*
el ajo	*garlic*
el azúcar	*sugar*
la cebolla	*onion*
el comino	*cumin*
la harina	*flour*
la mantequilla	*butter*
la mayonesa	*mayonnaise*
la mostaza	*mustard*
la sal y la pimienta	*salt and pepper*
el vinagre	*vinegar*

La preparación   *Cooking preparation*

a fuego suave / lento	*at low heat*
al gusto	*to taste*
al hilo	*stringed*
al horno	*roasted (in the oven)*
a la parrilla	*grilled*
al vapor	*steamed*
congelado(a)	*frozen*
crudo(a)	*raw*
dorado(a)	*golden; browned*
fresco(a)	*fresh*
frito(a)	*fried*
hervido(a)	*boiled*
molido(a)	*crushed, ground*
picante	*spicy*
agregar	*to add*
añadir	*to add*
calentar (ie)	*to heat*
cocer (ue)	*to cook*
enfriarse	*to get cold*
freír (i, i)	*to fry*

hervir (ie, i)	*to boil*
mezclar	*to mix*
pelar	*to peel*
picar	*to chop, mince*
unir	*to mix together, incorporate*

Las medidas   *Measurements*

la cucharada	*tablespoonful*
la cucharadita	*teaspoonful*
la docena	*dozen*
el galón	*gallon*
el kilo	*kilo*
la libra	*pound*
el litro	*liter*
el medio kilo	*half a kilo*
el paquete	*package*
el pedazo	*piece, slice*
el trozo	*chunk*

LA MESA   *The table*

Cómo poner la mesa   *Setting the table*

la copa	*wine glass, goblet*
la cuchara	*spoon*
el cuchillo	*knife*
el mantel	*tablecloth*
el plato	*plate*
el plato hondo	*bowl*
la servilleta	*napkin*
la taza	*cup*
el tenedor	*fork*
el vaso	*glass*

OTRAS PALABRAS Y EXPRESIONES

Expresiones para usar con el imperfecto

frecuentemente	*frequently*
generalmente / por lo general	*generally*
normalmente	*normally*
típicamente	*typically*
todas las semanas	*every week*
todos los días / meses / años	*every day / month / year*

Expresiones para usar con el pretérito

ayer	*yesterday*
de repente	*suddenly*
el mes / el año pasado	*last month / year*
por fin	*finally*
la semana pasada	*last week*
una vez / dos veces, etc.	*once, twice, etc.*

¿Cómo es tu casa?

By the end of this chapter you will be able to:

- talk about your childhood
- describe houses and apartments and their furnishings
- talk about household tasks
- indicate numerical order
- talk about the duration of past and present events
- say what people want others to do
- emphasize ownership

By the end of this chapter you will have learned about:

- Guatemala and Nicaragua
- Habitat for Humanity projects in Nicaragua and Guatemala
- Nicaragua and its poetic tradition
- historical houses in Guatemala and Nicaragua

Esta humilde casa en León, Nicaragua, data del siglo XIX y es el lugar de nacimiento (*birthplace*) del famoso poeta nicaragüense, Rubén Darío. El poeta la describió así: "La casa era una vieja construcción a la manera colonial, cuartos seguidos, un largo corredor, un patio con su pozo (*well*), árboles".

Esta elegante casa fue construida en 1636 por Don Luis de las Infantas Mendoza y Venegas. Gracias al cuidadoso trabajo de conservación iniciado por la familia Popenoe durante los años treinta, la casa ahora sirve como un auténtico ejemplo de cómo vivía una familia en Antigua, Guatemala, durante la época colonial.

AMBIENTES

Los ambientes juegan un papel muy importante en nuestras vidas y en nuestros recuerdos. ¿Tienes recuerdos importantes de la casa en la que te criaste (*you were raised*)? ¿Todavía visitas tu pueblo natal? ¿Qué sientes cuando ves esa casa o ese pueblo? ¿Por qué crees que el ambiente en el cual nos criamos tiene un lugar tan especial en nuestras memorias? En este capítulo, vamos a hablar de los lugares y de la importancia que tienen en nuestras vidas, en el presente igual que en el pasado.

Los datos

Mira las fotos de las dos casas históricas en la página 298: el Museo Rubén Darío y la Casa Popenoe. Primero lee la información al lado de las fotos y luego indica si las siguientes oraciones se refieren al Museo Rubén Darío o a la Casa Popenoe.

1. ¿Cuál de estas casas es más o menos una casa típica?
2. ¿Cuál de estas casas es una mansión?
3. ¿Cuál de las casas es más antigua?
4. Si quieres saber más sobre la niñez de un poeta, ¿qué casa vas a visitar?
5. Si quieres saber más sobre la época colonial de Centroamérica, ¿qué casa vas a visitar?

¡Adivina!

¿Qué sabes de Guatemala y Nicaragua? Di si las siguientes oraciones son ciertas o falsas. (Las respuestas están en la página 324.)

1. Cristóbal Colón nunca llegó a Nicaragua.
2. La ganadora del Premio Nóbel de la Paz, Rigoberta Menchú Tum, es de Guatemala.
3. El *Popol Vuh* es el libro sagrado de los indígenas nicaragüenses.
4. Hoy día todavía se hablan más de veinte dialectos maya-quiché en Guatemala.
5. Guatemala es el país más grande de Centroamérica.
6. Hay volcanes activos en Nicaragua.
7. Hay muchas montañas y selvas tropicales en Guatemala, que es también uno de los países con el mayor número de volcanes del mundo.
8. El poeta nicaragüense más importante, Rubén Darío, se considera como el padre del modernismo, un movimiento literario a finales del siglo XIX.

Vocabulario útil 1

BETO: Cuando era niño, me gustaba preparar la comida para mi familia.

DULCE: ¿En serio? Yo creía que a los chicos no les gustaba hacer nada en la casa. Mis hermanos siempre decían que el trabajo de casa era para las mujeres.

BETO: ¡Qué anticuado! Yo no pienso así. Me crié en **el centro de la ciudad.** Somos muy modernos los hombres de la ciudad.

DULCE: ¿De veras? Qué bueno. En mi casa, mis hermanas y yo teníamos que hacer los quehaceres domésticos, pero mis hermanos sólo hacían lo que tenía que ver con **el garaje** o **el jardín.**

Ordinal numbers must agree in gender with the nouns they modify: **el segundo piso, la tercera oficina.** They are usually used in front of the noun. **Primero** and **tercero** shorten to **primer** and **tercer** when used before a masculine singular noun: **primer piso, tercer dormitorio** (but **primera casa, tercera ciudad.**)

Ordinal numbers can be used without nouns when it is clear what they are referring to: **Mi casa es *la cuarta* de la calle. Primero** and **tercero** are not shortened when used without a noun: **Este piso es *el tercero*, pero vamos *al primero*.**

In most Spanish-speaking countries, people refer to the ground floor (what we consider the first floor) as **la planta baja.** What we call the second floor is then referred to as **el primer piso,** the third as **el segundo piso,** etc. In Spain, speakers may use the word **planta** instead of **piso** to refer to the floor of a building, because, there, **piso** also means *apartment.*

ÁREAS DE LA CIUDAD

las afueras	*the outskirts*
el apartamento	*apartment*
el barrio	*neighborhood*
…comercial	*business district*
…residencial	*residential neighborhood*
el centro de la ciudad	*downtown*
los suburbios	*suburbs*
los vecinos	*neighbors*

LA CASA

el garaje	*garage*	**el pasillo**	*hallway*
el jardín	*garden, yard*	**el patio**	*patio*
la lavandería	*laundry room*	**el sótano**	*basement, cellar*
la oficina	*office*		

NÚMEROS ORDINALES

primer(o)	*first*	**sexto**	*sixth*
segundo	*second*	**séptimo**	*seventh*
tercer(o)	*third*	**octavo**	*eighth*
cuarto	*fourth*	**noveno**	*ninth*
quinto	*fifth*	**décimo**	*tenth*

el techo

el dormitorio
(la recámara / el cuarto /
la habitación)

la pared

el clóset

el segundo piso

el baño

la cocina

el comedor

la sala

el primer piso

las escaleras

la chimenea

Actividades

 ACTIVIDAD 1 **¿En qué cuarto estás?** Di en qué cuarto o lugar de la casa está tu compañero(a) de clase basándote en lo que él (ella) te dice que está haciendo.

MODELO: Compañero(a): Estoy preparando la comida.
          Tú: *Estás en la cocina.*

1. Estoy lavando la ropa.
2. Estoy mirando un programa en la tele.
3. Estoy cenando con mi familia.
4. Me estoy lavando los dientes.
5. Estoy subiendo al segundo piso.
6. Estoy cambiándole el aceite al carro.
7. Estoy regando (*watering*) las plantas.
8. Estoy trabajando en la computadora.

 ACTIVIDAD 2 **¿Dónde vives?** En grupos de cuatro, describan el barrio donde viven, qué tipo de casa tienen y cómo llegan a la universidad de su casa. Añadan todos los detalles personales que quieran. Tus compañeros pueden hacerte preguntas si no les das suficiente información.

MODELO: *Yo vivo en un barrio residencial en las afueras de la ciudad. Hay aparta-*
          mentos y también casas individuales. Vivo en un apartamento en el
          segundo piso. Es una casa de veinte apartamentos. No hay tiendas muy
          cerca. Manejo para llegar a la universidad.

If you or any members of your group live on campus, describe the neighborhood where you grew up.

Al final, informen a otro grupo o a la clase quién vive más lejos de la universidad y cuál es el modo de transporte más común.

ACTIVIDAD 3 **Mi casa.** En grupos de tres, háganse preguntas y describan su casa. Averigüen cómo es, cuántos cuartos tiene, si hay jardín y garaje, etc. Pueden describir la casa de su niñez o donde vive su familia ahora.

MODELOS: Compañero(a): *¿Cuántos pisos tiene tu casa?*

Tú: *Dos pisos.*

Compañero(a): *¿Cuántos dormitorios hay en tu casa?*

Tú: *Hay tres dormitorios, dos en el segundo piso y uno en el primero.*

¡COMPÁRATE!

Internet

La provisión de vivienda (*housing*) en Centroamérica siempre es difícil, a causa de los desastres naturales que ocurren con frecuencia en esta región—los terremotos (*earthquakes*), los huracanes, las erupciones volcánicas y las inundaciones (*floods*). La organización estadounidense Hábitat para la Humanidad trabaja con los países de Centroamérica (y de otras partes del mundo) para ayudar con la construcción de casas.

Las familias beneficiarias participan activamente en la planificación y la construcción de sus casas, que cuestan aproximadamente $1,000 dólares estadounidenses por casa. El modelo básico de una casa de Hábitat mide (*measures*) de 36 a 42 m² y es diseñada para resistir los terremotos. Tiene pisos de baldosas (*floor tiles*), paredes de bloc o ladrillo (*brick*) y techos de cinc. Consiste en un cuarto principal y dos dormitorios.

Hábitat empezó a trabajar en Guatemala en 1979, y éste fue el primer país en América Latina y el segundo país fuera de EEUU donde trabajó. Se estableció en Nicaragua en 1984. Hábitat jugó un papel (*played a role*) muy importante en la región después del Huracán Mitch, que devastó partes de Guatemala y gran parte de Nicaragua y Honduras en 1998. La organización inició un proyecto para ayudar a las víctimas, construyendo casas en las áreas más afectadas.

Hábitat para la Humanidad también opera en Estados Unidos, donde empezó sus primeros proyectos de construcción. Muchos estadounidenses, jóvenes y mayores, han participado (*have participated*) como voluntarios en sus programas de construcción de casas en áreas pobres o para ayudar a las víctimas de desastres naturales.

 PRÁCTICA. En grupos de tres a cuatro personas, hablen de los siguientes temas.

1. ¿Les gusta la idea de Hábitat para la Humanidad? ¿Creen que sus proyectos benefician a la gente de Guatemala y Nicaragua?
2. Comparen una casa de Hábitat para la Humanidad con la casa donde viven o donde viven sus familias. ¿Cuántas diferencias pueden identificar?
3. ¿Conocen algunas áreas de EEUU donde hay casas de Hábitat para la Humanidad?
4. ¿Les gusta la idea de trabajar en un proyecto de Hábitat para la Humanidad en Nicaragua o Guatemala? ¿Por qué sí o por qué no?

Vocabulario útil 2

BETO: No me parece justo. Yo **tendía las camas, pasaba la aspiradora, lavaba los platos** igual que mis hermanas.

DULCE: Pues eres único.

BETO: Sí, mi mamá decía que yo era su ayudante preferido. **Barría el piso, sacaba la basura, ponía la mesa, limpiaba los baños, planchaba, sacudía las alfombras…**

DULCE: Oye, me estás tomando el pelo, ¿verdad? Yo no conozco a ningún niño tan trabajador.

LOS QUEHACERES DOMÉSTICOS

Dentro de la casa

arreglar el dormitorio

limpiar el baño

hacer la cama

lavar los platos

sacudir los muebles

barrer el suelo/el piso

Dentro de la casa

lavar la ropa

planchar

guardar la ropa

trapear el piso

pasar la aspiradora

poner y quitar la mesa

poner los juguetes en su lugar

preparar la comida

Fuera de la casa

darle de comer al perro y al gato

regar las plantas

sacar la basura

sacar a pasear al perro

cortar el césped

hacer el reciclaje

LOS MUEBLES Y DECORACIONES

el cuadro

la alfombra

la persiana

la cama

el tocador/la cómoda

el sillón

la mesita de noche

la silla

la lámpara

la mesa

el espejo

las cortinas

el sofá

Actividades

ACTIVIDAD 4 **¿Dónde pongo esto?** Un(a) amigo(a) acaba de mudarse (*has just moved*) a un nuevo apartamento. Tú le vas a ayudar a poner todos sus muebles y decoraciones en su lugar. Pregúntale dónde van ciertas cosas. Él (Ella) va a decirte dónde quiere cada cosa.

MODELO: Tú: *¿Dónde pongo el sillón?*
Compañero(a): *Pon el sillón en la sala, por favor.*

1.

2.

3.

4.

5.

6.

ACTIVIDAD 5 **¿A quién le toca?** En grupos de tres, representen la siguiente situación. Ustedes tres son compañeros(as) de cuarto y ¡su apartamento es un desastre! Decidan entre sí (*among yourselves*) quién va a hacer cada quehacer. Pueden negociar si quieren.

MODELO: No hay platos limpios para la cena.

Compañero(a) #1: *¿Quién va a lavar los platos?*

Compañero(a) #2: *Yo los puedo lavar si [Compañero(a) 3] hace las compras.*

Compañero(a) #3: *Estás loco(a). Prefiero sacar la basura.*

Compañero(a) #1: *Bueno, los lavo yo.*

Problema	Nombre / Tarea
No hay platos limpios para la cena.	[Nombre] va a lavar los platos.
El perro tiene mucha hambre.	
Las plantas están secas.	
El suelo de la cocina está sucio (*dirty*).	
Hay mucho polvo (*dust*) en los muebles.	
Mañana es día de reciclaje.	
Hay varias bolsas de basura.	
El perro tiene que salir.	
La alfombra está sucia.	
El baño es un desastre.	

Vocabulario útil 3

BETO: Pues, exagero un poco, pero sí me gustaban algunos de los quehaceres.

DULCE: ¿Como cuáles?

BETO: Pues, a ver, me gustaba limpiar **el refrigerador...**

LOS ELECTRODOMÉSTICOS

el abrelatas eléctrico	*electric can opener*
la aspiradora	*vacuum cleaner*
la estufa	*stove*
la lavadora	*washer*
el lavaplatos	*dishwasher*
la licuadora	*blender*
el microondas	*microwave*
la plancha	*iron*
el refrigerador	*refrigerator*
la secadora	*dryer*
el televisor	*television set*
la tostadora	*toaster*

Actividades

ACTIVIDAD 6 **¿Qué necesitas?** Identifica el electrodoméstico que necesitas en cada situación.

1. Tienes que lavar ropa esta noche porque no tienes nada que ponerte mañana.
2. Tienes que abrir una lata (*can*) de atún.
3. Tu ropa está muy arrugada (*wrinkled*) porque la acabas de sacar de la maleta.
4. Quieres pan tostado con los huevos revueltos.
5. Tienes ganas de tomar un batido de frutas (*smoothie*).
6. No tienes mucho tiempo para preparar la cena, así que decides comer un paquete de comida preparada.
7. Quieres enfriar la botella de vino.
8. Quieres limpiar la alfombra.

 ACTIVIDAD 7 **La casa nueva.** En grupos de tres, representen la siguiente situación a la clase. Pueden preparar un guión si quieren.

Tres amigos(as) van a ser compañeros(as) de casa. Tienen que comparar qué tienen y qué necesitan para la casa nueva. La casa tiene tres dormitorios, una sala grande, una cocina y dos baños.

- ¿Qué muebles y electrodomésticos tienen entre los tres?
- ¿Qué necesitan comprar?
- ¿En qué cuartos quieren poner los distintos muebles y electrodomésticos?

A VER

Video/DVD

Antes de ver el video

ACTIVIDAD 1 En el episodio del video de este capítulo Beto y Dulce van de picnic. Piensa en los picnics que tú conoces. ¿Qué cosas probablemente vas a ver en el video?

ACTIVIDAD 2 Contesta las siguientes preguntas sobre Beto y Dulce.

1. ¿Qué recuerdas de la personalidad de Beto? ¿Es una persona muy sincera o exagera la realidad de vez en cuando?
2. ¿Qué recuerdas de la personalidad de Dulce? ¿Es una persona introvertida o extrovertida? ¿Es seria? ¿Le gusta reírse un poco de las personas muy serias?

ESTRATEGIA

Listening to tone of voice

In this chapter's video segment, pay particular attention to the tone of voice that Dulce and Beto use as they speak.

In many cases, what they say does not completely reflect what they are actually thinking and feeling.

How can you tell when Beto is exaggerating, when he becomes nervous or embarrassed, and when he relaxes? How can you tell when Dulce is surprised, when she is skeptical, and when she is teasing Beto?

Listen carefully to the characters' tone of voice (**el tono de la voz**) to help you understand what additional information lies beneath their surface commentary.

ACTIVIDAD 3 Lee los siguientes comentarios del video. Luego, mientras miras el video, presta atención particular al tono de voz que usan Beto y Dulce. Si crees que el tono contradice el comentario, escribe **C**; si crees que añade más información, marca **A**. Si crees que el tono no afecta el comentario, no escribas nada.

1. _____ Dulce: Hace mucho tiempo que no voy de picnic.

2. _____ Beto: Cuando era niño, me gustaba preparar la comida para mi familia.

3. _____ Dulce: ¿De veras? Qué bueno.

4. _____ Beto: Sí, mi mamá decía que yo era su ayudante preferido.

5. _____ Dulce: ¡Vas a ser un padre excelente!

6. _____ Beto: Mira, prueba éstos, los compré en el supermercado.

7. _____ Dulce: ¿No los preparaste tú?

8. _____ Beto: La verdad es que a mí no me gusta cocinar.

9. _____ Dulce: ¡Planchabas! ¡Limpiabas los baños! ¡Cocinabas! ¡Súper-Chico!

El video

Mira el episodio del video para el **Capítulo 10.** No te olvides de enfocarte en el tono de voz de Dulce y Beto para entender qué quieren decir en realidad.

Después de ver el video

Internet

ACTIVIDAD 4 Di si los siguientes comentarios sobre el video son ciertos (**C**) o falsos (**F**).

1. _____ Dulce está muy contenta con el picnic.

2. _____ Beto dice que preparaba la comida para su familia.

3. _____ En la familia de Dulce, los hijos también preparaban la comida.

4. _____ Beto se crió en el centro de la ciudad y se considera un hombre moderno.

5. _____ En realidad, Beto sí hacía las camas, pasaba la aspiradora y lavaba los platos.

6. _____ Dulce cree que Beto está exagerando.

7. _____ Dulce habla en serio cuando dice que Beto es el hombre ideal y va a ser un excelente padre.

8. _____ Beto se pone (*becomes*) nervioso y confiesa que no preparó la comida.

ACTIVIDAD 5 Trabaja con un(a) compañero(a) de clase. Basándose en la información del video, y también en lo que comprendieron del tono de voz de los dos personajes, escriban la historia verdadera de Beto. ¿Cómo era de niño? ¿Qué hacía y no hacía? Escriban por lo menos cinco oraciones que describan la realidad de su niñez.

Conexión cultural. Mira el segmento cultural que está al final del episodio. Después, en grupos de tres o cuatro, digan cuáles de los platos mencionados en el video ustedes conocen o les gustaría probar. Cuando viajen a otros países, ¿creen que es importante probar la comida allí? ¿Por qué sí o no? Identifiquen algunos platos típicos que deben conocer los visitantes a su país.

VOCES DE LA COMUNIDAD
Internet

Francisco X. Alarcón

La tortilla

**Cada tortilla
es una sabrosa (*tasty*)
ronda de aplausos
para el sol (*sun*)**

Francisco X. Alarcón es uno de los autores más populares y reconocidos de libros bilingües para niños en EEUU. Sus versos celebran su herencia mexicana y su niñez en un barrio latino de Los Ángeles. Con un lenguaje sencillo y juguetón (*simple and playful*), Alarcón recuerda las canciones de su abuela, las fiestas mexicanas, los jardines de su barrio y el mundo fantástico de la imaginación de los niños.

Además de su colección de poesías infantiles, Alarcón es autor de varios libros de poesía para adultos. Su obra poética para niños y adultos ha recibido premios (*has received prizes*) nacionales de gran prestigio. También es autor de varios libros de texto de español y es profesor en la Universidad de California en Davis, donde se especializa en la enseñanza de español para los hablantes nativos de esta lengua.

¿A qué se refiere Alarcón cuando habla de una "ronda de aplausos"? Para contestar esta pregunta, piensa en el movimiento que hacen las manos para formar una tortilla.

Gramática útil 1

Expressing hopes and wishes: The subjunctive mood

CÓMO USARLO

> **LO BÁSICO**
>
> - As you know, a *verb tense* is a form of a verb that indicates *when* an action took place, is taking place, or will take place. The present indicative, the present progressive, the preterite, and the imperfect are all *verb tenses*.
> - *Mood* refers to a verb form that expresses *attitudes* towards actions and events.

1. In Spanish, as well as English, verbs can be used to express *time* (with tenses) and to express *attitudes* (moods). You have already learned the *indicative mood*, which is used to make statements, ask questions, and express objective, factual, or real information, and the *imperative mood*, which is used to give commands.

2. You are going to learn another mood, the *subjunctive mood*, which allows the speaker to express a variety of subjective nuances, such as hopes, wishes, desires, doubts, and opinions. The subjunctive is also used to express unknown or hypothetical situations. Although the subjunctive mood exists in English, it is often only used in literature or in formal written communication.

3. The subjunctive mood has tenses, just like the indicative mood does. You are going to learn the *present subjunctive*, which, like the present indicative, is used to express what happens regularly, what is happening now, and what is about to happen. The difference is that the present subjunctive views these present-tense events through a subjective, emotional, or contrary-to-fact filter.

4. In this chapter, you will focus on forming the present subjunctive correctly and using it to express how people wish to influence the actions of others.

Compare the following sentences that contrast the uses of the present indicative and the present subjunctive.

Present indicative	Present subjunctive
Marilena **visita** a su familia.	Su abuela **quiere que** Marilena **visite** a su familia.
Gonzalo **necesita** el libro de su amigo.	Gonzalo **necesita que** su amigo le **dé** su libro.
Marta no **recomienda** el concierto.	Marta no **recomienda que vayamos** al concierto.

Cuando yo tenga hijos, **quiero que aprendan** a ser responsables desde muy pequeños.

5. Notice that in the sentences above, the subjunctive is only used when there is a change of subject; in other words, when someone else wishes another person to take (or not take) some sort of action. This change of subject is signaled by the word **que.** Follow this formula.

Person 1	+ indicative verb	+ **que**	+ Person 2	+ subjunctive verb
Adela	**quiere**	**que**	**Elmer**	***venga* a la fiesta.**
Adela	*wants*	*(that)*	*Elmer*	*to come (come)*
				to the party.

6. Here are some verbs that you can use to express what others wish, need, request, desire, or want others to do (or not to do!).

aconsejar	*to advise*	**permitir**	*to permit, allow*
desear	*to wish*	**prohibir**	*to forbid*
esperar	*to hope*	**querer**	*to wish, to want*
insistir en	*to insist*	**recomendar (ie)**	*to recommend*
mandar	*to order*	**requerir (ie, i)**	*to require*
necesitar	*to need*	**sugerir (ie, i)**	*to suggest*
pedir (i, i)	*to ask, request*		

CÓMO FORMARLO

1. To form the subjunctive, take the present indicative **yo** form of the verb, delete the **-o,** and add the following subjunctive endings. Using the **yo** form of the verb makes sure that any irregularities such as stem changes are automatically carried over into the present subjunctive forms.

	hablar	comer	escribir
yo	habl**e**	com**a**	escrib**a**
tú	habl**es**	com**as**	escrib**as**
usted / él / ella	habl**e**	com**a**	escrib**a**
nosotros / nosotras	habl**emos**	com**amos**	escrib**amos**
vosotros / vosotras	habl**éis**	com**áis**	escrib**áis**
ustedes / ellos / ellas	habl**en**	com**an**	escrib**an**

2. **-Ar** and **-er** stem-changing verbs follow the same stem-changing pattern that they use in the present indicative (i.e., all forms reflect a stem change except the **nosotros** and the **vosotros** forms). However, **-ir** stem-changing verbs show a stem change in the **nosotros** and the **vosotros** forms as well.

-ar verb: pensar	p**ie**nse, p**ie**nses, p**ie**nse, p**e**nsemos, p**e**nséis, p**ie**nsen
-er verb: poder	p**ue**da, p**ue**das, p**ue**da, p**o**damos, p**o**dáis, p**ue**dan
-ir verb: pedir	p**i**da, p**i**das, p**i**da, p**i**damos, p**i**dáis, p**i**dan
-ir verb: sugerir	sug**ie**ra, sug**ie**ras, sug**ie**ra, sug**i**ramos, sug**i**ráis, sug**ie**ran

Note that the stem-changing verbs **dormir** and **morir** show an additional **o → u** change in the **nosotros** and **vosotros** forms.

dormir:	d**u**erma, d**u**ermas, d**u**erma, d**u**rmamos, d**u**rmáis, d**u**erman
morir:	m**u**era, m**u**eras, m**u**era, m**u**ramos, m**u**ráis, m**u**eran

3. Spelling-change verbs in the preterite (**-car** verbs: **c → qu**, **-gar** verbs: **g → gu**, and **-zar** verbs: **z → c**) have the same spelling change in all forms of the present subjunctive.

	buscar (c → qu)	llegar (g → gu)	comenzar (z → c)
yo	bus**que**	lle**gue**	comien**ce**
tú	bus**ques**	lle**gues**	comien**ces**
usted / él / ella	bus**que**	lle**gue**	comien**ce**
nosotros / nosotras	bus**quemos**	lle**guemos**	comen**cemos**
vosotros / vosotras	bus**quéis**	lle**guéis**	comen**céis**
ustedes / ellos / ellas	bus**quen**	lle**guen**	comien**cen**

4. The following verbs have irregular present subjunctive forms.

	dar	estar	ir	saber	ser
yo	**dé**	**esté**	**vaya**	**sepa**	**sea**
tú	**des**	**estés**	**vayas**	**sepas**	**seas**
usted / él / ella	**dé**	**esté**	**vaya**	**sepa**	**sea**
nosotros / nosotras	**demos**	**estemos**	**vayamos**	**sepamos**	**seamos**
vosotros / vosotras	**deis**	**estéis**	**vayáis**	**sepáis**	**seáis**
ustedes / ellos / ellas	**den**	**estén**	**vayan**	**sepan**	**sean**

Actividades

ACTIVIDAD 1 **Abuelita quiere que…** Miguelín, Andrea y Arturo son hermanos. Están de visita en casa de su abuelita. Ella quiere que ellos la ayuden con algunos de los quehaceres. Escucha los mandatos que les da a los niños. Completa las siguientes oraciones según el modelo.

MODELO: Escuchas: Miguelín, por favor, dale de comer al gato.
Escribes: Abuelita quiere que Miguelín *le dé de comer al gato.*

1. Insiste en que Arturo y Andrea _____ .

2. Necesita que alguien _____ .

3. Espera que los niños _____ .

4. Sugiere que los niños _____ .

5. Le pide a Andrea que _____ .

6. Quiere que todos _____ .

ACTIVIDAD 2 **Compañero de cuarto.** Buscas un(a) compañero(a) de cuarto, pero tienes requisitos muy específicos. Di lo que esperas de un(a) compañero(a) de cuarto.

Verbos útiles:

(no) esperar	necesitar
permitir	pedir
recomendar	querer
prohibir	insistir
sugerir	

MODELO: no fumar / dentro de la casa
Insisto en que no fumes dentro de la casa.

1. no hacer mucho ruido después de las nueve de la noche

2. tener un perro o gato

3. preparar la cena dos o tres veces por semana

4. limpiar el baño una vez por semana

5. invitar a amigos a quedarse la noche

6. pagar la renta a tiempo

7. pasar la aspiradora una vez por semana

8. lavar los platos la misma noche que los usas

9. (nosotros / as) ser buenos(as) amigos(as)

 ACTIVIDAD 3 **¡Quiero que limpies tu cuarto!** Tu compañero(a) de cuarto te está volviendo loco(a) porque no hace sus quehaceres y hace otras cosas que te molestan. Dile lo que quieres que haga y lo que quieres que no haga. Luego, tu compañero(a) te va a decir a ti lo que él (ella) quiere que tú hagas y no hagas.

MODELO: Tú: *Quiero que pongas los platos en el lavaplatos después de comer.*
Compañero(a): *Pues, insisto en que no dejes tu ropa en la secadora después de usarla.*

ACTIVIDAD 4 **Sugerencias.** Acabas de conocer a Daniel, un nuevo estudiante de Nicaragua que sabe muy poco de la universidad. Basándote en tu experiencia, hazle seis sugerencias a Daniel sobre los estudios, la vida universitaria, la vida social, dónde vivir, etc. Trata de usar algunos de los siguientes verbos: **aconsejar, desear, esperar, insistir en, mandar, necesitar, pedir, permitir, prohibir, querer, recomendar, requerir, sugerir.**

MODELO: *Sugiero que no vivas en un apartamento porque es más difícil conocer a otros estudiantes. Recomiendo que comas en... y que vayas a...*

Sonrisas

EXPRESIÓN. En grupos de tres a cuatro estudiantes, imaginen el escenario al revés: la mujer es la que necesita que su esposo haga varias cosas. Vuelvan a escribir (*Rewrite*) la tira cómica con esta perspectiva nueva.

¿Conoces a alguien como el esposo, que siempre necesita que otros hagan todo para él o ella? ¿Qué cosas pide?

Gramática útil 2

Emphasizing ownership: Stressed possessives

CÓMO USARLO

1. You have already learned how to express possession in Spanish using possessive adjectives and phrases with **de.**

Es **tu** habitación.　　　　　　*It's **your** bedroom.*

Es la habitación **de Nati.**　　　*It's **Nati's** bedroom.*

2. When you wish to emphasize, contrast, or clarify who owns something, you can also use stressed possessives.

Stressed possessives		Unstressed possessive	
Es la casa **mía.**	*It's **my** house.*	Es **mi** casa.	*It's **my** house.*
¡La casa es **mía**!	*That house is **mine**!*		
La casa es **mía,** no **suya.**	*The house is **mine**, not **yours / his / hers**.*		

3. Stressed possessives must agree in number and gender with the noun they modify: **un libro mío, la calculadora mía, los videos míos, las mochilas mías.**

4. Stressed possessives may be used as adjectives with a noun, in which case they follow the noun: **Es el coche *mío*.** If it's clear what is being referred to, the noun may be dropped: **—¿De quién es el coche? —Es *mío*.**

5. Stressed possessives can also be used as pronouns that replace the noun. Notice that the article is maintained: **Le gusta *el coche mío*. → Le gusta *el mío*.**

CÓMO FORMARLO

Here are the stressed possessive forms in Spanish.

person	singular	plural	
yo	**mío, mía**	**míos, mías**	*my, mine*
tú	**tuyo, tuya**	**tuyos, tuyas**	*your, yours*
usted / él / ella	**suyo, suya**	**suyos, suyas**	*your, yours, his, her, hers, its*
nosotros / nosotras	**nuestro, nuestra**	**nuestros, nuestras**	*our, ours*
vosotros / vosotras	**vuestro, vuestra**	**vuestros, vuestras**	*your, yours*
ustedes / ellos / ellas	**suyo, suya**	**suyos, suyas**	*your, yours, their, theirs*

Internet

Dar énfasis

Los posesivos que acabas de estudiar, los llamados **posesivos tónicos,** son el único tipo de posesivo que se puede usar para dar énfasis en español. Por eso, para destacar (*to emphasize*) el concepto de posesión, es posible decir **Es el libro MÍO,** pero no **Es MI libro.** Es importante recordar que los artículos tampoco se pueden enfatizar (*to emphasize*) en español, aunque éstos se enfatizan comúnmente en inglés: *This is THE book to read.*

Numerosos estudios lingüísticos han comprobado (*have proven*) que las estrategias más comunes que emplean los hablantes nativos del español para enfatizar algo incluyen la repetición de palabras (**Juan es alto alto**), el cambio de orden de las palabras de una oración (**Juan es alto → Es alto Juan**) y la adición de palabras tales como **muy, sí, especialmente** y **sumamente** (**Juan es sumamente alto**).

En general, el español hace poco uso del tono o la acentuación para dar énfasis. Al contrario, el inglés emplea estas características muy frecuentemente para dar énfasis. Si has mirado (*have watched*) la televisión o escuchado (*listened to*) la radio en español, es posible que tengas la impresión de que el español es una lengua mucho más monótona que el inglés. La razón es que el inglés utiliza los contrastes de entonación y la acentuación mucho más que el español.

PRÁCTICA. Considera las siguientes traducciones de la oración inglesa *"This is THE apartment for me."* Pensando en la información de arriba, ¿cuál es la única traducción técnicamente correcta de esta frase? Justifica tu respuesta.

1. Éste es EL apartamento para mí.
2. Este apartamento sí es para mí.
3. Éste es MI apartamento.

Actividades

ACTIVIDAD 5 **La fiesta.** La fiesta se ha terminado y el anfitrión (*host*) quiere estar seguro de que los invitados se lleven todas sus cosas. Tú conoces todos los artículos de ropa de tus amigos. Contesta las preguntas del anfitrión. Sigue el modelo.

MODELO: Anfitrión: ¿Es éste el impermeable de Martín? (gris)
    Tú: *No, no es suyo. El suyo es gris.*

1. ¿Es éste tu abrigo? (negro)
2. ¿Es ésta la bufanda de María? (azul)
3. ¿Son éstos los guantes de Miguel? (de piel)
4. ¿Son éstas las botas de ustedes? (de otra marca)
5. ¿Es ésta tu gorra? (de lana)
6. ¿Son éstas las bolsas de Ana y Adela? (verdes)
7. ¿Es éste el saco de Pablo? (de un solo color)

ACTIVIDAD 6 **María, Elena y yo.** Un amigo quiere saber de quién son ciertos muebles y decoraciones. Contesta sus preguntas según el modelo.

MODELO: yo
Escuchas: ¿De quién es esta lámpara?
Escribes: *Es mía.*

1. María
2. Elena
3. tú
4. Elena
5. María
6. yo

Gramática útil 3
Expressing ongoing events and duration of time: **Hace / Hacía** with time expressions

Hace mucho tiempo que no voy de picnic.

CÓMO USARLO

1. **Hace** and **hacía** are used to talk about ongoing actions and their duration. They can also be used to say how long it has been since someone has done something or since something has occurred. Look carefully at the following formulas and model sentences.

◆ To express an action that has been occurring over a period of time and is still going on

> **hace** + period of time + **que** + present indicative

Hace tres años que vivimos en este barrio.

We've been living in this neighborhood for three years.

◆ To say *how long it has been since you have done something*

> **hace** + period of time + **que** + **no** + present indicative

Hace seis meses que no salimos de la ciudad.

We haven't left the city in six months.

◆ To express how long ago an event took place

> preterite + **hace** + period of time

You can also say **Hace tres años que vine aquí.** Notice that **que** precedes the verb in this case.

Vine aquí **hace tres años.**

I came here three years ago.

◆ To say *how long an action had been going on in the past* before another more recent past event

> **hacía** + period of time + **que** + imperfect

Cuando nos mudamos a esta nueva casa, **hacía cinco años que vivíamos** en ese apartamento.

*When we moved to this new house, **we had been living** in that apartment **for five years**.*

2. Use the following formulas to ask *questions* with **hace** and **hacía**.

◆ To ask *how long an action or event has been going on* (**hace** + present indicative)

¿Cuánto tiempo hace que vives aquí?   *How long have you been living here?*

◆ To ask *how long it has been since an action or event has been going on* (**hace** + **no** + present)

¿Cuánto tiempo hace que no hablas con tus abuelos?

How long has it been since you spoke to your grandparents?

◆ To ask *how long ago an action took place* (**hace** + preterite)

¿Cuánto tiempo hace que hablaste con tus abuelos?

How long ago did you speak to your grandparents?

◆ To ask *how long an action or event had been going on* in the past (**hacía** + imperfect)

¿Cuánto tiempo hacía que no podías ir a la escuela?

How long had you not been able to go to school?

> Notice that in all these examples only the forms **hace** and **hacía** are used.

Actividades

ACTIVIDAD 7 **¡Odio los quehaceres!** Odias los quehaceres. Di cuánto tiempo hace que no haces ciertos quehaceres en tu casa.

MODELO: no pasar la aspiradora (dos meses)
Hace dos meses que no paso la aspiradora.

1. no limpiar el baño (tres semanas)
2. no preparar la comida en casa (una semana)
3. no cortar el césped (seis semanas)
4. no trabajar en el jardín (un mes)
5. no limpiar el garaje (tres años)
6. no arreglar el sótano (dos años)
7. no trapear el piso (un mes)

ACTIVIDAD 8 **¿Y tú?** Túrnense para preguntarle a un(a) compañero(a) cuánto tiempo hace que él o ella no hace ciertos quehaceres.

MODELO: Tú: *¿Cuánto tiempo hace que no lavas la ropa?*
Compañero(a): *Hace dos semanas que no lavo la ropa.*

ACTIVIDAD 9 **¿Cuánto tiempo hace?** Túrnense para preguntarle a un(a) compañero(a) cuánto tiempo hace que participó en ciertas actividades. Puedes usar ideas de la lista o puedes inventar tus propias preguntas.

> **Ideas**
> estudiar español en…
> comprar tu carro
> hablar con tus abuelos
> mudarte a tu apartamento
> conocer a tu novio(a)
> ¿…?

MODELO: Tú: *¿Cuánto tiempo hace que estudiaste español en Nicaragua?*
Compañero(a): *Estudié español en Nicaragua hace cinco años.*

ACTIVIDAD 10 **Hacía cinco años que…** Manuel y su familia se mudaron de Guatemala a Estados Unidos hace muchos años. Manuel recuerda cuando él se graduó del colegio. ¿Qué dice?

MODELO: nosotros / vivir en Estados Unidos (cinco años)
Cuando me gradué del colegio, hacía cinco años que vivíamos en Estados Unidos.

1. yo / estudiar inglés (diez años)
2. papá / trabajar con la compañía GE (dos años)
3. mamá / tomar clases de computación (tres años)
4. mi novia y yo / conocerse (un año)
5. nosotros / alquilar nuestra casa (dos años)
6. mi hermano / estudiar en la Universidad de Los Ángeles (tres años)

Gramática útil 4

Choosing between *por* and *para*

Can you figure out why por is used in this ad and not para?

por dentro la belleza y elegancia de las maderas nobles
naturales de roble o sapelly barnizadas.
por fuera el acabado y la dureza del aluminio lacado al fuego.

CÓMO USARLO

1. You have already learned some expressions that use the prepositions **por** (**por favor, por lo general**) and **para** (**Para plato principal, voy a pedir...**).

2. Por and **para** are often translated with the same words in English, but they are not used interchangeably in Spanish. Here are some guidelines to help you use them correctly.

Use **por**...	
to describe the *method by which an action is carried out*.	Viajamos **por** avión. Hablamos **por** teléfono. Nos comunicamos **por** Internet.
to give a *cause or reason*.	Miguel está preocupado **por** su salud. Elena está nerviosa **por** el examen.
to give a *time of day*.	Vamos al café **por** la tarde. **Por** las noches, comemos en casa.
to describe *motion through or around* a place.	Pasamos **por** la playa todas las mañanas. Vas **por** el centro de la ciudad y luego doblas a la izquierda.
to express the idea of an *exchange*.	Pagué doce dólares **por** el espejo. ¡Gracias **por** todo!
to say that something was done on *behalf of someone else*.	Lo hice **por** mi hermano porque estaba enfermo. Puedo hablar **por** ellos.
to express *units of measurement*.	Venden las naranjas **por** kilo. Venden la canela **por** gramos.
to express *duration of time*.	Estuvimos en el restaurante **por** dos horas. Fuimos a Bolivia **por** tres semanas.
in certain *fixed expressions*.	**por ejemplo** (*for example*) **por eso** (*so, that's why*) **por favor** (*please*) **por fin** (*finally*) **por lo menos** (*at least*) **por supuesto** (*of course*)

Use **para...**	
to indicate *destination*.	Salimos **para** un parque en las afueras y nos perdimos.
to indicate a *recipient* of an object or action.	El cuadro es **para** Angélica. Limpié la casa **para** mis padres.
to indicate a *deadline or specific time in the future*.	Hicimos reservaciones en el restaurante **para** la próxima semana. Tengo que escribir un informe **para** mañana.
to express *intent or purpose*.	Estas lámparas son **para** la sala. Vinieron temprano **para** limpiar la casa.
to indicate an *employer*.	Trabajo **para** la universidad.
to make a *comparison*.	**Para** estudiante, tiene mucho dinero. **Para** mí, la sopa de ajo es la mejor de todas.

3. To aid your understanding of these two prepositions, here are some ways they are translated into English.

Por	Para
(*in exchange*) *for*	*for* (deadline)
during, in	*toward, in the direction of*
through, along	*for* (recipient or purpose)
on behalf of	*in order to* + verb
for (duration of an event)	*for* . . . (in comparison with others)
by (transportation)	*for* (employer)

Actividades

ACTIVIDAD 11 **¡Vamos a Nicaragua!** Ernesto va a viajar a Nicaragua. Completa su descripción con **por** o **para** para saber más de su viaje con su familia.

1. Vamos a ir a Nicaragua _____ las vacaciones.

2. Vamos principalmente _____ visitar a mis tíos.

3. Vamos a viajar _____ avión.

4. Hicimos las reservaciones _____ Internet.

5. Pagamos muy poco _____ los boletos.

6. Mañana voy a llamar a mis tíos _____ decirles nuestra hora de llegada.

7. Mi tío trabaja _____ una compañía de telecomunicaciones en Nicaragua.

8. Nos vamos a quedar en Managua _____ un mes.

9. Queremos viajar _____ todo el país.

10. _____ mí, va a ser una experiencia inolvidable.

ACTIVIDAD 12 **¿Por o para?** Vas a hacerle cinco preguntas a tu compañero(a). Usa elementos de las cuatro columnas para formar las preguntas. Luego, él o ella te va a hacer cinco preguntas a ti. Sé creativo(a) con tus preguntas y sincero(a) con tus respuestas.

Columna A	Columna B	Columna C	Columna D
¿Te gusta?	hacer compras	por	Internet
¿Prefieres?	hacer reservaciones	para	compañía (internacional, etc.)
¿Quieres?	esperar a un amigo		restaurante (cine, etc.)
¿…?	preferir viajar		avión (autobús, tren)
	pagar demasiado		los libros de texto (los CDs, etc.)
	comprar un regalo		[nombre de persona]
	trabajar		teléfono (correo electrónico, carta, etc.)
	salir temprano		dos (o más) horas
	hacer planes		la próxima semana (mes, año)
	comunicarte		¿…?
	¿…?		

MODELOS: *¿Te gusta hacer compras por Internet?*
Cuando haces reservaciones, ¿prefieres hacerlas por Internet o por teléfono?
Cuando termines la universidad, ¿quieres trabajar para una compañía internacional o doméstica?

Guatemala y Nicaragua

Una gran presencia en Centroamérica. Lee los siguientes textos sobre Guatemala y Nicaragua. Luego completa un diagrama Venn como el siguiente. Pon los números de los comentarios sobre Guatemala a la izquierda y los de los comentarios sobre Nicaragua a la derecha. Los números de los comentarios que se refieren a los dos países van en el centro del diagrama.

1. Hace frontera con cuatro países.
2. Hace frontera con dos países.
3. Tiene costas en el mar Caribe y en el océano Pacífico.
4. Más del 55% de la población es de ascendencia maya.
5. El 77% de la población es mestiza.
6. Tiene una tradición literaria muy importante.
7. Tiene muchos volcanes.
8. La agricultura es una fuente económica muy importante.
9. Se encuentran ruinas y templos mayas en este país.
10. Es el país más grande de Centroamérica.

Internet

¡CONÉCTATE!

Después de leer sobre Guatemala y Nicaragua, trabaja con un(a) compañero(a) de clase. Busquen información sobre dos de los siguientes temas en Internet. Usen los enlaces sugeridos en el sitio web de *Nexos Media* para ir a otros sitios web posibles. Luego preparen un breve informe para la clase.

1. los dialectos maya-quiché
2. Miguel Ángel Asturias
3. el *Popol Vuh*
4. Rubén Darío
5. las huellas de Acahualinca
6. ¿…?

Guatemala

La geografía y el clima

Guatemala tiene fronteras con México, Belice, Honduras y El Salvador; al noreste de Guatemala está el mar Caribe y al sur está el océano Pacífico. En Guatemala abundan las montañas, excepto en la región de El Petén, que es un área de selvas tropicales. Guatemala es también uno de los países del mundo con el mayor número de volcanes. Muchos de los cráteres de sus antiguos volcanes se han convertido en (*have become*) lagos altos y hermosos; el lago Atitlán, que está a una altitud de 1.562 metros, es uno de estos lagos. Guatemala tiene una variedad de climas; no hace ni mucho frío ni mucho calor.

La economía

Guatemala es un país agrícola, con una economía basada en la agricultura y la ganadería. Sus productos principales son el café, el algodón y el banano, y exporta al mercado internacional una variedad de maderas de más de 300 especies.

Los mayas

La cultura indígena de mayor influencia por toda Guatemala es la cultura maya. Hoy día en el país se hablan más de veinte lenguas de la familia maya-quiché, y la mayoría de los guatemaltecos son de ascendencia maya—más del 55% de la población. Estos descendientes mantienen vivas las tradiciones culturales de los mayas; todavía llevan el traje indígena típico y practican las mismas artesanías con los mismos colores y diseños.

Una selva tropical en El Petén

Tikal y Uacaxtún en El Petén son las dos antiguas ciudades mayas más importantes de Guatemala. Tikal tiene cinco templos mayas en forma de pirámide; uno de estos templos mide 70 metros de altura. Otro de estos templos, el cual está en Uacaxtún y tal vez sea la pirámide maya más antigua de Centroamérica, es un observatorio astronómico.

El *Popol Vuh*

"La biblia" de los maya-quiché es el *Popol Vuh*. Este libro sagrado describe la creación de los hombres, las mujeres y el mundo entero. En la Biblioteca Newberry de Chicago hay un manuscrito del *Popol Vuh* que data del siglo XVIII y que fue copiado (*was copied*) por fray Francisco Ximénez, un sacerdote español; al lado del texto en quiché está la traducción al español hecha por Ximénez.

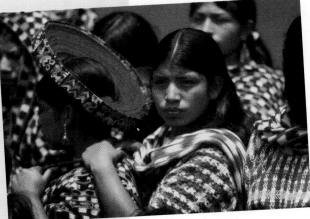

Mujeres mayas en Guatemala

Las letras

Dos guatemaltecos son recipientes del Premio Nóbel: Miguel Ángel Asturias y Rigoberta Menchú Tum. El escritor Miguel Ángel Asturias, quien recibió el Premio Nóbel de Literatura en 1967, es un novelista famoso cuya obra maestra se titula *El señor Presidente*. En 1992, la escritora y activista Rigoberta Menchú Tum recibió el Premio Nóbel de la Paz. En su autobiografía, *Me llamo Rigoberta Menchú y así me nació la conciencia* (1983), la autora nos relata las injusticias que han sufrido los maya-quiché desde la colonización española.

Nicaragua

La geografía y el clima

Nicaragua tiene fronteras con Honduras y Costa Rica; al este está el mar Caribe y al oeste el océano Pacífico. Nicaragua, un país muy montañoso, es el más grande de Centroamérica. Tiene unos cincuenta y ocho volcanes, seis de los cuales están todavía activos. Nicaragua también se conoce por sus bonitos lagos. Entre ellos están el Managua (también llamado Xolotlán) y el lago Nicaragua (o Cocibolca), que es uno de los lagos de agua dulce (*freshwater*) más grandes del mundo. Nicaragua tiene buen clima en su interior; las costas son húmedas y calurosas, aunque es menos húmedo en la costa oeste.

El lago de Managua

La economía

Como Guatemala, Nicaragua también es un país agrícola. Sus productos principales son el café y algodón, y también el cacao, la caña de azúcar, el plátano, el maíz, el tabaco, el trigo y el sésamo.

La historia

Antes de la llegada de Cristóbal Colón, varios grupos indígenas vivían en Nicaragua: los nicaraos, los chorotegas, los chontales y los mosquitos (llamados también 'misquitos' en otras partes de Centroamérica). Cuando Colón llegó allí en 1502, durante su cuarto y último viaje, él era la primera persona de Europa que había venido a la región. Hoy día, 77 por ciento de la población de Nicaragua es mestiza, una mezcla de los europeos y los indígenas. Sólo en la Costa de los Mosquitos viven indígenas puros—un 4% de la población total de Nicaragua.

Las huellas de Acahualinca

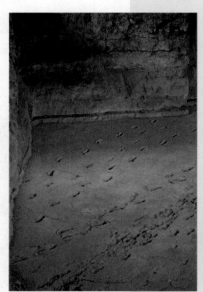

Las huellas de Acahualinca

En Acahualinca, a orillas del lago de Managua, hay unas famosas huellas (*footprints*) antiguas que, según los expertos, tienen más de seis mil años. Aunque hay varias teorías sobre su origen, no se sabe exactamente cómo fue que aparecieron. Una de las hipótesis más interesantes sugiere que se formaron cuando unas personas que se escapaban de una erupción volcánica pisaron (*they stepped on*) la lava caliente que encontraban a su paso.

Las letras

Nicaragua tiene fama de ser un país de poetas. El más famoso de éstos es Rubén Darío (1867–1916), cuya colección de poesía y prosa *Azul* (1888), según los críticos, inició el modernismo, un movimiento literario de gran importancia a finales del siglo XIX. Otros grandes poetas nicaragüenses del pasado son Azarías Pallais, Salomón de la Selva y Alfonso Cortés. Los nuevos poetas como Rosario Murillo y Ernesto Cardenal se inspiran tanto en la política y la sociedad actuales de Nicaragua como en su pasado histórico.

Antes de leer

Understanding poetry

Up until now, all of the readings you have encountered have been nonfiction—web pages, magazine articles, and the like. You are now going to read several poems, fictional pieces of literature. When you read nonfiction, you usually read to obtain factual information. When you read fiction and literature, you read to be entertained or enlightened.

Rhyme (**La rima**) is one aspect of most poetry. Words rhyme when they share similar sounds, for example, **pino** and **fino.** Blank verse (**El verso libre**) is a kind of poetry that does not follow the usual rules of rhyme. Instead, it relies on the sounds of words and the division of lines to create its own sense of rhythm and motion.

ACTIVIDAD 1 Los poemas que vas a leer incluyen un poema de Rubén Darío (1867–1916), considerado el poeta más importante de Nicaragua, y otro de un poeta nicaragüense vanguardista, José Coronel Urtecho (1906–1994). Estos poemas, entre otros, aparecen en un sitio web que se llama "Dariana". Primero, lee la información sobre Darío que aparece en la sección **Exploraciones culturales** (p. 326). Luego lee el siguiente comentario del sitio web y contesta las preguntas a continuación.

Rubén Darío (1867–1916)

"Se ha dicho que el mejor producto de exportación de Nicaragua es su poesía. Y toda nuestra mejor poesía y, por qué no, nuestra misma nicaraguanidad nacen (are born) *y se fundamentan en Rubén Darío… Darío pronosticó que un día su poesía, indefectiblemente, iría a las muchedumbres* (would reach the masses). *Valga esta humilde página y esta todo-abarcante* (all-encompassing) *tecnología para intentarlo."*

1. Según este comentario, ¿cuál es el mejor producto de exportación de Nicaragua?
2. ¿Creía Darío que muchas o pocas personas leerían (*would read*) su poesía?
3. ¿Cómo ayuda la tecnología a implementar la visión de Darío?

Lee las siguientes preguntas sobre los poemas a continuación. Después, lee los poemas rápidamente y contesta las preguntas. Luego vas a leer los poemas más detalladamente.

1. ¿Cuál de los poemas se escribe en rima? ¿Se escribe uno en verso libre?
2. Busca un ejemplo de dos palabras que riman.
3. Busca el uso de la repetición de palabras en los dos poemas. Escribe dos ejemplos de la repetición de una palabra o de palabras semejantes.
4. ¿Cuál es el tema principal de los dos poemas?

Lectura

ACTIVIDAD 3 Ahora lee los poemas con más detalle. Recuerda que no es necesario entender todas las palabras para apreciar los poemas. Escucha los sonidos (*sounds*) de las palabras y trata de entender la idea principal de cada poema.

─ℳ─ RUBÉN DARÍO

Amo, amas

AMAR[1], AMAR, AMAR, AMAR SIEMPRE, CON TODO
el ser y con la tierra y con el cielo[2],
con lo claro del sol y lo oscuro del lodo[3]:
amar por toda ciencia y amar por todo anhelo[4].

Y cuando la montaña de la vida
nos sea dura y larga y alta y llena de abismos,
amar la inmensidad que es de amor encendida[5]
¡y arder[6] en la fusión de nuestros pechos[7] mismos!

[1] *to love* [2] **con la tierra...** *with the earth and with the sky* [3] *mud* [4] *wish, desire* [5] *burning, on fire* [6] *to burn* [7] *hearts* (literally, *chests*)

~~~ JOSÉ CORONEL URTECHO

Dos canciones de amor para el otoño

I

CUANDO YA NADA PIDO
y casi nada espero
y apenas puedo nada[8]
es cuando más te quiero.

II

BASTA[9] QUE ESTÉS, QUE SEAS
Que te pueda llamar, que te llame María
Para saber quién soy y conocer quién eres
Para saberme tuyo y conocerte mía
Mi mujer entre todas las mujeres.

[8]**apenas...** *There's nothing to be done, I can do no more.*   [9] **Basta...** Es bastante

Después de leer

ACTIVIDAD 4 A ver si comprendiste bien los dos poemas. Trabaja con un(a) compañero(a) de clase para contestar las siguientes preguntas.

"Amo, amas" de Darío
1. ¿Cuál de las siguientes oraciones mejor expresa la idea central del poema?
   a. El amor es duro (*hard*) y difícil.
   b. El amor es como una montaña alta que es difícil escalar.
   c. El amor verdadero es eterno, como la naturaleza.

2. ¿Es optimista o pesimista la actitud del poeta? ¿Por qué?
3. ¿Están de acuerdo con el mensaje del poema?

"Dos canciones de amor para el otoño, I, II" de Coronel Urtecho
4. ¿Cuál de las siguientes oraciones mejor expresa la idea central del primer poema?
   a. Cuando el autor no tiene esperanza es cuando está más enamorado.
   b. El autor no pide ni espera el amor, porque no lo quiere.
   c. El autor no puede querer a nadie porque no tiene esperanza.

5. ¿Es optimista o pesimista la actitud del poeta? ¿Por qué?
6. ¿Cuál de los poemas les gustó más? ¿Por qué?

ÁREAS DE LA CIUDAD   *Parts of the city*

las afueras	*the outskirts*
el apartamento	*apartment*
el barrio	*neighborhood*
... comercial	*business district*
... residencial	*residential neighborhood*
el centro de la ciudad	*downtown*
los suburbios	*suburbs*
los vecinos	*neighbors*

LA CASA   *La casa*

el baño	*bathroom*
la chimenea	*fireplace*
el clóset	*closet*
la cocina	*kitchen*
el comedor	*dining room*
el dormitorio (la recámara, el cuarto, la habitación)	*bedroom*
las escaleras	*stairs*
el garaje	*garage*
el jardín	*garden*
la lavandería	*laundry room*
la oficina	*office*
la pared	*wall*
el pasillo	*hallway*
el patio	*patio*
el primer piso (segundo, etc.)	*first floor (second, etc.)*
la sala	*living room*
el sótano	*basement, cellar*
el techo	*roof*

NÚMEROS ORDINALES   *Ordinal numbers*

primer(o)	*first*
segundo	*second*
tercer(o)	*third*
cuarto	*fourth*
quinto	*fifth*
sexto	*sixth*
séptimo	*seventh*
octavo	*eighth*
noveno	*ninth*
décimo	*tenth*

LOS QUEHACERES DOMÉSTICOS
Household chores

Dentro de la casa   *Inside the house*

arreglar el dormitorio	*to straighten up the bedroom*
barrer el suelo (el piso)	*to sweep the floor*
guardar la ropa	*to put away the clothes*
hacer la cama	*to make the bed*
lavar los platos (la ropa)	*to wash the dishes (the clothes)*
limpiar el baño	*to clean the bathroom*
pasar la aspiradora	*to vacuum clean*
planchar	*to iron*
poner los juguetes en su lugar	*to put the toys where they belong*
poner y quitar la mesa	*to set and to clear the table*
preparar la comida	*to prepare the food*
sacudir los muebles	*to dust the furniture*
trapear el piso	*to mop the floor*

Fuera de la casa   *Outside the house*

cortar el césped	*to mow the lawn*
darle de comer al perro (gato)	*to feed the dog (cat)*
hacer el reciclaje	*to do the recycling*
regar (ie) las plantas	*to water the plants*
sacar a pasear al perro	*to take the dog for a walk*
sacar la basura	*to take out the garbage*

LOS MUEBLES Y DECORACIONES
Furniture and decorations

la alfombra	*rug, carpet*
la cama	*bed*
las cortinas	*curtains*
el cuadro	*painting, print*
el espejo	*mirror*
la lámpara	*lamp*
la mesa	*table*
la mesita de noche	*night table*
la persiana	*Venetian blind*
la silla	*chair*
el sillón	*armchair*
el sofá	*sofa*
el tocador (la cómoda)	*dresser*

LOS ELECTRODOMÉSTICOS *Appliances*

el abrelatas eléctrico	*electric can opener*
la aspiradora	*vacuum cleaner*
la estufa	*stove*
la lavadora	*washer*
el lavaplatos	*dishwasher*
la licuadora	*blender*
el microondas	*microwave*
la plancha	*iron*
el refrigerador	*refrigerator*
la secadora	*dryer*
el televisor	*television set*
la tostadora	*toaster*

VERBOS

aconsejar	*to advise*
desear	*to wish*
esperar	*to hope*
insistir en	*to insist*
mandar	*to order*
necesitar	*to need*
pedir (i, i)	*to ask, request*
permitir	*to permit, allow*
prohibir	*to forbid*
querer	*to wish; to want*
recomendar (ie)	*to recommend*
requerir (ie)	*to require*
sugerir (ie, i)	*to suggest*

ADJETIVOS POSESIVOS

mío, mía, míos, mías	*my, mine*
tuyo, tuya, tuyos, tuyas	*your, yours*
suyo, suya, suyos, suyas	*your, yours, his, her, hers, its, their, theirs*
nuestro, nuestra, nuestros, nuestras	*our, ours*
vuestro, vuestra, vuestros, vuestras	*your, yours*

OTRAS PALABRAS Y EXPRESIONES

para	*for; by* (a deadline); *toward, in the direction of; for* (a specific recipient, employer, or purpose); *in order to* (+ verb); *for . . .* (in comparison with others)
por	(in exchange) *for; during; through, along; on behalf of; for* (duration of an event); *by* (a means of transportation)
por ejemplo	*for example*
por eso	*so, that's why*
por favor	*please*
por fin	*finally*
por lo menos	*at least*
por supuesto	*of course*

¿Qué quieres ver?

Communication

By the end of this chapter you will be able to:
* talk about popular and high culture
* express preferences and make suggestions about entertainment
* express emotion and wishes
* express doubt and uncertainty
* express unrealized desires and unknown situations

Cultures

By the end of this chapter you will have learned about:
* Venezuela and Colombia
* a Colombian soap opera
* a Venezuelan television program dedicated to Internet users
* electronics in Venezuela, Colombia, and the U.S.
* learning: acquisition and usage

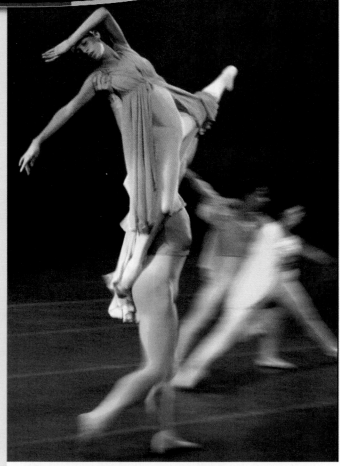

Miembros del Ballet Nacional de Caracas interpretan un ballet en el Teatro Teresa Carreño.

CULTURAS

¿Qué significa la palabra **cultura** para ti? ¿Quiere decir el arte, el ballet, los museos, el teatro, la ópera? ¿O, en tu opinión, se refiere más bien a la televisión, las películas, la música popular y la radio? ¿Qué tipo de actividad cultural te gusta más? En este capítulo vamos a hablar de diversiones culturales y cómo nos gusta pasar el tiempo libre.

Los datos

Mira la información de los gráficos. Luego di si las siguientes oraciones son ciertas o falsas.

Venezuela y Colombia

Estados Unidos

① _____ En Colombia, más del 50% de la población tiene radios.
② _____ Entre Venezuela y Colombia, un porcentaje más alto de la población venezolana tiene radios.
③ _____ Entre Venezuela y Colombia, un porcentaje más alto de la población venezolana tiene televisores.
④ _____ En Estados Unidos, hay más televisores que personas.

¡Adivina!

¿Qué sabes de Colombia y Venezuela? Indica si las siguientes oraciones se refieren a Colombia, a Venezuela o a los dos países. (Las respuestas están en la página 352.)

① Este país tiene una gran historia en las artes cinematográficas.
② Este país tiene una producción importante de esmeraldas.
③ La leyenda de El Dorado proviene de este país.
④ El principal producto de exportación de este país es el petróleo.
⑤ "El Libertador" Simón Bolívar nació y vivió en este país.

Vocabulario útil 1

JAVIER: ¿Qué clase de **películas** te gustan?

ANILÚ: Me encantan **las comedias románticas**. Quiero ver una película que me haga reír. ¿Y tú?

JAVIER: Bueno, está bien. Podemos ver una comedia.

ANILÚ: No contestaste mi pregunta.

JAVIER: A ver… me gustan **los dramas**… y **los documentales** me parecen siempre informativos. Leí **una crítica** de una película que parece muy buena… **Los críticos** la **calificaron con cuatro estrellas**.

ANILÚ: ¡La crítica! Yo nunca leo las críticas. En primer lugar, **los críticos** no saben de lo que hablan. Y en segundo lugar, prefiero formar mis propias opiniones.

CLASES DE PELÍCULA

la comedia (romántica)

los dibujos animados

el documental

el drama

el misterio

la película de acción

la película de ciencia ficción

la película de horror / terror

SOBRE LA PELÍCULA

el título	*title*
doblado(a)	*dubbed*
una película titulada…	*a movie called . . .*
con subtítulos en inglés	*with subtitles in English*
Se trata de…	*It's about . . .*
la estrella de cine	*movie star*

LA CRÍTICA

calificar / clasificar con cuatro estrellas	*to give a four-star rating*
el (la) crítico(a)	*critic*
la reacción crítica	*critical reaction*
la reseña / la crítica	*review*

EL ÍNDICE DE AUDIENCIA

apto(a) para toda la familia	*G (for general audiences)*
se recomienda discreción	*PG-13 (parental discretion advised)*
prohibido para menores	*R (minors restricted)*

EN EL CINE

los chocolates	*chocolates*
los dulces	*candy*
la entrada / el boleto	*ticket*
las palomitas	*popcorn*

Actividades

 ACTIVIDAD 1 **Las películas más populares en Colombia.** Con un(a) compañero(a), di qué clase de películas son las siguientes y cuál es su índice de audiencia. Túrnense para describir las películas. ¿Pueden adivinar cuáles son los títulos en inglés? ¿Cuáles tienen más ingresos (*revenue*)?

2001		
Orden de popularidad	**Película**	**Ingresos en pesos colombianos**
1	Harry Potter	1.045.585
2	La momia regresa	703.556
3	El planeta de los simios	696.214
4	Límite vertical	666.454
5	Gatos y perros	539.993

MODELO: Tú: Harry Potter *es una película de acción y un poco de terror. Las estrellas de la película son Daniel Radcliffe, Rupert Grint y Emma Watson. Es apta para toda la familia.*

 ACTIVIDAD 2 **¿Qué clase de película es?** En grupos de tres, cada persona escribe en unos pedacitos de papel el título de dos películas conocidas. Pongan los seis papelitos en el medio del grupo. La primera persona escoge un papelito y dice algo sobre la película. La segunda persona trata de adivinar el título de la película, y la tercera persona dice qué clase de película es.

MODELO: Tú: *Los actores principales son Tom Hanks y Meg Ryan. Se trata de dos personas que se comunican por Internet.*
Compañero(a) #1: *Es* You've Got Mail.
Compañero(a) #2: *Es una comedia romántica.*

 ACTIVIDAD 3 **¿Quieres ir al cine?** Quieres invitar a tu compañero(a) al cine, pero no sabes qué clase de películas le gustan. Conversen sobre sus preferencias y decidan qué película quieren ver. Pueden comentar sobre la reacción crítica, las reseñas que hayan leído y el índice de audiencia. ¡No tienen que estar de acuerdo sobre la película que quieren ver!

Remember the phrase **me gustaría** (*I would like to*)? You can also use **me encantaría** (*I would love to*).

MODELO: Compañero(a): *¿Quieres ir al cine?*
Tú: *Sí, me gustaría.*
Compañero(a): *¿Qué clase de películas te gustan?*
Tú: *Me encantan los dramas. Hay una película clásica que me gustaría ver:* Casablanca *con Humphrey Bogart.*
Compañero(a): *A mí no me gustan los dramas. Prefiero ver una película de acción...*

Vocabulario útil 2

ANILÚ: Dame ese **control** un momento. Voy a **cambiar de canal.** ¡Odio a esa **entrevistadora**!

JAVIER: ¿Te gusta **la ópera**?

ANILÚ: ¡La ópera! ¡Ni muerta! Prefiero **los musicales, los shows** grandes de Broadway.

JAVIER: ¿Y qué clase de **música** te gusta?

ANILÚ: Tiene que ser **pop.**

JAVIER: A ver, vamos a hacer cuentas. A mí me gustan los documentales y los dramas, las palomitas, la ópera y **la música clásica.** Leo las críticas antes de salir a ver una película y me gusta escoger la película antes de salir de casa.

ANILÚ: Uy, no nos va muy bien, ¿eh?

LA TELEVISIÓN

el cable	*cable television*	**la estación**	*station*
cambiar el / de canal	*to change the channel*	**grabar**	*to videotape; to record*
el control remoto	*remote control*	**por satélite**	*by satellite dish*
en vivo	*live*	**la teleguía**	*TV guide*
el episodio	*episode*		

LOS PROGRAMAS DE TELEVISIÓN

la teleserie   *TV series*

las noticias

el programa de concursos

el programa de entrevistas

la telecomedia

el teledrama

la telenovela

LA GENTE EN LA TELEVISIÓN

el (la) entrevistador(a)	*interviewer*
el (la) locutor(a)	*announcer*
el (la) participante	*participant*
el (la) presentador(a)	*host of the show*
el público	*audience*
el (la) televidente	*TV viewer*

Other types of music are: **la música alternativa, el jazz, la música folk, las baladas.**

LA MÚSICA

la música clásica	*classical music*
la música country	*country music*
la música moderna	*modern music*
la música mundial	*world music*
la música pop	*pop music*
el R & B	*rhythm and blues*
el rap	*rap*
el rock	*rock*

ARTE Y CULTURA *The arts*

el baile / la danza	*dance*	el musical	*musical*
la escultura	*sculpture*	la ópera	*opera*
el espectáculo	*show*	la pintura	*painting*
la exposición de arte	*art exhibit*	el show	*show*
la obra teatral	*play*		

Actividades

ACTIVIDAD 4 **¡Dame ese control!** Con una(a) compañero(a), identifica los siguientes programas de televisión, di si te gustan y también di por qué sí o no. Luego, describe un programa del mismo género que te guste más. Explica por qué tu programa es superior al de la lista.

1. Es un programa de entrevistas en vivo. La entrevistadora entrevista a estrellas de cine y cantantes o habla de temas como "Las mujeres a quienes no les gusta la tele".
2. Es una telecomedia. El humor se extrae de los problemas que ocurren entre un periodista deportivo y su esposa. También ocurren problemas con el hermano del periodista, que es policía, y los padres del periodista que son vecinos.
3. Es un programa de concursos. La locutora es una señora de muy mal humor que siempre insulta a los participantes cuando no pueden contestar las preguntas que ella les hace. Cada segundo que demoran (*they delay*) en contestar disminuye el premio total, lo cual crea un clima de bastante tensión.
4. Es un teledrama que se sitúa en la Casa Blanca en la capital de los Estados Unidos. El presidente y su administración tratan de resolver problemas de importancia nacional e internacional.
5. Es un programa de noticias internacionales y nacionales. El locutor y reportero canadiense presenta su punto de vista de una manera muy informativa y razonable.

ACTIVIDAD 5 **¿Qué clase de arte te interesa?** Completa las siguientes oraciones con las palabras correctas de la lista.

1. Me encanta _____ de Rodin.
2. _____ de Picasso son mundialmente reconocidas.
3. En el mundo del _____, Isadora Duncan fue reina (*queen*).
4. _____ *Phantom of the Opera* de Andrew Lloyd Webber tuvo mucho éxito por el mundo.
5. *Cat on a Hot Tin Roof* de Tennessee Williams es una _____ fenomenal.
6. Quiero ir al Museo de Arte Moderno en Nueva York para ver _____ latinoamericano.
7. ¿Cuál es tu _____ favorita? Yo creo que la mía es *Carmen*.

a. baile
b. ópera
c. la escultura
d. la exposición de arte
e. las pinturas
f. el musical
g. obra teatral

ACTIVIDAD 6 **Tus preferencias musicales.** Habla con tu compañero(a) sobre sus preferencias musicales. Primero, identifica dos cantantes o grupos musicales que pertenezcan a cada una de las categorías. Luego, comparen sus preferencias musicales. Finalmente, informen a otra pareja sobre sus preferencias y ellos harán lo mismo.

Categorías
la música pop
la música country
la música mundial
el R & B
el rap
el rock

MODELO: Tú: *¿Conoces la música de Shakira?*
          Compañero(a): *No, ¿qué clase de música es?*
          Tú: *Es música pop, pero ella misma escribe las canciones. ¿Qué clase de música te gusta a ti?*

ACTIVIDAD 7 **Una cita a ciegas** (*blind date*). Vas a salir en una cita a ciegas, pero antes de salir, decides que debes hablar con la persona por teléfono para tratar de decidir adónde van y qué van a hacer en la cita. Como sabes muy poco de los gustos de la persona, vas a tener que hacerle muchas preguntas sobre sus preferencias. Trabaja con un(a) compañero(a) e incluye en la conversación el tema de las películas, la televisión, la música, el arte y la cultura. Al final de la conversación telefónica, tienen que haber decidido (*to have decided*) adónde van a ir en su cita. Explíquenle a otra pareja en la clase qué decidieron hacer en su cita y ellos harán lo mismo.

MODELO: Tú: *¿Qué te gustaría hacer el viernes por la noche?*
          Compañero(a): *No sé. Creo que hay un concierto en el Auditorio Nacional muy bueno. ¿Qué clase de música te gusta?*

As a variation, you can dramatize your phone conversation in front of the class.

Internet

Venezuela es el tercer mercado de Internet más grande en Latinoamérica, después de Brasil y México. Uno de los resultados de este aumento en el uso venezolano de Internet es que empiezan a salir programas de televisión venezolanos dedicados al uso de la computadora y de Internet.

Alta Densidad es un programa de la compañía venezolana Globovisión, que se transmite semanalmente en Venezuela y por toda Latinoamérica. El programa se enfoca en el uso de Internet y en cuestiones tecnológicas. Tiene un sitio web que suplementa la información del programa y que contiene información sobre programas previos.

Ofrece noticias, ayuda, práctica, reportajes de video y enlaces a sitios web interesantes. El sitio web de *Alta Densidad* también ofrece la innovadora "Pez (*Fish*) Cam". César Miguel, la mascota del programa, es un pez que se filma veinticuatro horas al día. Millones y millones de internautas pueden mirarlo día y noche gracias a la primera webcam subacuática.

El programa y sitio web también ofrecen encuestas sobre cuestiones tecnológicas. Una encuesta reciente dio los siguientes resultados.

	Sí	No	Me da igual. *(It doesn't matter to me.)*	No sé.
1. ¿Te da miedo usar tu tarjeta de crédito en Internet?	82,1%	13,8%	4,1%	—
2. ¿Te gustan las páginas web con muchos movimientos y animaciones?	79,1%	15,4%	5,2%	0,3%
3. ¿Te interesa escuchar publicidad por tu celular a cambio de *(in exchange for)* mejores tarifas?	61,6%	35,2%	—	3,2%

 PRÁCTICA. En grupos de tres a cuatro personas, hablen de los siguientes temas.

1. ¿Conocen algún programa dedicado al uso de las computadoras o Internet? ¿Crees que es bueno tener este tipo de programa en televisión?
2. ¿Les interesa ver un episodio de *Alta Densidad?* ¿Por qué sí o por qué no?
3. ¿Les gusta la idea de la Pez Cam? ¿Por qué sí o por qué no? ¿Conocen otros sitios web que tengan cámaras web? ¿Cuáles?
4. Háganse las preguntas de las encuestas. ¿Son los resultados de la clase similares a los de las personas entrevistadas? Si son diferentes, ¿en qué áreas se diferencian?

A VER

Video/DVD

Antes de ver el video

ACTIVIDAD 1 Cuando van al cine, ¿qué hacen? Con un(a) compañero(a) de clase, piensen en las cosas que hacen antes de salir para el cine y las que hacen después de llegar allí. Hagan una lista de unas seis a ocho cosas.

MODELO: *Decidimos qué tipo de película vamos a ver.*

ACTIVIDAD 2 ¿Qué les gusta o no les gusta a Anilú y a Javier? Combina la información que ya sabes sobre estos dos personajes con la información de las páginas 334 y 337. Llena la tabla con todos los datos que puedas. (Después de ver el video, vas a completar la tabla con la información nueva.)

	Anilú	Javier
las comedias románticas		
los documentales		
las palomitas en el cine		
los chocolates en el cine		
las críticas de películas		
hacer planes		
la ópera		
la música pop		
la música clásica		
los musicales		
los shows de Broadway		

ESTRATEGIA

Listening for sequencing words

As you listen to this chapter's video segment, pay attention to sequencing words that help you understand the order in which things occur. Words such as **primero, segundo, luego, en primer lugar** (*in the first place*), **antes, después**, and **mientras** (*while, during*) can help you order the information in the video and aid your comprehension.

El video

Ahora mira el episodio del video para el **Capítulo 11.** No te olvides de enfocarte en las palabras de la tabla para ayudarte a entender la información del video.

Después de ver el video

Internet

ACTIVIDAD 3 Mira el video y vuelve a completar la tabla de la **Actividad 2** con los datos que faltan.

ACTIVIDAD 4 Mira el video otra vez y usa las palabras de la estrategia **(primero, en primer lugar, en segundo lugar, antes, después** o **mientras)** para completar las siguientes oraciones. Después de completarlas, indica quién dijo cada una.

1. —_____, los críticos no saben de lo que hablan.
2. —¿Quieres ver la tele? Aquí tienes el control remoto _____ me esperas.
3. —Leo las críticas _____ de ir a ver una película y me gusta escoger la película _____ de salir de casa.
4. —Y _____, prefiero formar mis propias opiniones.

ACTIVIDAD 5 ¿A quién se describe? Trabaja con un(a) compañero(a) de clase para decir si las siguientes oraciones se refieren a Javier **(J)** o a Anilú **(A).**

1. _____ Quiere ver la guía de películas en el periódico.
2. _____ Le gustan las comedias románticas.
3. _____ Le gustan los documentales.
4. _____ Le gusta leer las críticas de las películas.
5. _____ Prefiere comer palomitas durante una película.
6. _____ Le gusta comer chocolates en el cine.
7. _____ Le encantan los musicales y la música pop.
8. _____ Le gusta ir a la ópera.

ACTIVIDAD 6 ¿A quién se parecen más? Trabajen en grupos de tres a cuatro personas. Usen la tabla de la **Actividad 2.** Cada persona debe dar sus preferencias para cada categoría. Indiquen el número de personas que se parecen a Anilú y el número de las que se parecen a Javier.

> ¿Estás de acuerdo con de León que la música puede enseñar valores importantes a los niños y ofrecerles una alternativa a las pandillas?

VOCES DE LA COMUNIDAD

Internet

Sonia Marie de León de Vega

66 ¿Por qué andar con una pandilla (*gang*) cuando se puede formar parte de una orquesta? Con la música, los niños aprenden el valor (*value*) del trabajo, ven resultados y aprenden a ser disciplinados. 99

Sonia Marie de León de Vega es directora de la Orquesta Santa Cecilia. De León de Vega fundó esta orquesta en 1992 para llevar la música clásica a las comunidades latinas en el área de Los Ángeles. Esta misión se cumple a través de (*is accomplished through*) dos programas especiales de la orquesta: uno es una serie de conciertos que se ofrecen en los barrios hispanos del sur de California, y el otro es un programa especial para niños hispanos en zonas urbanas pobres.

Tanto por sus talentos musicales, como por su servicio a la comunidad latina, de León de Vega es una de las mujeres directoras de mayor renombre (*renown*) internacional. Ella tiene el honor de haber sido (*having been*) la primera mujer en ser invitada a dirigir un concierto ante el Papa en la Ciudad del Vaticano. En el año 2000, la red de televisión Univisión la reconoció como una de las mujeres latinas más sobresalientes (*outstanding*) del estado de California. Un año más tarde, la revista *Hispanic Business* seleccionó a de León de Vega entre los 100 hispanos más importantes de Estados Unidos.

Gramática útil 1

Expressing emotion and wishes: The subjunctive with impersonal expressions and verbs of emotion

CÓMO USARLO

LO BÁSICO

- *An independent clause* is a phrase containing a verb that *can stand alone* as a complete sentence: **Estoy muy contento.**

- *A dependent clause* is a phrase containing a verb that *cannot stand alone* as a complete sentence: **...que ustedes vengan al teatro.**

- *A complex sentence* combines both independent and dependent clauses: **Estoy muy contento de que ustedes vengan al teatro.**

In **Capítulo 10,** you learned to use the present subjunctive with verbs of volition—verbs that express what people want, need, hope, or wish other people will do. In this chapter, you will learn three more uses of the present subjunctive.

You may want to review the present subjunctive forms you learned in **Capítulo 10** to refresh your memory.

> **Ojalá** (*I wish, I hope*) is a word of Arabic origin meaning "May Allah grant." This and other Arabic words entered the Spanish language during almost eight centuries of Arab inhabitation of Spain.

1. In addition to verbs of volition, Spanish speakers also use the present subjunctive when they express emotion, use generalized impersonal expressions, or use the Spanish word **ojalá.**

Me alegro de que puedas venir.	*I'm happy that you can come.*
Es importante que lleguemos temprano al cine.	*It's important that we arrive early at the theater.*
Ojalá (que) la película **sea** buena.	*I hope the movie is good.*

> The use of **que** is optional with **ojalá,** but is used in the rest of the sentences to signal the beginning of the dependent clause.

2. Notice that the model sentences above all follow the pattern you learned in **Capítulo 10.** These sentences are complex sentences where a verb or expression in the independent clause triggers the use of the subjunctive in the dependent clause.

Notice that there is always a change of subject from the independent clause to the dependent clause.

independent clause (verb of emotion, impersonal expression, or *ojalá*)	*que*	dependent clause (verb in subjunctive)
A mis amigos les **encanta**	que	**haya** muchos cines aquí.
Es importante	que	ustedes **vengan** con nosotros.
Ojalá	(que)	la película **sea** buena.

3. Remember, in situations where there is no use of **que** and no change of subject, there is also no use of the subjunctive.

Me alegro de poder ir al concierto.   vs.   Me alegro de **que tú puedas** ir al concierto.

Es importante llegar a tiempo.   vs.   Es importante **que lleguemos** a tiempo.

4. Here are some verbs and expressions that are frequently used with the subjunctive. Notice that some of these are the same or similar to the verbs of volition you learned in **Capítulo 10.** This is because the subjunctive is usually used to describe situations that involve emotion, which includes volition.

Es mejor que reconsideremos esta cita.

Remember that the verbs **encantar, fascinar, sorprender,** and **molestar** are used like **gustar.** They are used with the indirect object pronouns **me, te, le, nos, os,** and **les,** rather than with the subject pronouns **yo, tú, usted, él, ella, nosotros(as), vosotros(as), ustedes, ellos,** and **ellas.**

verbs of emotion, positive and neutral		
alegrarse de	estar contento(a) de	ojalá
encantar	fascinar	sorprender (*to surprise*)
esperar	gustar	

verbs of emotion, negative		
molestar	temer (*to fear*)	
sentir (*to feel sorry, to regret*)	tener miedo de	

impersonal expressions		
es bueno	es imprescindible (*essential*)	es mejor
es extraño (*strange*)	es interesante	es necesario
es fantástico	es (una) lástima	es ridículo
es horrible	es lógico	es terrible
es importante	es malo	

Actividades

ACTIVIDAD 1 **Me molesta que...** ¿Qué piensas del mundo del cine y la televisión? Escribe tus reacciones en oraciones completas.

MODELO: (no) me sorprende que / salir tantas películas malas
Me sorprende que salgan tantas películas malas.

1. (no) me molesta que / Hollywood hacer tantas películas de acción
2. (no) me sorprende que / las telenovelas ser tan populares
3. (no) es lógico que / los actores recibir más dinero que los directores
4. (no) es importante que / las películas extranjeras ser dobladas
5. (no) me molesta que / los refrescos costar tanto en el cine
6. (no) me sorprende que / los críticos siempre tener las mismas opiniones

ACTIVIDAD 2 **Felipe.** Felipe lleva dos años en Hollywood buscando trabajo como actor. Escucha la descripción de la vida de Felipe. Usando la frase indicada, expresa tu opinión sobre la situación de Felipe.

MODELO: Lees: Es fantástico que...
Escuchas: Felipe piensa que quiere ser estrella de cine.
Escribes: *Es fantástico que quiera ser estrella de cine.*

1. Es mejor que...
2. Es importante que...
3. Es imprescindible que...
4. Es una lástima que...
5. Es una pena que...
6. Es necesario que no...

ACTIVIDAD 3 **Yo creo que...** Te gusta mucho ir al cine y ver la televisión, pero tienes opiniones muy fuertes sobre ciertos aspectos de la industria. Expresa tus opiniones sobre los siguientes temas a un(a) compañero(a). Usa las frases de emoción o las expresiones impersonales para formar tus oraciones.

1. el salario de los actores principales
2. los presupuestos (*budgets*) de más de ochenta millones de dólares
3. el precio de las entradas
4. el precio de las palomitas y los chocolates en el cine
5. los anuncios en la tele
6. la programación en la tele
7. las telenovelas
8. la violencia en las películas y los programas de televisión

MODELO: *Es ridículo que les paguen veinte millones de dólares a los actores principales de una película.*

¡FÍJATE!

El aprendizaje y la adquisición

Los lingüistas que estudian cómo se aprenden las lenguas extranjeras reconocen que existen dos procesos cognitivos muy diferentes: el **aprendizaje** (*learning*) y la **adquisición.** El aprendizaje se basa en el análisis y la práctica de las reglas (*rules*) de grámatica. La adquisición se basa en el uso espontáneo de la lengua en situaciones comunicativas.

Un conocido estudio sobre el subjuntivo realizado por el difunto lingüista Tracy Terrell muestra la diferencia entre estos dos procesos. Un grupo de estudiantes de español de la Universidad de California en Irvine recibió instrucción y práctica con las reglas del uso del subjuntivo. Después, los estudiantes participaron en dos actividades destinadas a evaluar su dominio del subjuntivo. En la primera actividad, un examen tradicional de gramática, los estudiantes recibieron calificaciones muy altas. En la segunda, los estudiantes participaron en una conversación natural en español. Sorprendentemente (*Surprisingly*), los mismos estudiantes que recibieron calificaciones muy altas en el examen previo, no hicieron uso correcto del subjuntivo en la conversación espontánea. Terrell concluyó que sus estudiantes habían aprendido (*had learned*) el subjuntivo pero no lo habían adquirido (*had not acquired it*). Para llegar a usar el subjuntivo de manera comunicativa, ellos tendrían que (*would have to*) escucharlo en uso y practicarlo más en la conversación.

PRÁCTICA. En tu opinión, ¿qué implicaciones tiene este estudio? ¿Crees que existe una diferencia similar cuando aprendes actividades tales como manejar un automóvil, practicar un deporte o tocar un instrumento musical?

Gramática útil 2

Expressing doubt and uncertainty: The subjunctive with expressions of doubt and disbelief

CÓMO USARLO

1. Another group of verbs and expressions that trigger the use of the subjunctive are expressions of doubt and uncertainty.

No creo que funcione el televisor.	*I **don't think** the TV **is working.***
No estoy segura de que yo pueda repararlo.	*I'm **not sure** I **can** fix it.*
Dudo que podamos ver el programa.	*I **doubt** we'll **be able** to watch the program.*

2. Because speakers are expressing situations that they doubt are certain, or expect not to occur, they use the subjunctive. Notice that in this usage, you do not need to have a change in subject: **No estoy segura de que yo pueda repararlo.**

3. Here are some verbs and expressions that are used to express doubt and uncertainty with the subjunctive.

dudar *to doubt*		**no es cierto** *it's not certain*	
es dudoso *it's doubtful / unlikely*		**no es probable** *it's not probable / likely*	
es improbable *it's improbable / unlikely*		**no es seguro** *it's not sure*	
		no es verdad *it's not true*	
no creer *to not believe*		**no estar seguro(a) de** *to not be sure*	

4. When speakers use similar expressions to express belief or certainty **(creer, estar seguro[a], es cierto, es seguro, es obvio),** the present indicative—and not the present subjunctive—is used.

Creo que **funciona** el televisor.	*I think the TV is working.*
Estoy segura de que puedo repararlo.	*I'm sure I can repair it.*
Es cierto que podemos ver el programa.	*It's certain that we can watch the program.*

Actividades

ACTIVIDAD 4 Dudo que… En tu vida como televidente, has formado muchas opiniones negativas de la industria televisiva. ¡Dudas de todo! Di de lo que dudas.

MODELO: ese episodio / ser nuevo   *Dudo que ese episodio sea nuevo.*

1. las noticias / ser interesantes
2. los programas de realidad / existir en veinte años
3. esa telecomedia / hacerme reír
4. ese participante / ganar el concurso
5. ese programa de entrevistas / gustarle al público
6. el show de los Óscars / terminar a tiempo
7. la presentadora / ser original en sus comentarios
8. ese teledrama / durar más de un año

ACTIVIDAD 5 La música. Hay muchos tipos de música hoy día, y las preferencias del público varían mucho. Escribe seis oraciones sobre la industria musical, combinando frases de las tres columnas para expresar tus opiniones.

Columna 1	Columna 2	Columna 3
no creer	la música pop	existir en… años
no estar seguro(a) de	la música clásica	ser tan popular en el futuro
dudar / es dudoso	la música country	controlar el mercado en… años
no es probable / es improbable	la música mundial	cambiar de ritmo y tema en el futuro
no es cierto / no es seguro	el rap	tener el público en el futuro que tiene hoy
	el rock	encontrarse en conciertos para jóvenes
	¿…?	¿…?

MODELO: *No creo que el rock exista en cincuenta años.*

ACTIVIDAD 6 **Mi futuro.** Conversa sobre tu futuro con un(a) compañero(a). Usando el subjuntivo con algunas expresiones de duda, cuéntale a tu compañero(a) cuatro o cinco predicciones sobre tu futuro. Él (Ella) igualmente te contará (*will tell you*) de cuatro a cinco predicciones sobre su futuro.

MODELO: *Es improbable que tenga una casa grande en Hollywood y una carrera como director de cine.*

Sonrisas

El dinero no trae la felicidad.

Dudo que el dinero no traiga un poco de felicidad...

EXPRESIÓN. En grupos de tres a cuatro estudiantes, den sus reacciones a los siguientes lemas (*slogans*). Usen expresiones como **dudo que, estoy seguro(a) de que, no es cierto que, es probable que** y **no es probable que**.

1. El tiempo es oro.
2. El mundo es un pañuelo (*handkerchief*).
3. La mala suerte (*luck*) y los tontos caminan del brazo (*arm in arm*).
4. La práctica hace al maestro.
5. Donde una puerta se cierra, cien se abren.

¿Tienes la misma duda que los niños? ¿Por qué sí o por qué no?

Gramática útil 3

Expressing unrealized desires and unknown situations:
The subjunctive with nonexistent and indefinite situations

¿Quién dijo que no hay nada que valga la pena en la TV?

¡Sí! Envíenme más información gratis y sin compromiso.

Nombre_____

Dirección_____

Ciudad_____

Estado_____ Zona Postal_____

Teléfono (____)_____

Inglés sin Barreras
840 S. San Vicente, Los Angeles, CA 90048
(800) 411-6666

Look at this ad for a television program that teaches English. Can you figure out why the subjunctive is used? (**Valga** is the subjunctive form of **valer**; the expression **valer la pena** means *to be worthwhile*.)

CÓMO USARLO

1. So far, you have practiced using the subjunctive in dependent clauses that begin with **que**. These dependent clauses in the subjunctive follow independent clauses that contain:

- verbs of volition

  Mis amigos **prefieren** que <u>vayamos</u> al teatro.

- impersonal expressions

  Es ridículo que las entradas <u>cuesten</u> treinta dólares.

- verbs and expressions of emotion

  ¡Qué lástima que no **puedas** acompañarnos!

- **ojalá**

  Ojalá que **vengas** la próxima vez.

- expressions of doubt

  No estoy seguro de que todos **podamos** ir.

2. You also use the subjunctive when you refer to people, places, or things that either don't exist or may not exist (you don't know). These references to nonexistent or unknown things occur in dependent clauses (beginning with **que**) that require the subjunctive.

◆ Doesn't exist:

No veo a nadie aquí <u>que nos</u> **pueda** ayudar.

I don't see anyone here who can help us.

No hay ningún café que **esté** abierto después de medianoche.

There isn't a single café that is open after midnight.

◆ Unknown—don't know if it exists:

Busco un teatro <u>que **se especialice** en comedias.</u>

I'm looking for a theater that specializes in comedies.

Necesito hablar con <u>un director</u> que **sepa** colaborar con los actores.

I need to talk to a director who knows how to collaborate with the actors.

Notice that with the verb **buscar**, you do not use the personal **a** when referring to people: **Busco un actor que sepa hacer papeles cómicos.** BUT: **Veo a un actor que hace papeles cómicos.**

3. When you *know or believe* that something or someone exists, you use the present indicative in the dependent **que** clause.

Veo a alguien que nos **puede** ayudar.

I see someone who can help us.

En este barrio **hay** un café que **está** abierto después de medianoche.

In this neighborhood there is a café that is open after midnight.

Conozco un teatro que **se especializa** en comedias.

I know of a theater that specializes in comedies.

Voy a hablar con un director <u>que</u> <u>sabe colaborar con los actores.</u>

I'm going to talk to a director (that I know of) *who **knows how** to collaborate with the actors.*

4. Notice that these sentences follow the same pattern as the other complex sentences you have learned: independent clause + **que** + dependent clause with subjunctive.

Actividades

ACTIVIDAD 7 **Los deseos de la productora.** La productora tiene una visión particular para un musical que quiere montar (*present*) en Broadway. ¿Qué dice ella que busca, quiere o necesita para desarrollar su visión?

MODELO: querer: escoger una obra (tener posibilidades cómicas)
Quiero escoger una obra que tenga posibilidades cómicas.

1. buscar: una actriz (poder hablar francés, inglés y español)
2. necesitar: un banco (prestarnos [*to lend us*] los fondos)
3. querer: un director (saber algo de musicales)
4. buscar: un teatro (no ser ni muy pequeño ni muy grande)
5. necesitar: un asistente (poder manejar muchos detalles)
6. buscar: un actor (no ser muy conocido todavía)
7. querer: un público (apreciar el arte del teatro cómico)

ACTIVIDAD 8 **El productor ejecutivo.** Escucha al productor ejecutivo de un musical. Él describe lo que va a necesitar para poder montar un musical. Escucha su descripción y escribe lo que él dice que necesita de cada persona que busca.

MODELO: Escuchas: Primero, vamos a necesitar un director. El director tiene que tener mucha experiencia en el teatro.
Ves: director / tener
Escribes: *Necesita un director que tenga experiencia en el teatro.*

1. actores / poder
2. conductor / saber

3. diseñador / ser
4. productor / ser

ACTIVIDAD 9 **¡Somos directores!** Con un(a) compañero(a), ustedes van a ser escritores(as) o directores(as) de una telecomedia sobre las experiencias de estudiantes universitarios que estudian español. Escriban seis oraciones que describan su visión. Usen el subjuntivo para describir esas cosas y personas que buscan para ejecutar su plan. Piensen en las siguientes preguntas antes de empezar.

- ¿Qué cualidades quieren que tenga su telecomedia?
- ¿Qué tipo de actor / actriz buscan para representar al (a la) profesor(a)?
- ¿Cómo quieren que sean los estudiantes?
- ¿Qué tipo de situaciones van a representar?

MODELO: *Queremos escribir una telecomedia que sea divertida.*

Venezuela y Colombia

Arte y cultura. Mira las fotos y luego lee los textos que siguen. Escoge los títulos y las fotos que corresponden a los textos. Trata de leer rápidamente para entender la idea central del texto. Después de identificar el título y la foto correspondientes, lee los textos de nuevo para ver si entendiste el contenido de cada uno.

Fotos

Foto 1

Foto 2

Foto 3

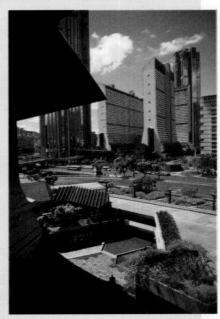

Foto 4

Títulos

Título 1: Una escena artística y moderna
Título 2: Un arte puramente colombiano
Título 3: Raíces indígenas y venezolanas
Título 4: Una nueva estrella colombiana

Texto 1

Patricia Velásquez hizo su debut como actriz en 1999 en la película francesa *Le jaguar*, pero es mejor conocida por su papel en la popular película norteamericana *La momia regresa*. En esta película Velásquez hace el papel de Anck-Su Namun, la enemiga de la egiptóloga Evelyn (Rachel Wiesz), mujer y colega del aventurero Rick O'Connell (Brendan Fraser). Las escenas de pelea entre Evelyn y Anck-Su Namun, al estilo de las artes marciales, son unas de las más emocionantes de la película.

Velásquez es una venezolana de Maracaibo. Al principio de su carrera, trabajaba como modelo para unos de los diseñadores más famosos del mundo y apareció en revistas internacionales como *Sports Illustrated, Elle* y *Vogue*. También fue una de las primeras modelos de Latinoamérica que se hizo popular en Europa.

Su físico exótico resulta de la unión de un padre venezolano y una madre indígena de la tribu Guajira Wayú. La actriz está orgullosa (*proud*) de su herencia mixta y lo menciona en muchas de sus entrevistas con la prensa internacional. Es también activista que se dedica a una variedad de causas: el fomento (*promotion*) de la comunidad hispana, la igualdad para los grupos indígenas y la lucha contra el SIDA infantil.

Texto 2

Este cantante colombiano ya ha ganado (*has won*) tres premios Grammy latinos a la joven edad de 28 años. Se llama Juanes, que viene de una combinación de Juan y Esteban, parte de su nombre original Juan Esteban Aristizábal. Es cantante, compositor, productor y guitarrista, y en este momento, parece que no hay nada que este talentoso joven no pueda hacer.

Aunque empezó su carrera musical a la edad de 15 años, en el año 2001 Juanes sorprendió a la industria internacional de entretenimiento al recibir siete nominaciones al Grammy, el mayor número hasta ahora en la historia de los Grammy para un artista latino. Las tres nominaciones que ganó son Mejor Album Rock ("Fíjate bien"), Mejor Canción Rock y Mejor Nuevo Artista.

Juanes admite influencias musicales tan diversas como Led Zeppelin, los tangos de Carlos Gardel, Metallica, Silvio Rodríguez, Jimmy Hendrix y Eminem. "Yo vengo de una escuela musical basada en el folclor colombiano y latinoamericano, pero por cosas de la vida, desde los 14 años comencé a escuchar mucho rock y otras cosas. [Mi música]... pasa por todos estos lados pero no se queda en ninguno establecido."

Texto 3

Muchos críticos de arte y arquitectura creen que el Complejo Cultural Teresa Carreño es la obra arquitectónica y cultural más importante construida en Venezuela en los últimos cien años. Tiene su origen en la reestructuración urbanística de la ciudad de Caracas que empezó en los años 50 del siglo XX, cuando surgió la idea de construir un teatro moderno para la capital venezolana.

El centro incorpora varias salas y espacios para la presentación del arte, en todas sus formas. Las salas José Félix Ribas y Ríos Reyna se dedican al teatro, la danza, la ópera, el ballet y conciertos y otras expresiones populares. Otros espacios, llamados "espacios alternativos", sirven para las más diversas manifestaciones escénicas, desde lo clásico hasta lo popular, pasando por el folclor y las expresiones infantiles.

El centro también es sede (*home*) de varias orquestas, un coro de ópera profesional y una de las compañías venezolanas de ballet con mayor prestigio. La estructura arquitectónica del teatro incluye obras escultóricas de una variedad de artistas. "El Teresa" tiene la meta (*goal*) de apoyar (*to support*) el desarrollo de las artes, ofrecer oportunidades para entretenimiento a todos y elevar el nivel cultural de Venezuela.

Texto 4

Ana Mercedes Hoyos es tal vez la pintora colombiana con mayor éxito (*success*) fuera de su país natal. Los expertos comparan su fama con la de un Fernando Botero o de un Alejandro Obregón. Sus obras se venden en las Casas Sotheby's y Christie's de Nueva York, y se exponen en diferentes galerías de Japón, Brasil, España, Cuba, Francia y Argentina.

Hoyos nació en Bogotá en 1942 y empezó a exponer sus pinturas en 1966. Sus obras ocupan un lugar entre lo abstracto y lo realista, entre lo figurativo y lo geométrico. Unas se acercan al "pop art" de los años 60, mientras otras reflejan más la influencia del ancestro africano en los países del Caribe.

Durante su carrera, la artista se interesó en hacer recreaciones de famosos bodegones (o naturalezas muertas) de la historia del arte internacional, incluyendo obras de Caravaggio, Zurbarán, Cezanne y Lichtenstein. Luego hizo una serie de obras figurativas con motivos nacionales, "Bodegones de Palenque".

Internet

¡CONÉCTATE!

En grupos de tres o cuatro, hagan una investigación en Internet sobre uno de los siguientes temas. Usen los enlaces sugeridos en el sitio web de *Nexos Media* para ir a otros sitios web posibles. Presenten su informe a la clase.

Grupo 1: La industria televisiva o cinematográfica de Venezuela
Grupo 2: La industria petrolera de Venezuela
Grupo 3: La arquitectura histórica en el barrio de La Candelaria en Bogotá
Grupo 4: La pintura y escultura de Fernando Botero

A LEER

Antes de leer

 ACTIVIDAD 1 Trabaja con un(a) compañero(a) de clase. Miren la siguiente tabla de prefijos y sufijos. Escriban un ejemplo en español para cada uno. Usen palabras que ya conocen o palabras de la lectura.

Prefijos	Sufijos	
re-	-cia	-dad
tele-	-ivo	-ista
in-	-ción	-ado
pro-	-mente	-al

 ACTIVIDAD 2 Miren sus palabras en la tabla de la **Actividad 1.** Estudien los prefijos y los sufijos. Luego, traten de asociar los siguientes prefijos y sufijos ingleses con los españoles. ¿Son similares o diferentes en los dos idiomas?

1. tele-
2. -ly
3. -ive
4. -sion / -tion
5. re-
6. -ity
7. -ence
8. -ist
9. -al
10. -ed
11. pro-

ACTIVIDAD 3 Van a leer un artículo sobre una telenovela colombiana muy popular. Antes de leer, hablen de las siguientes preguntas sobre las telenovelas.

1. En su opinión, ¿hay una diferencia entre las telenovelas que se transmiten durante el día y las teleseries dramáticas que se ponen por la noche? (Piensen en, por ejemplo, las diferencias entre *All My Children* o *General Hospital* y *Buffy the Vampire Slayer, The West Wing* y *ER.*)
2. ¿Cuál es la telenovela más popular que conocen? ¿Y la teleserie?
3. ¿Miran telenovelas? ¿Miran teleseries dramáticas? ¿Qué prefieren, las telenovelas o las teleseries?

Lectura

ACTIVIDAD 4 Lee el artículo sobre la telenovela más popular de Latinoamérica en el año 2000. No te olvides de usar los prefijos y los sufijos para ayudarte a entender las palabras que no conozcas.

Yo soy Betty, la Fea

Esta telenovela, mejor conocida simplemente como "Betty" o "Betty la Fea", ha sido[1] un fenómeno inigualado en la historia de los canales de televisión privados de Colombia. Desde su inicio el 25 de octubre de 2000, se ha convertido[2] en la telenovela más vista[3] en todos los países donde se transmite, como Ecuador, Panamá, Venezuela, Guatemala, Costa Rica, la República Dominicana, Honduras, Bolivia y Argentina, entre otros.

Sinopsis

Se trata de una serie que cuenta la vida de Beatriz Pinzón, una brillante y excelente economista, buena hija y amiga, pero que tiene un gran defecto: ser muy fea. El único novio que tuvo en su vida la abandonó pocos días después de empezar su relación; por ello Betty piensa que se va a quedar soltera[4] para siempre.

Por esta razón, mientras las chicas de su edad se dedicaban a salir por las noches a bares y discotecas de moda, Betty estudiaba para triunfar como una auténtica profesional. Betty, que ya tiene 26 años, sigue viviendo con sus padres, ya que no hay ningún hombre que quiera formar parte de su vida. Después de buscar trabajo durante un largo período de tiempo, la contratan como secretaria del presidente de Eco Moda, una de las empresas más grandes de confección[5] de Colombia.

Ana María Orozco como Betty la Fea y con su apariencia normal

Betty

En la serie, la protagonista Betty representa la ingenuidad y la inocencia. Los televidentes se identifican con ella cuando se encuentra metida[6] en un mundo nuevo y extraño—el de la alta moda. Rodeada por[7] las intrigas entre las modelos bellas, los diseñadores y los hombres y mujeres de negocios, Betty lucha para mantener su integridad y avanzar en su carrera profesional.

En realidad, la actriz que interpreta el papel de Betty, Ana María Orozco, no es nada fea. Pero el papel de Betty ha sido el triunfo más importante de su vida profesional.

¡Tal ha sido la popularidad de Betty que ya hay "muñecas[8] Betty" de varios tamaños y estilos, incluso un modelo para el mercado estadounidense!

Betty viene a Estados Unidos

A causa del éxito[9] tremendo de Betty por toda Latinoamérica, el canal estadounidense Univisión recientemente confirmó su adquisición de los derechos exclusivos en Estados Unidos y Puerto Rico del catálogo de telenovelas de RCN de Colombia. Esta adquisición incluye no sólo los derechos para la re-transmisión de "Betty la Fea", sino también los derechos para una nueva serie basada en "Betty", con Ana María Orozco como protagonista, cuyo título es "Eco Moda".

"Eco Moda" ya se transmite por Univisión, que describe la nueva serie así:

"Betty fue, por largo tiempo, un Patito Feo[10], pero ahora está viviendo el cuento de hadas[11] que siempre soñó. De secretaria ha pasado a ser la presidente de la prestigiosa casa de modas, Eco Moda. Está casada con Armando, su antiguo jefe, y tiene una hija de un año de edad. Sus fantasías se han vuelto[12] realidad y Eco Moda es su segundo hogar. Sin embargo, debido a los cambios económicos que afectan a América Latina, Eco Moda busca expandir sus operaciones más allá de las fronteras colombianas... Con todos estos cambios, Betty espera que ocurra lo peor, no sólo en el área profesional, sino también la emocional..."

[1]**ha sido** *has been* [2]**se...** *has become* [3]*viewed* [4]*single* [5]*fashion, couture* [6]*placed* [7]**Rodeada...** *Surrounded by* [8]*dolls* [9]*success* [10]**Patito...** *Ugly Duckling* [11]**cuento...** *fairytale* [12]**se...** *have become*

Después de leer

ACTIVIDAD 5 Trabaja con un(a) compañero(a) de clase para contestar las siguientes preguntas sobre la lectura.

1. ¿Qué país produjo la telenovela "Betty la Fea"?
2. ¿En qué países se puede ver esta telenovela?
3. ¿Cómo es Betty? (Den por lo menos tres adjetivos.)
4. ¿Quién es Ana María Orozco?
5. ¿Qué es "Eco Moda"?
6. ¿Qué canal estadounidense adquirió los derechos para transmitir "Betty" en EEUU?
7. ¿Les gustaría ver unos episodios de "Betty"? ¿Por qué sí o no?
8. ¿Les gusta la idea de una protagonista fea? ¿Por qué sí o no?

ACTIVIDAD 6 En grupos de tres a cuatro personas, den unas ideas posibles para un nuevo episodio de "Eco Moda". ¿Qué pasa hoy con Betty? Mira la lista de protagonistas de "Eco Moda" como inspiración. (¡No tienen que usar todos los personajes!) Luego, escribe un breve resumen de la trama (*plot*) de un episodio.

Protagonistas

Betty: presidente de Eco Moda

Kenneth: un especialista de modas de EEUU cuyos (*whose*) cambios dramáticos provocan una rebelión entre los empleados

Natasha: la nueva secretaria ejecutiva, que recibe demasiada atención de los hombres de la compañía

Freddy: el mensajero vanidoso de Eco Moda, su gran amor es Aura María

Gabriela: una bella mexicana que sabe mucho de la moda y posiblemente enemiga secreta de Betty

Nicolás: un adolescente con cuerpo (*body*) de hombre, el mejor amigo de Betty, ya un poco aislado de ella después de su boda

Armando: esposo de Betty, muy aficionado a las mujeres y celoso del éxito fenomenal de Betty

Hugo: el diseñador talentoso pero extremadamente superficial

Aura María: novia de Freddy, una mujer impulsiva y muy, muy coqueta

A ESCRIBIR

ESTRATEGIA

Prewriting—Creating an outline

In **Capítulo 9** you learned how to write a paragraph using a topic sentence and supporting details. In this chapter, you will create an outline that shows the organization of a piece of writing that is composed of more than one paragraph. When you are writing compositions longer than a single paragraph, an outline is a useful way to organize your thoughts and ideas before you begin writing.

Antes de escribir

 ACTIVIDAD 1 Trabaja con un(a) compañero(a) de clase.

1. Juntos, piensen en un programa de televisión, una película, una pieza de música o una exposición de arte que los dos conozcan bien. Van a escribir una reseña de cuatro párrafos breves.

2. Después de seleccionar una obra, hagan una lista de opiniones, datos (*facts*) y ejemplos que puedan usar en su reseña. Escriban todo lo que puedan; van a tener la oportunidad de organizar sus ideas en la **Actividad 3.**

MODELO: película: *Vanilla Sky*
actores: *Tom Cruise, Penélope Cruz, Cameron Díaz*
temas y ideas: *película de misterio, de acción; Se trata de un hombre que tuvo un accidente de coche...; es una versión americana de una película española*, etc.

 ACTIVIDAD 2 Miren su lista de ideas y traten de hacer un bosquejo (*outline*) como el siguiente. Recuerden que cada párrafo debe tener una oración temática y detalles que se relacionen con esa oración.

  I. Párrafo 1: Introducción
    A. Reacción general a la obra: *Me gustó mucho la exposición de arte colombiano...*
    B. Ejemplo 1: *Tenía obras de una gran variedad de artistas. Es bueno que...*
    C. Ejemplo 2: *Se trataba de varias épocas históricas y estilos de arte y me sorpende que...* (etc.)
  II. Párrafo 2: Primer aspecto que se relaciona con la reacción general
    A. Detalle o ejemplo 1: *Primero, todas las obras trataron el tema de..., aunque no es cierto que...*
    B. Detalle o ejemplo 2: *Segundo, incluyó obras de Fernando Botero, Ana Mercedes Hoyos... y creo que...*

III. Párrafo 3: Segundo aspecto que se relaciona con la reacción general
  A. Detalle o ejemplo 1: *Al principio, la exposición empezó con obras indígenas del siglo XV... La única cosa que me molesta es que...*
  B. Detalle o ejemplo 2: *Luego incluyó pinturas, esculturas, fotografías... Ojalá que...*
IV. Párrafo 4: Conclusión
  A. Reacción general otra vez: *En fin, es una exposición muy completa...*
  B. Una oración que apoye (*support*) esta reacción: *Incluye obras de todos los artistas colombianos más famosos...*

Escritura

ACTIVIDAD 3 Usa el bosquejo para escribir tu reseña. Aquí hay unas frases que te pueden ser útiles (*useful*) mientras escribes.

En primer /
    segundo lugar...
Después...
Luego...
En fin...
Dudo que...
No es cierto...
Creo que...
Es bueno / malo /
    extraño / obvio / una
    lástima / lógico…
Me molesta que...
Temo que...
Me alegro de que...
Ojalá que...
Me sorprende que...

Después de escribir

ACTIVIDAD 4 Intercambia tu borrador con el de otro(a) estudiante. Usen la siguiente lista como guía para revisar el borrador de su compañero(a).

1. ¿Incluye la reseña toda la información del bosquejo?
2. ¿Hay oraciones que son difíciles de entender?
3. ¿Usaron expresiones de emoción y transiciones como **primero, segundo, luego, antes,** etc.?
4. ¿Hay errores de ortografía?
5. ¿Usaron las formas correctas de todos los verbos?
6. ¿Hay concordancia (*agreement*) entre los artículos, los sustantivos (*nouns*) y los adjetivos?
7. ¿Usaron bien el subjuntivo con los verbos y expresiones de negación, de duda y de emoción?

CLASES DE PELÍCULA *Movie genres*

la comedia (romántica)	*(romantic) comedy*
los dibujos animados	*cartoons; animated film*
el documental	*documentary*
el drama	*drama*
el misterio	*mystery*
la película...	*movie, film*
... de acción	*action*
... de ciencia ficción	*science fiction*
... de horror / terror	*horror*

SOBRE LA PELÍCULA *About the movie*

con subtítulos en inglés	*with subtitles in English*
doblado(a)	*dubbed*
la estrella de cine	*movie star*
una película titulada...	*a movie called . . .*
Se trata de...	*It's about . . .*
el título	*title*

LA CRÍTICA *Critique, review*

calificar / clasificar con cuatro estrellas	*to give a four-star rating*
el (la) crítico(a)	*critic*
la reacción crítica	*critical reaction*
la reseña / la crítica	*review*

EL ÍNDICE DE AUDIENCIA *Ratings*

apto(a) para toda la familia	*G (for general audiences)*
se recomienda discreción	*PG-13 (parental discretion advised)*
prohibido para menores	*R (minors restricted)*

EN EL CINE *At the movies*

los chocolates	*chocolates*
los dulces	*candy*
la entrada / el boleto	*ticket*
las palomitas	*popcorn*

LA TELEVISIÓN *Television broadcasting*

el cable	*cable television*
cambiar el / de canal	*to change the channel*
el control remoto	*remote control*
en vivo	*live*
el episodio	*episode*
la estación	*station*
grabar	*to videotape; to record*
por satélite	*by satellite dish*
la teleguía	*TV guide*

LOS PROGRAMAS DE TELEVISIÓN *Television programs*

las noticias	*news*
el programa de concursos	*game show*
el programa de entrevistas	*talk show*
la telecomedia	*sitcom*
el teledrama	*drama series*
la telenovela	*soap opera*
la teleserie	*TV series*

LA GENTE EN LA TELEVISIÓN *People on TV*

el (la) entrevistador(a)	*interviewer*
el (la) locutor(a)	*announcer*
el (la) participante	*participant*
el (la) presentador(a)	*presenter, host (of the show)*
el público	*audience*
el (la) televidente	*TV viewer*

LA MÚSICA *Music*

la música clásica	*classical music*
la música country	*country music*
la música moderna	*modern music*
la música mundial	*world music*
la música pop	*pop music*
el R & B	*rhythm and blues*
el rap	*rap*
el rock	*rock*

ARTE Y CULTURA *The arts*

el baile / la danza	*dance*
la escultura	*sculpture*
el espectáculo	*show*
la exposición de arte	*art exhibit*
la obra teatral	*play*
el musical	*musical*
la ópera	*opera*
la pintura	*painting*
el show	*show*

VERBOS Y EXPRESIONES DE DUDA

dudar	*to doubt*
es dudoso	*it's doubtful / unlikely*
es improbable	*it's improbable / unlikely*
no creer	*to not believe*
no es cierto	*it's not certain*
no es probable	*it's not probable / likely*
no es seguro	*it's not sure*
no es verdad	*it's not true*
no estar seguro(a) de	*to not be sure of*

EXPRESIONES IMPERSONALES

es bueno	*it's good*
es extraño	*it's strange*
es fantástico	*it's fantastic*
es horrible	*it's horrible*
es importante	*it's important*
es imprescindible	*it's extremely important*
es (una) lástima	*it's a shame*
es lógico	*it's logical*
es malo	*it's bad*
es mejor	*it's better*
es necesario	*it's necessary*
es ridículo	*it's ridiculous*
es terrible	*it's terrible*

VERBOS Y EXPRESIONES DE EMOCIÓN POSITIVAS Y NEGATIVAS

alegrarse de	*to be happy about*
encantar	*to enchant; to please*
esperar	*to wait; to hope*
estar contento(a) de	*to be pleased about*
fascinar	*to fascinate*
gustar	*to like, to please*
molestar	*to bother*
ojalá (que)	*I wish, I hope*
sentir (ie, i)	*to feel sorry, to regret*
sorprender	*to surprise*
temer	*to fear*
tener miedo de	*to be afraid (of)*

¿Qué síntomas tienes?

Communication

By the end of this chapter you will be able to:
- talk about health and illness
- describe aches and parts of the body
- express probable outcomes
- express yourself precisely with the subjunctive and the indicative
- talk about future activities

Cultures

By the end of this chapter you will have learned about:
- Equatorial Guinea, Morocco, and the Canary Islands (Spain)
- healing properties of typical foods in Equatorial Guinea, Morocco, and the Canary Islands
- immigration issues between Europe and Africa
- Eric Moussambani, an Equatorial Guinean Olympic swimmer
- specialized medical language

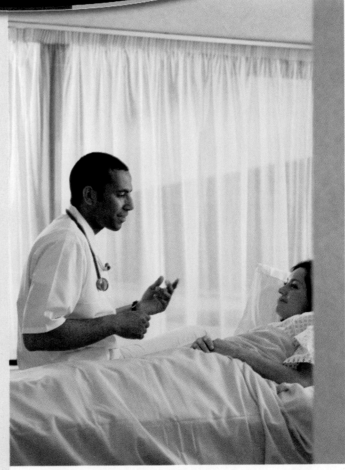

Un médico habla con su paciente sobre sus síntomas y cómo se siente hoy.

EL BIENESTAR

El bienestar se refiere no solamente a la salud física sino a la salud mental también. Cada persona tiene su propia manera de poner en equilibrio su vida. ¿Cómo lo haces tú? ¿A través del ejercicio, los deportes, la reflexión, la meditación, la dieta o la nutrición? ¿Cuál es tu rutina para asegurar tu salud física y mental? En este capítulo vamos a explorar las prácticas y los problemas que se relacionan con el bienestar.

Los datos

Mira los datos sobre los ingredientes de unos platos típicos de Marruecos, Guinea Ecuatorial y las Islas Canarias y sus beneficios para la salud. Luego, di si las siguientes oraciones son ciertas o falsas.

Islas Canarias	Marruecos	Guinea Ecuatorial
berros (*watercress*): alergias, artritis; plato: potaje de berros	**menta**: resfriados, gripe; plato: té de menta	**ajo**: corazón, sangre, antibiótico natural; plato: salsa de pili-pili
perejil (*parsley*): asma, contusiones; plato: mojo verde (con cilantro)	**canela** (*cinnamon*): náuseas, estómago; plato: keftas (*meatballs*)	**cardamomo**: estómago, intestinos; plato: sopa de pollo con cardamomo

El té de menta

❶ _____ El ajo es beneficioso para las personas con alergias.
❷ _____ Si tienes asma, debes comer mojo verde.
❸ _____ La menta y la canela son buenas para los resfriados.
❹ _____ El cardamomo y la canela benefician el estómago.
❺ _____ El potaje de berros puede mejorar la artritis.
❻ _____ El ajo puede combatir las bacterias.

¡Adivina!

¿Qué sabes de las Islas Canarias, Marruecos y Guinea Ecuatorial? Indica si las siguientes oraciones se refieren a las Islas Canarias, Marruecos, Guinea Ecuatorial o a una combinación de los tres. (Las respuestas están en la página 382.)

❶ Estas islas forman una de las diecisiete comunidades autónomas de España.
❷ Este país comprende cinco islas en la costa oeste de África.
❸ Dos ciudades ubicadas (*located*) en este país—Ceuta y Melilla—son plazas de soberanía (*sovereignty*) española.
❹ El español es la lengua oficial.
❺ Aunque es una parte de España, hay mucha influencia africana aquí.
❻ Es el país africano más cercano a Europa.

Vocabulario útil 1

JAVIER:	Dime, ¿qué **síntomas** tienes?
BETO:	Uy, tengo **una tos** terrible y **estornudo** muchísimo.
JAVIER:	¿Te tomaste la temperatura?
BETO:	Sí. Parece que tengo **fiebre**. También **me duele la garganta**. ¡Y no se me quita este **dolor de cabeza**!

EL CUERPO

el ojo
la oreja (el oído)
la nariz
la boca
el cuello
la lengua

la cabeza
el hombro
el pecho
el dedo
la espalda
el brazo
la mano
el codo
el estómago
la pierna
la rodilla
el pie

el corazón	*heart*
la garganta	*throat*
el pulmón (los pulmones)	*lung(s)*
la sangre	*blood*
el tobillo...	*ankle . . .*
quebrado / roto	*broken*
torcido	*twisted*

LOS SÍNTOMAS

el catarro/el resfriado

el dolor de cabeza

la tos

el dolor de garganta

la fractura

la fiebre

la herida

el dolor de estómago
las náuseas

> Use **tener** to say you have an allergy: **Tengo alergia a la penicilina.** Use **tener** or **sentir** to say you are nauseous: **Tengo náuseas después de comer. Siento náuseas cuando viajo por avión.**

la alergia	*allergy*	**la gripe**	*flu*
la enfermedad	*sickness, illness*	**la infección**	*infection*

cortarse	*to cut oneself*
desmayarse	*to faint*
dolerle (ue) (a uno)	*to hurt*
estar congestionado(a)	*to be congested*
estar mareado(a)	*to feel dizzy*
estornudar	*to sneeze*
lastimarse	*to hurt, injure oneself*
palpitar	*to palpitate*
resfriarse	*to get chilled; to catch cold*
toser	*to cough*
vomitar	*to throw up*

> **Doler** follows the same pattern as the verb **gustar: Me duele el estómago. / Le duelen las rodillas.**

Actividades

ACTIVIDAD 1 **Beto.** Beto no se siente nada bien. Completa sus comentarios con las conclusiones más lógicas de la segunda columna.

1. _____ Me corté el dedo.
2. _____ Estaba mareado.
3. _____ Tuve náuseas.
4. _____ Estoy estornudando mucho.
5. _____ Estoy congestionado.
6. _____ No quiero comer.
7. _____ Tengo mucho calor.
8. _____ Me caí y me lastimé el tobillo.

a. Tengo dolor de estómago.
b. Tengo el tobillo torcido.
c. Me lastimé el hombro.
d. Vomité.
e. Tengo fiebre.
f. Me desmayé.
g. Tengo una fractura en la mano.
h. Tengo alergia en la primavera.
i. Tengo catarro.
j. Me salió sangre.

ACTIVIDAD 2 **El cuerpo.** ¿Qué parte o partes del cuerpo usas para hacer las siguientes cosas?

1. para caminar
2. para oír
3. para tocar la guitarra
4. para respirar
5. para oler
6. para leer
7. para la digestión
8. para escribir
9. para doblar el brazo
10. para llorar

ACTIVIDAD 3 **Una vez...** Con un(a) compañero(a), háganse las siguientes preguntas sobre la salud.

- ¿Qué tuviste la última vez que estabas enfermo(a)?
- ¿Te has roto (*Have you broken*) el brazo o la pierna alguna vez? ¿Cómo ocurrió?
- ¿Tienes alergia a alguna comida o medicina? Explica.
- ¿Qué haces cuando tienes gripe?
- ¿Te has desmayado (*Have you fainted*) alguna vez? Explícate.
- ¿Tienes náuseas en ciertas situaciones? ¿Cuáles?
- ¿Has tenido (*Have you had*) una fractura o una herida alguna vez? ¿Cómo ocurrió?

Vocabulario útil 2

JAVIER: Pobre hombre. ¿Quieres que te lleve al **médico**?

BETO: No, hombre, no es para tanto. Creo que es una gripe, es todo. Me tomé unas aspirinas y voy a **guardar cama** unos cuantos días a ver si se me pasa.

> You can use **el (la) doctor(a)** or **el (la) médico(a)** to refer to a medical doctor in Spanish. Even **la médico** has been popularized recently.

EN EL CONSULTORIO DEL MÉDICO

el chequeo médico	*physical, checkup*	la sala de emergencias	*emergency room*
la cita	*appointment*	la sala de espera	*waiting room*
la clínica	*clinic*	la salud	*health*

INSTRUCCIONES Y PREGUNTAS

Lo (La) voy a examinar.	*I'm going to examine you.*	Abra la boca.	*Open your mouth.*
¿Qué le duele?	*What hurts?*	Respire hondo.	*Breathe deeply.*
¿Qué síntomas tiene?	*What are your symptoms?*	Saque la lengua.	*Stick out your tongue.*
		Trague.	*Swallow.*

Le voy a...
... hacer un análisis de sangre / orina.
... poner una inyección.

I'm going to . . .
. . . give you a blood / urine test.
. . . give you an injection.

... poner una vacuna.	... *vaccinate you.*
... recetar una medicina.	... *prescribe a medicine.*
... tomar la presión.	... *take your blood pressure.*
... tomar la temperatura.	... *take your temperature.*
... tomar/hacer una radiografía.	... *take an X-ray.*

CONSEJOS

Le aconsejo que...	*I advise you to . . .*
... coma alimentos nutritivos.	. . . *eat healthy foods.*
... duerma más.	. . . *sleep more.*
... guarde cama.	. . . *stay in bed.*
... haga ejercicio regularmente.	. . . *exercise regularly.*
... lleve una vida sana.	. . . *lead a healthy life.*
¡Ojalá se mejore pronto!	*Hopefully you'll get better soon!*

Actividades

 ACTIVIDAD 4 Los síntomas. Los pacientes le describen sus síntomas a la doctora Ruiz. ¿Cómo responde la doctora? En parejas, túrnense para hacer los papeles de la doctora y del (de la) paciente. Pueden usar las respuestas sugeridas en la segunda columna o pueden inventar sus propias respuestas.

MODELO: El (La) paciente: Tengo fiebre y dolor de cabeza.
La Dra. Ruiz: *Le voy a tomar la temperatura.*

1. _____ Me está palpitando mucho el corazón.
2. _____ Necesito perder peso.
3. _____ Voy a viajar a Guinea Ecuatorial.
4. _____ Me rompí la pierna esquiando.
5. _____ Estoy muy cansado y congestionado.
6. _____ Hay mucha diabetes en mi familia.
7. _____ No tengo tiempo para cocinar. Siempre como comida rápida.
8. _____ Me duele mucho la garganta.

a. Le aconsejo que guarde cama.
b. Le voy a tomar la presión.
c. Le voy a poner una vacuna contra la hepatitis.
d. Le voy a hacer un análisis de sangre.
e. Le aconsejo que haga ejercicio regularmente.
f. Le voy a recetar una medicina.
g. Le voy a tomar una radiografía.
h. Le aconsejo que coma alimentos nutritivos.

 ACTIVIDAD 5 ¡Estoy enfermo(a)! Con un(a) compañero(a), representa la siguiente situación: uno de ustedes está muy enfermo(a) y le describe su situación al (a la) doctor(a). El (La) doctor(a) te examina y te da consejos. Túrnense para hacer los papeles de paciente y médico.

MODELOS: Compañero(a): *¿Cómo está de salud?*
Tú: *No muy bien. El otro día me desmayé y estoy muy congestionado(a).*
Compañero(a): *¿Qué otros síntomas tiene?*
Tú: *Pues, no duermo muy bien por la noche…*

Internet

¡FÍJATE!

El lenguaje médico

Adenopatias laterocervicales, inguinales y axilares, exantema máculo-papuloso muy pruriginoso, hepatoesplenomegalia, nefromegalia con insuficiencia hepática aguda durante su estancia en el hospital, meningitis aséptica.

Como lo demuestra (*demonstrates*) el texto de arriba, la medicina tiene su propio lenguaje altamente especializado que puede resultar incomprensible para las personas que no tienen entrenamiento técnico. Sin embargo, muchos términos médicos son similares en inglés y español, debido a que el vocabulario médico y científico tiene sus raíces (*roots*) en el latín y el griego. Esto permite que un médico que no habla español comprenda el informe médico anterior. Para facilitar la comprensión de los términos científicos y médicos sólo basta con tener en consideración algunas correspondencias básicas entre las dos lenguas.

español		inglés	
f–	farmacia, física	*ph–*	pharmacy, physics
(p)si–	(p)sicología, (p)siquiatría	*psy–*	psychology, psychiatry
inm–	inmunología	*imm–*	immunology
c–	cólera, tecnología	*ch–*	cholera, technology
–ología	oncología, dermatología	*–ology*	oncology, dermatology
t–	terapia, patología	*th–*	therapy, pathology
–ólogo	patólogo, ginecólogo	*–ologist*	pathologist, gynecologist

 PRÁCTICA. Contesta las siguientes preguntas con un(a) compañero(a) de clase.

1. Consideren el informe médico. ¿Comprenden de qué se trata? ¿Reconocen algunas palabras?
2. ¿Qué vocabulario especializado emplea el campo profesional en el cual está interesado cada uno de ustedes? Hagan una lista de cinco palabras para cada campo profesional.
3. ¿Por qué existen los lenguajes técnicos? ¿Qué función cumplen estas lenguas para los que las usan?

Vocabulario útil 3

DULCE: ¿No **te recetó** nada el médico? Puedo pasar por **la farmacia** para recogértelo.

BETO: No necesito **medicinas** sino compañía agradable. ¿Por qué no vienes a visitarme?

> Pharmacies in most Spanish-speaking countries focus more on selling medications and remedies and less on toiletries, cosmetics, and other products, as in the U.S. The **farmacia** often substitutes for a visit to a doctor for routine injuries or illnesses, because the pharmacists in Spanish-speaking countries are trained to diagnose and treat minor problems.

EN LA FARMACIA

- el jarabe (para la tos)
- la venda de gasa
- las gotas
- la crema
- la aspirina
- la curita/la tirita

- las muletas
- el yeso

el antibiótico	*antibiotic*		**la píldora**	*pill*
las hierbas	*herbs*		**la receta**	*prescription*
la pastilla	*tablet*		**la vitamina**	*vitamin*

Actividades

ACTIVIDAD 6 **¿Qué te recetó el médico?** Tu compañero(a) no se siente bien. Tú eres su médico(a). ¿Qué le recetas o aconsejas?

MODELO: Compañero(a): Tengo una tos horrible.
Tú: *Le voy a recetar un jarabe para la tos.*

1. Tengo un dolor de cabeza fuerte.
2. Me rompí el brazo.
3. No puedo dormir.
4. Me siento muy cansado(a).
5. Tengo una gripe muy fuerte.
6. Me pusieron un yeso porque me rompí la pierna.
7. Me corté el dedo.
8. Tengo los ojos muy rojos.
9. Me duelen los oídos.
10. Tengo dolor de espalda.
11. Me duele la garganta.
12. Tengo la piel muy seca.

A VER

Video/DVD

Antes de ver el video

ACTIVIDAD 1 El episodio de este capítulo se enfoca en Beto, que está enfermo. Javier habla con él en su apartamento y Dulce lo llama por teléfono. Mira las fotos y las conversaciones de las páginas 364 y 366, y luego llena la tabla con los síntomas que identifiques.

Síntomas
está estornudando, tiene una tos...

ACTIVIDAD 2 ¿Qué cosas hacen los amigos para ayudar a alguien que está enfermo? En parejas hagan una lista de por lo menos cuatro cosas que pueden hacer para ayudar a una persona que esté enferma.

¿Qué puedes hacer para ayudar a un(a) amigo(a) enfermo(a)?
1.
2.
3.
4.

ESTRATEGIA

Listening for cognates and key words

As you have learned throughout your study of Spanish, when listening to authentic speech, it is important to listen for key words to help you get the general meaning of what is being said. In this chapter's video segment, many of the key words are related to illness and remedies, and many of these words are cognates with English. However, while you might recognize these words immediately in their written form, you must listen carefully for them, since they are pronounced quite differently in Spanish and in English.

ACTIVIDAD 3 Trabaja con un(a) compañero(a) de clase y túrnense para pronunciar estos cognados. Fíjense en las diferencias del inglés que se oyen al pronunciarlos. Luego, mientras ves el video, pon un círculo alrededor de los cognados que oigas.

Cognados relacionados con la salud

paciente	hospital	síntomas	emergencia
apendicitis	médico	medicinas	drogas
aspirinas	inyección	farmacia	temperatura

El video

 Mira el episodio del video para el **Capítulo 12.** No te olvides de identificar las palabras que oigas de la **Actividad 3.**

Después de ver el video

ACTIVIDAD 4 Pon un círculo alrededor de la palabra o las palabras clave en cada oración. El número entre paréntesis te indica el número de palabras clave que debes marcar.

1. **Javier:** Dime, ¿qué síntomas tienes? (1)
2. **Beto:** Uy, tengo una tos horrible y estornudo muchísimo. (2)
3. **Javier:** ¿Te tomaste la temperatura? (1)
4. **Beto:** Sí. Parece que tengo fiebre. También me duele la garganta. (2)
5. **Beto:** ¡Y no se me quita este dolor de cabeza! (2)
6. **Javier:** ¿Quieres que te lleve al médico? (2)
7. **Beto:** Creo que es una gripe, es todo… voy a guardar cama unos cuantos días a ver si se me pasa. (3)

 ACTIVIDAD 5 Ahora, trabaja con un(a) compañero(a) de clase. Comparen sus respuestas en la **Actividad 4.** ¿Escogieron las mismas palabras clave? Si no, hablen de por qué escogieron ciertas palabras.

 ACTIVIDAD 6 Contesten las siguientes preguntas sobre el video. Usen las palabras clave para encontrar las respuestas.

1. ¿Qué síntomas tiene Beto?
2. ¿Qué ofrece hacer Javier?
3. ¿Qué prefiere hacer Beto por unos días?
4. ¿Qué cosas le da Javier a Beto?
5. ¿Qué le va a traer Javier a Beto después de las clases?
6. ¿Qué enfermedad tiene Beto, según su conversación con Dulce?
7. ¿Qué ofrece hacer Dulce?
8. ¿Qué prefiere Beto que haga Dulce?

ACTIVIDAD 7 ¿Qué pasa cuando se enferman ustedes? En grupos de tres a cuatro estudiantes, cada persona debe completar la siguiente tabla. Luego, juntos escriban un resumen de sus respuestas.

Cuando tienes resfriado o una gripe ligera (*light*)...	Sí	No
¿guardas cama?		
¿vas al médico?		
¿tomas medicinas como aspirinas o jarabes para la tos?		
¿vas a clases?		
¿duermes mucho?		
¿sales con los amigos?		
¿vas a la biblioteca?		
¿comes alimentos especiales?		
¿bebes mucha agua?		
¿haces ejercicio?		
¿les pides consejos a tus amigos?		

¿Crees que es una buena idea que los pacientes vean médicos de la misma nacionalidad cuando sea posible? Por ejemplo, los latinos componen aproximadamente el 35% de la población de California, pero se estima que sólo el 4% de los médicos de ese estado son latinos. ¿Cuál es tu opinión?

 Conexión cultural. Mira el segmento cultural que está al final del episodio. Después, en grupos de tres o cuatro, comparen lo que hace la gente en su país cuando sale para divertirse con lo que acabas de ver en el video.

VOCES DE LA COMUNIDAD

 Internet

El Dr. Emilio Carrillo

❝ En la sociedad multicultural de hoy, para ofrecer cuidado médico de calidad, los doctores tienen que comprender cómo las experiencias socio-culturales de los pacientes afectan sus creencias y comportamiento en asuntos (*behavior toward things*) relacionados con la salud. ❞

Los médicos más eficientes se enfocan no sólo en el cuidado fisiológico de sus pacientes sino también en sus necesidades emocionales, sociales y culturales. Por esta razón, el doctor Emilio Carrillo, director médico del New York Hospital Community Health Plan y profesor de la Facultad de Medicina de la Universidad de Cornell, ha creado un currículum para los residentes médicos con énfasis en la competencia intercultural. Carrillo también es co-fundador de la Organización Nacional Boricua / Latina de Salud, una organización estudiantil con la misión de aumentar el número de latinos en las profesiones médicas y de educar al público sobre temas relacionados con la salud de la población latina. En 1997, Carrillo recibió el prestigioso premio de la Asociación Médica Nacional de Hispanos por su labor en pro de los latinos y su investigación en los campos del cuidado médico primario y la prevención de enfermedades.

¡PREPÁRATE!

Gramática útil 1
Expressing possible outcomes: The subjunctive and indicative with conjunctions

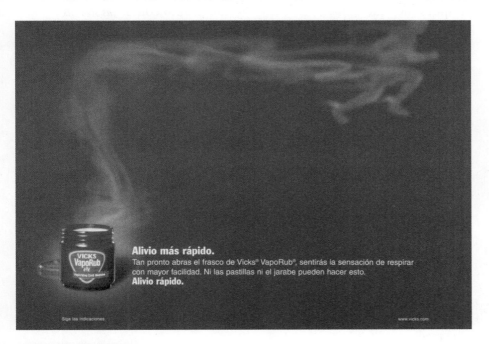

Alivio más rápido.
Tan pronto abras el frasco de Vicks® VapoRub®, sentirás la sensación de respirar con mayor facilidad. Ni las pastillas ni el jarabe pueden hacer esto.
Alivio rápido.

Siga las indicaciones.
www.vicks.com

Look at the ad for a salve that helps with respiratory problems and identify the verb used in the subjunctive. Can you explain why the subjunctive is used here?

CÓMO USARLO

LO BÁSICO

A *conjunction* is a word or phrase that links two clauses in a sentence. In the sentence **Voy a llamar a la farmacia para que tenga lista tu receta, para que** is the conjunction.

1. As you have learned so far in your study of the subjunctive mood, your decision to use the subjunctive often depends on what you are expressing. The subjunctive is used after verbs or expressions of *uncertainty, doubt, disbelief, volition, negation,* and *emotion.*

2. Certain conjunctions also require the use of the subjunctive. With some conjunctions, the subjunctive is always used. With other conjunctions, either the subjunctive or the indicative may be used, depending upon the context.

Remember that the situations referred to in number 1 are places where the subjunctive is used in a dependent clause that begins with **que.**

3. The following groups of conjunctions are either used with the subjunctive only, or may be used with both the subjunctive and the indicative.

◆ Conjunctions that require the subjunctive:

a menos que	*unless*	**en caso de que**	*in case*
antes (de) que	*before*	**para que**	*so that*
con tal (de) que	*so that, provided that*	**sin que**	*without*

◆ Conjunctions that may be used with the subjunctive or indicative, depending on context:

aunque	*although*	**en cuanto**	*as soon as*
cuando	*when*	**hasta que**	*until*
después (de) que	*after*	**tan pronto como**	*as soon as*

4. Examine the following sentences to see how and when the subjunctive is used.

No te vas a mejorar **a menos que *tomes*** tu medicina todos los días.	*You won't get better **unless you take** your medicine every day.*
El médico dice que puedo hacer ejercicio **con tal de que no *me sienta*** peor.	*The doctor says I can exercise **as long as I don't feel** worse.*
Voy a ir al hospital **en cuanto *llegue*** Nati de la oficina.	*I'm going to the hospital **as soon as** Nati **arrives** from the office (whenever that may be).*
Fui al hospital **en cuanto *llegó*** Nati de la oficina.	*I went to the hospital **as soon as** Nati **arrived** from the office (she has already arrived).*
Debes quedarte en cama **hasta que** nos ***llame*** el médico.	*You should stay in bed **until** the doctor **calls** us (whenever that may be).*
Cuando estás enfermo, te quedas en cama **hasta que** te ***llama*** el médico.	*When you are sick, you stay in bed **until** the doctor **calls** you (habitual action).*

5. In the case of the conjunctions that require the subjunctive, the subjunctive is used because the action expressed in the dependent clause has not yet taken place and is an unrealized event, with respect to the action described in the main clause.

Voy al hospital **antes de que venga** la niñera.	*I'm going to the hospital **before** the babysitter **arrives.** (I'm leaving now, she's not here, I don't know when she will come.)*

6. With conjunctions that may be used with the subjunctive or the indicative, the use of subjunctive or indicative depends upon whether or not the action described is habitual (indicative), whether it has already occurred (indicative), or whether it has yet to occur (subjunctive).

Siempre voy al hospital **tan pronto como viene** la niñera.	*I always go to the hospital **as soon as** the babysitter **arrives.** (habitual action)*

Fui al hospital **tan pronto como** *vino* la niñera.

*I went to the hospital **as soon as** the babysitter **arrived**.* (past action)

Voy al hospital **tan pronto como** *venga* la niñera.

*I'm going to the hospital **as soon as** the babysitter **arrives**.* (future action— I have no idea when it will occur)

7. **Aunque** is a slightly different case. When used with the subjunctive, it may mean that the speaker does not know what the current situation is, or is dismissing its importance, whatever it may be. When used with the indicative, it indicates that the situation is, in fact, true.

Aunque esté enfermo, Arturo siempre asiste a sus clases.

Even though he may be *sick* (we don't know right now if he is sick / it doesn't matter if he is sick or not), *Arturo always attends his classes.*

Aunque está enfermo, Arturo asiste a sus clases.

Even though he is *sick* (right now), *Arturo attends his classes.*

Actividades

ACTIVIDAD 1 **La mamá de Beto.** Completa las recomendaciones de la mamá de Beto con una de las siguientes conjunciones adverbiales: **con tal de que, a menos que, aunque, en caso de que, para que** y **sin que.**

MODELO: Puedes ir a esquiar *con tal de que* no te resfríes.

1. Tienes que ir a la clínica _____ te receten unos antibióticos.
2. No vas a perder peso _____ hagas ejercicio regularmente.
3. Tienes que hablar con el médico _____ necesites una vacuna para tu viaje a Marruecos.
4. No pueden saber si te rompiste el brazo _____ te tomen una radiografía.
5. Si no guardas cama, no te vas a mejorar _____ te tomes todas las medicinas.
6. Puedes jugar tenis todos los días _____ no te lastimes.

ACTIVIDAD 2 **El doctor Serna.** Vas a hacerte tu chequeo médico con el doctor Serna. ¿Qué te dice? Usando elementos de las tres columnas, escribe lo que te dice en oraciones completas. Sigue el modelo.

MODELO: *Te van a llamar cuando esté lista la receta.*

Te van a llamar	en cuanto	guardar cama unos cuantos días
Ve a casa a descansar	hasta que	no empezar a llevar una vida sana
Come algo	después de que	estar lista la receta
Pregunta por mí	que	dormir bien
Te vas a sentir mejor	tan pronto como	tomarse el antibiótico
Vas a tener más energía	cuando	ir a la farmacia
No vas a estar feliz	antes de que	llamar por los resultados de tu análisis

ACTIVIDAD 3 **A menos que…** Completa las siguientes oraciones. Trabaja con un(a) compañero(a) para completar las oraciones de una manera lógica.

1. Voy a sacar buenas notas este semestre / trimestre a menos que…
2. Necesito hacer ejercicio para que…
3. Pienso viajar después de graduarme de la universidad con tal de que…
4. Voy a tratar de ahorrar mucho dinero en caso de que…
5. No voy a tomar ese curso hasta que…
6. Tengo que hacer una investigación en Internet antes de que…
7. Voy a buscar trabajo tan pronto como…
8. ¿…?

Sonrisas

 EXPRESIÓN. En grupos de tres a cuatro estudiantes, escriban lemas (*slogans*) para los siguientes productos. Sigan el modelo y ¡sean creativos!

MODELO: una almohada (*pillow*) para viajeros
Para que siempre duermas bien, no importa dónde estés.

1. el agua mineral
2. el asiento de seguridad para los bebés
3. una bebida fortificada para deportistas
4. unos zapatos atléticos
5. un casco (*helmet*) para los ciclistas
6. un abrigo de invierno

Gramática útil 2

Expressing yourself precisely: Choosing between the subjunctive and indicative moods

CÓMO USARLO

In this and the last few chapters, you have learned the basic situations and contexts in which the subjunctive mood is used. Here is a summary that contrasts their uses in general.

Remember that all these uses of the subjunctive are either in a dependent clause that begins with **que** or a conjunction (such as **cuando** or **para que**), or after **ojalá.**

Use the subjunctive:
◆ after expressions of emotion

Me alegro de **que te sientas** mejor.
Es una lástima **que estés** enfermo.

◆ after expressions of doubt and uncertainty

Dudo **que** el médico **sepa** la respuesta.
No es verdad **que** los antibióticos siempre **sean** un remedio eficaz.

◆ after impersonal expressions, **ojalá,** and verbs expressing opinions, wishes, desires, and influence

Es importante **que sigas** las instrucciones de la enfermera.
Ojalá **tengamos** tiempo para comer una cena nutritiva hoy.
Mis amigos quieren **que** yo **vaya** con ellos al gimnasio.

◆ in a **que** clause to refer to unknown or nonexistent situations

Busco un médico **que tenga** experiencia con medicina geriátrica.

◆ after certain conjunctions to refer to events that have not yet taken place or that may not take place

Voy a llamar al médico para que te **dé** una receta.
Antes de que **vayas** al médico, debes hacer una lista de preguntas.
Voy a la farmacia en cuanto **salga** del trabajo.

◆ after **aunque** to express situations that may or may not be true, or are considered irrelevant

Aunque el médico no **esté,** voy a su oficina.

Dudo que estés de ánimo para tener compañía.

Use the indicative:
◆ after expressions of certainty

Estoy seguro de que el médico **sabe** la respuesta.

◆ in a **que** clause with known or definite situations

Sé que tu médico **tiene** experiencia con medicina geriátrica.

◆ after certain conjunctions to express past or habitual actions

Elena salió para el hospital después de que yo **llegué.**
Siempre duermo cuando **llego** del trabajo.

◆ after **aunque** when a situation is a reality

Aunque ya **es** tarde, voy a llamar al médico.

Use an infinitive:

◆ after expressions of emotion when there is no change of subject

Estoy <u>contenta de</u> **sentirme** mejor.

◆ after verbs of volition or influence when there is no change of subject

Mis amigos <u>quieren</u> **ir** al gimnasio.

◆ after impersonal expressions to make generalized statements

<u>Es importante</u> **seguir** las instrucciones de la enfermera.

Actividades

🎧 **ACTIVIDAD 4** **En el consultorio.** Estás en la sala de espera del consultorio y escuchas a varias personas comentar sobre diferentes personas. Según lo que dicen, ¿conocen o no conocen a las personas que mencionan? Escucha los comentarios y luego marca la respuesta apropiada.

MODELO: Escuchas: ¿Me puedes recomendar un médico que me ayude con mis alergias?
Marcas: ___✔___ No lo / la conoce.

1. _____ Lo / La conoce.
   _____ No lo / la conoce.
2. _____ Lo / La conoce.
   _____ No lo / la conoce.
3. _____ Lo / La conoce.
   _____ No lo / la conoce.
4. _____ Lo / La conoce.
   _____ No lo / la conoce.
5. _____ Lo / La conoce.
   _____ No lo / la conoce.
6. _____ Lo / La conoce.
   _____ No lo / la conoce.

ACTIVIDAD 5 **El buen amigo.** Un buen amigo va a visitar a su colega que acaba de salir del hospital. Completa sus comentarios con los verbos entre paréntesis. Piensa bien si se requiere el subjuntivo o el indicativo en cada caso.

MODELO: Me alegro de que (tú / estar) en casa.
Me alegro de que estés en casa.

1. Vine directo a tu casa después de que (tú / llamarme).
2. Dudo que (tú / echar de menos) la comida del hospital.
3. Es importante que (tú / tomar) todos los antibióticos hasta que (acabarse).
4. Es una lástima que no (tú / poder) salir por dos semanas.
5. Sé que no (tú / querer) guardar cama por tanto tiempo.
6. Estoy seguro de que (tú / irte) a recuperar pronto.
7. Te traje unas revistas para que no (tú / aburrirse).
8. Vamos a la playa en cuanto (tú / sentirte) mejor.
9. Llámame cuando (tú / querer).

ACTIVIDAD 6 **Mi salud.** En tu clase de salud, tu profesor te pide que describas tu salud y tus actitudes hacia la salud. Con un(a) compañero(a), escribe siete oraciones que usen las siguientes frases.

MODELO: es importante
Es importante que te hagas un chequeo médico una vez al año.

antes de
Siempre leo todas las instrucciones antes de tomarme las píldoras.

1. cuando
2. dudo que
3. antes de que
4. es importante que
5. estoy seguro(a) de que
6. para que
7. querer

Gramática útil 3
Talking about future activities: The future tense

CÓMO USARLO

1. You have already learned to use the present tense of **pensar** and **ir** + **a** + infinitive to talk about the future.

Pienso ser enfermera.   *I plan to become a nurse.*
Voy a ir al médico el viernes.   *I'm going to go to the doctor on Friday.*

2. Additionally, Spanish has a separate tense, the future tense, which you can use to talk about events that have not yet occurred. This tense is equivalent to the *will* + infinitive future tense used in English.

Hablaré con el médico cuando pueda.   *I will talk to the doctor when I can.*

3. Most Spanish speakers use **ir** + **a** + infinitive or the present indicative to talk about future events that are about to happen, and the future tense for events that are further away in time or in more formal contexts.

Voy al gimnasio esta tarde.   *I'm going to the gym this afternoon.*
Voy a correr en el parque mañana.   *I'm going to run in the park tomorrow.*
El próximo mes **iré** a la playa con   *Next month I will go to the beach with*
    mi familia.   *my family.*

4. Spanish speakers also use the future tense to speculate about current situations.

—¿**Dónde estará** el médico? Hace   *Where could the doctor be? We've been*
una hora que lo esperamos.   *waiting for him for an hour.*
—**Tendrá** una emergencia en el   *He must have an emergency at the*
hospital.   *hospital.*

Tendrás que tomar mis exámenes también.

CÓMO FORMARLO

1. Future-tense endings are the same for **-ar, -er,** and **-ir** verbs. The future endings attach to the end of the *infinitive*, rather than to a verb stem.

yo	**-é**	**hablaré**	nosotros / as	**-emos**	**hablaremos**
tú	**-ás**	**hablarás**	vosotros / as	**-éis**	**hablaréis**
Ud. / él / ella	**-á**	**hablará**	Uds. / ellos / ellas	**-án**	**hablarán**

2. The following verbs are irregular in the future tense. They attach the regular future endings to the irregular stems shown, rather than to the infinitive.

irregular, no pattern		
decir	**dir-**	diré, dirás, dirá, diremos, diréis, dirán
hacer	**har-**	haré, harás, hará, haremos, haréis, harán
e is dropped from infinitive		
poder	**podr-**	podré, podrás, podrá, podremos, podréis, podrán
querer	**querr-**	querré, querrás, querrá, querremos, querréis, querrán
saber	**sabr-**	sabré, sabrás, sabrá, sabremos, sabréis, sabrán
d replaces the final vowel		
poner	**pondr-**	pondré, pondrás, pondrá, pondremos, pondréis, pondrán
salir	**saldr-**	saldré, saldrás, saldrá, saldremos, saldréis, saldrán
tener	**tendr-**	tendré, tendrás, tendrá, tendremos, tendréis, tendrán
venir	**vendr-**	vendré, vendrás, vendrá, vendremos, vendréis, vendrán

3. The future tense of **hay** is **habrá**.

Habrá una reunión en el hospital el viernes.

There will be a meeting in the hospital on Friday.

Actividades

ACTIVIDAD 7 **El Año Nuevo.** Todos resolvemos cambiar de hábitos para el Año Nuevo. Vas a escuchar dos veces unas preguntas sobre tus resoluciones. Di si harás o no harás lo que se pregunta. Escribe las respuestas con oraciones completas. Primero estudia el modelo.

MODELO: Escuchas: ¿Vas a hacer una cita para un chequeo médico?

Escribes: *Sí, haré una cita para un chequeo médico.*

O: *No, no haré una cita para un chequeo médico.*

ACTIVIDAD 8 **¿Qué les pasará?** Ahora que conoces a los personajes del video, vas a tratar de predecir qué les va a pasar en el futuro. Escribe por lo menos dos oraciones para cada personaje (o personajes) en la lista.

MODELO: Sergio y Javier
Sergio y Javier serán atletas profesionales. Viajarán por todo el mundo para competir en torneos internacionales.

1. Beto
2. Anilú
3. Chela
4. Sergio y Javier
5. Dulce y Beto
6. Dulce

Posibles futuros:

ser [¿qué profesión?]
trabajar [¿dónde?]
casarse [¿con quién?]
salir [¿con quién?]
tener [¿cuántos?] hijos
vivir en [¿qué ciudad?]
viajar [¿adónde?]
hacer [¿...?]
saber [¿...?]
¿...?

ACTIVIDAD 9 **¿Qué hará el doctor?** Estás en el consultorio y especulas sobre qué hará o no hará el doctor para resolver tu problema. ¿Qué te preguntas? Sigue el modelo.

MODELO: tomar una radiografía
¿Me tomará una radiografía?

1. tomar la presión
2. poner una inyección
3. hacer un análisis de sangre
4. recetar unos antibióticos
5. decir que todo está bien
6. haber una solución para mi problema

ACTIVIDAD 10 **El futuro.** Todos tenemos ideas de lo que vamos a hacer en el futuro: dónde vamos a vivir, qué profesión vamos a practicar, qué clase de casa vamos a tener, cómo va a ser nuestra familia y así. Hazle seis preguntas a tu compañero(a) sobre su futuro. Escribe un párrafo que describa el futuro de tu compañero(a) según sus respuestas. Luego, si hay algunas predicciones que tienen en común, explícalas.

MODELO: Las predicciones de mi compañero: *Será programador y trabajará en una compañía que produce juegos para la computadora. Estará casado con tres hijos y tendrá una casa grande en las afueras de Nueva York. Sus hijos asistirán a una escuela privada. Tendrá un Porsche, un Ferrari y un Lamborghini.*
Las predicciones que tenemos en común: *Los dos estaremos casados y tendremos hijos.*

Islas Canarias, Marruecos y Guinea Ecuatorial

¿Adivinaste? Answers to the questions on page 363: 1. Islas Canarias 2. Guinea Ecuatorial 3. Marruecos 4. Guinea Ecuatorial, Islas Canarias 5. Islas Canarias 6. Marruecos

Raíces e influencias africanas. En parejas, miren el mapa y las tarjetas de información sobre las tres regiones en las páginas 383–384. Luego, miren los siguientes comentarios y fotos y traten de escribir el número del comentario o de la foto en la categoría correspondiente de la tarjeta del país apropiado. El primer comentario ya está en la categoría correcta y puede servir como ejemplo. Hay tres comentarios y una foto para cada país.

Comentarios

1. El Teide es la montaña más alta de toda España.
2. Recientemente se descubrieron reservas petroleras cerca de la costa de este pequeño país, que ahora es una de las regiones más importantes para la exploración petrolera de toda la región africana al sur del desierto del Sahara.
3. Es común hacer una excursión en camello al gran desierto de este país.
4. Hay muchos bosques pluviales (*rain forests*) para explorar en Bioko y Río Muni.
5. Antes de la llegada de los conquistadores españoles, los guanches, una tribu indígena, vivían en estas islas. Después de la conquista estuvieron bajo el control de España.
6. La cocina de este país es notable por sus couscouses, kebabs y su té de menta.
7. Cristóbal Colón hizo una parada (*stop*) en estas islas españolas antes de viajar al Nuevo Mundo.
8. Además de hablar español y francés, los habitantes de este país hablan fang y bubi.
9. Los mercados de artesanía de las ciudades principales de este país son famosos por todo el mundo.

Fotos

10. Las montañas Atlas Mayor son unas de las montañas más altas de toda África.

11. Se celebra el Carnaval con mucho entusiasmo en Santa Cruz de Tenerife.

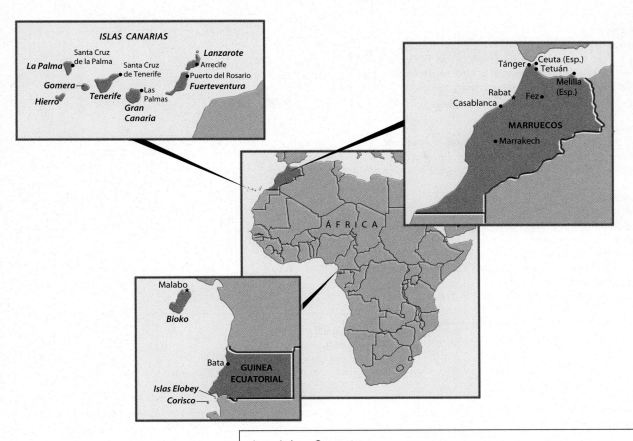

ISLAS CANARIAS

La Palma
Santa Cruz de la Palma
Gomera
Hierro
Tenerife
Santa Cruz de Tenerife
Las Palmas
Gran Canaria
Lanzarote
Arrecife
Puerto del Rosario
Fuerteventura

Tánger
Ceuta (Esp.)
Tetuán
Rabat
Casablanca
Fez
Melilla (Esp.)
MARRUECOS
Marrakech

ÁFRICA

Malabo
Bioko
Bata
GUINEA ECUATORIAL
Islas Elobey
Corisco

12. Se ve la influencia española en las plazas y en la arquitectura de Malabo.

Las Islas Canarias

Gobierno y economía
- Parte de la Unión Europea, comunidad autónoma de España
- La exportación de flores es una industria importante.

Geografía
- Estas islas cerca de la costa de África son un archipiélago volcánico.
- Hay gran diversidad ecológica, desde un clima tropical hasta desiertos con dunas.

Sociedad e historia
- Los turistas vienen aquí de toda Europa para visitar sus playas y disfrutar de su clima templado.
- Hay muchas atracciones en Tenerife, como discotecas, jardines botánicos y un lago artificial.
- La Laguna, la primera capital de Tenerife, tiene muchos edificios coloniales, incluso una casa de 400 años que se ha convertido (has been converted) en El Museo de Historia de Tenerife.

Marruecos

Gobierno y economía

- Se retiró la administración española de Marruecos en 1976, pero las ciudades de Melilla y Ceuta siguen bajo control español.
- Se divide el país en cuatro provincias, cada una con un gobernador designado por el rey (*king*).

Geografía

- El desierto del Sahara Occidental está en este país.
- Tiene costas en el mar Mediterráneo y en el océano Atlántico.
- Las vistas de sus cordilleras de montañas son impresionantes y dramáticas.

Sociedad e historia

- Marruecos es un país multilingüe. El árabe es el idioma oficial. Sigue el bereber en importancia y luego el francés, que todavía es el idioma preferido del comercio, del gobierno y de la educación. En el norte de Marruecos, hay mucha gente que habla español.
- Ceuta y Melilla, aunque ubicadas en el norte de Marruecos, son municipales especiales de España.
- El golf y el windsurfing son deportes muy populares aquí.

Guinea Ecuatorial

Gobierno y economía

- El jefe del estado es Obiang Nguema.
- Hay un movimiento nacional de liberación contra el gobierno actual.

Geografía

- Comprende varias islas además del territorio continental de África.
- Bioko, la isla más importante, se formó en una erupción volcánica.

Sociedad e historia

- Los grupos indígenas ancestrales de este país son los pigmeos y los bantú.
- Ganó la independencia de España en 1968.
- Entre los meses de octubre y junio en Malabo hay una fiesta de calle permanente que atrae tanto a visitantes como a gente local.

Internet

¡CONÉCTATE!

En grupos de tres o cuatro, hagan una investigación en Internet sobre uno de los siguientes temas. Usen los enlaces sugeridos en el sitio web de *Nexos Media* para ir a otros sitios web posibles. Presenten su informe a la clase.

Tema 1: un itinerario para un viaje por Marruecos que incluya por lo menos cinco sitios de interés

Tema 2: una descripción de Las Hijas del Sol, unas cantantes guineanas que son famosas en España y toda Europa

Tema 3: una descripción breve de las Islas Canarias, con énfasis en las diferencias geográficas entre las islas

Tema 4: ¿...?

Internet

La inmigración es un dilema mundial. En años recientes han aumentado (*have increased*) los problemas relacionados con la inmigración en Europa. Los inmigrantes dejan sus países de origen por cuestiones de salud, trabajo, política y hambre en busca de una vida mejor. Una vez que entran a un país europeo, pasan fácilmente a otros países de la Unión Europea porque ahora no se requiere un pasaporte para cruzar las fronteras individuales.

Durante 2001, la llegada de inmigrantes a Canarias desde África creció dramáticamente, como las siguientes estadísticas lo muestran (*show*). Además de los inmigrantes legales, también llegan muchos inmigrantes indocumentados, viajando en botes pequeños llamados "pateras", aunque el pasaje a Canarias es peligroso y muchos mueren durante el viaje.

Unos inmigrantes indocumentados en una patera

	2000	2001
Número de inmigrantes legales a Canarias	895.000	1.300.000 (+45,3%)
Número de inmigrantes indocumentados a Canarias	2.104	2.830 (+34,5%)
Número de inmigrantes indocumentados a Canarias interceptados en pateras en ruta a Canarias y deportados	15.190	17.692 (+16,5%)

Cuando los inmigrantes indocumentados llegan a Canarias, muchas veces viven en condiciones poco saludables mientras buscan trabajo y evitan (*avoid*) a los oficiales de inmigración. Los campamentos para los inmigrantes que esperan la deportación también pueden estar infestados de varias enfermedades y muchas veces les faltan agua potable y suficiente comida.

Actualmente, los gobiernos de los países africanos, de España y de la U.E. consideran soluciones para el problema. Pero mientras las condiciones de vida en África no mejoren, es probable que la inmigración a Canarias sea un problema creciente durante los próximos años del nuevo milenio.

Porcentaje de deportados africanos en 2001 por país de origen

guineanos 0,3%
ghaneses 2,5%
otros 3,6%
nigerianos 13,2%
senegaleses 16,4%
marroquíes 64%

 PRÁCTICA. En grupos de tres a cuatro personas, hablen de los siguientes temas.

1. En su opinión, ¿es la inmigración un problema en EEUU? ¿Por qué sí o no? Comparen la situación en Canarias con la de EEUU.
2. ¿Deben los gobiernos proveer asistencia básica a los inmigrantes indocumentados? ¿Por qué sí o no?
3. Si los otros países no dejan entrar a más de un cierto número de inmigrantes legales de cada país, ¿qué puede hacer la gente que vive en países con problemas graves de hambre, guerra, etc.? ¿Debemos ayudar a países con problemas o mantenernos fuera del debate?

A LEER

Antes de leer

Verb tenses can also help you figure out the chronology of events. For example, this article uses the verb **había** (*had*) with past participles (**ido** = *gone*, **hecho** = *done*, **visto** = *seen*, **nadado** = *swum*). This tense, the past perfect, indicates that the actions described occurred prior to other past tense actions. You will learn more about the past perfect in **Capítulo 13.**

Understanding a chronology

Many newspaper and magazine articles are written to show when certain events occurred over a period of time. You can find these shifts in the timeline by looking for words that signal a transition. When you read the article on pages 387–388, look for words such as **antes de, después de, hace** + time, **luego, durante, ahora,** and **recientemente** to help you order events in time.

ACTIVIDAD 1 Trabaja con un(a) compañero(a) de clase. Juntos hagan una cronología de los eventos de la lista, basándose en las palabras cronológicas y los tiempos de los verbos. Los eventos describen las experiencias de Eric Moussambani, un nadador de Guinea Ecuatorial en las Olimpiadas de Sydney en 2000.

_____ Hace unos meses, Eric compitió en un evento en Canarias y terminó penúltimo (*next to last*).

_____ Durante los Juegos Olímpicos de 2000, Eric se hizo (*became*) famoso por completar su evento con el peor tiempo en más de cien años.

_____ Eric dice que competirá en las Olimpiadas de 2004.

_____ Eric se entrena para los Juegos Olímpicos de 2004.

_____ Antes de los Juegos Olímpicos de 2000, Eric no pudo entrenarse mucho.

ACTIVIDAD 2 Miren las oraciones de la **Actividad 1.** Para cada oración, indiquen las palabras que les ayudaron a decidir en qué orden debe ir la oración.

Lectura

ACTIVIDAD 3 Lee el artículo sobre Eric Moussambani, un nadador guineano que se hizo famoso por su falta de habilidad y entrenamiento. Presta atención particular a la secuencia de los párrafos. Cuando termines la lectura, escribe los números de los párrafos que se refieren a la cronología indicada en la primera columna de la tabla. Luego, vuelve a la lectura para buscar las palabras que te ayudaron a decidir la cronología y escríbelas en la segunda columna.

Orden cronológico	Palabras que indican la cronología (pasado, presente, futuro)
Antes de las Olimpiadas: *Párrafo 3*	*tuvo, antes de, podía, estaba, querían, tenía, había, sabía, temía, pudiera, necesitaba*
Durante las Olimpiadas:	
Inmediatamente después de las Olimpiadas:	
Recientemente:	
En el futuro:	

Eric Moussambani:
Un héroe improbable

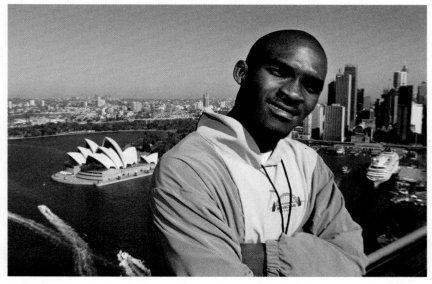

Párrafo 1

En el año 2000, Eric Moussambani fue tal vez el atleta más famoso de los Juegos Olímpicos de Sydney. El guineano ecuatorial, que mide[1] sólo cinco pies y medio, tenía 22 años. Cuando entró a la piscina olímpica para completar los 100 metros libres, era la primera vez que había visto una piscina tan grande y llevaba sólo cuatro meses nadando. Nunca había nadado más de 50 metros completos en toda su vida. Entró al agua como atleta desconocido. Salió famoso, recipiente de una ovación tremenda de los espectadores.

Párrafo 2

Eric Moussambani completó su evento con el peor tiempo en más de cien años: 1:52.72, más del triple del récord mundial. Pero sí completó su evento, que no era nada cierto cuando empezó a nadar.

Párrafo 3

En realidad, Eric nunca tuvo la oportunidad de entrenarse mucho antes de ir a los Juegos. Sólo podía entrenarse en los ríos salvajes de su país, llenos de tiburones y caimanes[2], o en piscinas muy pequeñas. No hay una piscina olímpica en toda Guinea Ecuatorial; la más grande es una de 20 metros en un hotel en Malabo. Pero Eric no podía usarla sino cuando estaba vacía[3] y los huéspedes[4] del hotel no querían nadar. Tenía que arreglar sus prácticas para las horas menos populares y había días enteros cuando no podía practicar. No tenía ni entrenador ni tenía un bañador de cuerpo completo[5], como los otros atletas, sino uno más tradicional de pantalones cortos. No sabía hacer los virajes[6] y temía que no pudiera respirar[7] durante el tiempo que necesitaba para nadar 100 metros.

Párrafo 4

Pero cuando llegó su "momento Olímpico" y unos atletas de otros países se descalificaron en vez de competir, Eric tuvo el coraje de entrar a la piscina y completar su evento. Ian Thorpe, la estrella australiana de natación, dijo de Eric: "Vi nadar a Eric en la televisión y fue sorprendente la tremenda ovación que tuvo por parte del público presente. Fue algo increíble. Esto es lo que son las Olimpiadas—es darles la oportunidad a atletas de todo el mundo de nadar en el mayor evento que existe."

Párrafo 5

Después de los Juegos Olímpicos, Eric se hizo famoso y tuvo la oportunidad de viajar por todo el mundo. Sigue hablando con varias compañías de ropa atlética, como Nike y Speedo, sobre la posibilidad de actuar como patrocinador[8] de sus líneas acuáticas. Y, claro, sigue entrenándose y compitiendo.

Párrafo 6

Recientemente finalizó en penúltimo lugar en la Primera Travesía Bahía Gran Tarajal de 800 metros, que tuvo lugar en Fuerteventura, Canarias. Pero Eric se acusa de falta de[9] entrenamiento. "Nadar con olas[10] es muy incómodo y yo no estoy acostumbrado, pero tampoco me preocupa haber quedado[11] en la penúltima posición. Aún me falta mucho para alcanzar[12] mi nivel."

Párrafo 7

Sus esperanzas para el futuro no terminan aquí. Del 2004 dice: "Si yo tuviera[13] un buen entrenador, seguro que podría[14] aspirar a una medalla en los Juegos de Atenas". Ya es cierto que Eric no es la única persona que espera que él tenga la oportunidad de competir otra vez en el escenario mundial.

---

[1]*measures* [2]**tiburones...** *sharks and crocodiles* [3]*empty* [4]*guests* [5]**bañador...** *full-body bathing suit* [6]*turns* [7]**no...** *he wouldn't be able to breathe* [8]*sponsor* [9]**falta...** *lack of* [10]*waves* [11]**haber...** *to have come in* [12]*achieve* [13]**Si...** *If I had* [14]*I could*

Después de leer

 ACTIVIDAD 4 Trabaja con un(a) compañero(a) de clase y contesten las siguientes preguntas sobre la lectura.

1. ¿Qué récord Olímpico batió (*broke*) Eric?

2. ¿Podía entrenarse en una piscina olímpica antes de ir a los Juegos? ¿Por qué?

3. ¿Por qué era peligroso para Eric practicar en los ríos de Guinea Ecuatorial?

4. ¿Cómo reaccionaron los espectadores al ver a Eric nadar?

5. ¿Qué hizo Eric después de las Olimpiadas?

6. ¿Para qué se entrena ahora?

 ACTIVIDAD 5 En grupos de tres a cuatro personas, hablen de los siguientes temas.

1. Eric pudo participar en los Juegos Olímpicos de 2000 porque tuvo la suerte de recibir un "wild card" que lo dejó entrar sin tener que calificarse. En su opinión, ¿es eso una idea buena o mala? ¿Por qué?

2. Aunque mucha gente cree que Eric es un héroe por completar su evento, otras personas (entre ellas, muchos guineanos) creen que Eric se convirtió en una broma (*joke*) mundial y que debe tener vergüenza de su récord en las Olimpiadas. ¿Qué opinan? ¿Es héroe o es atleta desacreditado?

3. Ian Thorpe, el nadador australiano, mide seis pies y cuatro pulgadas. Eric es mucho más bajo. En los eventos atléticos, ¿qué importancia tienen los atributos físicos de los atletas y qué importancia tiene el entrenamiento? En su opinión, ¿cuál es más importante? ¿Por qué?

 ACTIVIDAD 6 En grupos de tres a cuatro personas, imagínense que son periodistas que acaban de ver nadar a Eric en unas Olimpiadas del futuro. ¿Qué pasó? Escriban un artículo breve de dos párrafos en el que incluyen los datos del evento y una cita (*quote*) imaginaria de Eric. ¡Sean creativos!

EL CUERPO *The body*

la boca	*mouth*
el brazo	*arm*
la cabeza	*head*
el codo	*elbow*
el corazón	*heart*
el cuello	*neck*
el dedo	*finger, toe*
la espalda	*back*
el estómago	*stomach*
la garganta	*throat*
el hombro	*shoulder*
la lengua	*tongue*
la mano	*hand*
la nariz	*nose*
el oído	*inner ear*
los ojos	*eyes*
la oreja	*outer ear*
el pecho	*chest*
el pie	*foot*
la pierna...	*leg*
el pulmón (los pulmones)	*lung(s)*
la rodilla	*knee*
la sangre	*blood*
el tobillo...	*ankle*
... quebrado / roto	*broken*
... torcido	*twisted*

LOS SÍNTOMAS *Symptoms*

la alergia	*allergy*
el catarro / el resfriado	*cold*
el dolor...	*pain, ache*
... de cabeza	*headache*
... de estómago	*stomachache*
... de garganta	*sore throat*
la enfermedad	*sickness, illness*
la fiebre	*fever*
la fractura	*fracture*
la gripe	*flu*
la herida	*injury, wound*
la infección	*infection*
las náuseas	*nausea*
la tos	*cough*
cortarse	*to cut oneself*
desmayarse	*to faint*

dolerle (ue) (a uno)	*to hurt*
estar congestionado(a)	*to be congested*
estar mareado(a)	*to feel dizzy*
estornudar	*to sneeze*
lastimarse	*to hurt, injure oneself*
palpitar	*to palpitate*
resfriarse	*to get chilled; to catch cold*
toser	*to cough*
vomitar	*to throw up*

EN EL CONSULTORIO DEL MÉDICO
In the doctor's office

el chequeo médico	*physical, checkup*
la cita	*appointment*
la clínica	*clinic*
la sala de emergencias	*emergency room*
la sala de espera	*waiting room*
la salud	*health*

INSTRUCCIONES Y PREGUNTAS

Lo (La) voy a examinar.	*I'm going to examine you.*
¿Qué le duele?	*What hurts?*
¿Qué síntomas tiene?	*What are your symptoms?*
Abra la boca.	*Open your mouth.*
Respire hondo.	*Breathe deeply.*
Saque la lengua.	*Stick out your tongue.*
Trague.	*Swallow.*
Le voy a...	*I'm going to . . .*
... hacer un análisis de sangre / orina.	*. . . give you a blood/urine test.*
... poner una inyección.	*. . . give you an injection.*
... poner una vacuna.	*. . . vaccinate you.*
... recetar una medicina.	*. . . prescribe a medicine.*
... tomar la presión.	*. . . take your blood pressure.*
... tomar la temperatura.	*. . . take your temperature.*
... tomar/hacer una radiografía.	*. . . take an X-ray.*

CONSEJOS *Advice*

Le aconsejo que...	*I advise you to . . .*
... coma alimentos nutritivos.	*. . . eat healthy foods.*
... duerma más.	*. . . sleep more.*
... guarde cama.	*. . . stay in bed.*
... haga ejercicio regularmente.	*. . . exercise regularly.*
... lleve una vida sana.	*. . . lead a healthy life.*
¡Ojalá se mejore pronto!	*Hopefully you'll get better soon!*

EN LA FARMACIA *At the pharmacy*

el antibiótico	*antibiotic*
la aspirina	*aspirin*
la crema	*cream*
la curita / la tirita	*(small) bandaid*
las gotas	*drops*
las hierbas	*herbs*
el jarabe (para la tos)	*(cough) syrup*
las muletas	*crutches*
la pastilla	*tablet*
la píldora	*pill*
la receta	*prescription*
la venda de gasa	*gauze bandage*
la vitamina	*vitamin*
el yeso	*cast*

CONJUNCIONES ADVERBIALES

Con el subjuntivo

a menos que	*unless*
antes (de) que	*before*
con tal (de) que	*so that, provided that*
en caso de que	*in case*
para que	*so that*
sin que	*without*

Con el subjuntivo o el indicativo

aunque	*although, even though*
cuando	*when*
después (de) que	*after*
en cuanto	*as soon as*
hasta que	*until*
tan pronto como	*as soon as*

¿Te gusta trabajar con la gente?

Communication

By the end of this chapter you will be able to:
- talk about current events
- interview for a job and talk about your skills and experience
- talk about things you have done and had done in the past
- express doubt, emotion, uncertainty, and opinions about recent events and actions

Cultures

By the end of this chapter you will have learned about:
- Chile and Uruguay
- economic profiles of Chile, Uruguay, and the U.S.
- web translators
- courtesy or "netiquette" on the Internet
- indigenous languages

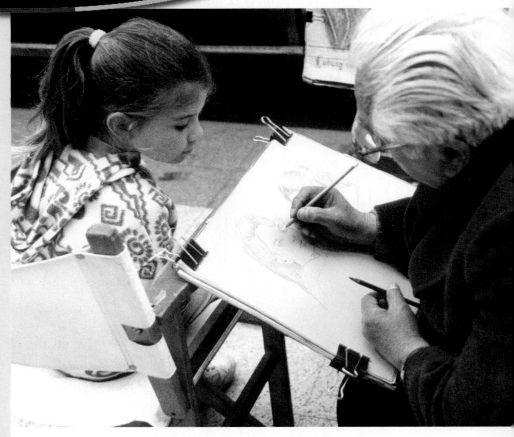

Un maestro chileno le enseña cómo dibujar a una estudiante joven.

METAS PROFESIONALES

¿Vives para trabajar o trabajas para vivir? No importa cuál sea tu respuesta—todos participamos en la fuerza laboral de una u otra manera. Somos ciudadanos mundiales, no sólo residentes de una nación. Todos contribuimos a la economía global, y por eso es importante entender qué pasa en el mundo. En este capítulo vamos a hablar del trabajo y de las noticias del día, y cómo los dos nos afectan.

Los datos

Mira la información del gráfico y contesta las siguientes preguntas.

Chile
Uruguay
EEUU

Productos nacionales

Agricultura: 8%, 10%, 2%
Industria: 38%, 28%, 18%
Servicios: 54%, 62%, 80%

① ¿Cuál de los países depende menos del sector de servicios? ¿Qué país depende más de ese sector?
② ¿Qué país produce el porcentaje de productos industriales más alto? ¿Y el porcentaje más bajo?
③ ¿Qué país tiene la producción de productos agrícolas más alta? ¿Y la más baja?

¡Adivina!

¿Qué sabes de Uruguay y Chile? Indica si las siguientes oraciones se refieren a Uruguay o a Chile. (Las respuestas están en la página 412.)

① Tiene un enorme desierto.
② De todos los países latinoamericanos, este país tiene el porcentaje más grande de personas de ascendencia europea.
③ La Isla de Pascua (*Easter Island*), o Rapa Nui, es parte de este país.
④ Aquí se pueden observar los pingüinos en Tierra del Fuego.

¡IMAGÍNATE!

Vocabulario útil 1

SERGIO: Podríamos hablar de las **noticias del día,** si quieres.

ANILÚ: No, gracias. ¿De qué vamos a hablar? ¿Del **crimen,** de la **política** o de la **economía**? Me pongo hasta más nerviosa.

SERGIO: Tienes razón. No había pensado en eso.

Use **discriminar a** to say *discriminate against* and **discriminar por** to say *discriminated against: Eduardo no discrimina a nadie, pero se siente discriminado por sus colegas.*

LAS NOTICIAS DEL DÍA

la campaña	*campaign*
el (la) ciudadano(a)	*citizen*
el crimen	*crime*
el desastre natural	*natural disaster*
la (des)igualdad	*(in)equality*
la discriminación	*discrimination*
la economía	*economy*
las fuerzas armadas	*armed forces*
la globalización	*globalization*
el gobierno	*government*
la guerra	*war*
el huracán	*hurricane*
el (la) líder	*leader*
la paz mundial	*world peace*
la política	*politics*
el proceso electoral	*election process*
el terremoto	*earthquake*
el terrorismo	*terrorism*
la violencia	*violence*
iniciar	*to initiate*
luchar contra	*to fight against*
participar en	*to participate in*
sobrevivir	*to survive, overcome*
sufrir (las consecuencias)	*to suffer (the consequences)*
tomar medidas	*to take steps or measures*
votar	*to vote*

la contaminación (del aire)

la inundación

el ejército

las elecciones

la huelga

la manifestación

Actividades

ACTIVIDAD 1 **¿En qué te hace pensar?** Escribe una o dos oraciones sobre cada tema. Trata de incluir un ejemplo reciente de ese fenómeno.

MODELOS: la contaminación del aire
Dicen que la contaminación del aire de la Ciudad de México es la peor del mundo.
un desastre natural
Un desastre natural que no olvidaremos pronto es el huracán Mitch que devastó Honduras en 1998.

1. la contaminación (del aire, del agua, de la radiación)
2. las elecciones (locales, nacionales)
3. un desastre (natural, causado por el hombre)
4. la economía (local, nacional, global)
5. una huelga (de hambre, de estudiantes, de activistas verdes)
6. el crimen (violento, empresarial, electrónico)
7. una manifestación (pacífica, violenta)
8. la guerra (fría, mundial, civil)

> Other natural disasters are: **el tornado, la erupción volcánica,** and **el incendio forestal** (*forest fire*).

ACTIVIDAD 2 **Las noticias de hoy.** En parejas, pongan en orden del 1 al 6 los siguientes temas, desde el problema más serio (#1) hasta al problema menos serio (#6), según su opinión. Luego, den ejemplos de las noticias del día sobre cada tema que justifique su clasificación.

_____ el terrorismo
_____ el crimen
_____ la discriminación (contra...)
_____ la economía
_____ la violencia (doméstica / en la televisión)
_____ la guerra (contra las drogas, en...)

SERGIO: Pues, desde mi punto de vista, no tienes nada de qué preocuparte. Tienes muy **buena presencia, te llevas bien con la gente,** y me imagino que eres muy **responsable.**

ANILÚ: Oye, ¿quién eres? ¿Te pagó alguien para animarme?

SERGIO: No, no, no seas tan desconfiada. Sólo quería ayudarte.

ANILÚ: No, de veras. ¿No me digas que estás **solicitando el mismo puesto?**

SERGIO: No, no, y aunque fueras mi **competencia,** te ayudaría. ¿Trajiste tu **currículum vitae?**

ANILÚ: Sí, lo tengo en **el maletín.**

SERGIO: Perfecto. Ahora, en una **entrevista,** la cosa más importante es cómo **tus habilidades** satisfacen plenamente **los requisitos del puesto.**

PARA SOLICITAR EMPLEO

La entrevista

la competencia

la tarjeta

el formulario

el maletín

darse la mano

la solicitud

el currículum vitae

For **el currículum vitae**, you might also encounter **el curriculum** (without the accent mark), **el currículo, el historial personal,** and **la hoja de vida.**

El (La) candidato(a)

detallista	*detail-oriented*
disponible	*available*
emprendedor(a)	*enterprising*
puntual	*punctual*
responsable	*responsible*
llevarse bien con la gente	*to get along with people*
tener...	*to have . . .*
...algunos conocimientos de...	*. . . some knowledge of . . .*
...buena presencia	*. . . a good presence*
...(mucha) experiencia en...	*. . . (a lot of) experience in . . .*
...las habilidades necesarias	*. . . the necessary skills*

El puesto

el ascenso	*promotion*
el aumento de sueldo	*salary increase, raise*
los beneficios	*benefits*
el contrato	*contract*
la (des)ventaja	*(dis)advantage*
el (la) empleado(a)	*employee*
el requisito	*requisite, requirement*
el seguro médico	*medical insurance*
averiguar	*to look into, investigate*
contratar	*to hire*
despedir (i, i)	*to fire*
dirigir	*to direct*
emplear	*to employ*
hacer informes	*to write reports*
jubilarse	*to retire*
requerir (ie, i)	*to require*
satisfacer	*to satisfy*
supervisar	*to supervise*
trabajar a tiempo completo	*to work full time*
trabajar a tiempo parcial	*to work part time*

LOS NEGOCIOS

la bolsa (de valores)	*stock market*
la compañía multinacional	*multinational corporation*
los costos	*costs*
el desarrollo	*development*
el (la) empresario(a)	*businessman / woman*
la fábrica	*factory*
las ganancias y las pérdidas	*profits and losses*
la industria	*industry*
el presupuesto	*budget*
las telecomunicaciones	*telecommunications*

Actividades

ACTIVIDAD 3 **El candidato ideal.** Escribe una o dos oraciones que describan al (a la) candidato(a) ideal para los siguientes puestos. Debes incluir vocabulario del **Vocabulario útil 2,** pero también puedes usar vocabulario que aprendiste antes para describir a la gente.

MODELO: secretario(a)
El secretario ideal es puntual, responsable y se lleva bien con la gente. También es inteligente y sabe resolver problemas fácilmente.

1. dependiente de una tienda de videos
2. gerente de una oficina
3. detective
4. periodista
5. actor (actriz)
6. espía
7. médico forense
8. ¿...?

ACTIVIDAD 4 **Los negocios.** Contesta las siguientes preguntas con oraciones completas.

MODELO: ¿Te gustaría trabajar para una compañía multinacional?
Me gustaría trabajar para una compañía multinacional. Me imagino que los sueldos y los beneficios son buenos y es posible que tenga la oportunidad de viajar.

1. ¿Te gustaría trabajar para una compañía multinacional? ¿Por qué sí o por que no?
2. ¿Es más importante para ti tener un buen sueldo, un buen seguro médico o muchas vacaciones? Explícate.
3. ¿Cuáles son los factores que se deben considerar en el ascenso de un(a) empleado(a)?
4. ¿Cómo debe ser una persona que supervisa a otras? ¿Por qué crees eso?
5. Describe detalladamente tu puesto ideal.

ACTIVIDAD 5 **La entrevista.** Con un(a) compañero(a), representen una entrevista de un(a) candidato(a) para uno de los puestos en los anuncios clasificados que siguen. El (La) entrevistador(a) debe tener una lista de preguntas que quiere hacerle al (a la) candidato(a). El (La) candidato(a) debe tener una lista de sus habilidades y razones por las cuales sería (*would be*) el (la) perfecto(a) empleado(a) para ese puesto.

MODELO: Candidato(a): *Hola. Yo soy... y estoy aquí para solicitar el puesto de...*
Entrevistador(a): *Mucho gusto, señor / señora / señorita... Siéntese, por favor...*

Auto Venta

SE BUSCA VENDEDOR(A) DE CARROS

Solicitamos persona responsable, con buena presencia, que se lleve muy bien con la gente. Experiencia en ventas y algunos conocimientos de contabilidad. Trabajo a tiempo completo. Beneficios incluyen sueldo generoso más comisión, seguro médico y vacaciones pagadas. Llame al 4-23-89-67 para solicitar una entrevista.

 Teletrabajos

SE SOLICITA TELEMARKETER

Se solicita persona detallista, puntual, responsable, de buena presencia y amable por teléfono. Disponible los fines de semana. Trabajo a tiempo parcial. Experiencia no necesaria. Sueldo según experiencia. Ascenso garantizado para la persona emprendedora. Enviar fax de su currículum al 3-21-89-64.

Internet

¡COMPÁRATE!

Si piensas solicitar empleo en un país hispanohablante y necesitas escribir una carta o e-mail de presentación (*cover letter or e-mail*), ten cuidado con los servicios de traducción en Internet. Estos servicios de traducción que abundan en la red son una tentación para muchas personas que no saben el español muy bien o no quieren aprenderlo. A pesar de que estos servicios son útiles (*useful*) hasta cierto punto, la calidad de las traducciones que producen varía mucho y todavía no alcanza el nivel (*doesn't achieve the level*) de una persona que estudia y aprende el idioma. Muchas veces los servicios gratis ofrecen traducciones muy malas y los más caros ni siquiera toman en cuenta (*take into account*) los factores culturales y lingüísticos que afectan la calidad de una traducción buena.

Mira los e-mails a la derecha. El primero es el original, escrito en inglés. El segundo es una versión española escrita por un servicio de traducción. El tercer e-mail es el mismo mensaje escrito por una persona que habla el español muy bien.

PRÁCTICA. En grupos de tres a cuatro personas, contesten las siguientes preguntas.

1. ¿Qué diferencias se notan entre las dos versiones en español?
2. ¿Cuál de los dos mensajes en español les parece más formal o cortés? ¿Por qué? Comparen las dos versiones otra vez. ¿Pueden encontrar algunos errores en la traducción del servicio?
3. ¿Creen que es una buena idea usar servicios de traducción cibernéticos en las siguientes situaciones? ¿Por qué?

   • para solicitar empleo en un país de habla española
   • para escribir una carta a un amigo chileno que sabe un poco de inglés, pero que prefiere comunicarse en español
   • para traducir un documento que imprimiste de la red

4. Escriban un mensaje en inglés de dos a tres oraciones. Luego, busquen unos servicios gratis de traducción en Internet. Usen los enlaces sugeridos en el sitio web de *Nexos Media* para ir a algunos posibles sitios web. Cada persona del grupo debe ir a un servicio diferente para buscar una traducción. Luego, comparen sus traducciones. ¿Son muy similares o muy diferentes? ¿Pueden decidir cuál es la mejor?

Fecha: 15 de mayo, 2004
Para: Tráfico Gráfico, S.A. <recursos@tgsa.com>
De: Michael McDonald <mmcdonald@att.net>
Re: Web designer job

Dear Sir or Madam:

I am writing in order to apply for the position of web designer that you advertised in the local paper this Sunday. I am attaching my résumé. I look forward to hearing from you soon.

All the best,

Michael McDonald

Fecha: 15 de mayo, 2004
Para: Tráfico Gráfico, S.A. <recursos@tgsa.com>
De: Michael McDonald <mmcdonald@att.net>
Re: Diseñador de telaraña

Estimado Señor o la Señora:

Escribo para aplicar para la posición de diseñador de telaraña que usted anunció en el papel local este domingo. Conecto mi résumé. Espero con ansia oír de usted pronto.

Todo mejor,

Michael McDonald

Fecha: 15 de mayo, 2004
Para: Tráfico Gráfico, S.A. <recursos@tgsa.com>
De: Michael McDonald <mmcdonald@att.net>
Re: Diseñador de sitios web

Muy estimados señores:

Me dirijo a ustedes con el propósito de solicitar empleo como diseñador de sitios web, puesto que anunciaron en el periódico local del domingo previo. Adjunto encontrarán mi currículum vitae.

Sin más por el momento y a la espera de su respuesta, los saluda atentamente,

Michael McDonald

Video/DVD

Antes de ver el video

 ACTIVIDAD 1 En el episodio de este capítulo, Sergio y Anilú se conocen por primera vez. Los dos hablan en una oficina, donde Anilú va a tener una entrevista de trabajo con el jefe de la compañía. ¿Qué recuerdan de Sergio y de Anilú? Con un(a) compañero(a) de clase, completen la siguiente tabla, indicando con una X si las características indicadas describen a Sergio, a Anilú o a los dos.

Características	Sergio	Anilú
tímido(a)		
egoísta		
extrovertido(a)		
poco convencional		
un poco dramático(a)		
aburrido(a)		

 ACTIVIDAD 2 Las entrevistas de trabajo, sean en EEUU o sean en el mundo hispanohablante, son similares. Con un(a) compañero(a) de clase, hagan una lista de las cosas que uno debe hacer para prepararse para una entrevista de trabajo.

Ideas: estar bien vestido(a) / llegar a tiempo para la entrevista / practicar las respuestas a preguntas posibles / traer un currículum / averiguar información sobre la empresa / ¿...?

ESTRATEGIA

Watching for transitions and listening for words that signal a change in the conversation

In this chapter's video segment, you'll notice that several times Sergio wants to change the topic of the conversation or stall for time while he thinks of something to say. When people converse, this can be done by actions and by words. As you watch the video segment, watch for the actions and words Sergio uses to either change the topic or stall for a little more time.

ACTIVIDAD 3 Mientras miras el video, haz una lista de por lo menos una acción y dos palabras, expresiones o preguntas que usa Sergio para cambiar de tema y / o para darse más tiempo antes de contestar. Para (*Stop*) el video y vuelve a mirar el episodio si es necesario.

Acciones	Palabras, expresiones, preguntas

El video

Mira el episodio del **Capítulo 13.** No te olvides de enfocarte en las acciones y palabras que necesitas para completar la tabla de la **Actividad 3.**

Después de ver el video

Internet

 ACTIVIDAD 4 Trabaja con un(a) compañero(a) de clase para contestar las siguientes preguntas sobre el video.

1. ¿En qué ocasiones cambia Sergio de tema cuando habla con Anilú?
2. Al final, sabemos por qué cambia de tema. ¿Cuál es la razón?
3. ¿Por qué está tan nerviosa Anilú?
4. ¿Cómo trata Sergio a Anilú, con mucha o poca simpatía? ¿Cómo saben cuál es su actitud?
5. ¿Por qué no quiere Anilú hablar de las noticias del día?
6. ¿Cómo es Anilú, según Sergio?
7. En la **Actividad 2,** miren la lista de cosas que un candidato para un puesto debe hacer. ¿Cuántas de las cosas aquí—y de su lista—hizo Anilú?
8. En su opinión, ¿cómo va a ser la entrevista entre Anilú y el jefe, buena o mala?

 ACTIVIDAD 5 Trabaja con un(a) compañero(a) de clase y representen una de las siguientes escenas.

1. la conversación entre Sergio y su padre
2. la entrevista entre Anilú y el padre de Sergio

 ACTIVIDAD 6 Con tu compañero(a) de la **Actividad 5,** busquen a otra pareja de estudiantes que representaron la misma conversación que ustedes. Luego, combinen sus ideas y escriban una conversación que contenga ideas y oraciones de las dos conversaciones.

Gaddi Vásquez

"A través de sus esfuerzos dignos, los Voluntarios de Peace Corps se han convertido en algunos de los mejores embajadores de este país, sembrando comprensión y buena voluntad alrededor del mundo. En el siglo 21, los Estados Unidos tiene el más alto nivel de diversidad étnica y cultural en toda su historia y estamos comprometidos a lograr que los rangos (*ranks*) de nuestra agencia reflejen esa misma diversidad."

Gaddi Vásquez es el director del Cuerpo de Paz de Estados Unidos. Hijo de trabajadores emigrantes mexicanos, Vásquez es la personificación del sueño americano. Fue el primer miembro de su familia en recibir un título universitario. Entre 1987 y 1995 fue supervisor del Condado de Orange en California y antes de ocupar su posición actual, fue el vicepresidente de la compañía eléctrica Southern California Edison Company. Además, Vásquez tiene una larga historia de servicio comunitario y es miembro ejecutivo de varias organizaciones benéficas.

Como director del Cuerpo de Paz, Vásquez se ha propuesto doblar el número de voluntarios, promover el desarrollo de iniciativas comunitarias e incrementar el número de voluntarios de grupos minoritarios.

¿Te interesa la idea de participar en los proyectos del Cuerpo de Paz?

Gramática útil 1
Talking about what has occurred: The present perfect tense

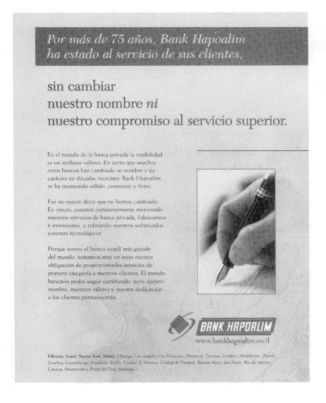

Por más de 75 años, Bank Hapoalim ha estado al servicio de sus clientes,

sin cambiar
nuestro nombre *ni*
nuestro compromiso al servicio superior.

En el mundo de la banca privada la estabilidad es un atributo valioso. En tanto que muchos otros bancos han cambiado su nombre y su carácter en décadas recientes, Bank Hapoalim se ha mantenido sólido, constante y firme.

Eso no quiere decir que no hemos cambiado. En efecto, estamos constantemente mejorando nuestros servicios de banca privada, fideicomiso e inversiones, y refinando nuestros sofisticados sistemas tecnológicos.

Porque somos el banco israelí más grande del mundo, tomamos muy en serio nuestra obligación de proporcionarles servicios de primera categoría a nuestros clientes. El mundo bancario podrá seguir cambiando, pero nuestro nombre, nuestros valores y nuestra dedicación a los clientes permanecerán.

BANK HAPOALIM
www.bankhapoalim.co.il

Oficinas: Israel, Nueva York, Miami, Chicago, Los Ángeles, San Francisco, Montreal, Toronto, Londres, Manchester, Zurich, Ginebra, Luxemburgo, Frankfurt, Berlín, Ciudad de México, Ciudad de Panamá, Buenos Aires, São Paulo, Río de Janeiro, Caracas, Montevideo, Punta del Este, Santiago.

Can you find the present perfect form in the headline of this advertisement for a bank?

CÓMO USARLO

LO BÁSICO

- A *past participle* is a verb form that expresses an action that has been completed. In the sentence *I have **walked** to the office every day this week, walked* is the past participle, used with the auxiliary verb *to have*.
- An *auxiliary verb* is a verb that is used with another verb. **Estar** is one example of a Spanish auxiliary verb you have already learned. You used it to form the present progressive with the present participle: **Estoy trabajando ahora.**

1. The present perfect tense is used to talk about actions that have already been completed at the time of speaking. It is used similarly to the preterite, but the present perfect usually gives a greater sense of immediacy to the completion of the action and usually focuses on its relation to the present. Compare the following two sentences.

He hablado con el gerente de la compañía.

*I **have spoken** with the director of the company.*

Hablé con el gerente de la compañía.

*I **spoke** with the director of the company.*

The first sentence implies a more recent conversation and, because it relates to the present, hints that there may be more information still to come. In the second sentence, the action is viewed as completed and done with.

2. Spanish-speakers' use of the present perfect tense, as compared to the preterite, varies from country to country. For example, in Spain the present perfect is used more frequently to talk about past actions than it is in many Latin American countries.

CÓMO FORMARLO

1. The present perfect tense is formed using a present-tense form of the auxiliary verb **haber** and the past participle of a second verb.

♦ The past participle is formed by removing the **-ar, -er,** or **-ir** ending from the verb and adding the following endings. Notice that the same endings are used for both **-er** and **-ir** verbs.

-ar verb: **trabajar**   **-er** verb: **conocer**   **-ir** verb: **imprimir**

-ado: trabajado   **-ido: conocido**   **-ido: imprimido**

♦ Conjugated forms of **haber** are used with the past participle.

Present perfect tense		
yo	he	
tú	has	
Ud. / él / ella	ha	
nosotros(as)	hemos	+ **trabajado / conocido / imprimido**, etc.
vosotros(as)	habéis	
Uds. / ellos / ellas	han	

2. A number of verbs have irregular past participles.

abrir: **abierto**   morir: **muerto**   satisfacer: **satisfecho**

decir: **dicho**   poner: **puesto**   ver: **visto**

escribir: **escrito**   romper: **roto**   volver: **vuelto**

hacer: **hecho**

3. When an **-a, -e,** or **-o** precedes the **i** in **-ido,** place an accent on the **i** to maintain the correct pronunciation: **leído, traído, oído.** No accent is used, however, when the **i** of **-ido** is preceded by **-u: construido, destruido.**

Compare the two usages. Spain: **¿Qué has hecho esta mañana? / He tenido una entrevista para un puesto.** Latin America: **¿Qué hiciste esta mañana? / Tuve una entrevista para un puesto.**

Haber means *to have,* as does the verb **tener,** but the difference is that **haber** is almost always used with another verb, as an auxiliary verb, while **tener** is used alone. The invariable forms **hay** (*there is, there are*) and **había** (*there was, there were*) also come from **haber.**

Verbs that end in **-rir** follow the same pattern as **abrir: descubrir** → **descubierto.** Verbs that end in **-ver** (except **ver**), use the **-uelto** ending: **resolver** → **resuelto.**

4. When using a form of **haber** and the past participle to form the present perfect tense, the form of **haber** changes to agree with the subject. The present participle does not change.

Elena ha tenido una entrevista con esa compañía tres veces.	*Elena **has** had an interview with that company three times.*
Yo sólo **he** tenido una entrevista con ellos.	*I **have** only had one interview with them.*

5. The past participle may also be used as an adjective with the verb **estar.** When it is used this way, it changes its form to reflect number and gender, as do all adjectives.

Han escrito los informes hoy.	(past participle used in present perfect)
Los informes ya **están escritos.**	(past participle used as an adjective)
He arreglado la computadora.	(past participle used in present perfect)
La computadora **está arreglada.**	(past participle used as an adjective)

6. When the past participle of reflexive verbs is formed, the reflexive pronoun goes *before* the auxiliary verb. The same is true with direct and indirect object pronouns.

Ya **me he preparado** para la reunión.	*I have already **prepared myself** for the meeting.*
¿El informe? Sí, **lo he escrito.**	*The report? Yes, **I have written it.***

> Note that, unlike in English, an adverb cannot separate the auxiliary verb from the past participle; the two components making up the Spanish present perfect tense are never split by another word: *I **have** already **applied** for the job,* but **ya he solicitado** el puesto.

Actividades

ACTIVIDAD 1 **Antes de la entrevista.** Es el día antes de la entrevista de Anilú y su mamá quiere saber si Anilú se ha preparado bien. Escucha la conversación entre Anilú y su madre. Marca con una X las cosas que Anilú sí ha hecho para prepararse para la entrevista. Luego, escribe una oración para cada cosa que sí ha hecho y una oración para cada cosa que no ha hecho.

MODELO: *Anilú ha preparado su currículum vitae.*

____X____ preparar su currículum vitae

_____ revisar su currículum vitae varias veces

_____ completar la solicitud que le mandaron

_____ hacer una lista de sus habilidades

_____ averiguar cuáles son los requisitos del puesto

_____ practicar su presentación frente al espejo

_____ escoger lo que se va a poner

_____ confirmar la hora de la entrevista

ACTIVIDAD 2 **¿Qué hemos hecho?** Todos queremos cambiar el mundo. ¿Qué han hecho tus compañeros, tu familia, tu gobierno y tú para combatir los problemas de hoy? Haz seis oraciones usando elementos de las tres columnas. Asegúrate que el verbo esté en el presente perfecto.

MODELO: *El gobierno ha tomado medidas para combatir el terrorismo. Mi amigo Geraldo ha participado en una manifestación contra la desigualdad.*

él (mi amigo...)	participar	la discriminación
ella (mi amiga...)	votar	la paz mundial
nosotros	iniciar	la economía global
ustedes	escribir	la desigualdad
usted	tomar medidas	combatir el terrorismo
el gobierno	para / contra	reducir la contaminación
el (la) profesor(a) de...	luchar contra	del aire
mi (*miembro de familia*)	estudiar	en las elecciones
los estudiantes	¿...?	presidenciales
¿...?		una manifestación contra...
		una huelga en...
		artículos sobre...
		¿...?

 ACTIVIDAD 3 **Alguna vez.** Trata de informarte más sobre tu compañero(a) y las cosas que ha hecho y no ha hecho en su vida. Hazle preguntas sobre su pasado usando el presente perfecto, luego que él o ella te haga preguntas sobre el tuyo. Puedes usar las ideas en los dibujos o puedes inventar tus propias preguntas.

MODELO: Tú: *¿Alguna vez has visitado la Isla de Pascua?*
Compañero(a): *No, nunca he visitado la Isla de Pascua, pero algún día me gustaría hacerlo.*

visitar la Isla de Pascua

1. esquiar en los Andes

2. probar un vino chileno

3. viajar a Punta del Este

4. ver los glaciares de Tierra del Fuego

5. conocer a un gaucho uruguayo

ACTIVIDAD 4 **Las metas** (*goals*) **que he logrado** (*have achieved*) **y no he logrado.** Escribe cinco actividades o metas que son importantes para ti. Di si hasta este momento las has logrado o no. Luego, en grupos de cuatro o cinco, comparen sus metas y escriban conclusiones sobre las metas que tienen en común.

MODELO: Meta: *completar el curso de español*
Yo: *No he completado el curso de español.*
Grupo: *En el grupo, nadie ha completado el curso de español.*

Gramática útil 2
Talking about events that took place prior to other events: The past perfect tense

CÓMO USARLO

1. The past perfect tense, like the present perfect tense, is a compound tense (auxiliary verb + verb). It is used to describe past actions that occurred *prior to* other past actions.

Ya **había escrito** el informe cuando la jefa me lo pidió. | *I had already written the report when the boss asked me for it.*

2. The past perfect tense is frequently used in combination with another verb in the *preterite*, since it describes a past action that occurred *before* another past action.

Ya me **habían llamado** cuando **llegué** a la oficina. | *They had already called me when I arrived at the office.*

Es que **había solicitado** otro puesto y acabo de recibir la mala noticia que no me lo dieron.

CÓMO FORMARLO

1. The past perfect tense uses the same past participles that you learned to use when forming the present perfect tense.

2. You use the *imperfect tense forms* (instead of the present tense forms) of the verb **haber** with the past participle to form the past perfect.

Past perfect tense		
yo	**había**	
tú	**habías**	
Ud. / él / ella	**había**	+ **trabajado / conocido / imprimido**, etc.
nosotros(as)	**habíamos**	
vosotros(as)	**habíais**	
Uds. / ellos / ellas	**habían**	

3. All of the other rules you learned about the present perfect also apply to the past perfect.

◆ **Haber** changes to agree with the subject.

Naty había escrito la carta la semana pasada.
Los gerentes habían escrito dos cartas adicionales.

◆ When the past participle is used as an adjective with **estar,** it changes to reflect number and gender.

Las preparaciones para la reunión ya **estaban hechas.**
La presentación para los directores no **estaba lista.**

◆ All reflexive and object pronouns precede the form of **haber** and the past participle.

Gonzalo **se había preparado** mucho antes de la entrevista.
La jefa me pidió el informe, pero **se lo había dado** a su secretario para copiar.

Actividades

ACTIVIDAD 5 **¡Pobrecito!** ¡Pobre señor Malapata! Necesita encontrar trabajo pero cada vez que hace algo para lograrlo, nada le sale bien. Estudia el modelo y combina las dos oraciones para describir su situación en una oración nueva. Pon atención al uso del pluscuamperfecto en la oración.

MODELO: Buscó el periódico para leer los anuncios clasificados. Su hijo lo puso en la basura.
Cuando buscó el periódico para leer los anuncios clasificados, su hijo ya lo había puesto en la basura.

1. Solicitó el puesto de gerente. Le ofrecieron el puesto a otro candidato.

2. Decidió solicitar el puesto de supervisor. Otros tres candidatos lo solicitaron.

3. El día de la entrevista, fue a buscar el carro. Su esposa se llevó el carro.

4. Bajó a la plataforma del metro. El tren salió.

5. Llegó a la entrevista. El jefe se fue.

6. Lo llamaron para ofrecerle el puesto. Aceptó otro puesto menos lucrativo.

ACTIVIDAD 6 **La clase de ciencias políticas.** Soledad describe su primer año en la universidad. Antes de llegar a la U, no había entendido la importancia de participar en la política del país y del mundo. La clase de ciencias políticas le despertó la conciencia y por eso ella y varios amigos hicieron muchas cosas que nunca habían hecho antes. Escucha a Soledad mientras ella describe su primer año en la U. Escribe una oración que describa lo que ella y sus amigos nunca habían hecho antes. Primero, estudia el modelo.

MODELO: (ella) votar en elecciones nacionales
Nunca había votado en elecciones nacionales.

1. (ellas) contribuir con dinero y tiempo a la campaña de un candidato político

2. (ella) interesarse en la política y la economía global

3. (ella) participar en una manifestación

4. (ellos) ser voluntarios

5. (ella) escribir ensayos para el periódico universitario

6. (ellos) abrir los ojos sobre los problemas globales

ACTIVIDAD 7 **Antes de llegar a la universidad.** Quieres informarte más sobre las cosas que tu compañero(a) había hecho o no había hecho antes de llegar a la universidad. Hazle seis preguntas sobre su pasado; luego él o ella te hará seis preguntas. Puedes usar las ideas de la lista o puedes inventar otras.

MODELO: Tú: *¿Tomaste (Has tomado) clases de español antes?*
Compañero(a): *No, antes de llegar a la universidad, nunca había tomado una clase de español.*
O: *Sí, lo había estudiado un año en la escuela secundaria.*

Ideas

trabajar fuera de casa
viajar al extranjero
vivir fuera de casa
entrevistarse para un puesto
tener tu propio carro
compartir tu habitación
cocinar
¿...?

Gramática útil 3
Expressing doubt, emotion, and will: The present perfect subjunctive

CÓMO USARLO

1. In **Capítulos 10–12,** you learned to use the subjunctive mood to express a variety of reactions and emotions.

2. The present perfect subjunctive is used in the same contexts where you use the present subjunctive. The difference is that you are using the present perfect subjunctive in a *past-tense context*, rather than a present-tense context. The present perfect subjunctive, like the present perfect indicative, describes actions that recently occurred or have a bearing on the present.

> You may want to review the uses of the subjunctive mood on page 377 of **Capítulo 12.**

¡Me alegro de que hayas conseguido el puesto!
I'm happy that you have gotten the position!

Dudo que hayan terminado el proyecto.
I doubt that they have finished the project.

Es bueno que él haya estudiado los informes antes de la reunión.
It's good that he has studied the reports before the meeting.

Ojalá que hayamos hecho todo antes de las siete.
I hope that we have done everything before 7:00.

No hay nadie en la oficina **que haya cumplido** el curso de xtml.
There is no one in the office who has completed the xtml course.

Cuando hayas leído los reportes, debes hablar con la directora.
When you have read the reports, you should talk to the director.

Tráeme el contrato **tan pronto como lo haya firmado el jefe,** por favor.
Bring me the contract as soon as the boss has signed it, please.

Es posible que **haya buscado** trabajo en alguna u otra ocasión.

CÓMO FORMARLO

The present perfect subjunctive uses the same past participles you have already learned, and follows the same rules as the present perfect tense. The only difference is that it uses the present subjunctive forms of the verb **haber,** rather than its present indicative forms.

Present perfect subjunctive		
yo	**haya**	
tú	**hayas**	
Ud. / él / ella	**haya**	+ **trabajado / conocido / imprimido,** etc.
nosotros(as)	**hayamos**	
vosotros(as)	**hayáis**	
Uds. / ellos / ellas	**hayan**	

Actividades

ACTIVIDAD 8 **El siglo veintiuno.** Expresa tu opinión sobre los siguientes temas de este siglo. Puedes usar los elementos de las columnas o puedes inventar tus propias ideas. Usa el presente perfecto del subjuntivo en tu comentario.

MODELOS: *Es una pena que haya aumentado la contaminación del aire en las ciudades grandes del mundo como Nueva York y la Ciudad de México en los últimos años.*

Temo que el terrorismo haya aumentado drásticamente en todo el mundo en las últimas décadas.

siento que	aumentar la contaminación	últimamente
me alegro de que	del aire	en los últimos años
es bueno que	ocurrir tantos desastres	recientemente
temo que	naturales	hasta ahora
es una pena que	los gobiernos: (no) hacer lo	hasta el momento
dudo que	suficiente contra las drogas	en las últimas
¿...?	el terrorismo: escalar	décadas
	drásticamente a través del	
	mundo	
	conseguir la paz mundial	
	lograr (*to achieve*) la igualdad	
	acabarse la discriminación	

ACTIVIDAD 9 **Mi opinión.** Imagínate que los siguientes sucesos han ocurrido. Da tu opinión sobre cada noticia. Sigue el modelo.

MODELO: Tuvieron un huracán devastador en Centroamérica.
Es una pena que hayan tenido un huracán devastador en Centroamérica.

1. Tuvieron una serie de tornados en el sur de Estados Unidos. Varias personas murieron. Pero muchas familias fueron salvadas por los bomberos y la policía.
2. Ya terminaron las elecciones presidenciales en Uruguay. Se condujeron de una manera pacífica y democrática. La mayoría de la población votó en paz.

Use expressions such as **Lamento que...**, **Siento que...**, **Me alegro de que...**, **Estoy muy contento(a) de que...**, **Es una lástima que...**, etc., to express the emotions of the people involved.

3. La tasa de desempleo bajó en Chile. La tasa de inflación también bajó. La economía está muy fuerte.
4. La guerra fría terminó. Los líderes internacionales declararon la paz mundial. Los gobiernos están de acuerdo sobre el futuro de sus relaciones.

ACTIVIDAD 10 **Esta clase.** Con un(a) compañero(a), hagan una lista de seis cosas que creen que nadie en su clase haya hecho hasta ahora.

MODELO: *No hay nadie en esta clase que haya escalado los Andes. No hay nadie en esta clase que haya visto las estatuas de Rapa Nui.*

EXPRESIÓN. En grupos de tres a cuatro estudiantes, imagínense la siguiente situación: Horacio ha conseguido un nuevo puesto. Hay mucho trabajo que hacer y el jefe quiere saber qué ha hecho Horacio mientras él (el jefe) estaba de vacaciones. Escriban una conversación entre Horacio y el nuevo jefe, y entre las otras personas de la oficina (si quieren incluir a otras personas). Luego, representen la escena enfrente de la clase.

Chile y Uruguay

Dos economías fuertes. En parejas, miren los dos textos y las fotos. Después de leer los textos, indiquen cuál de las doce oraciones o grupos de oraciones de los textos puede servir como un resumen apropiado para cada foto.

¿Adivinaste? Answers to the questions on page 393: 1. Chile 2. Uruguay 3. Chile 4. Chile

Texto 1: Chile

(1) Chile tiene una increíble variedad geográfica, gracias a su extensión alargada del norte al sur. Desde un impresionante desierto hasta los glaciares de Tierra del Fuego en Patagonia, este país es una maravilla de contrastes. (2) Su diversidad geográfica significa que el país tiene una gran diversidad industrial también. Chile está entre los países sudamericanos con las economías más fuertes, aun con los recientes problemas económicos mundiales, y tiene una reputación muy sólida entre las empresas de inversiones (*investments*) internacionales.

(3) Una de las industrias mejor conocidas de Chile es la vinicultura, o la producción de vinos, los cuales Chile exporta a todo el mundo. Sus socios (*partners*) de exportación son: primero EEUU, segundo Japón, y luego vienen el Reino Unido y Brasil. (4) Chile también exporta minerales como el cobre, maderas (*woods*), pescado y metales industriales como el acero y el hierro (*steel and iron*).

(5) El turismo también es una industria muy importante para el país. Destinaciones como Tierra del Fuego, con sus glaciares y pingüinos, Viña del Mar, con sus bonitas playas, y Santiago, con sus atracciones urbanas y culturales, son populares entre turistas de todo el mundo. (6) La Isla de Pascua, o Rapa Nui en su lengua nativa, también atrae a visitantes internacionales. En su mayor parte, esta isla misteriosa, con sus estatuas con cabezas enormes, vive del turismo, pero también es importante aquí la industria pesquera, con énfasis en la exportación de langostas.

Texto 2: Uruguay

(7) Este país es el que muestra más influencia europea de toda Latinoamérica, ya que tiene el porcentaje más grande de personas de ascendencia europea. La mayoría de los inmigrantes vinieron a Uruguay desde España, Portugal e Italia durante el siglo XIX. (8) Aunque es un país pequeño, tiene la economía más fuerte del continente después de Chile; y como Chile, también tiene una posición de confianza muy alta entre los analistas económicos mundiales.

(9) La economía uruguaya siempre ha sido influida por la de Argentina, su vecino al oeste, y los recientes problemas económicos de Argentina han impactado fuertemente a Uruguay, en particular con relación a la industria turística. (10) Punta del Este, un balneario (*seaside resort, spa*) muy popular entre turistas argentinos, ha sufrido una marcada disminución de turistas durante los últimos años, pero todavía sirve como un destino turístico ideal para la gente adinerada (*wealthy*) que quiera practicar el windsurfing o ver carreras internacionales de automóviles de fórmulas especiales.

(11) Uruguay, junto con Argentina, es la tierra original del gaucho, el famoso y mítico vaquero (*cowboy*) de las canciones y la historia. Como el país es en su mayor parte llano (*flat*) con tierras fértiles, la industria ganadera (*cattle*) siempre ha sido muy importante, y la carne y los artículos de cuero son unas de las exportaciones uruguayas más importantes. (12) Otros productos que Uruguay exporta son el arroz, la lana y los productos de leche. Aunque Uruguay exporta a Europa y a EEUU, el mercado principal para sus productos son los países de Mercosur, la organización que une (*unites*) a las economías de Uruguay, Paraguay, Brasil y Argentina.

Foto B: _____

Foto A: _____

Foto C: _____

Foto D: _____

Internet

¡CONÉCTATE!

En grupos de tres o cuatro, hagan una investigación en Internet sobre uno de los siguientes temas. Usen los enlaces sugeridos en el sitio web de *Nexos Media* para ir a otros sitios web posibles. Después de hacer la investigación, presenten su informe a la clase.

Tema 1: las momias recientemente descubiertas en el desierto de Atacama de Chile

Tema 2: la historia de Rapa Nui, o la Isla de Pascua

Tema 3: los gauchos de Uruguay y la industria ganadera

Tema 4: los balnearios y baños termales de Uruguay

Tema 5: la economía de Chile o Uruguay

Tema 6: el Mercosur

Internet

¡FÍJATE!

Las lenguas de América

Muchos lingüistas opinan que la economía global representa una amenaza (*threat*) mundial a la diversidad lingüística. La preservación lingüística es algo sumamente importante para Latinoamérica, donde se encuentra un gran número de lenguas indígenas.

En Chile se estima que hay casi un millón de hablantes de mapu-dugun, la lengua de una de las poblaciones indígenas de esta zona, los mapuches. Además del mapu-dugun, en el territorio chileno se escuchan otras doce lenguas indígenas. Entre éstas figuran el aimara (también hablado en Bolivia), el rapa nui y el quechua chileno.

De todas las naciones de Latinoamérica, México es la más plurilingüe, con más de 280 lenguas indígenas. Otras naciones con un gran número de lenguas nativas son:

- Perú (90)
- Colombia (76)
- Guatemala (52)
- Venezuela (39)

Al otro extremo están Uruguay y Cuba, en las cuales (*in which*) ya no se registra el uso de lenguas indígenas. Sin embargo (*Nevertheless*), en Uruguay se hablan varias lenguas europeas. Se estima, por ejemplo, que hay más de 79.000 hablantes de italiano en este país, 28.000 hablantes de alemán y 28.000 hablantes de portugués.

 PRÁCTICA. Con un(a) compañero(a) de clase, contestan las siguientes preguntas.

1. En su opinión, ¿es importante preservar las lenguas indígenas de Latinoamérica? ¿Por qué sí o no?
2. ¿Pueden nombrar algunas de las lenguas indígenas que se hablan en EEUU?

Antes de leer

ESTRATEGIA

Clustering words and phrases

When you read texts in Spanish, it is sometimes helpful to go through each sentence and group together the words and phrases that convey similar ideas. This is especially useful when the reading contains many long or complex sentences. Additionally, punctuation such as commas, semicolons, dashes, and parentheses are often good places to look for the beginning or end of clusters.

For example, look at the following sentence from this chapter's reading on etiquette in the Internet. The circles indicate how you might cluster the sentence's words and phrases in order to help you break it down into more manageable chunks.

> (Además del sentido común,) (los buenos modales, la cortesía, el respeto, la consideración y la tolerancia) (éstas son algunas reglas) (que debemos todos observar) (al comunicarnos a través de la red.)

> There is no right or wrong way to cluster words; the goal is just to break up long sentences into smaller chunks that are meaningful to you as a reader.

ACTIVIDAD 1 Con un(a) compañero(a) de clase, analicen las siguientes oraciones de la lectura. Juntos hagan círculos que indiquen los grupos de palabras que ven en la oración.

1. Cuando nos comunicamos con otra persona frente a frente o por teléfono, utilizamos gestos, expresiones y / o modulaciones de la voz que ayudan a nuestro interlocutor a interpretar nuestro mensaje.

2. Al contestar algún mensaje, deje alguna cita para que se sepa a qué se está refiriendo usted, pero, por favor, recorte todo lo demás.

3. Las letras MAYÚSCULAS se pueden usar para sustituir acentos o para enfatizar, pero NO escriba todo en mayúsculas, pues esto se interpreta en la red como que ¡USTED ESTÁ GRITANDO!

4. Si decide informarle a alguien de algún tipo de error, hágalo cortésmente, y si es posible, en un e-mail privado en lugar de un e-mail público que recibirá la lista o grupo de discusión.

ACTIVIDAD 2 Con el (la) mismo(a) compañero(a) de clase, miren los grupos de palabras que identificaron en la **Actividad 1.** ¿Por qué juntaron (*did you group*) estas palabras? Miren las siguientes explicaciones y decidan cuál influyó más en sus decisiones.

1. similar meaning
2. the punctuation around them
3. same parts of speech
4. complete phrase

ACTIVIDAD 3 Vas a leer un artículo que apareció en el sitio web del periódico uruguayo *Diario La República.* El artículo trata de la etiqueta en Internet y cómo debemos portarnos (*behave*) cuando nos comunicamos en el ciberespacio. Como el uso de la red y del correo electrónico se hace cada vez más importante en el trabajo y en la vida privada, es esencial que nos comuniquemos con cortesía y claridad. Antes de leer el artículo, haz una lista de por lo menos cinco cosas que debemos o no debemos hacer cuando usamos Internet.

Lectura

ACTIVIDAD 4 Lee el artículo sobre la Netiquette en la página 417. No te olvides de agrupar las palabras relacionadas para ayudarte a entender algunas de las oraciones más largas.

Después de leer

 ACTIVIDAD 5 Trabaja con un(a) compañero(a) de clase para indicar si los siguientes consejos sobre la Netiquette son ciertos o falsos, según el artículo. Si un comentario es falso, corríjanlo.

1. _____ La tolerancia es una parte importante de la Netiquette.
2. _____ El correo electrónico es bueno para comunicar las cosas que tienes miedo de decir frente a frente.
3. _____ No debes enviar anexos grandes a una lista de distribución.
4. _____ Cuando contestes un e-mail, debes incluir todos los comentarios anteriores, aunque sean muy largos.
5. _____ Una lista de distribución es una buena manera de comunicar tus opiniones sobre la política y la religión.
6. _____ Debes mantener privada la información de una lista como las direcciones y los números de teléfono.
7. _____ Debes enviar avisos sobre posibles viruses a todos los participantes de una lista de distribución.
8. _____ Si decides corregir los errores de un novato, debes hacerlo en privado, no enviando un mensaje a la lista entera.

La Netiquette (etiqueta en la red)

Cuando nos comunicamos con otra persona frente a frente o por teléfono, utilizamos gestos, expresiones y / o modulaciones de la voz que ayudan a nuestro interlocutor a interpretar nuestro mensaje. Esas importantes ayudas audiovisuales de la comunicación no están presentes en la comunicación escrita, por lo que es más difícil transmitir ciertas ideas, conceptos o sentimientos.

La Netiquette es una serie de reglas[1] de etiqueta que todos debemos conocer y seguir al comunicarnos a través de la red.

Además del sentido común, los buenos modales[2], la cortesía, el respeto, la consideración y la tolerancia, éstas son algunas reglas que todos debemos observar al comunicarnos a través de la red:

- Tenga siempre en mente que al otro lado de su pantalla hay un ser humano real, con sus propias ideas y sentimientos. Nunca escriba nada que no le diría[3] frente a frente a otra persona.
- Mantenga sus comunicados breves y al grano[4].
- No envíe a una lista de distribución anexos[5] largos, como archivos gráficos. El procedimiento correcto es ponerlos en algún lugar en la red y enviar el URL a la lista para que los interesados puedan tener acceso a ellos.
- Al contestar algún mensaje, deje alguna cita[6] para que se sepa a qué se está refiriendo usted, pero, por favor, recorte[7] todo lo demás.
- Nunca conteste un e-mail cuando esté enojado o molesto.

- Sea cuidadoso con información personal o privada. No envíe a una lista de distribución datos de otras personas, como dirección o número de teléfono.
- Asegúrese de que está enviando su correo electrónico al destinatario correcto **antes** de oprimir[8] el botón de "Enviar".
- Las letras MAYÚSCULAS se pueden usar para sustituir acentos o para enfatizar, pero **no** escriba todo en mayúsculas, pues esto se interpreta en la red como que ¡USTED ESTÁ GRITANDO[9]!
- No utilice una lista de distribución para promocionar ni adelantar causas religiosas, filosóficas, políticas, comerciales o para promover su propio sitio web.
- Si usted recibe un mensaje de aviso[10] sobre un virus que se contagia por correo electrónico o algo similar, **no** escriba a su lista de distribución para alertar a todos los miembros. Lo más seguro es que se trate de uno de tantos *hoaxes* que abundan en la red. Notifique sólo a los administradores de la lista y ellos investigarán.

Todo el mundo fue un novato[11] alguna vez y muchos de ellos no tuvieron la oportunidad de leer el *Netiquette*. Por lo tanto, cuando alguien cometa algún error, sea bondadoso[12] con él. Quizás no sea necesario mencionar nada si el error fue mínimo. Tener buenos modales no nos da derecho a corregir a los demás. Si decide informarle a alguien de algún tipo de error, hágalo cortésmente, y si es posible, en un e-mail privado en lugar de un e-mail público que recibirá la lista o grupo de discusión. Dé a la gente el beneficio de la duda. Puede ser que la otra persona haya cometido el error sin darse cuenta. Sobre todo, ¡no sea Ud. arrogante!

[1] *rules*	[4] **al...** al punto	[7] quite	[10] *warning*
[2] *manners*	[5] *attachments*	[8] *to push*	[11] *newbie, novice*
[3] **no...** *you would not say*	[6] *quotation*	[9] *shouting*	[12] simpático

ACTIVIDAD 6 En grupos de tres a cuatro estudiantes, hablen de las reglas del Netiquette del artículo. ¿Están de acuerdo con todas? Miren las listas de reglas posibles que anotaron en la **Actividad 3.** ¿Hay algunas que quieran añadir a la lista? Después de hablar, hagan una lista de las "Diez Reglas de Oro" para comunicarse en Internet. Luego, comparen su lista con la de otro grupo.

A ESCRIBIR

Antes de escribir

ACTIVIDAD 1 Vas a escribir una carta o e-mail de presentación para el trabajo que se describe en el siguiente anuncio de trabajo. Completa la siguiente tabla con tus datos personales en preparación para escribir tu carta o e-mail de presentación.

Datos personales
Estudios y títulos
Experiencia profesional
Otros conocimientos o habilidades

Se buscan jóvenes
Buena imagen, dinámicos y con afán de superación[1], incorporación inmediata

Categoría:	Área comercial, verano
Subcategoría:	Comercial / Vendedor, verano
Lugar de trabajo:	Montevideo, Uruguay
Número de vacantes:	20

Se requiere:
• Estudios de colegio, título universitario no es necesario
• Formación continuada a cargo de la empresa[2]
• Experiencia laboral no es necesaria

Se recomienda:
• Conocimiento de español
• Conocimiento de programas de software

Otros datos

Licencia de manejar:	No
Vehículo propio:	No
Disponibilidad para viajar:	Sí
Disponibilidad de cambio de residencia:	Sí

Se ofrece:
Remuneración de $6,00/hora, con comisión, trabajo completo, costos de traslado remunerados por la empresa

Otros datos
Interesados enviar C.V. por fax: 2/907622

[1]**afán...** *desire to succeed*
[2]**formación...** *ongoing training by the company*

ACTIVIDAD 2 Trabaja con un(a) compañero(a) de clase. Van a escribir una carta o e-mail de presentación para un trabajo. Necesitan incluir toda la información necesaria, pero deben tratar de que su carta no sea demasiado larga. Van a escribir una carta o e-mail de cuatro párrafos. Miren los datos que anotaron en la tabla de la **Actividad 1** y decidan cuáles son los más importantes. Luego, pongan esta información en el siguiente orden.

Párrafo 1: Preséntate y menciona el empleo que solicitas.
Párrafo 2: Describe brevemente tu preparación profesional y personal.
Párrafo 3: Habla de otros conocimientos o habilidades que tienes que pueden ser útiles para el puesto.
Párrafo 4: Despídete e incluye los datos personales necesarios para que se pongan en contacto contigo.

Escritura

ACTIVIDAD 3 Ahora escribe el borrador de tu carta o e-mail. Usa el modelo como ejemplo. También puedes usar expresiones y palabras de la siguiente lista.

Introducción
    Me dirijo a ustedes para / en relación con...

**Estudios / Experiencia /
Otros conocimientos**
    Permítanme destacar (*to point out*)...
    Quisiera señalar (*to point out*)...
    Me gustaría añadir...
    Además de...
    Estoy dispuesto(a) a arreglar una entrevista con ustedes si consideran adecuado mi currículum.

<fecha>

<dirección de la compañía>

Estimados señores:

<párrafo 1: introducción>

<párrafo 2: estudios y experiencia>

<párrafo 3: otros conocimientos>

En espera de su respuesta, los saluda atentamente,

<firma, si es una carta>
<tu nombre, dirección, teléfono, e-mail>

Después de escribir

ACTIVIDAD 4 Intercambia tu borrador con otro(a) estudiante. Usen la siguiente lista como guía al corregir el borrador de la otra persona.

- ¿Incluye la carta toda la información necesaria sin ser demasiado larga?
- ¿Describe la carta claramente los estudios, la experiencia y los conocimientos de tu compañero(a)?
- ¿Se usó bien el subjuntivo con los verbos y expresiones negativas, de duda y de emoción?
- ¿Se usaron las formas correctas de todos los verbos?
- ¿Hay concordancia (*agreement*) entre los artículos, los sustantivos (*nouns*) y los adjetivos?
- ¿Hay errores de ortografía?

Después de hacer todas las correcciones necesarias, escribe la versión final de tu carta.

LAS NOTICIAS DEL DÍA   *Current events*

la campaña	*campaign*
el (la) ciudadano(a)	*citizen*
la contaminación (del aire)	*(air) pollution*
el crimen	*crime*
el desastre natural	*natural disaster*
la (des)igualdad	*(in)equality*
la discriminación	*discrimination*
la economía	*economy*
el ejército	*the army*
las elecciones	*elections*
las fuerzas armadas	*armed forces*
la globalización	*globalization*
el gobierno	*government*
la guerra	*war*
la huelga	*strike*
el huracán	*hurricane*
la inundación	*flood*
el (la) líder	*leader*
la manifestación	*demonstration*
la paz mundial	*world peace*
la política	*politics*
el proceso electoral	*election process*
el terremoto	*earthquake*
el terrorismo	*terrorism*
la violencia	*violence*
iniciar	*to initiate*
luchar contra	*to fight against*
participar en	*to participate in*
sobrevivir	*to survive, overcome*
sufrir (las consecuencias)	*to suffer (the consequences)*
tomar medidas	*to take steps or measures*
votar	*to vote*

PARA SOLICITAR EMPLEO   *Applying for a job*

La entrevista   *The Interview*

la competencia	*the competition*
el currículum vitae	*curriculum vitae, résumé*
darse la mano	*to shake hands*
el formulario	*form*
el maletín	*briefcase*
la solicitud	*application*
la tarjeta	*business card*

El (La) candidato(a)   *The Candidate*

detallista	*detail-oriented*
disponible	*available*
emprendedor(a)	*enterprising*
llevarse bien con la gente	*to get along with people*
puntual	*punctual*
responsable	*responsible*
tener...	*to have . . .*
...algunos conocimientos de...	*. . . some knowledge of . . .*
...buena presencia	*. . . a good presence*
...(mucha) experiencia en...	*. . . (a lot of) experience in . . .*
...las habilidades necesarias	*. . . the necessary skills*

El puesto   *The job, position*

el ascenso	*promotion*
el aumento de sueldo	*salary increase, raise*
los beneficios	*benefits*
el contrato	*contract*
la (des)ventaja	*(dis)advantage*
el (la) empleado(a)	*employee*
el requisito	*requisite, requirement*
el seguro médico	*medical insurance*

El puesto (cont.)

averiguar	*to look into, investigate*
contratar	*to hire*
despedir (i, i)	*to fire*
dirigir	*to direct*
emplear	*to employ*
hacer informes	*to write reports*
jubilarse	*to retire*
requerir (ie, i)	*to require*
satisfacer (like hacer)	*to satisfy*
supervisar	*to supervise*
trabajar a tiempo completo	*to work full time*
trabajar a tiempo parcial	*to work part time*

LOS NEGOCIOS   *Business*

la bolsa (de valores)	*stock market*
la compañía multinacional	*multinational corporation*
los costos	*costs*
el desarrollo	*development*
el (la) empresario(a)	*businessman / woman*
la fábrica	*factory*
las ganancias y las pérdidas	*profits and losses*
la industria	*industry*
el presupuesto	*budget*
las telecomunicaciones	*telecommunications*

PARTICIPIOS PASADOS IRREGULARES

abierto	*open*
dicho	*said*
escrito	*written*
hecho	*done*
muerto	*dead*
puesto	*placed*
roto	*broken*
satisfecho	*satisfied*
visto	*seen*
vuelto	*returned*

¿Te gustaría ir conmigo?

Communication

By the end of this chapter you will be able to:
- talk about travel and make travel plans
- describe animals and geography
- hypothesize and speculate
- express doubt, emotion, and reactions about past events

Cultures

By the end of this chapter you will have learned about:
- Argentina
- transportation and travel in Argentina and the U.S.
- **el agroturismo**
- noted Argentine author Jorge Luis Borges, a literary hoax concerning him, and the Internet
- the use of **vos** forms in Latin America

Un guía habla con un grupo de turistas en la Plaza de Mayo en Buenos Aires.

COMUNIDAD GLOBAL

Un refrán español dice que "El mundo es un pañuelo (*handkerchief*)", y es verdad. Hoy es posible viajar en poco tiempo a los lugares más remotos del mundo. También es posible hablar instantáneamente por teléfono o Internet con personas que están al otro lado del planeta. ¿Usas Internet para comunicarte con personas en otros países? ¿Has conocido a alguien en Internet que quieres ir a visitar? En este capítulo, vamos a hablar de los viajes a otros países y de las bellezas naturales que nos esperan allí.

Los pingüinos magallanes de la península Valdés en La Patagonia atraen a turistas de todo el mundo.

Las Cataratas del Iguazú están en el río Iguazú entre Argentina y Brasil en medio de una densa y remota selva tropical.

Bariloche es un centro turístico a las orillas del lago Nahuel Huapí en la región andina de Argentina.

Los datos

Mira las fotos y la información y luego di si las siguientes oraciones son ciertas o falsas.

❶ _____ Bariloche es un centro turístico en los Andes de Argentina.

❷ _____ Hay pingüinos en Argentina.

❸ _____ Las Cataratas del Iguazú están cerca de varias ciudades grandes.

❹ _____ El lago Nahuel Huapí está cerca de Bariloche.

¡Adivina!

¿Qué sabes de Argentina? Indica si las siguientes oraciones son ciertas o falsas. (Las respuestas están en la página 443.)

❶ _____ Argentina es el país más grande de Sudamérica.

❷ _____ Es posible esquiar en las montañas de Argentina durante los meses de julio y agosto.

❸ _____ Muchos argentinos son de ascendencia italiana, inglesa, alemana, judía y eslava.

❹ _____ Durante su larga historia, Argentina siempre ha tenido una de las economías más estables de Latinoamérica.

❺ _____ Hay gauchos en Argentina, como en Chile.

OCÉANO PACÍFICO

Cataratas del Iguazú

LOS ANDES

ARGENTINA

Buenos Aires ★

• Bariloche

PATAGONIA

OCÉANO ATLÁNTICO

Vocabulario útil 1

JAVIER: ¡Qué suerte!, ¿verdad? Bueno, si resulta que es una oferta legítima. Ojalá que sí. Sí, un fin de semana en las playas de Flamingo, ¡gratis! Necesito unas vacaciones, ¿sabes? Un viaje a la costa me vendría bien... Sí, sí, dice que incluye **el boleto de ida y vuelta,** ¡por **avión!**

> **La guía turística** is a *tourist guidebook*; however, **el / la guía** can also be used to mean a male or female *tour guide*.

PARA VIAJAR

la agencia de viajes	*travel agency*
la guía turística	*tourist guide book*
el itinerario	*itinerary*
cambiar dinero	*to exchange money*
hacer una reservación	*to make a reservation*
hacer un tour	*to take a tour*
viajar al extranjero	*to travel abroad*

EN EL AEROPUERTO Y DENTRO DEL AVIÓN

ADUANA
la sala de equipajes
la aduana

la línea aérea
AEROTEL
el pasaporte
el mostrador
la maleta
facturar el equipaje

el asiento de ventanilla

el pasajero de clase turista

la puerta (de embarque)

la pasajera de primera clase

la tarjeta de embarque

el asiento de pasillo

el (la) asistente de vuelo	*flight attendant*
el boleto / el billete	*ticket*
... de ida	*one-way*
... de ida y vuelta	*round-trip*
con destino a...	*with destination to . . .*
hacer escala en...	*to make a stopover in . . .*
la lista de espera	*waiting list*
la llegada	*arrival*
el pasaje	*ticket*
el retraso / la demora	*delay*
la salida	*departure*
el vuelo	*flight*
abordar	*to board*
desembarcar	*to disembark, get off (the plane)*

Actividades

ACTIVIDAD 1 **En el aeropuerto.** ¿Qué tienes que hacer en el aeropuerto en las siguientes situaciones? Escoge la mejor opción de la segunda columna. ¡OJO! Una de las opciones se puede usar en dos de las situaciones.

1. _____ Quieres facturar el equipaje.
2. _____ Es hora de abordar el vuelo a Buenos Aires.
3. _____ Acabas de llegar al destino y quieres recoger la maleta.
4. _____ Quieres cambiar tu asiento de ventanilla por un asiento de pasillo.
5. _____ El vuelo está lleno pero quieres esperar para ver si al final queda un asiento vacío.
6. _____ Tomas un vuelo internacional y tienes que enseñar el pasaporte.
7. _____ Tienes el boleto y estás en la puerta, pero no te dejan abordar.

a. Tienes que ir al mostrador de la línea aérea.
b. Tienes que mostrar el boleto para conseguir una tarjeta de embarque.
c. Tienes que poner tu nombre en la lista de espera.
d. Tienes que ir a la puerta de embarque.
e. Tienes que pasar por la aduana.
f. Tienes que ir a la sala de equipajes.

ACTIVIDAD 2 **Vamos de viaje.** Vas a viajar a Buenos Aires con un(a) amigo(a). Llamas a la agencia Buen Viaje para hacer las reservaciones de avión. Tu compañero(a) hace el papel del (de la) agente y te hace preguntas sobre tus planes. Contesta sus preguntas.

Agente: Tienes que averiguar adónde quiere viajar, cuándo quiere viajar, cuántos pasajes necesita, si quiere boletos de ida y vuelta, qué clase de boletos quiere... Al final, pide el número de teléfono del (de la) pasajero(a) para llamarlo(la) después con toda la información necesaria.

Pasajero(a): Vas a viajar a Buenos Aires con un(a) amigo(a). Anota las fechas de tu viaje antes de llamar y prepárate para contestar las preguntas del (de la) agente.

Vocabulario útil 2

JAVIER: Sí, **el hotel** también, **habitación doble, aire acondicionado, desayuno incluido, piscina...** ¡un verdadero paraíso! Bueno, me tengo que ir. Tengo que estar en la Agencia de Viajes Futura a las dos para recoger el paquete.

EL HOTEL

el ascensor	*elevator*
la conexión a Internet	*Internet connection*
el conserje	*concierge*
el desayuno incluido	*breakfast included*
la estampilla	*postage stamp*
la habitación doble	*double room*
... con / sin baño / ducha	*with / without bath / shower*
... de fumar / de no fumar	*smoking / non-smoking*
el (la) huésped(a)	*hotel guest*
el lavado en seco	*dry cleaning*
la recepción	*reception desk*
registrarse	*to register*
el servicio despertador	*wake-up call*
la tarjeta postal	*postcard*

It is much more common to hear **la huésped** rather than **la huéspeda** in everyday speech.

LA HABITACIÓN SENCILLA

el aire acondicionado

con baño y ducha

el botones

el secador de pelo

NO FUMAR

la televisión por cable

la llave

Actividades

ACTIVIDAD 3 **El huésped.** El señor García viaja a Buenos Aires para completar unos negocios de su compañía. Él expresa varias opiniones y necesidades. Según su comentario, indica qué cosa, servicio o persona va a necesitar. Escoge de la segunda columna.

1. _____ Hace mucho calor afuera. No puedo soportar (*to stand*, *tolerate*) el calor.

2. _____ Tengo que poder comunicarme con la oficina por correo electrónico todos los días.

3. _____ No soporto un cuarto que huele a humo (*smells like smoke*) de cigarrillo.

4. _____ Tengo que secarme el pelo antes de ir a la reunión.

5. _____ Tengo que despertarme temprano y no traje mi despertador.

6. _____ Como voy a tener varias reuniones con clientes de mi compañía, voy a tener que usar el mismo traje varias veces.

a. el secador de pelo
b. el botones
c. el aire acondicionado
d. la televisión por cable
e. la llave
f. la conexión a Internet
g. el lavado en seco
h. la recepción
i. una habitación de no fumar
j. unas estampillas
k. el servicio despertador
l. el conserje

(cont. next page)

(cont.)

7. _____ Tengo muchas maletas y no puedo
con ellas solo.

8. _____ Tengo que llevar a mis clientes a cenar
y quiero llevarlos a los mejores restaurantes.
No conozco los restaurantes de Buenos Aires.

9. _____ Escribí varias tarjetas postales para mi
familia y quisiera enviárselas.

 ACTIVIDAD 4 **¡No hay aire acondicionado!** Con un(a) compañero(a), representen la siguiente situación: uno de ustedes es recepcionista en el Hotel Colonial y el otro es huésped(a). El (La) huésped(a) tiene muchas preguntas y quiere
muchos servicios. El hotel es un poco antiguo y no tiene todas las comodidades
modernas. Túrnense para hacer el papel de recepcionista y huésped(a). Si eres el
(la) huésped(a), decide si te quieres quedar en este hotel o si prefieres buscar
otro.

Servicios que <u>no</u> ofrece el Hotel Colonial

aire acondicionado
secador de pelo
servicio despertador
televisión por cable
conexión a Internet
ascensor
desayuno incluido
baño en la habitación
habitación de no fumar
estacionamiento gratis

MODELO: Compañero(a): *Quiero una habitación, por favor.*
Tú: *Muy bien, señor(a). ¿Sencilla o doble?*
Compañero(a): *Sencilla, por favor, pero tiene que tener aire
acondicionado...*

Vocabulario útil 3

JAVIER: Ya sabía que no podía ser. Yo nunca me gano nada.

CHELA: Yo tampoco. Y ¡tenía unas ganas de ir a **la playa**!

JAVIER: ¡Yo ya casi podía oler **el mar**!

CHELA: Ay, sí, ¿verdad? El sol contra tu cara, **la arena** debajo
de los pies... He tenido tanto trabajo... me parecía un
sueño poder tomar un descanso.

JAVIER: Y salir de la ciudad. Estoy tan cansado de tanto estudiar. Si tuviera el dinero, me iría inmediatamente.

LA GEOGRAFÍA

LA ISLA

el cielo

norte
oeste · este
sur

las ruinas

la selva tropical

el mar/
el océano

el cañón

el volcán

el río

el desierto

el bosque

el lago

la arena

la playa

Actividades

ACTIVIDAD 5 **Me encanta la naturaleza.** Con un(a) compañero(a), túrnense para hablar de su viaje ideal. ¿Adónde les gustaría viajar? ¿Por qué? ¿Qué pueden hacer allí?

MODELO: Tú: *Me encantaría viajar a Mar del Plata en la costa atlántica. Para mí, el viaje ideal siempre incluye una playa.*
   Compañero(a): *¿Sabes lo que me interesa? La selva tropical. Hay muchas especies de plantas y pájaros que me encantaría ver.*

ACTIVIDAD 6 **¡Odio la naturaleza!** Con un(a) compañero(a), túrnense para hablar del viaje que nunca les gustaría hacer. ¿Por qué?

MODELO: Tú: *No tengo ningún interés en ir al desierto. Odio el calor y la arena.*
   Compañero(a): *Dicen que los volcanes son impresionantes, pero no quiero acercarme mucho.*

¡COMPÁRATE!

Actualmente existe mucho interés en temas relacionados con el medio ambiente (*environment*) y la naturaleza. Por esta razón el ecoturismo se ha convertido en una industria global. Pero en Argentina, un país donde la agricultura siempre ha sido sumamente importante, existe otro tipo de turismo también: el **agroturismo.**

El agroturismo es muy popular en Buenos Aires, donde los "agroturistas" pueden viajar a corta distancia de la ciudad y tener una experiencia rural auténtica en una de las muchas estancias (*ranches*) de la provincia de Buenos Aires que están abiertas al turismo. Como la vida en la ciudad es muy agitada, muchas personas quieren volver, aunque sea por unos días, a la tranquilidad de la vida rural y tradicional que vivían los argentinos hace unos cien años.

Típicamente los visitantes a estas estancias participan en tareas campestres (*rural*), como la fabricación de alimentos caseros (*homemade*), como el pan y el queso artesanal, o hacen excursiones a caballo para explorar la naturaleza cerca de la estancia. Es común que grupos estudiantiles pasen períodos breves de vacaciones en estas estancias, cuidando de los animales domésticos y cultivando productos agrícolas como el trigo (*wheat*) y las frutas.

 PRÁCTICA. En grupos de tres a cuatro personas, contesten las siguientes preguntas.

1. ¿Les gusta la idea del agroturismo? ¿Por qué sí o por qué no?
2. ¿Creen que es importante para los residentes de ciudades grandes tener experiencias rurales o ponerse en contacto con la naturaleza? ¿Por qué sí o por qué no?
3. ¿Creen que el agroturismo puede llegar a ser popular en EEUU también? ¿Por qué sí o por qué no?
4. ¿Ven algunas semejanzas (*similarities*) entre la vida tradicional de Argentina y la de EEUU hace unos cien años?

A VER

Video/DVD

Antes de ver el video

ACTIVIDAD 1 En el video para este capítulo Javier y Chela por fin se van a conocer. Con un(a) compañero(a) de clase, hagan unas predicciones. ¿Qué va a pasar cuando se conozcan? ¿Van a estar en la misma excursión? ¿Van a llevarse bien (*get along well*) o mal? ¿Qué más?

ACTIVIDAD 2 Trabaja con un(a) compañero(a) de clase para hablar de varios viajes que han hecho. ¿Cuáles han sido sus favoritos? ¿Cuáles han sido los peores? ¿Por qué?

ACTIVIDAD 3 Trabaja con un(a) compañero(a) de clase. ¿Han tenido una experiencia personal con el fraude? Por ejemplo:

1. una oferta de viajar a un sitio para quedarte "gratis" en un hotel
2. una carta o un e-mail que te ofrece la oportunidad de ganar mucho dinero sin hacer nada (o muy poco)
3. un e-mail de una persona que no revela su verdadera identidad electrónica pero que te promete dinero u otras cosas valiosas (*valuable*)
4. una carta, mensaje de teléfono o e-mail que te dice que has ganado un premio (*prize*) en un concurso (*contest*)
5. ¿...?

¿Cómo reaccionas a esas experiencias?

ESTRATEGIA

Integrating your viewing strategies

Now that you have learned a variety of video-viewing strategies, take a moment to review them, and place a check mark beside the ones you've found most helpful in previous chapters.

_____ viewing a segment several times

_____ using questions as an advance organizer

_____ watching body language to aid in comprehension

_____ watching without sound

_____ listening for the main idea

_____ watching facial expressions

_____ listening for details

_____ using background knowledge to anticipate content

_____ using visuals to aid comprehension

_____ listening to tone of voice

_____ listening for sequencing words

_____ listening for cognates and key words

_____ watching for transitions and listening for words that signal a change in the conversation

ACTIVIDAD 4 Mientras ves el video para este capítulo, trata de identificar una o dos estrategias de la lista anterior que te ayudaron a entender el episodio. Si no estás seguro(a) de las estrategias, ¿qué es lo que más te ayuda a entender el video?

El video

Mira el episodio para el **Capítulo 14.** No te olvides de enfocarte en las estrategias que se usan para entender el contenido del segmento.

Después de ver el video

ACTIVIDAD 5 Con un(a) compañero(a) de clase, contesten las siguientes preguntas sobre el video.

1. ¿Qué tiene Chela?

2. ¿Qué cree que ha ganado?

3. ¿Adónde tiene que ir ella para recoger (*to pick up*) el boleto y el itinerario?

4. ¿Qué cree Javier que ha ganado?

5. ¿Cuándo tiene que ir al sitio indicado para recoger el paquete?

6. Cuando Chela y Javier van al sitio indicado, ¿qué encuentran?

7. Según Javier, si tuviera (*if he had*) dinero, ¿qué haría (*would he do*)?

8. ¿Qué pasa al final del episodio?

9. Expliquen la reacción de Sergio, Beto, Anilú y Dulce.

ACTIVIDAD 6 Trabaja con otros tres compañeros de clase y representen la conversación que tuvieron Dulce, Anilú, Beto y Sergio antes del comienzo del episodio con Chela y Javier. ¿Por qué hicieron lo que hicieron?

ACTIVIDAD 7 Con un(a) compañero(a), escriban la carta que Dulce, Anilú, Beto y Sergio les mandaron a Javier y Chela. Vuelvan a ver el episodio varias veces para sacar todos los detalles sobre el viaje que ofrece la carta misteriosa.

Conexión cultural. Mira el segmento cultural que está al final del episodio. Luego, en grupos de tres o cuatro, decidan cuál de las ciudades o países les gustaría conocer y expliquen por qué. Finalmente, hagan un itinerario de lugares que debe ver un(a) turista en su estado o país.

Internet

VOCES DE LA COMUNIDAD

Omar Edmundo Pascucci

❝ En los últimos treinta años me he navegado el mundo entero. Me encanta explorar diferentes culturas, lenguas, regiones, cocinas y hasta climas. Es por eso que disfruto tanto de (*I enjoy so much*) mi trabajo. Sin embargo, no hay nada más dulce (*nicer*) que el retorno a casa después de una larga temporada. ❞

Omar Edmundo Pascucci es Jefe de Cubierta (*Chief Officer*) del barco *Grandeur of the Seas* de Royal Caribbean. Con una tripulación (*crew*) de más de 760 personas, y una capacidad para casi 2.500 pasajeros, este lujoso crucero es una pequeña ciudad, completa con tiendas, gimnasios, restaurantes, salones de baile, biblioteca, cines y piscinas. Como Jefe de Cubierta, Pascucci es responsable de la navegación, las rutas, la carga y los oficiales de guardia de su barco. Su trabajo lo lleva a puertos de escala como Barcelona, Málaga, Nápoles, Malta, Grecia, el canal de Panamá, Quebec y México. Típicamente, Pascucci alterna cuatro meses de viajes con tres meses de descanso en su hogar en Los Ángeles, California. Nacido en la Argentina, Pascucci es egresado (*graduate*) de la Escuela Náutica Nacional de Argentina y oficial de la marina mercante.

¿Te gustaría ganarte la vida viajando? ¿Qué ventajas y desventajas presenta este tipo de trabajo?

¡PREPÁRATE!

Gramática útil 1
Expressing doubt, emotion, volition, and nonexistence in the past: The imperfect subjunctive

CÓMO USARLO

1. When you use verbs that express influence, doubt, and emotion within a past-tense or hypothetical context, the imperfect subjunctive—instead of the present subjunctive—is used in the dependent clause.

Los niños **querían** que sus padres **compraran** un auto nuevo para el viaje.	*The children **wanted** their parents **to buy** a new car for the trip.*
Era necesario que **estudiaras** los mapas antes del viaje.	*It **was** necessary that **you studied** the maps before the trip.*
No **había** nadie que **supiera** tanto de la región como tú.	*There **was** no one who **knew** the region as well as you.*

2. The imperfect subjunctive is used in the following situations.

main clause verb is in the *imperfect, preterite, or past perfect*	→	dependent clause verb is in the *imperfect subjunctive*
Los turistas nos **pedían** que... *The tourists **asked** (us) that . . .*		... los **lleváramos** a las montañas. *. . . we **take** them to the mountains.*
Los turistas **se alegraron** de que... *The tourists **were happy** that . . .*		... los **pudiéramos** llevar. *. . . we **could** take them.*
Yo **había dudado** que... *I **had doubted** that . . .*		... **tuviéramos** tiempo para el viaje. *. . . we **had** time for the trip.*

3. The imperfect subjunctive forms of **poder** and **querer** are often used in present-tense situations to express requests more courteously.

Quisiera hacerle una pregunta. ¿**Pudiera** ayudarme con el itinerario?	*I **would like** to ask you a question.* ***Could you** (**please**) help me with the itinerary?*

4. Note that when the main clause uses **decir** in the preterite or the imperfect, the verb used in the dependent clause varies, depending upon what is meant.

| Marta **dijo** que el viaje **era** fenomenal. | Marta **said** that the trip **was** phenomenal. |
| Marta **dijo** que **nos quedáramos** en su casa. | Marta **told** us **to stay** in her house. |

In the first example, you are merely reporting what Marta said. This is known as indirect discourse and is often used in newspaper accounts to quote someone's speech. In the second example, Marta is expressing a wish or desire, which means that the subjunctive is required because it says what she wants us to do. Look carefully at past-tense sentences with **decir** to see which meaning is being expressed.

CÓMO FORMARLO

1. To form the imperfect subjunctive, take the **ustedes / ellos / ellas** form of the preterite tense. Remove the **-on** ending and add the new endings shown in the following chart. Notice that this formula is the same for **-ar, -er,** and **-ir** verbs.

> Notice that you must put an accent on the **nosotros** form in order to maintain the correct pronunciation.

regular **-ar** verb: **viajar**		regular **-er** verb: **ver**		regular **-ir** verb: **salir**	
viajaron → viajar-		**vieron → vier-**		**salieron → salier-**	
viajara	viajáramos	viera	viéramos	saliera	saliéramos
viajaras	viajarais	vieras	vierais	salieras	salierais
viajara	viajaran	viera	vieran	saliera	salieran

irregular verb: **ir**		stem-change verb: **pedir**	
fueron → fuer-		**pidieron → pidier-**	
fuera	fuéramos	pidiera	pidiéramos
fueras	fuerais	pidieras	pidierais
fuera	fueran	pidiera	pidieran

> You may want to review irregular preterite and preterite stem-changing verbs in **Capítulos** 7 and 8 in order to refresh your memory on these conjugations.

2. Because you are forming the imperfect subjunctive from an already conjugated preterite form, this form already reflects any irregularities of the verb in the preterite, and any spelling or stem changes.

Actividades

ACTIVIDAD 1 **Las recomendaciones.** Quieres viajar a Buenos Aires. Hablas con una agente de viajes de la Agencia Paraíso. Escucha sus recomendaciones y escribe una oración que explique qué te recomendó. Sigue el modelo.

MODELO: comprar
Me recomendó que comprara un boleto de ida y vuelta.

1. llegar
2. no llevar
3. facturar
4. quedarse
5. reservar
6. registrarse

ACTIVIDAD 2 **Los primos.** Tus primos vinieron a visitarte. Tenían ciertas expectativas del viaje. ¿Qué esperaban?

MODELO: el vuelo: salir a tiempo
Esperaban que el vuelo saliera a tiempo.

1. sus maletas: llegar con ellos

2. el avión: no hacer escala en ningún sitio

3. el retraso: no ser tan largo

4. la línea aérea: servirles algo de comer durante el vuelo

5. nosotros: recogerlos en el aeropuerto

6. ustedes: llevarlos al hotel

7. el hotel: tener conexión a Internet

8. el botones: ser más cortés

ACTIVIDAD 3 **Óscar.** Viajas con tu amigo Óscar. ¡A Óscar le gusta quejarse de todo! Después del viaje le explicas a otro amigo de qué dudaba Óscar. Sigue el modelo.

MODELO: Óscar: ¡El agente no nos va a poner en la lista de espera!
Tú: *Dudaba que el agente nos pusiera en la lista de espera.*

1. ¡El vuelo no va a salir a tiempo!

2. ¡No nos van a servir el almuerzo en el vuelo!

3. ¡No vamos a desembarcar a tiempo!

4. ¡No vamos a encontrar las maletas en la sala de equipajes!

5. ¡El hotel no va a tener televisión por cable!

6. ¡El secador de pelo en el baño no va a funcionar!

7. ¡La habitación no va a incluir el desayuno!

8. ¡La habitación no va a estar limpia!

 ACTIVIDAD 4 **Los consejos.** Los amigos y la familia siempre nos dan consejos sobre nuestra vida. Explícale a tu compañero(a) seis consejos que te dieron amigos o parientes y el resultado de esos consejos. Luego, que tu compañero(a) te explique a ti.

Frases útiles:
   Mis padres me pidieron que...
   Mi hermano(a) me aconsejó que...
   Mi amigo(a)... me sugirió que...
   Mis amigos querían que...
   Mi tío(a) me recomendó que...
   Mi abuelo(a) insistió en que...

MODELO: *Mis amigos querían que fuera a Buenos Aires con ellos. Decidí ir con ellos y nos divertimos mucho.*

Gramática útil 2

Saying what might happen or could occur: The conditional

Can you find the conditional form in the headline of this ad? Why do you think it is used here?

CÓMO USARLO

LO BÁSICO

So far you have learned a number of *tenses* (the present, the present progressive, the present perfect, the past perfect, the preterite, the imperfect, and the future) and three *moods* (the indicative, imperative, and subjunctive moods). As you recall, *tenses* are associated with *time*, while *moods* reflect *how the speaker views the event* he or she is describing.

1. Both English and Spanish speakers use a mood called the *conditional* to talk about events that *might or could happen* in the future. The conditional is used because the speaker is saying *what could or might occur, under certain conditions.*

Ojalá que me toque la lotería. **Usaría** el dinero para viajar por toda Latinoamérica. Primero **iría** a Buenos Aires y luego **vería** las Cataratas del Iguazú.

*I hope I win the lottery. **I would use** the money to travel all over Latin America. First **I would go** to Buenos Aires and later **I would see** Iguazú Falls.*

2. The conditional is used to soften requests or make suggestions in a more courteous way. Verbs frequently used in this way are **poder** and **querer,** similar to the use in the imperfect subjunctive that you learned on pages 434–435.

The imperfect subjunctive is the most polite way to make non-command requests: **¿Pudiera Ud. ayudarme?** Next is the conditional (**¿Podría Ud. ayudarme?**), followed by the present tense, which is the least formal: **¿Puede Ud. ayudarme?**

¿**Podría** decirme cuándo sale el autobús para Buenos Aires?

¿**Querría** usted cambiar de asiento?

*Can you (**please**) tell me when the bus for Buenos Aires leaves?*
Would you like to change seats?

3. The conditional may also be used to speculate about events that have already occurred, similar to the way that the future tense is used to speculate about current events. It is often used this way with expressions such as **tal vez** and **quizás** (*perhaps*).

No sé por qué llegó tan tarde el tren. **Tal vez habría** nieve.

*I don't know why the train arrived so late. **Perhaps there was** snow.*

CÓMO FORMARLO

1. The formation of the conditional is very similar to the formation of the future tense, which you learned in **Capítulo 12.** As with the future, you add a set of endings to the full *infinitive,* not the *stem,* of regular **-ar, -er,** and **-ir** verbs. Here are the conditional endings.

Notice that the conditional endings are identical to the imperfect tense endings for **-er** and **-ir** verbs.

yo	-ía	viajaría	nosotros(as)	-íamos	viajaríamos
tú	-ías	viajarías	vosotros(as)	-íais	viajaríais
Ud. / él / ella	-ía	viajaría	Uds. / ellos / ellas	-ían	viajarían

2. The following verbs are irregular in the conditional. They attach the regular conditional endings to the irregular stems shown, not the infinitive.

Notice that these are the same verbs that have irregular stems in the future tense.

irregular, no pattern:		
decir	dir-	diría, dirías, diría, diríamos, diríais, dirían
hacer	har-	haría, harías, haría, haríamos, haríais, harían
***e* is dropped from infinitive:**		
poder	podr-	podría, podrías, podría, podríamos, podríais, podrían
querer	querr-	querría, querrías, querría, querríamos, querríais, querrían
saber	sabr-	sabría, sabrías, sabría, sabríamos, sabríais, sabrían
***d* replaces the final vowel:**		
poner	pondr-	pondría, pondrías, pondría, pondríamos, pondríais, pondrían
salir	saldr-	saldría, saldrías, saldría, saldríamos, saldríais, saldrían
tener	tendr-	tendría, tendrías, tendría, tendríamos, tendríais, tendrían
venir	vendr-	vendría, vendrías, vendría, vendríamos, vendríais, vendrían

3. The conditional form of **hay** is **habría.**

Habría un problema.

*There **must have been** a problem.*

Actividades

ACTIVIDAD 5 **Buenos Aires.** Imagínate que vives en Buenos Aires. ¿Qué harías?

MODELO: vivir en el barrio de San Telmo
Viviría en el barrio de San Telmo.

1. ir a ver una ópera en el Teatro Colón
2. comprar una chaqueta de piel
3. buscar un bar donde bailan el tango
4. comer bistec a la parrilla en una de las parrillas famosas
5. salir de compras en la Avenida 9 de Julio
6. visitar Mar del Plata con mis amigos
7. pasar las tardes en la Plaza de Mayo

ACTIVIDAD 6 **Las situaciones.** Escucha las siguientes situaciones y decide cuál de las explicaciones de la segunda columna es la más lógica para cada situación.

1. _____ a. Perdería el número de teléfono de la casa.
2. _____ b. Su vuelo se demoraría.
3. _____ c. Tendría una emergencia en el hospital.
               d. Estaría enfermo.
4. _____ e. Cambiarían de hotel.
5. _____ f. Se les olvidaría.
6. _____

ACTIVIDAD 7 **En esa situación...** En grupos de tres o cuatro, lean las siguientes situaciones. Luego cada persona en el grupo tiene que hacer por lo menos una sugerencia para la persona en la situación.

1. Acabas de llegar a Salta. En el hotel, al buscar tu tarjeta de crédito, te das cuenta de que te han robado. Sólo tienes un poco de dinero en efectivo. ¿Qué harías?

2. Un amigo tuyo va a graduarse. Le han ofrecido un trabajo muy bueno en Detroit, pero su novia va a estar en Nueva York. Además, quieren casarse pronto. No sabe si aceptar el puesto o pedirle a su novia que renuncie a su trabajo y se vaya con él. ¿Qué debería hacer tu amigo?

3. Tienes unos amigos a quienes les interesa la cinematografía. Quieren hacer un documental sobre el tango. Saben un poco de español, pero no mucho. Tienen que ir a Argentina para hacer las entrevistas para el documental. ¿Qué necesitarían hacer?

4. ¿...? (Inventen otra situación dentro del grupo.)

Gramática útil 3

Expressing the likelihood that an event will occur: Si clauses with the subjunctive and the indicative

Si tuviera el dinero, **me iría** inmediatamente.

CÓMO USARLO

1. The conditional is often used with **si** (*if*) and the imperfect subjunctive to talk about situations that are contrary to fact or very unlikely to occur (at least in the speaker's opinion). The **si** clause is the dependent clause that expresses the unlikely hypothesis, while the main clause expresses what would occur in the contrary-to-fact situation.

Si me dieran el trabajo, **viajaría** a Argentina, Uruguay y Chile.	*If they give me (were to give me) the job,* **I would travel** *to Argentina, Uruguay and Chile.*
Si tuviéramos el dinero y el tiempo, **haríamos** un viaje de seis meses después de graduarnos de la universidad.	*If we had (were to have) the money and the time,* **we would make** *a six-month trip after graduating from the university.*

2. In situations where you think an outcome is *likely* to occur, use the present indicative in the **si** clause and the future or **ir** + **a** + infinitive in the main clause.

Si tengo tiempo, **haré / voy a hacer** las reservaciones hoy.	*If I have time* (and I think I will), **I will make / am going to make** *the reservations today.*
Si estás mejor mañana, **vendrás / vas a venir** en el tren con nosotros.	*If you are better tomorrow* (and you probably will be), **you will come / are going to come** *on the train with us.*

3. To summarize:

> Note that you do not use the present subjunctive with **si**. You either use the present indicative (**Si tengo el tiempo...**) if you are fairly certain that the event will occur, or the imperfect subjunctive (**Si tuviera el tiempo...**) if you consider it unlikely.

Si clause to express unlikely outcome	*Si* clause to express likely outcome
Si + *imperfect subjunctive* is used with the *conditional*.	**Si** + *present indicative* is used with the *future* or **ir** + **a** + *infinitive*.
Si tuviera el dinero, **haría** un viaje. (*If* [*in the unlikely situation that*] *I were to have* the money, *I would take* a trip.)	**Si tengo** el dinero, **haré / voy a hacer** un viaje. (*If I have the money—and I think I will—I will take / am going to take* a trip.)

Actividades

ACTIVIDAD 8 **Estoy seguro(a).** Escribe seis oraciones usando elementos de las dos columnas. Usa **si + el futuro** o **ir + a + infinitivo** para señalar que estás seguro(a) de que vas a hacer las cosas en la segunda columna. Luego, escribe por lo menos una oración que no use elementos de la lista sino elementos de tu propia imaginación.

MODELO: *Si viajo al extranjero, iré a Argentina.*

viajar al extranjero	ver el Gran Cañón
tener el tiempo	pasar unos días en Mar del Plata
viajar al suroeste de EEUU	hacer una excursión a la selva tropical
estar en México	de Brasil
tener el dinero	subir las pirámides de Teotihuacán
ir a Sudamérica /	ir a Argentina
Centroamérica	ir a ver los volcanes en Costa Rica
¿...?	¿...?

ACTIVIDAD 9 **¿Qué harías?** Túrnense para hacerle preguntas a su compañero(a) sobre lo que haría en diferentes situaciones. Pueden usar las ideas de la lista o pueden inventar otras.

MODELO: Compañero(a): *Si ganaras la lotería, ¿qué harías?*
              Tú: *Me compraría una casa de veinte habitaciones.*

Si...   **¿Qué harías?**
ganar la lotería   ¿...?
poder ir a cualquier lugar
vivir en Buenos Aires
ser millonario(a)
trabajar para una línea aérea
viajar al extranjero
tener el tiempo
conocer al presidente de Argentina
tener cinco hijos
poder conocer a cualquier persona
¿...?

ACTIVIDAD 10 **Mis planes para el futuro.** Con un(a) compañero(a), hablen sobre sus planes para el futuro. Algunas cosas saben con certitud que las van a hacer, otras las quisieran hacer y otras son sueños. Cada uno(a) debe mencionar por lo menos cuatro cosas que piensa hacer.

MODELO: Tú: *Si ahorro suficiente dinero, voy a visitar a una amiga en París.*
            Compañero(a): *Si pudiera, yo pasaría un año en Argentina mejorando*
                 mi español.

Sonrisas

EXPRESIÓN. En grupos de tres a cuatro estudiantes, hagan lo siguiente.

1. Pongan las ideas de la segunda estudiante en orden de importancia: 1 es para la idea más importante y 4 es para la idea menos importante.
2. Añadan dos ideas más a la lista.
3. Luego, hagan una lista de cinco cosas egoístas o superficiales que harían, empezando con hacer la televisión por cable un derecho constitucional.
4. Al final, pongan las ideas de la segunda lista en orden de importancia.
5. Comparen sus listas con las de otro grupo. ¿Están de acuerdo? ¿Qué diferencias hay?

Argentina

 Un país de contrastes. Con un(a) compañero(a), miren el mapa, los textos y las fotos en las páginas 443–445. Luego, traten de asociar los textos y las fotos con los números indicados en el mapa. (Cada número en el mapa corresponde con una de las fotos o uno de los textos.)

¿Adivinaste? Answers to the questions on page 423: 1. F 2. C 3. C 4. F 5. C

Texto A:

Cuando se habla de Argentina, muchas personas piensan en los gauchos, esas figuras míticas tan populares en la literatura argentina de los siglos XVIII y XIX. Vivían (y todavía viven) en varias regiones del país, pero se asocian más con las llanuras (*plains*) fértiles en el centro del país, que es muy parecido al oeste estadounidense. Con sus tradiciones pintorescas y su música vibrante de acordeón, los gauchos son una parte importante de la herencia argentina.

Texto B:

Se llaman las Islas Malvinas en español, pero también se conocen como Las Falklands. La posesión de este territorio siempre ha sido un punto de conflicto político entre Inglaterra y Argentina. En 1982, estalló (*broke out*) una guerra entre los dos países sobre la posesión de estas islas. Aunque Inglaterra ganó la guerra, todavía quedan problemas políticos que resultaron del conflicto.

Texto C:

Tierra del Fuego es una isla al extremo sur de Argentina. La capital de la región, Ushuaia, es el área poblada más austral (*southern*) del globo, a unos pocos kilómetros de distancia de Antártida. Charles Darwin vino a esta región en los años 1840, en su famoso viaje del *Beagle*, cuando exploró y documentó la rara flora y fauna de la Patagonia.

Texto D:

Las Cataratas del Iguazú se encuentran en la frontera entre Argentina y Brasil, en el centro de una selva tropical, donde el río Iguazú cae unos 76 metros desde las alturas (*heights*) de la selva hasta las rocas de abajo. Las cataratas incluyen más de 275 cascadas separadas, y hasta 350 durante la temporada lluviosa. Dos aeropuertos internacionales, uno de Argentina y otro de Brasil, sirven este remoto sitio, el cual se encuentra a dos días en coche de Buenos Aires.

Foto E:

Aconcagua, a unos 6.200 metros de altura, es el pico más alto del hemisferio sur. Muchos alpinistas intentan la peligrosa subida cada año.

Foto F:

Buenos Aires, que se encuentra en la boca del Río de la Plata, tiene un marcado sabor (*flavor*) europeo. Los porteños, también llamados rioplatenses, disfrutan de una ciudad llena de cafés, que muchos comparan con París.

Internet

¡CONÉCTATE!

En grupos de tres o cuatro, escojan una de las regiones de Argentina que ya estudiaron. Luego, cada persona debe buscar información por Internet o en la biblioteca sobre un aspecto de la región. Usen los enlaces sugeridos en el sitio web de *Nexos Media* para ir a otros sitios web posibles. Después de hacer su investigación, juntos preparen un informe para presentar a la clase.

Regiones	Aspectos
Buenos Aires	geografía
Bariloche y los lagos de los Andes	historia breve
la Pampa	diversiones
las Cataratas del Iguazú	medios de transporte
el pico Aconcagua	
Tierra del Fuego	
las Islas Malvinas	

Foto G:

Bariloche es un conocido centro turístico de esquí en los Andes. Situado a orillas del lago Nahuel Huapí, Bariloche ofrece una variedad de deportes invernales para los turistas que vienen de todo el mundo para gozar de (*to enjoy*) esta región de lagos y montañas.

Internet

¡FÍJATE!

El voseo

Ninguna presentación sobre la lengua española puede considerarse completa sin hablar del tema del **voseo.** Este término se refiere al uso del pronombre **vos** en la segunda persona del singular, en vez de **tú,** para expresar la familiaridad. El voseo se encuentra por muchas zonas de Centro y Sudamérica, donde adopta diferentes aspectos según la región. En algunas zonas, vos tiene su propia conjugación verbal: **vos amá(i)s, vos queré(i)s, vos bebé(i)s.** En otras, vos se emplea con las formas verbales del pronombre **tú: vos hablas, vos quieres, vos bebes.** Y en otras zonas el pronombre **tú** acompaña a las formas verbales de vos: **tú amás, tú querés, tú vivís.**

El valor social del voseo también varía mucho de una región a otra. En algunos países, por ejemplo en Chile y Perú, el voseo se considera una manera de hablar de las clases bajas (*lower*). En otros países, el voseo se acepta sólo entre familiares y amigos, mientras que **tú** es la forma aceptada en situaciones formales. En Argentina, el voseo es aceptado por todas las clases sociales y es considerado un símbolo de la argentinidad.

 PRÁCTICA. Contesta las siguientes preguntas con un(a) compañero(a) de clase.

1. ¿Existe una forma similar al voseo en inglés?
2. ¿Puedes pensar en unas diferencias regionales en tu país con relación a la manera familiar o coloquial de hablar?
3. ¿Quién usa estas formas? ¿Tienen un significado (*meaning*) social?

Antes de leer

Understanding an author's point of view

When you read any piece of writing, it's important to understand why the author has written it. Is it to inform, to persuade, to entertain, to enlighten, to share emotion? Recognizing the author's point of view is an important tool to use when reading in Spanish. In this chapter, you are going to read two poems. When you read a poem, what do you think the author's purpose is in writing it? Is it to share emotions and experiences? To entertain? To enlighten? Keep these ideas in mind as you read this chapter's poems.

 ACTIVIDAD 1 Los dos poemas que vas a leer tratan de los pensamientos de dos autores mientras reflexionan sobre sus vidas. Con un(a) compañero(a) de clase, contesten las siguientes preguntas.

1. ¿Cómo describirían su vida hasta este punto: feliz, triste, emocionante, aburrida? ¿Qué palabras la describen mejor?
2. ¿Qué cosas no volverían a hacer (*not do over again*) si tuvieran la oportunidad de empezar la vida de nuevo? ¿Qué cosas sí harían otra vez?
3. ¿Creen que sería posible escribir su autobiografía ahora o preferirían esperar unos años? ¿Cuántos años querrían esperar?
4. ¿Creen que las actitudes hacia la vida y la muerte evolucionan con la edad? Traten de dar unos ejemplos para apoyar su opinión.

 ACTIVIDAD 2 Uno de los poemas que van a leer, "Instantes" (que también ha aparecido con el título "Último poema"), es un misterio literario. Ha sido falsamente atribuido a Jorge Luis Borges, un famoso poeta argentino, pero no se sabe realmente quién lo escribió. Una cosa sí es cierta: este fraude ha continuado diseminándose por Internet, donde todavía es fácil encontrar el poema atribuido a Borges. Con un(a) compañero(a) de clase, contesten las siguientes preguntas sobre los fraudes y los engaños (*hoaxes*) de Internet.

1. ¿Pueden pensar en obras literarias que hayan sido falsamente atribuidas? (Por ejemplo, había un discurso atribuido a Kurt Vonnegut que se diseminaba por Internet que resultó ser escrito por una periodista estadounidense.) ¿Hay historias o anécdotas (como las leyendas urbanas) que ustedes conocen que al final resultaron ser falsas? ¿Cómo creen que empiezan estos engaños y por qué?

2. En su opinión, ¿qué papel juega Internet en la diseminación de información falsa? ¿Han encontrado información incorrecta en Internet? ¿Cómo pueden averiguar si la información que encuentran en Internet es verdadera o no?
3. ¿Creen que las personas que diseminan engaños o información falsa lo hacen a propósito o por accidente? En su opinión, ¿por qué lo hacen?

Lectura

ACTIVIDAD 3 Ahora lee los dos poemas. Mientras los lees, trata de identificar el punto de vista de cada autor. Trata de entender el sentido general de cada poema; no es necesario entender todas las palabras.

MI VIDA ENTERA

Jorge Luis Borges

AQUÍ OTRA VEZ, LOS LABIOS[1] MEMORABLES, ÚNICO Y
SEMEJANTE A VOSOTROS.
Soy esa torpe[2] intensidad que es un alma.[3]
He persistido en la aproximación de la dicha[4] y
en la privanza del pesar.[5]
He atravesado[6] el mar.
He conocido muchas tierras; he visto una mujer
y dos o tres hombres.
He querido a una niña altiva[7] y blanca y de una
hispánica quietud.
He visto un arrabal[8] infinito donde se cumple una
insaciada mortalidad de ponientes.[9]
He paladeado[10] numerosas palabras.
Creo profundamente que eso es todo y que ni veré
ni ejecutaré cosas nuevas.
Creo que mis jornadas[11] y mis noches se igualan en
pobreza y en riqueza a las de Dios y a las
de todos los hombres.

[1]*lips* [2]*awkward* [3]*soul* [4]felicidad, alegría [5]**privanza...** el privilegio de la tristeza [6]cruzado [7]arrogante
[8]barrio, suburbio [9]**insaciada...** *incalculable number of tireless sunsets* [10]*tasted, savored* [11]días (de trabajo)

INSTANTES (O ÚLTIMO POEMA)

Autor desconocido

SI PUDIERA VIVIR NUEVAMENTE MI VIDA,
EN LA PRÓXIMA TRATARÍA DE COMETER MÁS ERRORES.
No intentaría ser tan perfecto,
me relajaría más.

Sería más tonto de lo que he sido,
de hecho tomaría muy pocas cosas
con seriedad.
Sería menos higiénico.

Correría más riesgos,[1] haría más viajes,
contemplaría más atardeceres,[2]
subiría más montañas, nadaría más ríos.

Iría a más lugares adonde nunca he ido,
comería más helados y menos habas,[3]
tendría más problemas reales
y menos imaginarios.

Yo fui una de esas personas que vivió
sensata y prolíficamente cada minuto
de su vida; claro que tuve momentos
de alegría.

Pero si pudiera volver atrás trataría
de tener solamente buenos momentos.

Por si no lo saben, de eso está
hecha la vida, sólo de momentos;
no te pierdas el ahora.

Yo era uno de esos que nunca iban
a ninguna parte sin termómetro,
una bolsa de agua caliente,
un paraguas y un paracaídas.[4]

Si pudiera volver a vivir,
viajaría más liviano.[5]

Si pudiera volver a vivir comenzaría
a andar descalzo[6] a principios de la
primavera y seguiría así
hasta concluir el otoño.

Daría más vueltas en calesita,[7]
contemplaría más amaneceres[8]
y jugaría con más niños, si
tuviera otra vez la vida por delante.

Pero ya tengo 85 años
y sé que me estoy muriendo.

[1]*risks* [2]*sunsets* [3]frijoles [4]*parachute* [5]*lightly* [6]sin zapatos [7]**daría...** *I would take more rides on the merry-go-round*
[8]*sunrises, dawns*

Después de leer

ACTIVIDAD 4 Contesta las siguientes preguntas sobre los poemas con un(a) compañero(a) de clase.

1. En su opinión, ¿cuál es el punto de vista de cada autor? (Puede haber una respuesta diferente para cada poema.)

   a. para dar información

   b. para compartir emociones

   c. para persuadir al lector a cambiar su punto de vista

2. ¿Cuál de las siguientes oraciones es la idea principal del poema "Mi vida entera"?

   a. Hasta ahora no he hecho mucho, pero en el futuro voy a hacer cosas importantes.

   b. Soy una persona típica. He hecho algunas cosas pero nunca voy a hacer algo notable.

   c. Es importante viajar por todo el mundo, así harás cosas importantes en el futuro.

3. ¿Cuál de las siguientes oraciones es la idea principal del poema "Instantes"?

   a. Hay muchas cosas que el autor cambiaría si pudiera vivir la vida otra vez.

   b. Es importante tener cuidado y protegerse de los peligros de la vida.

   c. El autor analiza su vida y está muy contento con todo lo que hizo.

4. Para ustedes, ¿cuál de los dos poemas es el más difícil de entender?

5. ¿Cómo es el tono de "Mi vida entera"?

6. ¿Cómo es el tono de "Instantes"?

7. ¿Qué les parece la idea de que "Instantes" fuera escrito por Borges? ¿Les parece posible? ¿Por qué sí o por qué no?

8. ¿Cuál de los poemas les gusta más? ¿Por qué?

ACTIVIDAD 5 En grupos de tres a cuatro personas, piensen en los temas de los dos poemas: las experiencias y cómo uno debe vivir su vida. Usando la forma de "Instantes", hagan una lista de las cosas que cambiarían si pudieran vivir otra vez.

MODELO: *Si pudiéramos vivir nuevamente la vida...*
...estaríamos más con los amigos y pasaríamos menos tiempo solos..., etc.

PARA VIAJAR   *Travel*

la agencia de viajes	*travel agency*
la guía turística	*tourist guide book*
el itinerario	*itinerary*
cambiar dinero	*to exchange money*
hacer una reservación	*to make a reservation*
hacer un tour	*to take a tour*
viajar al extranjero	*to travel abroad*

EN EL AEROPUERTO Y DENTRO DEL AVIÓN
At the airport and in the plane

abordar	*to board*
la aduana	*customs*
el asiento	*seat*
... de pasillo	*aisle*
... de ventanilla	*window*
el (la) asistente de vuelo	*flight attendant*
el boleto / el billete	*ticket*
... de ida	*one-way*
... de ida y vuelta	*round-trip*
con destino a...	*with destination to . . .*
desembarcar	*to disembark, get off (the plane)*
facturar el equipaje	*to check your baggage*
hacer escala en...	*to make a stopover in . . .*
la línea aérea	*airline*
la lista de espera	*waiting list*
la llegada	*arrival*
la maleta	*suitcase*
el mostrador	*counter; check-in desk*
el pasaje	*ticket*
el (la) pasajero(a)	*passenger*
... de clase turista	*coach*
... de primera clase	*first class*
el pasaporte	*passport*
la puerta (de embarque)	*(departure) gate*
el retraso / la demora	*delay*
la sala de equipajes	*baggage claim*
la salida	*departure*
la tarjeta de embarque	*boarding pass*
el vuelo	*flight*

EL HOTEL   *Hotel*

el aire acondicionado	*air conditioning*
el ascensor	*elevator*
el botones	*bellboy*
la conexión a Internet	*Internet connection*
el conserje	*concierge*
el desayuno incluido	*breakfast included*
la estampilla	*postage stamp*
la habitación sencilla / doble	*single / double room*
... con / sin baño / ducha	*with / without bath / shower*
... de fumar / de no fumar	*smoking / non-smoking*
el (la) huésped(a)	*hotel guest*
el lavado en seco	*dry cleaning*
la llave	*key*
la recepción	*reception desk*
registrarse	*to register*
el secador de pelo	*hairdryer*
el servicio despertador	*wake-up call*
la tarjeta postal	*postcard*
la televisión por cable	*cable TV*

LA GEOGRAFÍA   *Geography*

este	*east*
oeste	*west*
norte	*north*
sur	*south*
la arena	*sand*
el bosque	*forest*
el cañón	*canyon*
el cielo	*sky*
el desierto	*desert*
la isla	*island*
el lago	*lake*
el mar	*sea*
el océano	*ocean*
la playa	*beach*
el río	*river*
las ruinas	*ruins*
la selva tropical	*tropical jungle*
el volcán	*volcano*

REFERENCE MATERIALS

Appendix: Spanish Verbs   *452*

Regular verbs   *452*
  Simple tenses   *452*
  Commands   *452*
  Stem-changing verbs   *453*
  Verbs with spelling changes   *455*
  Compound tenses   *456*
Reflexive verbs   *456*
  Simple tenses   *456*
  Commands   *457*
  Compound tenses   *457*
  Conjugated verbs + Infinitive   *457*
Irregular verbs   *458*

Spanish-English Glossary   *466*

English-Spanish Glossary   *482*

Index   *498*

Regular Verbs
SIMPLE TENSES

Infinitive	Past participle / Present participle	Indicative					Subjunctive	
		Present	Imperfect	Preterite	Future	Conditional	Present	Imperfect*
cantar *to sing*	cantado cantando	canto cantas canta cantamos cantáis cantan	cantaba cantabas cantaba cantábamos cantabais cantaban	canté cantaste cantó cantamos cantasteis cantaron	cantaré cantarás cantará cantaremos cantaréis cantarán	cantaría cantarías cantaría cantaríamos cantaríais cantarían	cante cantes cante cantemos cantéis canten	cantara cantaras cantara cantáramos cantarais cantaran
correr *to run*	corrido corriendo	corro corres corre corremos corréis corren	corría corrías corría corríamos corríais corrían	corrí corriste corrió corrimos corristeis corrieron	correré correrás correrá correremos correréis correrán	correría correrías correría correríamos correríais correrían	corra corras corra corramos corráis corran	corriera corrieras corriera corriéramos corrierais corrieran
subir *to go up, to climb up*	subido subiendo	subo subes sube subimos subís suben	subía subías subía subíamos subíais subían	subí subiste subió subimos subisteis subieron	subiré subirás subirá subiremos subiréis subirán	subiría subirías subiría subiríamos subiríais subirían	suba subas suba subamos subáis suban	subiera subieras subiera subiéramos subierais subieran

*In addition to this form, another one is less frequently used for all regular and irregular verbs: **cantase, cantases, cantase, cantásemos, cantaseis, cantasen; corriese, corrieses, corriese, corriésemos, corrieseis, corriesen; subiese, subieses, subiese, subiésemos, subieseis, subiesen.**

Commands

Person	Affirmative	Negative	Affirmative	Negative	Affirmative	Negative
tú	canta	no cantes	corre	no corras	sube	no subas
usted	cante	no cante	corra	no corra	suba	no suba
nosotros	cantemos	no cantemos	corramos	no corramos	subamos	no subamos
vosotros	cantad	no cantéis	corred	no corráis	subid	no subáis
ustedes	canten	no canten	corran	no corran	suban	no suban

STEM-CHANGING VERBS: -AR AND -ER GROUPS

Type of change in the verb stem	Subject	Indicative Present	Subjunctive Present	Commands Affirmative	Commands Negative	Other -ar and -er stem-changing verbs
-ar verbs **e > ie** pensar *to think*	yo	pienso	piense	—	—	atravesar *to go through, to cross;* cerrar *to close;* despertarse *to wake up;* empezar *to start;* negar *to deny;* sentarse *to sit down*
	tú	piensas	pienses	piensa	no pienses	
	él/ella, Ud.	piensa	piense	piense	no piense	Nevar *to snow* is only conjugated in the third-person singular.
	nosotros/as	pensamos	pensemos	pensemos	no pensemos	
	vosotros/as	pensáis	penséis	pensad	no penséis	
	ellos/as, Uds.	piensan	piensen	piensen	no piensen	
-ar verbs **o > ue** contar *to count, to tell*	yo	cuento	cuente	—	—	acordarse *to remember;* acostarse *to go to bed;* almorzar *to have lunch;* colgar *to hang;* costar *to cost;* demostrar *to demonstrate, to show;* encontrar *to find;* mostrar *to show;* probar *to prove, to taste;* recordar *to remember*
	tú	cuentas	cuentes	cuenta	no cuentes	
	él/ella, Ud.	cuenta	cuente	cuente	no cuente	
	nosotros/as	contamos	contemos	contemos	no contemos	
	vosotros/as	contáis	contéis	contad	no contéis	
	ellos/as, Uds.	cuentan	cuenten	cuenten	no cuenten	
-er verbs **e > ie** entender *to understand*	yo	entiendo	entienda	—	—	encender *to light, to turn on;* extender *to stretch;* perder *to lose*
	tú	entiendes	entiendas	entiende	no entiendas	
	él/ella, Ud.	entiende	entienda	entienda	no entienda	
	nosotros/as	entendemos	entendamos	entendamos	no entendamos	
	vosotros/as	entendéis	entendáis	entended	no entendáis	
	ellos/as, Uds.	entienden	entiendan	entiendan	no entiendan	
-er verbs **o > ue** volver *to return*	yo	vuelvo	vuelva	—	—	mover *to move;* torcer *to twist*
	tú	vuelves	vuelvas	vuelve	no vuelvas	
	él/ella, Ud.	vuelve	vuelva	vuelva	no vuelva	Llover *to rain* is only conjugated in the third-person singular.
	nosotros/as	volvemos	volvamos	volvamos	no volvamos	
	vosotros/as	volvéis	volváis	volved	no volváis	
	ellos/as, Uds.	vuelven	vuelvan	vuelvan	no vuelvan	

STEM-CHANGING VERBS: -IR VERBS

Type of change in the verb stem	Subject	Indicative		Subjunctive		Commands	
		Present	Preterite	Present	Imperfect	Affirmative	Negative
-ir verbs **e > ie or i** **Infinitive:** sentir *to feel* **Present participle:** sintiendo	yo	**siento**	sentí	**sienta**	**sintiera**	—	—
	tú	**sientes**	sentiste	**sientas**	**sintieras**	**siente**	no **sientas**
	él/ella, Ud.	**siente**	**sintió**	**sienta**	**sintiera**	**sienta**	no **sienta**
	nosotros/as	sentimos	sentimos	**sintamos**	**sintiéramos**	**sintamos**	no **sintamos**
	vosotros/as	sentís	sentisteis	**sintáis**	**sintierais**	sentid	no **sintáis**
	ellos/as, Uds.	**sienten**	**sintieron**	**sientan**	**sintieran**	**sientan**	no **sientan**
-ir verbs **o > ue or u** **Infinitive:** dormir *to sleep* **Present participle:** durmiendo	yo	**duermo**	dormí	**duerma**	**durmiera**	—	—
	tú	**duermes**	dormiste	**duermas**	**durmieras**	**duerme**	no **duermas**
	él/ella, Ud.	**duerme**	**durmió**	**duerma**	**durmiera**	**duerma**	no **duerma**
	nosotros/as	dormimos	dormimos	**durmamos**	**durmiéramos**	**durmamos**	no **durmamos**
	vosotros/as	dormís	dormisteis	**durmáis**	**durmierais**	dormid	no **durmáis**
	ellos/as, Uds.	**duermen**	**durmieron**	**duerman**	**durmieran**	**duerman**	no **duerman**

Other similar verbs: advertir *to warn*; arrepentirse *to repent*; consentir *to consent*; convertir(se) *to turn into*; divertir(se) *to amuse (oneself)*; herir *to hurt, to wound*; mentir *to lie*; morir *to die*; preferir *to prefer*; referir *to refer*; sugerir *to suggest*

Type of change in the verb stem	Subject	Indicative		Subjunctive		Commands	
		Present	Preterite	Present	Imperfect	Affirmative	Negative
-ir verbs **e > i** **Infinitive:** pedir *to ask for, to request* **Present participle:** pidiendo	yo	**pido**	pedí	**pida**	**pidiera**	—	—
	tú	**pides**	pediste	**pidas**	**pidieras**	**pide**	no **pidas**
	él/ella, Ud.	**pide**	**pidió**	**pida**	**pidiera**	**pida**	no **pida**
	nosotros/as	pedimos	pedimos	**pidamos**	**pidiéramos**	**pidamos**	no **pidamos**
	vosotros/as	pedís	pedisteis	**pidáis**	**pedierais**	pedid	no **pidáis**
	ellos/as, Uds.	**piden**	**pidieron**	**pidan**	**pidieran**	**pidan**	no **pidan**

Other similar verbs: competir *to compete*; despedir(se) *to say good-bye*; elegir *to choose*; impedir *to prevent*; perseguir *to chase*; repetir *to repeat*; seguir *to follow*; servir *to serve*; vestir(se) *to dress, to get dressed*

VERBS WITH SPELLING CHANGES

	Verb type	Ending	Change	Verbs with similar spelling changes
1	buscar *to look for*	**-car**	• Preterite: yo busqué • Present subjunctive: busque, busques, busque, busquemos, busquéis, busquen	comunicar, explicar *to explain* indicar *to indicate*, sacar, pescar
2	conocer *to know*	*vowel* + **-cer** or **-cir**	• Present indicative: conozco, conoces, conoce, and so on • Present subjunctive: conozca, conozcas, conozca, conozcamos, conozcáis, conozcan	nacer *to be born*, obedecer, ofrecer, parecer, pertenecer *to belong*, reconocer, conducir, traducir
3	vencer *to win*	*consonant* + **-cer** or **-cir**	• Present indicative: venzo, vences, vence, and so on • Present subjunctive: venza, venzas, venza, venzamos, venzáis, venzan	convencer, torcer *to twist*
4	leer *to read*	**-eer**	• Preterite: leyó, leyeron • Imperfect subjunctive: leyera, leyeras, leyera, leyéramos, leyerais, leyeran • Present participle: leyendo	creer, poseer *to own*
5	llegar *to arrive*	**-gar**	• Preterite: yo llegué • Present subjunctive: llegue, llegues, llegue, lleguemos, lleguéis, lleguen	colgar *to hang*, navegar, negar *to negate, to deny*, pagar, rogar *to beg*, jugar
6	escoger *to choose*	**-ger** or **-gir**	• Present indicative: escojo, escoges, escoge, and so on • Present subjunctive: escoja, escojas, escoja, escojamos, escojáis, escojan	proteger, *to protect*, recoger *to collect, to gather*, corregir *to correct*, dirigir *to direct*, elegir *to elect, to choose*, exigir *to demand*
7	seguir *to follow*	**-guir**	• Present indicative: sigo, sigues, sigue, and so on • Present subjunctive: siga, sigas, siga, sigamos, sigáis, sigan	conseguir, distinguir, perseguir
8	huir *to flee*	**-uir**	• Present indicative: huyo, huyes, huye, huimos, huís, huyen • Preterite: huí, huiste, huyó, huimos, huisteis, huyeron • Present subjunctive: huya, huyas, huya, huyamos, huyáis, huyan • Imperfect subjunctive: huyera, huyeras, huyera, huyéramos, huyerais, huyeran • Present participle: huyendo • Commands: huye tú, huya usted, huyamos nosotros, huid vosotros, huyan ustedes, no huyas tú, no huya usted, no huyamos nosotros, no huyáis vosotros, no huyan ustedes	concluir, contribuir, construir, destruir, disminuir, distribuir, excluir, influir, instruir, restituir, substituir
9	abrazar *to embrace*	**-zar**	• Preterite: yo abracé • Present subjunctive: abrace, abraces, abrace, abracemos, abracéis, abracen	alcanzar *to achieve*, almorzar, comenzar, empezar, gozar *to enjoy*, rezar *to pray*

COMPOUND TENSES

	Indicative					Subjunctive	
	Present perfect	Past perfect	Preterite perfect	Future perfect	Conditional perfect	Present perfect	Past perfect
	he	**había**	**hube**	**habré**	**habría**	**haya**	**hubiera**
	has	**habías**	**hubiste**	**habrás**	**habrías**	**hayas**	**hubieras**
cantado	**ha**	**había**	**hubo**	**habrá**	**habría**	**haya**	**hubiera**
corrido	**hemos**	**habíamos**	**hubimos**	**habremos**	**habríamos**	**hayamos**	**hubiéramos**
subido	**habéis**	**habíais**	**hubisteis**	**habréis**	**habríais**	**hayáis**	**hubierais**
	han	**habían**	**hubieron**	**habrán**	**habrían**	**hayan**	**hubieran**

All verbs, both regular and irregular, follow the same formation pattern with **haber** in all compound tenses. The only thing that changes is the form of the past participle of each verb. (See the chart below for common verbs with irregular past participles.) Remember that in Spanish, no word can come between **haber** and the past participle.

COMMON IRREGULAR PAST PARTICIPLES

Infinitive	Past participle		Infinitive	Past participle	
abrir	**abierto**	*opened*	morir	**muerto**	*died*
caer	caído	*fallen*	oír	oído	*heard*
creer	creído	*believed*	poner	**puesto**	*put, placed*
cubrir	**cubierto**	*covered*	resolver	**resuelto**	*resolved*
decir	**dicho**	*said, told*	romper	**roto**	*broken, torn*
descubrir	**descubierto**	*discovered*	(son)reír	(son)reído	*(smiled) laughed*
escribir	**escrito**	*written*	traer	traído	*brought*
hacer	**hecho**	*made, done*	ver	**visto**	*seen*
leer	leído	*read*	volver	**vuelto**	*returned*

Reflexive Verbs

REGULAR AND IRREGULAR REFLEXIVE VERBS: POSITION OF THE REFLEXIVE PRONOUNS IN THE SIMPLE TENSES

Infinitive	Present participle	Reflexive pronouns	Indicative					Subjunctive	
			Present	Imperfect	Preterite	Future	Conditional	Present	Imperfect
lavarse	lavándome	**me**	lavo	lavaba	lavé	lavaré	lavaría	lave	lavara
to wash	lavándote	**te**	lavas	lavabas	lavaste	lavarás	lavarías	laves	lavaras
oneself	lavándose	**se**	lava	lavaba	lavó	lavará	lavaría	lave	lavara
	lavándonos	**nos**	lavamos	lavábamos	lavamos	lavaremos	lavaríamos	lavemos	laváramos
	lavándoos	**os**	laváis	lavabais	lavasteis	lavaréis	lavaríais	lavéis	lavarais
	lavándose	**se**	lavan	lavaban	lavaron	lavarán	lavarían	laven	lavaran

REGULAR AND IRREGULAR REFLEXIVE VERBS: POSITION OF THE REFLEXIVE PRONOUNS WITH COMMANDS

Person	Affirmative	Negative	Affirmative	Negative	Affirmative	Negative
tú	lávate	no te laves	ponte	no te pongas	vístete	no te vistas
usted	lávese	no se lave	póngase	no se ponga	vístase	no se vista
nosotros	lavémonos	no nos lavemos	pongámonos	no nos pongamos	vistámonos	no nos vistamos
vosotros	lavaos	no os lavéis	poneos	no os pongáis	vestíos	no os vistáis
ustedes	lávense	no se laven	pónganse	no se pongan	vístanse	no se vistan

REGULAR AND IRREGULAR REFLEXIVE VERBS: POSITION OF THE REFLEXIVE PRONOUNS IN COMPOUND TENSES*

Reflexive Pronoun	Indicative						Subjunctive	
	Present Perfect	Past Perfect	Preterite Perfect	Future Perfect	Conditional Perfect		Present Perfect	Past Perfect
me	he	había	hube	habré	habría		haya	hubiera
te	has	habías	hubiste	habrás	habrías		hayas	hubieras
se	ha	había	hubo	habrá	habría		haya	hubiera
nos	hemos	habíamos	hubimos	habremos	habríamos		hayamos	hubiéramos
os	habéis	habíais	hubisteis	habréis	habríais		hayáis	hubierais
se	han	habían	hubieron	habrán	habrían		hayan	hubieran

(each block followed by: lavado / puesto / vestido)

*The sequence of these three elements—the reflexive pronoun, the auxiliary verb **haber,** and the present perfect form—is invariable and no other words can come in between.

REGULAR AND IRREGULAR REFLEXIVE VERBS: POSITION OF THE REFLEXIVE PRONOUNS WITH CONJUGATED VERB + INFINITIVE**

Reflexive Pronoun	Indicative					Subjunctive	
	Present	Imperfect	Preterite	Future	Conditional	Present	Imperfect
me	voy a	iba a	fui a	iré a	iría a	vaya a	fuera a
te	vas a	ibas a	fuiste a	irás a	irías a	vayas a	fueras a
se	va a	iba a	fue a	irá a	iría a	vaya a	fuera a
nos	vamos a	íbamos a	fuimos a	iremos a	iríamos a	vayamos a	fuéramos a
os	vais a	ibais a	fuisteis a	iréis a	iríais a	vayáis a	fuerais a
se	van a	iban a	fueron a	irán a	irían a	vayan a	fueran a

(each block followed by: lavar / poner / vestir)

The reflexive pronoun can also be placed after the infinitive: voy a lavarme,** voy a poner**me,** voy a vestir**me,** and so on.
Use the same structure for the present and the past progressive: **me** estoy lavando / estoy lavándo**me;** **me** estaba lavando / estaba lavándo**me.**

Irregular Verbs

ANDAR, CABER, CAER

Infinitive	Past participle / Present participle	Indicative					Subjunctive	
		Present	Imperfect	Preterite	Future	Conditional	Present	Imperfect
andar *to walk; to go*	andado andando	ando andas anda andamos andáis andan	andaba andabas andaba andábamos andabais andaban	anduve anduviste anduvo anduvimos anduvisteis anduvieron	andaré andarás andará andaremos andaréis andarán	andaría andarías andaría andaríamos andaríais andarían	ande andes ande andemos andéis anden	anduviera anduvieras anduviera anduviéramos anduvierais anduvieran
caber *to fit; to have enough space*	cabido cabiendo	quepo cabes cabe cabemos cabéis caben	cabía cabías cabía cabíamos cabíais cabían	cupe cupiste cupo cupimos cupisteis cupieron	cabré cabrás cabrá cabremos cabréis cabrán	cabría cabrías cabría cabríamos cabríais cabrían	quepa quepas quepa quepamos quepáis quepan	cupiera cupieras cupiera cupiéramos cupierais cupieran
caer *to fall*	caído cayendo	caigo caes cae caemos caéis caen	caía caías caía caíamos caíais caían	caí caíste cayó caímos caísteis cayeron	caeré caerás caerá caeremos caeréis caerán	caería caerías caería caeríamos caeríais caerían	caiga caigas caiga caigamos caigáis caigan	cayera cayeras cayera cayéramos cayerais cayeran

Commands

Person	andar		caber		caer	
	Affirmative	Negative	Affirmative	Negative	Affirmative	Negative
tú	anda	no andes	cabe	no quepas	cae	no caigas
usted	ande	no ande	quepa	no quepa	caiga	no caiga
nosotros	andemos	no andemos	quepamos	no quepamos	caigamos	no caigamos
vosotros	andad	no andéis	cabed	no quepáis	caed	no caigáis
ustedes	anden	no anden	quepan	no quepan	caigan	no caigan

DAR, DECIR, ESTAR

Infinitive	Past participle Present participle	Indicative					Subjunctive	
		Present	Imperfect	Preterite	Future	Conditional	Present	Imperfect
dar *to give*	dado dando	doy das da damos dais dan	daba dabas daba dábamos dabais daban	di diste dio dimos disteis dieron	daré darás dará daremos daréis darán	daría darías daría daríamos daríais darían	dé des dé demos deis den	diera dieras diera diéramos dierais dieran
decir *to say, to tell*	dicho diciendo	digo dices dice decimos decís dicen	decía decías decía decíamos decíais decían	dije dijiste dijo dijimos dijisteis dijeron	diré dirás dirá diremos diréis dirán	diría dirías diría diríamos diríais dirían	diga digas diga digamos digáis digan	dijera dijeras dijera dijéramos dijerais dijeran
estar *to be*	estado estando	estoy estás está estamos estáis están	estaba estabas estaba estábamos estabais estaban	estuve estuviste estuvo estuvimos estuvisteis estuvieron	estaré estarás estará estaremos estaréis estarán	estaría estarías estaría estaríamos estaríais estarían	esté estés esté estemos estéis estén	estuviera estuvieras estuviera estuviéramos estuvierais estuvieran

Commands

Person	dar		decir		estar	
	Affirmative	Negative	Affirmative	Negative	Affirmative	Negative
tú	da	no des	di	no digas	está	no estés
usted	dé	no dé	diga	no diga	esté	no esté
nosotros	demos	no demos	digamos	no digamos	estemos	no estemos
vosotros	dad	no deis	decid	no digáis	estad	no estéis
ustedes	den	no den	digan	no digan	estén	no estén

HABER*, HACER, IR

Infinitive	Past participle / Present participle	Indicative						Subjunctive	
		Present	Imperfect	Preterite	Future	Conditional	Present	Imperfect
haber *to have*	habido habiendo	**he** **has** **ha** **hemos** habéis **han**	había habías había habíamos habíais habían	**hube** **hubiste** **hubo** **hubimos** **hubisteis** **hubieron**	**habré** **habrás** **habrá** **habremos** **habréis** **habrán**	**habría** **habrías** **habría** **habríamos** **habríais** **habrían**	**haya** **hayas** **haya** **hayamos** **hayáis** **hayan**	**hubiera** **hubieras** **hubiera** **hubiéramos** **hubierais** **hubieran**
hacer *to do*	hecho haciendo	**hago** haces hace hacemos hacéis hacen	hacía hacías hacía hacíamos hacíais hacían	**hice** **hiciste** **hizo** **hicimos** **hicisteis** **hicieron**	**haré** **harás** **hará** **haremos** **haréis** **harán**	**haría** **harías** **haría** **haríamos** **haríais** **harían**	**haga** **hagas** **haga** **hagamos** **hagáis** **hagan**	**hiciera** **hicieras** **hiciera** **hiciéramos** **hicierais** **hicieran**
ir *to go*	ido yendo	**voy** **vas** **va** **vamos** **vais** **van**	**iba** **ibas** **iba** **íbamos** **ibais** **iban**	**fui** **fuiste** **fue** **fuimos** **fuisteis** **fueron**	iré irás irá iremos iréis irán	iría irías iría iríamos iríais irían	**vaya** **vayas** **vaya** **vayamos** **vayáis** **vayan**	**fuera** **fueras** **fuera** **fuéramos** **fuerais** **fueran**

*__Haber__ also has an impersonal form **hay.** This form is used to express "There is, There are." The imperative of **haber** is not used.

Commands

Person	hacer		ir	
	Affirmative	Negative	Affirmative	Negative
tú	**haz**	no hagas	**ve**	no vayas
usted	**haga**	no haga	**vaya**	no vaya
nosotros	**hagamos**	no hagamos	**vamos**	no vayamos
vosotros	haced	no hagáis	**id**	no vayáis
ustedes	**hagan**	no hagan	**vayan**	no vayan

JUGAR, OÍR, OLER

Infinitive	Past participle / Present participle	Indicative					Subjunctive	
		Present	Imperfect	Preterite	Future	Conditional	Present	Imperfect
jugar *to play*	jugado jugando	**juego** **juegas** **juega** jugamos jugáis **juegan**	jugaba jugabas jugaba jugábamos jugabais jugaban	**jugué** jugaste jugó jugamos jugasteis jugaron	jugaré jugarás jugará jugaremos jugaréis jugarán	jugaría jugarías jugaría jugaríamos jugaríais jugarían	**juegue** **juegues** **juegue** **juguemos** **juguéis** **jueguen**	jugara jugaras jugara jugáramos jugarais jugaran
oír *to hear,* *to listen*	oído **oyendo**	**oigo** **oyes** **oye** oímos oís **oyen**	oía oías oía oíamos oíais oían	oí oíste **oyó** oímos oísteis **oyeron**	oiré oirás oirá oiremos oiréis oirán	oiría oirías oiría oiríamos oiríais oirían	**oiga** **oigas** **oiga** **oigamos** **oigáis** **oigan**	**oyera** **oyeras** **oyera** **oyéramos** **oyerais** **oyeran**
oler *to smell*	olido oliendo	**huelo** **hueles** **huele** olemos oléis **huelen**	olía olías olía olíamos olíais olían	olí oliste olió olimos olisteis olieron	oleré olerás olerá oleremos oleréis olerán	olería olerías olería oleríamos oleríais olerían	**huela** **huelas** **huela** olamos oláis **huelan**	oliera olieras oliera oliéramos olierais olieran

Commands

Person	jugar		oír		oler	
	Affirmative	Negative	Affirmative	Negative	Affirmative	Negative
tú	**juega**	no **juegues**	**oye**	no **oigas**	**huele**	no **huelas**
usted	**juegue**	no **juegue**	**oiga**	no **oiga**	**huela**	no **huela**
nosotros	**juguemos**	no **juguemos**	**oigamos**	no **oigamos**	olamos	no olamos
vosotros	jugad	no **juguéis**	**oíd**	no **oigáis**	oled	no oláis
ustedes	**jueguen**	no **jueguen**	**oigan**	no **oigan**	**huelan**	no **huelan**

PODER, PONER, QUERER

Infinitive	Past participle / Present participle	Indicative					Subjunctive	
		Present	Imperfect	Preterite	Future	Conditional	Present	Imperfect
poder *to be able to, can*	podido pudiendo	**puedo** **puedes** **puede** podemos podéis **pueden**	podía podías podía podíamos podíais podían	**pude** **pudiste** **pudo** **pudimos** pudisteis **pudieron**	**podré** **podrás** **podrá** **podremos** **podréis** **podrán**	**podría** **podrías** **podría** **podríamos** **podríais** **podrían**	**pueda** **puedas** **pueda** podamos podáis **puedan**	**pudiera** **pudieras** **pudiera** **pudiéramos** **pudierais** **pudieran**
poner* *to put*	**puesto** poniendo	**pongo** pones pone ponemos ponéis ponen	ponía ponías ponía poníamos poníais ponían	**puse** **pusiste** **puso** **pusimos** pusisteis **pusieron**	**pondré** **pondrás** **pondrá** **pondremos** **pondréis** **pondrán**	**pondría** **pondrías** **pondría** **pondríamos** **pondríais** **pondrían**	**ponga** **pongas** **ponga** **pongamos** **pongáis** **pongan**	**pusiera** **pusieras** **pusiera** **pusiéramos** **pusierais** **pusieran**
querer *to want, to wish; to love*	querido queriendo	**quiero** **quieres** **quiere** queremos queréis **quieren**	quería querías quería queríamos queríais querían	**quise** **quisiste** **quiso** **quisimos** quisisteis **quisieron**	**querré** **querrás** **querrá** **querremos** **querréis** **querrán**	**querría** **querrías** **querría** **querríamos** **querríais** **querrían**	**quiera** **quieras** **quiera** queramos queráis **quieran**	**quisiera** **quisieras** **quisiera** **quisiéramos** **quisierais** **quisieran**

*Similar verbs to **poner: imponer, suponer.**

Commands**

Person	poner		querer	
	Affirmative	Negative	Affirmative	Negative
tú	**pon**	no **pongas**	**quiere**	no **quieras**
usted	**ponga**	no **ponga**	**quiera**	no **quiera**
nosotros	**pongamos**	no **pongamos**	queramos	no queramos
vosotros	poned	no **pongáis**	quered	no queráis
ustedes	**pongan**	no **pongan**	**quieran**	no **quieran**

Note: The imperative of **poder is used very infrequently and is not included here.

SABER, SALIR, SER

Infinitive	Past participle / Present participle	Indicative					Subjunctive	
		Present	Imperfect	Preterite	Future	Conditional	Present	Imperfect
saber *to know*	sabido / sabiendo	sé / sabes / sabe / sabemos / sabéis / saben	sabía / sabías / sabía / sabíamos / sabíais / sabían	supe / supiste / supo / supimos / supisteis / supieron	sabré / sabrás / sabrá / sabremos / sabréis / sabrán	sabría / sabrías / sabría / sabríamos / sabríais / sabrían	sepa / sepas / sepa / sepamos / sepáis / sepan	supiera / supieras / supiera / supiéramos / supierais / supieran
salir *to go out, to leave*	salido / saliendo	salgo / sales / sale / salimos / salís / salen	salía / salías / salía / salíamos / salíais / salían	salí / saliste / salió / salimos / salisteis / salieron	saldré / saldrás / saldrá / saldremos / saldréis / saldrán	saldría / saldrías / saldría / saldríamos / saldríais / saldrían	salga / salgas / salga / salgamos / salgáis / salgan	saliera / salieras / saliera / saliéramos / salierais / salieran
ser *to be*	sido / siendo	soy / eres / es / somos / sois / son	era / eras / era / éramos / erais / eran	fui / fuiste / fue / fuimos / fuisteis / fueron	seré / serás / será / seremos / seréis / serán	sería / serías / sería / seríamos / seríais / serían	sea / seas / sea / seamos / seáis / sean	fuera / fueras / fuera / fuéramos / fuerais / fueran

Commands

Person	saber Affirmative	saber Negative	salir Affirmative	salir Negative	ser Affirmative	ser Negative
tú	sabe	no sepas	sal	no salgas	sé	no seas
usted	sepa	no sepa	salga	no salga	sea	no sea
nosotros	sepamos	no sepamos	salgamos	no salgamos	seamos	no seamos
vosotros	sabed	no sepáis	salid	no salgáis	sed	no seáis
ustedes	sepan	no sepan	salgan	no salgan	sean	no sean

SONREÍR, TENER*, TRAER

Infinitive	Past participle / Present participle	Indicative					Subjunctive	
		Present	Imperfect	Preterite	Future	Conditional	Present	Imperfect
sonreír *to smile*	sonreído sonriendo	sonrío sonríes sonríe sonreímos sonreís sonríen	sonreía sonreías sonreía sonreíamos sonreíais sonreían	sonreí sonreíste sonrió sonreímos sonreísteis sonrieron	sonreiré sonreirás sonreirá sonreiremos sonreiréis sonreirán	sonreiría sonreirías sonreiría sonreiríamos sonreiríais sonreirían	sonría sonrías sonría sonriamos sonriáis sonrían	sonriera sonrieras sonriera sonriéramos sonrierais sonrieran
tener* *to have*	tenido teniendo	tengo tienes tiene tenemos tenéis tienen	tenía tenías tenía teníamos teníais tenían	tuve tuviste tuvo tuvimos tuvisteis tuvieron	tendré tendrás tendrá tendremos tendréis tendrán	tendría tendrías tendría tendríamos tendríais tendrían	tenga tengas tenga tengamos tengáis tengan	tuviera tuvieras tuviera tuviéramos tuvierais tuvieran
traer *to bring*	traído trayendo	traigo traes trae traemos traéis traen	traía traías traía traíamos traíais traían	traje trajiste trajo trajimos trajisteis trajeron	traeré traerás traerá traeremos traeréis traerán	traería traerías traería traeríamos traeríais traerían	traiga traigas traiga traigamos traigáis traigan	trajera trajeras trajera trajéramos trajerais trajeran

Commands

Person	sonreír Affirmative	Negative	tener Affirmative	Negative	traer Affirmative	Negative
tú	sonríe	no sonrías	ten	no tengas	trae	no traigas
usted	sonría	no sonría	tenga	no tenga	traiga	no traiga
nosotros	sonriamos	no sonriamos	tengamos	no tengamos	traigamos	no traigamos
vosotros	sonreíd	no sonriáis	tened	no tengáis	traed	no traigáis
ustedes	sonrían	no sonrían	tengan	no tengan	traigan	no traigan

*Many verbs ending in -tener are conjugated like tener: contener, detener, entretener(se), mantener, obtener, retener.

VALER, VENIR*, VER

Infinitive	Past participle / Present participle		Indicative					Subjunctive	
		Present	Imperfect	Preterite	Future	Conditional	Present	Imperfect
valer *to be worth*	valido valiendo	**valgo** vales vale valemos valéis valen	valía valías valía valíamos valíais valían	valí valiste valió valimos valisteis valieron	**valdré** **valdrás** **valdrá** **valdremos** **valdréis** **valdrán**	**valdría** **valdrías** **valdría** **valdríamos** **valdríais** **valdrían**	**valga** **valgas** **valga** **valgamos** **valgáis** **valgan**	valiera valieras valiera valiéramos valierais valieran
venir* *to come*	venido viniendo	**vengo** **vienes** **viene** venimos venís **vienen**	venía venías venía veníamos veníais venían	**vine** **viniste** **vino** **vinimos** **vinisteis** **vinieron**	**vendré** **vendrás** **vendrá** **vendremos** **vendréis** **vendrán**	**vendría** **vendrías** **vendría** **vendríamos** **vendríais** **vendrían**	**venga** **vengas** **venga** **vengamos** **vengáis** **vengan**	**viniera** **vinieras** **viniera** **viniéramos** **vinierais** **vinieran**
ver *to see*	visto viendo	**veo** **ves** **ve** **vemos** **veis** **ven**	**veía** **veías** **veía** **veíamos** **veíais** **veían**	vi viste vio vimos visteis vieron	veré verás verá veremos veréis verán	vería verías vería veríamos veríais verían	**vea** **veas** **vea** **veamos** **veáis** **vean**	viera vieras viera viéramos vierais vieran

*Similar verb to **venir**: **prevenir**

Commands

Person	valer		venir		ver	
	Affirmative	Negative	Affirmative	Negative	Affirmative	Negative
tú	vale	no **valgas**	**ven**	no **vengas**	ve	no **veas**
usted	**valga**	no **valga**	**venga**	no **venga**	**vea**	no **vea**
nosotros	**valgamos**	no **valgamos**	**vengamos**	no **vengamos**	**veamos**	no **veamos**
vosotros	valed	no **valgáis**	venid	no **vengáis**	ved	no **veáis**
ustedes	**valgan**	no **valgan**	**vengan**	no **vengan**	**vean**	no **vean**

The vocabulary includes the active vocabulary presented in the chapters and many receptive words. Exceptions are verb conjugations, regular past participles, adverbs ending in **-mente,** superlatives, diminutives, and proper names of individuals and most countries. Active words are followed by a number that indicates the chapter in which the word appears as an active item. **P** refers to the opening pages that precede Chapter 1.

The gender of nouns is indicated except for masculine nouns ending in **-o** and feminine nouns ending in **-a.** Stem changes and spelling changes are shown for verbs, e.g., **dormir (ue, u); buscar (qu).**

The following abbreviations are used. Note that the *adj., adv.,* and *pron.* designations are used only to distinguish similar or identical words that are different parts of speech.

adj.	adjective	*fam.*	familiar	*irreg.*	irregular verb	*p.p.*	past participle
adv.	adverb	*form.*	formal	*m.*	masculine	*pron.*	pronoun
f.	feminine	*inf.*	infinitive	*pl.*	plural	*s.*	singular

A

a to; **~ cambio de** in exchange for; **~ menos que** unless, 12; **~ pesar de** in spite of; **~ pie** on foot, walking, 6; **~ través de** across, throughout
abierto (*p.p. of* **abrir**) open, 13
abogado(a) lawyer, 5
abordar to board, 14
abrelatas eléctrico (*m. s.*) electric can opener, 10
abrigo coat, 8
abril April, 1
abrir to open, 3; **Abran los libros.** Open your books. P
abuelo(a) grandfather (grandmother), 5
abundancia abundance
aburrido(a) boring, 2; bored, 4
aburrimiento boredom
académico(a) academic
accesorio accessory, 8
acción (*f.*) action, 5
aceite (*m.*) **de oliva** olive oil, 9
acero steel
aconsejar to advise, 10
acostarse (ue) to go to bed, 5
acrecentar (ie) to strengthen; to increase
actividad (*f.*) activity, P; **~ deportiva** sports activity, 7
activo(a) active, 2

actor (*m.*) actor, 5
actriz (*f.*) actress, 5
actualidad (*f.*): **en la~** at the present time
acudir to go; to attend
adelantar to get ahead, to promote
adelante ahead
además besides
adinerado(a) rich, wealthy
adiós good-bye, 1
adivinar to guess; **Adivina.** Guess. P
administración (*f.*) **de empresas** business administration, 3
¿adónde? (to) where?
adquisición (*f.*) acquisition
aduana customs, 14
aeropuerto airport, 6
afán (*m.*) desire
afeitarse to shave oneself, 5
afueras (*f. pl.*) outskirts, 10
agencia de viajes travel agency, 14
agosto August, 1
agregar (gu) to add, 9
agrícola agricultural
agua (*f.*) (*but:* **el agua**) water; **~ dulce** fresh water; **~ mineral** sparkling water, 9
aguacate avocado, 9
aire (*m.*) **acondicionado** air conditioning, 14
ajedrez (*m.*) chess
ajo garlic, 9

al (a + el) to the, 3
albergar (gu) to shelter
albóndiga meatball
alcalde (alcadesa) mayor
alcanzar (c) to achieve
alegrarse de to be happy about, 11
alemán (alemana) German, 2
alemán (*m.*) German language, 3
alergia allergy, 12
alfabeto alphabet
alfombra rug, carpet, 10
algo something, 6
algodón (*m.*) cotton, 8
alguien someone, 6
algún, alguno(a)(s) some, any, 6
alistar to recruit; to enroll
allá over there, 6
allí there, 6
alma (*f.*) (*but:* **el alma**) soul
almacén (*m.*) store, 6
almeja clam, 9
almohada pillow
almuerzo lunch, 9
¿Aló? hello (*on the phone*), 1
alpinismo: hacer ~ to hike, 7
alquilar videos to rent videos, 2
alquiler (*m.*) rent
alrededor de around
altitud (*f.*) altitude, height
altivo(a) arrogant
alto(a) tall, 2
altoparlante (*m., f.*) speaker, 4
altura height

amanecer (zc) to dawn
amante (*m., f.*) lover
amarillo(a) yellow, 4
ambiente (*m.*) atmosphere; **medio ~** (*m.*) environment
ambigüedad (*f.*) ambiguity
ambos(as) both
amenaza threat
amigo(a) friend, P
amor (*m.*) love
análisis (*m.*) **de sangre/orina** blood/urine test, 12
anaranjado(a) orange (*in color*), 4
andar (*irreg.*) to walk, 8
anexo attachment
anfitrión (*m.*) host
anillo ring, 8
anoche last night, 7
anónimo(a) anonymous
Antártida Antarctica
anteayer the day before yesterday, 7
antecesor(a) ancestor
anteojos (*m. pl.*) eyeglasses
antepasado(a) ancestor
antes before, 5; **~ (de) que** before, 12
antibiótico antibiotic, 12
anticuado(a) antiquated, old-fashioned
antipático(a) unpleasant, 2
anuncio personal personal ad
añadir to add, 9
año year, 3; **~ pasado** last year, 7; **tener** (*irreg.*) **... ~** to be . . . years old, 1;
apacible mild, gentle
apagar (gu) to turn off, 2
aparatos electrónicos electronics, 4
aparecer (zc) to appear
apariencia física physical appearance
apartamento apartment, 6
apenas scarcely
apetecer (zc) to long for
aplicación (*f.*) application, 4
apodo nickname
apoyar to support
apreciar to appreciate
aprender to learn, 3
aprendizaje (*m.*) learning
apropiado(a) appropriate
apto(a) apt, fit; **~ para toda la familia** rated G (for general audiences), 11

apuntes (*m.*) notes, P
aquel/aquella(s) (*adj.*) those (over there), 6
aquél/aquélla(s) (*pron.*) those (over there), 6
aquí here, 6
árbol (*m.*) tree; **~ genealógico** family tree
archivar to file, 4
archivo file, 4
arena sand, 14
arete (*m.*) earring, 8
argentino(a) Argentinian, 2
arquitecto(a) architect, 5
arquitectura architecture, 3
arreglar el dormitorio to straighten up the bedroom, 10
arroz (*m.*) **con pollo** chicken with rice, 9
arrugado(a) wrinkled
arte (*m.*) art, 3; **~ y cultura** the arts, 11
artesanía handicrafts
artículo article, 1
artista (*m., f.*) artist, 5
asado(a) grilled
ascenso (job) promotion, 13
ascensor (*m.*) elevator, 14
asegurarse to make sure
asiento seat, 14; **~ de pasillo** aisle seat, 14; **~ de ventanilla** window seat, 14
asistente: ~ (*m., f.*) **de vuelo** flight attendant, 14; **~** (*m.*) **electrónico** electronic notebook, 4
asistir a to attend, 3
aspiradora vacuum cleaner, 10
aspirina aspirin, 12
ataque (*m.*) attack
atardecer (*m.*) late afternoon
atún (*m.*) tuna, 9
audiencia audience
audífonos (*m. pl.*) earphones, 4
auditorio auditorium, 6
aumentar to increase
aumento de sueldo salary increase, 13
aun even
aún yet (*in negative contexts*); still
aunque although, even though, 12
autobús: en ~ by bus, 6
automóvil: en ~ by car, 6
avenida avenue, 1
avergonzado(a) embarrassed
avergonzar (ue) (c) to embarrass

averiguar (gü) to find out; to look into, to investigate, 13
avión (*m.*) airplane, 14
aviso warning
ayer yesterday, 3
ayuda help
ayudar to help
azúcar (*m., f.*) sugar, 9; **caña de ~** sugar cane
azul blue, 4

B

bacalao codfish, 9
bailar to dance, 2
baile (*m.*) dance, 3
bajar to get down from, to get off of (*a bus, etc.*), 6
bajo(a) short (*in height*), 2
baldosa paving stone
balneario seaside resort, spa
banco (commercial) bank, 6
bañador(a) bather
bañar to swim; to give someone a bath, 5; **bañarse** to take a bath, 5
baño bathroom, 10
barco boat
barrer el suelo/el piso to sweep the floor, 10
barrio neighborhood, 1; **~ residencial** residential neighborhood, suburbs, 10; **~ comercial** business district, 10
básquetbol (*m.*) basketball, 7
bastante somewhat, rather, 4
Bastante bien. Quite well. 1
basura garbage, 10; **sacar la ~** to take out the garbage, 10
basurero wastebasket
batir to beat; to break
beber to drink, 3
bebida beverage, 9
béisbol (*m.*) baseball, 7
belleza beauty
bello(a) beautiful
beneficio benefit, 13
berro watercress
besar to kiss
bicicleta: en ~ on bicycle, 6; **montar en ~** to ride a bike, 7
bien well, 4; **~, gracias.** Fine, thank you. 1; **(no) muy ~** (not) very well, 1
bienestar (*m.*) well-being
bienvenido(a) welcome
bilingüe bilingual

billete (*m.*)   ticket, 14; **~ de ida** one-way ticket, 14; **~ de ida y vuelta**   round-trip ticket, 14

biología   biology, 3

bíper (*m.*)   beeper, 4

bistec (*m.*)   steak, 6

blanco(a)   white, 4

blusa   blouse, 8

boca   mouth, 12

bocadillo   sandwich, 9

boda   wedding

bodegón (*m.*)   tavern

boleto   ticket, 11; **~ de ida**   one-way ticket, 14; **~ de ida y vuelta**   round-trip ticket, 14

bolígrafo   ballpoint pen, P

boliviano(a)   Bolivian, 2

bolsa   purse, 8; **~ de valores**   stock market, 13

bombero(a)   fire fighter, 5

bondadoso(a)   kind; good

bonito(a)   pretty

bordado(a)   embroidered, 8

borrador (*m.*)   rough draft

bosque (*m.*)   forest, 14; **~ tropical/ pluvial**   rainforest

bosquejo   outline

bota   boot, 8

bote (*m.*)   boat

botones (*m. s.*)   bellboy, 14

boxeo   boxing, 7

brazalete (*m.*)   bracelet, 8

brazo   arm, 12

breve   brief

bróculi (*m.*)   broccoli, 9

broma   joke

bueno(a)   good, 2; **Buenas noches.** Good night. Good evening. 1; **Buenas tardes.**   Good afternoon. 1; **Buenos días.**   Good morning. 1; **es bueno**   it's good, 11

bufanda   scarf, 8

buscador (*m.*)   search engine, 4

buscapersonas (*m. s.*)   beeper, 4

buscar (qu)   to look for, 2

buzón (*m.*) **electrónico**   electronic mailbox, 4

C

caballo: montar a ~   to ride horseback, 7

cabeza   head, 12; **dolor** (*m.*) **de ~** headache, 12

cable (*m.*)   cable, 4; cable television, 11

cabo   end

cacao   chocolate

cachemira   cashmere

cadena   chain, 8

caer (*irreg.*)   to fall

café (*m.*)   coffee, 9; (*adj.*)   brown, 4

cafetería   cafeteria, 3

caimán (*m.*)   alligator

cajero automático   automated bank teller, ATM, 6

cajón (*m.*)   large box; drawer

calcetín (*m.*)   sock, 8

calculadora   calculator, P

cálculo   calculus, 3

caldo de pollo   chicken soup, 9

calentar (ie)   to heat, 9

calidad (*f.*)   quality; **de buena (alta) ~**   of good (high) quality, 8

calificación (*f.*)   evaluation

calle (*f.*)   street, 1

calor: Hace ~.   It's hot., 7; **tener** (*irreg.*) **~**   to be hot, 7

caluroso(a)   warm

cama   bed, 10; **guardar ~**   to stay in bed , 12; **hacer la ~**   to make the bed, 10

cámara: ~ digital   digital camera, 4; **~ web**   webcam, 4

camarero(a)   waiter (waitress), 5

camarón (*m.*)   shrimp, 9

cambiar: ~ dinero   to exchange money, 14; **~ el canal**   to change the channel, 11

cambio   change; exchange rate; **a ~ de**   in exchange for

caminar   to walk, 2

camisa   shirt, 8

camiseta   t-shirt, 8

campaña   campaign, 13

campestre   rural

campo: ~ de estudio   field of study, 3; **~ de fútbol**   soccer field, 6

caña de azúcar   sugar cane

canadiense (*m., f.*)   Canadian, 2

canasta   basket

cancha   soccer field, 6; **~ de tenis** tennis court, 6

candidato(a)   candidate, 13

canela   cinnamon

cañón (*m.*)   canyon, 14

cansado(a)   tired, 4

cantante (*m., f.*)   singer

cantar   to sing, 2

capítulo   chapter, P

característica   trait; **~ de la personalidad**   personality trait, 2; **~ física**   physical trait, 2

Caribe (*m., f.*)   Caribbean (sea)

cariño   love, fondness

carne (*f.*)   meat, 9

carnicería   butcher shop, 6

caro: Es (demasiado) caro(a).   It's (too) expensive. 8

carpintero(a)   carpenter, 5

carrera   career, 5

carreta   wooden cart

carro: en ~   by car, 6

carta: a la ~   à la carte, 9

cartera   wallet, 8

cartón (*m.*)   cardboard

casa   house, 6

casarse   to get married, 5

casco   helmet

casero(a)   homemade

caso: en ~ de que   in case, 12; **hacer ~**   to pay attention, to obey

castaño   brown, 2

catarata   waterfall

catarro   cold (e.g., *headcold*), 12

catorce   fourteen, P

CD (*m.*)   compact disc, P; **~ portátil/MP3**   portable CD/MP3 player, 4

cebolla   onion, 9

celebración (*f.*)   celebration

celos: tener (*irreg.*) **~**   to be jealous

celoso(a)   jealous

cena   dinner

cenar   to eat dinner, 2

censo   census

centavo   cent

centro   center; **~ comercial**   mall, 6; **~ de computación**   computer center, 3; **~ de comunicaciones** media center, 3; **~ de la ciudad** downtown, 10; **~ estudiantil** student center, 6

Centroamérica   Central America

cepillarse el pelo   to brush one's hair, 5

cepillo   brush, 5; **~ de dientes** toothbrush, 5

cerca de   close to, 6

cereal (*m.*)   cereal, 9

cero   zero, P

cerrar (ie)   to close; **Cierren los libros.**   Close your books. P

cerveza   beer, 9

chaleco   vest, 8

champú (*m.*)   shampoo, 5

chaparrón (*m.*)   cloudburst, downpour

chaqueta   jacket (*outdoor, non-suit coat*), 8

chatear to chat online, 4

Chau. Bye, Good-bye, 1

cheque (*m.*) check; **pagar con ~ / con ~ de viajero** to pay by check / with a traveler's check, 8

chequeo médico physical, checkup, 12

chévere terrific, great (*Cuba, Puerto Rico*)

chico(a) boy (girl), P

chileno(a) Chilean, 2

chimenea fireplace, 10

chino Chinese language, 3

chino(a) Chinese, 2

chisme (*m.*) gossip

chismoso(a) gossiping

chocolate (*m.*) chocolate, 11

chuleta de puerco pork chop, 6

ciberespacio cyberspace, 4

ciclismo cycling, 7

ciego(a) blind; **cita a ciegas** blind date

cielo sky, 14

cien one hundred, P; **~ mil** one hundred thousand, 8

ciencias (*f. pl.*) science, 3; **~ políticas** political science, 3

científico(a) scientific

ciento uno one hundred and one, 8

cierto(a) certain; **no es cierto** it's not certain, 11

cinco five, P; **~ mil** five thousand, 8

cincuenta fifty, P

cine (*m.*) cinema, 6; movies, 11

cinta audiotape, P

cinturón (*m.*) belt, 8

cita appointment, 12; quotation; **~ a ciegas** blind date

ciudad (*f.*) city, 6

ciudadano(a) citizen, 13

claridad (*f.*) clarity

clase (*f.*) class, P; **~ baja** lower class; **~ de película** movie genre, 11

clasificar (qu) con cuatro estrellas to give a four-star rating, 11

clic: hacer ~/doble ~ to click/ double click, 4

cliente (*m., f.*) customer, 8

clínica clinic, 12

clóset (*m.*) closet, 10

cobre (*m.*) copper

cocer (-z) (ue) to cook, 9

coche: en ~ by car, 6

cocina kitchen, 10

cocinar to cook, 2

cocinero(a) cook, chef, 5

código code

codo elbow, 12

colectivo bus

cólera anger

collar (*m.*) necklace, 8

colombiano(a) Colombian, 2

colonia neighborhood, 1

color (*m.*) color, 4; **de un solo ~** solid (colored), 8

coma comma

comedia (romántica) (romantic) comedy, 11

comedor (*m.*) dining room, 10

comenzar (ie) (c) to begin, 4

comer to eat, 3; **~ alimentos nutritivos** to eat healthy foods, 12; **darle de ~ al perro/gato** to feed the dog/cat, 10

cómico(a) funny, 2

comida food, 6

comino cumin, 9

¿cómo? how? 3; **¿~ desea pagar?** How do you wish to pay? 8; **¿~ es?** What's he/she/it like? 2; **¿~ está (usted)?** (*s. form.*) How are you? 1; **¿~ están (ustedes)?** (*pl.*) How are you? 1; **¿~ estás (tú)?** (*s. fam.*) How are you? 1; **¿~ te/le/les va?** How's it going with you? 1; **~ no.** Of course. 6; **¿~ se dice...?** How do you say . . . ? P; **¿~ se llama?** (*s. form.*) What's your name? 1; **¿~ te llamas?** (*s. fam.*) What's your name? 1

cómoda dresser, 10

compañero(a) de cuarto roommate, P

compañía multinacional multinational corporation, 13

comparación (*f.*) comparison, 8

compartir to share, 3

competencia competition, 7

competir (i, i) to compete

complicidad (*f.*) complicity

comportamiento behavior

comprar to buy, 2

compras: hacer las ~ to go shopping, 6

comprender to understand, 3

comprensión (*f.*) understanding

comprometerse to get engaged, 5

computación (*f.*) computer science, 3

computadora computer, P; **~ portátil** laptop computer, 4

común common

comunicación (*f.*) **pública** public communications, 3

con with; **~ destino a** with destination to, 14; **~ tal (de) que** so that, provided that, 12

concordancia agreement

concurso contest

conducir (zc) to drive, to conduct, 5

conectar to connect, 4

conexión (*f.*) connection, 4; **~ a Internet** Internet connection, 14; **hacer una ~** to go online, 4

confección (*f.*) confection

conferencista (*m., f.*) speaker

congelado(a) frozen, 9

congestionado(a): estar ~ to be congested, 12

conmigo with me, 8

conocer (zc) to meet; to know a person, to be familiar with, 5

conocimientos: tener (*irreg.*) **algunos ~ de** to have some knowledge of, 13

conseguir (i, i) to get, to obtain, 8

consejo advice, 12

conserje (*m., f.*) concierge, 14

consultorio del médico doctor's office, 12

contabilidad (*f.*) accounting, 3

contado: al ~ in cash, 8

contador(a) accountant, 5

contaminación (*f.*) **(del aire)** (air) pollution, 13

contar (ue) to tell, to relate, 4; to count; **~ con** to be certain of

contento(a) happy, 4; **estar ~ de** to be pleased about, 11

contestar to answer; **Contesten.** Answer. P

contigo with you (*fam.*), 8

contracción (*f.*) contraction, 3

contrario: al ~ on the contrary

contraseña password, 4

contratar to hire, 13

contrato contract, 13; **~ prenupcial** prenuptial agreement

control (*m.*) **remoto** remote control, 11

conversación (*f.*) conversation

convertir (ie, i) to change

copa wine glass, goblet, 9

coraje (*m.*)   courage

corazón (*m.*)   heart, 12

cordillera   mountain range

corregir (i, i) (j)   to correct

correo electrónico   e-mail, 4

correr   to run, 3

cortar   to cut, 12; **~ el césped**   to mow the lawn, 10; **~ la conexión** to go offline, 4; **cortarse**   to cut oneself, 12

cortesía   courtesy, 4

cortina   curtain, 10

corto(a)   short (*in length*)

costarricense (*m., f.*)   Costa Rican, 2

costo   cost, 13

cotidiano(a)   daily

crear   to create

creativo(a)   creative

creer (en)   to believe (in), 3; **no creer**   to not believe, 11

crema   cream, 12

crimen (*m.*)   crime, 13

crítica   criticism; critique, review, 11

crítico(a)   critic, 11

cronología   chronology

crucero   cruise ship

crudo(a)   raw, 9

cruzar (c)   to cross, 6

cuaderno   notebook, P

cuadra   (city) block, 6

cuadro   painting; print, 10

cuadros: a ~   plaid, 8

¿cuál?   what? which one? 3; **¿~ es tu/su dirección (electrónica)?** (*s. fam./form.*)   What's your (e-mail) address? 1; **¿~ es tu/su número de teléfono?** (*s. fam./ form.*)   What is your phone number? 1

¿cuáles?   what? which ones? 3

cuando   when, 12

¿cuándo?   when? 3; **¿~ es tu cumpleaños?**   When is your birthday? 1

cuanto: en ~   as soon as, 12; **en ~ a** in relation to

¿cuánto(a)?   how much? 3; **¿Cuánto cuesta(n)?**   How much does it (do they) cost? 8

¿cuántos(as)?   how many? 3

cuarenta   forty, P

cuarto   room, P; bedroom, 10

cuarto(a)   fourth, 10

cuate(a)   friend, buddy

cuatro   four, P

cuatrocientos(as)   four hundred, 8

cubano(a)   Cuban, 2

cuchara   spoon, 9

cucharada   tablespoonful, 9

cucharadita   teaspoonful, 9

cuchillo   knife, 9

cuello   neck, 12

cuenta   check, bill, 9

cuento de hadas   fairy tale

cuero   leather, 8

cuerpo   body, 12

cuestionario   questionnaire

cuidado: tener (*irreg.*) **~**   to be careful, 7; **¡~!**   careful!

cuidadoso(a)   cautious, 2

culinario(a)   culinary

cultura   culture

cuna   cradle

cuñado(a)   brother- in-law (sister-in-law), 5

curita   (small) bandaid, 12

currículum vitae (*m.*)   curriculum vitae, résumé, 13

curso básico   basic course, 3

cuy (*m.*)   guinea pig

cuyo(a)   whose

D

danza   dance, 11

dar (*irreg.*)   to give, 5; **~ información personal**   to give personal information, 1; **~ la hora**   to give the time, 3; **~le de comer al perro/gato** to feed the dog/cat, 10

darse la mano   to shake hands, 13

dato   fact; piece of information

De nada.   You're welcome. 1

debajo de   below, underneath, 6

deber (*+ inf.*)   should, ought to (*do something*), 3

décimo(a)   tenth, 10

decir (*irreg.*)   to say, to tell, 5; **~ cómo llegar**   to give directions, 6; **~ la hora**   to tell the time, 3; **Se dice...** It's said . . . , P

decoración (*f.*)   decoration, 10

dedo   finger, toe, 12

definido(a)   definite, 1

dejar   to leave, to stop, 2; **~ de** (*+ inf.*)   to stop (*doing something*), 3

del (de + el)   from the, of the, 3

delante de   in front of, 6

delgado(a)   thin, 2

demasiado(a)   too much, 4

demora   delay, 14

demostrar (ue)   to demonstrate, to show

demostrativo(a)   demonstrative, 6

dentista (*m., f.*)   dentist, 5

dentro de   inside of, 6; **~ la casa** inside the house, 10

dependiente (*m., f.*)   salesclerk, 5

deporte (*m.*)   sport, 7

derecha: a la ~   to the right, 6

derecho: (todo) ~   (straight) ahead, 6

desarrollar   to develop

desarrollo   development, 13

desastre (*m.*)   disaster; **~ natural** natural disaster, 13

desayuno   breakfast, 9; **~ incluido** breakfast included, 14

descalificar (qu)   to disqualify

descalzo(a)   barefoot

descansar   to rest, 2

descortés   rude

describir   to describe, 2

descubrir   to discover, 3

descuento   discount, 8

desear   to want; to wish, 10

desembarcar (qu)   to disembark, 14

desempeñarse   to manage

desengaño   disillusionment

desierto   desert, 14

desigualdad (*f.*)   inequality, 13

desilusión (*f.*)   disappointment

desmayarse   to faint, 12

desodorante (*m.*)   deodorant, 5

despachar   to dispatch; to wait on

despacio (*adv.*)   slowly; (*adj.*) slow

despedido(a)   fired (*from a job*)

despedir (i, i)   to fire, 13; **despedirse (i, i)**   to say good-bye, 1

despertar (ie)   to wake someone up, 5; **despertarse (ie)**   to wake up, 5

después   after, 5; **~ (de) que**   after, 12

destacar (qu)   to emphasize

destino: con ~ a   with destination to, 14

desventaja   disadvantage, 13

detalle (*m.*)   detail

detallista   detail-oriented, 13

detrás de   behind, 6

día (*m.*)   day, 3; **~ de la semana**   day of the week, 3; **~ de las Madres** Mother's Day, 3; **todos los días** every day, 3

dialecto   dialect

dibujo   drawing, P; **~ animado** cartoon; (*pl.*) animated film, 11

diccionario dictionary, P
dicha happiness
dicho saying; (*p.p. of* **decir**) said, 13
diciembre December, 1
diecinueve nineteen, P
dieciocho eighteen, P
dieciséis sixteen, P
diecisiete seventeen, P
diez ten, P; **~ mil** ten thousand, 8
diferencia difference
difícil difficult, 4
dinero money
dirección (*f.*) address
dirigir (j) to direct, 13
disco duro hard drive, 4
discreción: se recomienda ~ rated PG-13 (parental discretion advised), 11
discriminación (*f.*) discrimination, 13
Disculpe. Excuse me. 4
diseñador(a) gráfico(a) graphic designer, 5
diseño design; **~ gráfico** graphic design, 3
disfrutar (la vida) to enjoy (life)
disponibilidad (*f.*) availability
disponible available, 13
dispuesto(a) willing
disquete (*m.*) disk, P
diversidad (*f.*) diversity
diversión (*f.*) amusement
divertido(a) fun, entertaining, 2
divertirse (ie, i) to have fun, 5
divorciarse to get divorced, 5
doblado(a) dubbed, 11
doblar to turn, 6; to fold
doce twelve, P
docena dozen, 9
doctor(a) doctor
documental (*m.*) documentary, 11
dólar (*m.*) dollar
doler (ue) to hurt, 12
dolor (*m.*) pain, ache, 12; **~ de cabeza** headache, 12; **~ de estómago** stomachache, 12; **~ de garganta** sore throat, 12
domesticado(a) tame, tamed
domingo Sunday, 2
dominicano(a) Dominican, 2
don (doña) title of respect used with male (female) first name, 1
¿dónde? where? 3; **¿~ tienes la clase de… ?** Where does your . . . class meet? 3; **¿~ vives/vive?** (*s. fam./form.*) Where do you live? 1
dondequiera: por ~ everywhere

dorado(a) golden, browned, 9
dormir (ue, u) to sleep, 4; **dormirse (ue, u)** to fall asleep, 5
dormitorio bedroom, 10; **~ estudiantil** dormitory, 6
dos two, P; **~ mil** two thousand, 8
doscientos(as) two hundred, 8
drama (*m.*) drama, 11
ducharse to take a shower, 5
dudar to doubt, 11
dudoso(a) doubtful, unlikely, 11
dueño(a) owner, 5
dulce (*m.*) candy, 11; (*adj.*) sweet
duro(a) hard

E

economía economy, 3
ecuador (*m.*) equator
ecuatoriano(a) Ecuadoran, 2
edad (*f.*) age
edificio building, 6
educación (*f.*) education, 3
efectivo: en ~ in cash, 8
egoísta selfish, egotistic, 2
ejemplo example, 10; **por ~** for example, 10
ejercicio: hacer ~ to exercise, 7
ejército army, 13
el (*m.*) the, 1
él he, 1; him, 8
elección (*f.*) election, 13
electricidad (*f.*) electricity
electrodoméstico appliance, 10
elefante (*m.*) elephant
ella she, 1; her, 8
ellos(as) they, 1; them, 8
e-mail (*m.*) e-mail, 4
embajador(a) ambassador
emergencia emergency, 12
emoción (*f.*) emotion, 4
empapado(a) drenched
emparejar to match
empezar (ie) (c) to begin, 4
empleado(a) employee, 13
emplear to employ, 13
emprendedor(a) enterprising, 13
empresario(a) businessman/woman, 13
en in, on, at; **~ autobús/tren** by bus/train, 6; **~ bicicleta** on bicycle, 6; **~ carro/coche/automóvil** by car, 6; **~ caso de que** in case, 12; **~ cuanto** as soon as, 12; **~ cuanto a** in relation to; **~ línea** online, 4; **~ metro** on the subway, 6; **~ realidad** actually

enamorarse to fall in love, 5
Encantado(a). Delighted to meet you. 1
encantar to like a lot, 4; to enchant, to please, 11
encima de on top of, on, 6
encuentro encounter; meeting
encuesta survey
enero January, 1
enfatizar (c) to emphasize
enfermarse to get sick, 5
enfermedad (*f.*) sickness, illness, 12
enfermero(a) nurse, 5
enfermo(a) sick, 4
enfrente de in front of, opposite, 6
enfriarse to get cold, 9
engañar to fool
engaño hoax
enlace (*m.*) link, 4
enojado(a) angry, 4
ensalada salad, 9; **~ de fruta** fruit salad, 9; **~ de lechuga y tomate** lettuce and tomato salad, 9; **~ de papa** potato salad, 9; **~ mixta** tossed salad, 9
ensayo essay
enseñar to teach
entender (ie) to understand, 4
entonces then
entrada ticket (*to a movie, concert, etc.*), 11
entre between, 6
entregar (gu) to turn in; **Entreguen la tarea.** Turn in your homework. P
entrenador(a) trainer
entrenarse to train, 7
entresemana during the week, on weekdays, 3
entretener (*like* **tener**) to entertain
entrevista interview, 13
entrevistador(a) interviewer, 11
enviar to send, 4
episodio episode, 11
equilibro: poner en ~ to balance
equipaje (*m.*) baggage, luggage, 14; **facturar el ~** to check one's baggage, 14
equipo team, 7
erupción (*f.*) **volcánica** volcanic eruption
escala: hacer ~ en to make a stopover in, 14
escaleras (*f. pl.*) stairs, 10
esclavo(a) slave
escoger (j) to choose

esconder to hide
escribir to write, 3; **Escriban en sus cuadernos.** Write in your notebooks. P
escrito (*p.p. of* **escribir**) written, 13
escritorio desk, P
escuchar to listen; ~ **música** to listen to music, 2; **Escuchen la cinta/el CD.** Listen to the tape/CD. P
escultura sculpture, 11
ese (esa) (*s. adj.*) that, 6
ése (ésa) (*s. pron.*) that one, 6
eso: por ~ so, that's why, 10
esos (esas) (*pl. adj.*) those, 6
ésos (ésas) (*pl. pron.*) those (ones), 6
espalda back, 12
España Spain
español (española) Spanish, 2
español (*m.*) Spanish language, 3
espárragos (*m.pl.*) asparagus, 9
especie (*f.*) species
espectáculo show, 11
espejo mirror, 10
esperanza wish, hope
esperar to hope, 10; to wait, 11
esposo(a) husband (wife), 5
esquí (*m.*) ski, skiing; ~ **acuático** water skiing, 7; ~ **alpino** downhill skiing, 7
esquiar to ski, 7
esquina corner, 6
estación (*f.*) season, 7; station, 11; ~ **autobús** bus station, 6; ~ **de trenes** train station, 6
estacionamiento parking lot, 6
estadio stadium, 6
estadística statistics, 3
estado state, 5; ~ **civil** marital status
Estados Unidos United States
estadounidense (*m., f.*) U. S. citizen, 2
estampado(a) print, 8
estampilla postage stamp, 14
estancia ranch
estar (*irreg.*) to be, 1; ~ **congestionado(a)** to be congested, 12; ~ **contento(a) de** to be pleased about, 11; ~ **mareado(a)** to feel dizzy, 12
estatura height (*of a person*)
este (*m.*) east, 14
este (esta) (*s. adj.*) this, 6
éste (ésta) (*s. pron.*) this one, 6
estilo style

estos(as) (*pl. adj.*) these, 6
estómago stomach, 12; **dolor** (*m.*) **de ~** stomachache, 12
estornudar to sneeze, 12
éstos(as) (*pl. pron.*) these (ones), 6
estrategia strategy
estrella de cine movie star, 11
estudiante (*m., f.*) student, P
estudiar to study; ~ **en la biblioteca (en casa)** to study at the library (at home), 2; **Estudien las páginas… a…** Study pages . . . to . . . P
estudio studio, 3
estufa stove, 10
Europa Europe
evitar to avoid
exhibir to exhibit
exigir (j) to demand
éxito success
exótico(a) exotic, strange
exposición (*f.*) **de arte** art exhibit, 11
expresar preferencias to express preferences, 2
expresión (*f.*) expression, 1
extraño(a) strange, 11
extrovertido(a) extroverted, 2

F

fábrica factory, 13
fácil easy, 4
facturar el equipaje to check one's baggage, 14
falda skirt, 8
falso(a) false
familia family; ~ **nuclear** nuclear family, 5; ~ **política** in-laws, 5
fantasía fantasy
fantástico(a) fantastic, 11
farmacia pharmacy, 6
fascinar to fascinate, 4
fatal terrible, awful, 1
fax (*m.*) **externo/interno** external/internal fax, 4
favor: por ~ please, 1
febrero February, 1
fecha date, 3; **¿A qué ~ estamos?** What is today's date? 3
felicidad (*f.*) happiness
femenino(a) feminine
feo(a) ugly, 2
ferrocarril (*m.*) railroad
fiebre (*f.*) fever, 12
filantrópico(a) philanthropic
filosofía philosophy, 3
fin (*m.*) end; intention; ~ **de semana** weekend, 2; **por ~** finally, 9

final final
financiero(a) financial
física physics, 3
físico(a) physical, 5
flan (*m.*) custard, 9
flor (*f.*) flower
florecer (zc) to flower, to flourish
flotador(a) floating
fondo background
formulario form, 13
fortaleza fortress
foto (*f.*) photo, P; **sacar fotos** to take photos, 2
fractura fracture, 12
francés (francesa) French, 2
francés (*m.*) French language, 3
frecuentemente frequently, 4
freír (i, i) to fry, 9
frente a in front of, facing, opposite, 6
fresa strawberry, 9
fresco(a) fresh, 9; **Hace fresco.** It's cool. 7
frijoles (*m.*) **(refritos)** (refried) beans, 9
frío(a) cold; **Hace frío.** It's cold. 7; **tener** (*irreg.*) **frío** to be cold, 7
frito(a) fried, 9
frontera border
fruta fruit, 6
fuego fire; **a ~ suave/lento** at low heat, 9
fuente (*f.*) source
fuera de outside of, 6; ~ **de la casa** outside the house, 10
fuerte strong, filling (*e.g., a meal*), 9
fuerzas armadas armed forces, 13
funcionar to function, 4
funciones (*f.*) **de la computadora** computer functions, 4
fundador(a) founder
furioso(a) furious, 4
fútbol (*m.*) soccer, 7; ~ **americano** football, 7

G

gafas (*f. pl.*) **de sol** sunglasses, 8
galleta cookie, 9
galón (*m.*) gallon, 9
ganadería cattle, livestock
ganado cattle
ganancia profit, 13
ganar to win; to earn (*money*)
ganas: tener (*irreg.*) ~ **de** to have the urge to, to feel like, 7
garaje (*m.*) garage, 10

garganta throat, 12; **dolor** (*m.*) **de ~** sore throat, 12

gato(a) cat, 2

gazpacho cold tomato soup (*Spain*), 9

general: por lo ~ generally, 9

género genre

generoso(a) generous, 2

geografía geography, 3

gerente (*m., f.*) manager, 5

gimnasio gymnasium, 3

globalización (*f.*) globalization, 13

gobernador(a) (*m.*) governor

gobierno government, 13

golf (*m.*) golf, 7

gordo(a) fat, 2

gorra cap, 8

gotas (*f. pl.*) drops, 12

gozar (c) to enjoy

grabador (*m.*) **de discos compactos/ DVD** CD/DVD recorder, 4

grabar to record, 4; to videotape, 11

gracias: Muchas ~. Thank you very much. 1

grado degree; **~ centígrado** Celsius degree, 7; **~ Fahrenheit** Fahrenheit degree, 7

gráfica graph

grande big, great, 2

grano: al ~ to the point

gripe (*f.*) flu, 12

gris gray, 4

gritar to shout, to scream

grito scream

grupo group; **~ de conversación** chat room, 4; **~ de debate** news group, 4

guagua bus (*Cuba, Puerto Rico*)

guante (*m.*) glove, 8

guapo(a) handsome, attractive, 2

guardar to store; **~ cama** to stay in bed , 12; **~ la ropa** put away the clothes, 10

guatemalteco(a) Guatemalan, 2

guerra war, 13

guía turística tourist guide, brochure, 14

guión (*m.*) script

guionista (*m., f.*) script writer

guisado beef stew, 9

guisante (*m.*) pea, 9

guitarra guitar, 2

gustar to like, to please, 11; **A mí/ti me gusta...** I/You like . . . , 2; **A... le gusta...** He/She likes . . . , 2; **A... les gusta...** They/You (*pl.*)

like . . . , 2; **Me gustaría** (+ *inf.*) **...** I'd like (+ *inf.*) . . . , 6

gusto taste; **al ~** to individual taste, 9; **El ~ es mío.** The pleasure is mine. 1; **Mucho ~.** My pleasure. 1; **Mucho ~ en conocerte.** A pleasure to meet you. 1

H

haba (*f.*) (*but:* **el haba**) bean

habichuela green bean, 9

habilidades necesarias necessary skills, 13

habitación (*f.*) bedroom, 10; **~ con baño/ducha** room with a bath/shower, 14; **~ de fumar/de no fumar** smoking/non-smoking room, 14; **~ doble** double room, 14; **~ sencilla** single room, 14; **~ sin baño/ducha** room without a bath/shower, 14

habitante (*m., f.*) inhabitant

hablar por teléfono to talk on the telephone, 1

hacer (*irreg.*) to make, to do, 5; **Hace buen/mal tiempo.** It's nice/bad weather. 7; **Hace calor/fresco/frío.** It's hot/cool/ cold. 7; **Hace sol/viento.** It's sunny/windy. 7; **~ alpinismo** to hike, 7; **~ caso** to pay attention, to obey; **~ clic/doble clic** to click/double click, 4; **~ ejercicio** to exercise, 7; **~ el reciclaje** to do the recycling, 10; **~ escala en** to make a stopover in, 14; **~ informes** to write reports, 13; **~ la cama** to make the bed, 10; **~ las compras** to go shopping, 6; **~ preguntas** to ask questions, 3; **~ surfing** to surf, 7; **~ un análisis de sangre/orina** to give a blood/urine test, 12; **~ un tour** to take a tour, 14; **~ una conexión** to go online, 4; **~ una radiografía** to take an X-ray, 12; **~ una reservación** to make a reservation, 14; **Hagan la tarea para mañana.** Do the homework for tomorrow. P

hambre (*f.*) (*but:* **el hambre**) hunger; **tener** (*irreg.*) **~** to be hungry, 7

hamburguesa hamburger, 9; **~ con queso** cheeseburger, 9

hardware (*m.*) hardware, 4

harina flour, 9

hasta until, 12; **~ luego.** See you later, 1; **~ mañana.** See you to-morrow. 1; **~ pronto.** See you soon. 1; **~ que** until, 12

hay there is, there are, 1

hecho fact

hecho(a) (*p. p.*) done, 13; **Está ~ de...** It's made out of . . . , 8

helado de vainilla/chocolate vanilla/chocolate ice cream, 9

herencia heritage

herida injury, wound, 12

hermanastro(a) stepbrother (stepsister), 5

hermano(a) (menor, mayor) (younger, older) brother (sister), 5

hermoso(a) handsome, beautiful

hervido(a) boiled, 9

hervir (ie, i) to boil, 9

hierba herb, 12

hierro iron

hijo(a) son (daughter), 5

hilo: al ~ stringed, 9

himno hymn

hispano(a) Hispanic

hispanohablante Spanish-speaking

historia history, 3

hockey (*m.*) **sobre hielo/hierba** ice/field hockey, 7

hogar (*m.*) home; **sin ~** homeless

hoja de papel sheet of paper, P

hola hello, 1

hombre (*m.*) man, P; **~ de negocios** businessman, 5

hombro shoulder, 12

hondureño(a) Honduran, 2

honesto(a) honest

hora hour; time; **dar** (*irreg.*) **la ~** to give the time, 3; **decir la ~** to tell the time, 3

horario schedule

horno oven; **al ~** roasted (in the oven), 9

horrible horrible, 11

hospital (*m.*) hospital, 6

hotel (*m.*) hotel, 14

hoy today, 3; **~ es martes treinta.** Today is Tuesday the 30th. 3; **¿Qué día es ~?** What day is today? 3

huelga strike, 13

huella footprint

huésped(a) hotel guest, 14

huevo egg, 6; **~ estrellado** egg sunny-side up, 9; **~ revuelto** scrambled egg, 9

humanidades (*f. pl.*)   humanities, 3
húmedo(a)   humid
humilde   humble
huracán (*m.*)   hurricane, 13

I

ícono del programa   program icon, 4
identidad (*f.*)   identity
idioma (*m.*)   language, 3
iglesia   church, 6
igualdad (*f.*)   equality, 13
Igualmente.   Likewise. 1
impaciente   impatient, 2
impermeable (*m.*)   raincoat, 8
importante   important, 11
importar   to be important, to matter, 4
imprescindible   extremely important, 11
impresionante   impressive
impresora   printer, 4
imprimir   to print, 3
improbable   improbable, unlikely, 11
impulsivo(a)   impulsive, 2
incendio forestal   forest fire
increíble   incredible
indefinido(a)   indefinite, 1
índice (*m.*)   index; **~ de audiencia** movie ratings, 11
indígena   indigenous
industria   industry, 13; **~ ganadera** cattle-raising industry
infección (*f.*)   infection, 12
influencia   influence
influir (**y**)   to influence
informática   computer science, 3
informe (*m.*)   report; **hacer informes**   to write reports, 13
ingeniería   engineering, 3
ingeniero(a)   engineer, 5
inglés (inglesa)   English, 2
inglés (*m.*)   English language, 3
ingrediente (*m.*)   ingredient, 9
ingreso   revenue
iniciar   to initiate, 13
inmigración (*f.*)   immigration
insistir   to insist, 10
instalar   to install, 4
instrucción (*f.*)   instruction, 12
instructor(a)   instructor, P
inteligente   intelligent, 2
intentar   to attempt
intercambiar   to exchange
interesante   interesting, 2
interesar   to interest, to be interesting, 4

Internet (*m.* or *f.*)   Internet
intérprete (*m., f.*)   interpreter
íntimo(a)   intimate
introvertido(a)   introverted, 2
inundación (*f.*)   flood, 13
invierno   winter, 7
inyección (*f.*)   injection, 12
ir (*irreg.*)   to go, 3; **~ a** (+ *inf.*)   to be going to (*do something*), 3; **~ de compras**   to go shopping, 8; **irse** to leave, to go away, 5
irresponsable   irresponsible, 2
isla   island, 14
italiano(a)   Italian, 2
italiano (*m.*)   Italian language
itinerario   itinerary, 14
izquierda: a la ~   to the left, 6

J

jabón (*m.*)   soap, 5
jamás   never, 6
jamón (*m.*)   ham, 6
japonés (japonesa)   Japanese, 2
japonés (*m.*)   Japanese language, 3
jarabe (*m.*) **(para la tos)**   (cough) syrup, 12
jardín (*m.*)   garden, 10
jeans (*m. pl.*)   jeans, 8
jornada laboral   workday
joven   young, 2
joyas (*f. pl.*)   jewelry, 8
joyería   jewelry store, 6
jubilarse   to retire, 13
juego interactivo   interactive game, 4
jueves (*m.*)   Thursday, 3
jugar (**ue**) (**gu**)   to play, 4; **~ tenis (béisbol, etc.)**   to play tennis (baseball, etc.), 7
jugo de fruta   fruit juice, 9
juguete (*m.*)   toy, 10
juguetón (juguetona)   playful
julio   July, 1
junio   June, 1
juntar   to group
juventud (*f.*)   youth

K

kilo   kilo, 9; **medio ~**   half a kilo, 9

L

la (*f.*)   the, 1
labio   lip
lado   side; **al ~ de**   next to, on the side of, 6
ladrillo   brick

lago   lake, 7
lámpara   lamp, 10
lana   wool, 8
langosta   lobster, 9
lanzarse (**c**)   to throw oneself
lápiz (*m.*)   pencil, P
lástima: es una ~   it's a shame, 11
lastimarse   to hurt/injure oneself, 12
lavado en seco   dry cleaning, 14
lavadora   washer, 10
lavandería   laundry room, 10
lavaplatos (*m. s.*)   dishwasher, 10
lavar   to wash, 5; **~ los platos (la ropa)**   to wash the dishes (the clothes), 10
lavarse   to wash oneself, 5; **~ el pelo** to wash one's hair, 5; **~ los dientes** to brush one's teeth, 5
le   to/for you (*form. s.*), to/for him, to/for her, 8
lección (*f.*)   lesson, P
leche (*f.*)   milk, 6
lector (*m.*) **de CD-ROM o DVD** DVD/CD-ROM drive, 4
leer (**y**)   to read, 3; **Lean el Capítulo 1.**   Read Chapter 1. P
lejos de   far from, 6
lema (*m.*)   slogan
lengua   language, 3; tongue, 12; **sacar la ~**   to stick out one's tongue, 12
lentes (*m. pl.*)   eyeglasses
lento(a)   slow, 4
les   to/for you (*form. pl.*), to/for them, 8
letrero   sign
levantar   to raise, to lift, 5; **~ pesas** to lift weights, 2
levantarse   to get up, 5
libra   pound, 9
librería   bookstore, 3
libro   book, P
licencia de manejar   driver's license
licuado de fruta   fruit shake, smoothie
licuadora   blender, 10
líder (*m., f.*)   leader, 13
ligero(a)   light, lightweight, 9
limonada   lemonade, 9
limpiar el baño   to clean the bathroom, 10
lindo(a)   pretty, 2
línea: ~ aérea   airline, 14; **en ~** online, 4
lingüístico(a)   linguistic

lino linen, 8
lista de espera waiting list, 14
literatura literature, 3
litro liter, 9
llamar to call, 2; **llamarse** to name, 2; **Me llamo…** My name is . . . , 1
llano(a) flat
llanura plain
llave (*f.*) key (*to a lock*), 14
llegada arrival, 14
llegar (gu) to arrive, 2
llevar to take, to carry; **~ una vida sana** to lead a healthy life, 12; **llevarse bien con la gente** to get along well with people, 13
llover to rain; **Está lloviendo. (Llueve.)** It's raining. 7
lobo wolf
locutor(a) announcer, 11
lógico(a) logical, 11
lograr to achieve
lomo de res prime rib, 9
los (las) (*pl.*) the, 1
luchar (contra) to fight (against), 13
luego later, 5
lugar (*m.*) place; **~ de nacimiento** birthplace
lujoso(a) luxurious
lunares: de ~ polka-dotted, 8
lunes (*m.*) Monday, 3
luz (*f.*) light; **~ solar** sunlight

M

madera wood
madrastra stepmother, 5
madre (*f.*) mother, 5
maestro(a) teacher, 5
maíz (*m.*) corn
mal badly, 4
maleta suitcase, 14
maletín (*m.*) briefcase, 13
malo(a) bad, 2
mamá mother, 5
mañana morning, 3; tomorrow, 3; **de la ~** in the morning (*with precise time*), 3; **por la ~** during the morning, 3
mandar to send; to order, 10
mandato command
manejar to drive, 5
manifestación (*f.*) demonstration, 13
mano (*f.*) hand, 12; **darse la ~** to shake hands, 13
mantel (*m.*) tablecloth, 9
mantequilla butter, 9

manzana apple, 9
maquillaje (*m.*) makeup, 5
maquillarse to put on makeup, 5
máquina de afeitar electric razor, 5
mar (*m.*, *f.*) sea, 14
maravilla wonder
marcar (qu) to mark; to point out
mareado(a): estar ~ to feel dizzy, 12
marisco shellfish, 9
marrón brown, 4
martes (*m.*) Tuesday, 3
marzo March, 1
más more; **~ que** more than, 8
masculino(a) masculine
matemáticas (*f. pl.*) mathematics, 3
mayo May, 1
mayonesa mayonnaise, 9
mayor older, greater, 8
mayoría majority
mayúsculo(a) capital (letter)
me to/for me, 8
mecánico(a) mechanic, 5
medio(a) hermano(a) half-brother (half-sister), 5
medianoche (*f.*) midnight, 3
medicina medicine, 3
médico(a) doctor, 5
medida measurement, 9
medio ambiente (*m.*) environment
mediodía (*m.*) noon, 3
medios de transporte means of transportation, 6
medir (i, i) to measure
meditación (*f.*) meditation
mejilla cheek
mejor better, 8; **es ~** it's better, 11
melón (*m.*) cantaloupe, 9
menor younger; less, 8
menos: ~ que less than, 8; **a ~ que** unless, 12; **por lo ~** at least, 10
mensajero(a) messenger
mentiroso(a) dishonest, lying, 2
menú (*m.*) menu, 9
mercadeo marketing, 3
mercado market, 6
merecer (zc) to deserve
merienda snack
mes (*m.*) month, 3; **~ pasado** last month, 7
mesa table, P; **poner la ~** to set the table, 9; **quitar la ~** to clear the table, 10
mesita de noche night table, 10
meta goal
metro: en ~ on the subway, 6
mexicano(a) Mexican, 2

mezcla mix
mezclar to mix, 9
mezclilla denim, 8
mi (*adj.*) my, 3
mí (*pron.*) me, 8
micro bus (*Chile*)
micrófono microphone, 4
microondas (*m. s.*) microwave, 10
miedo: tener (*irreg.*) **~ (a, de)** to be afraid (of), 7
mientras while, during
miércoles (*m.*) Wednesday, 3
mil (*m.*) one thousand, 8
millón (*m.*): **un ~** one million, 8; **dos millones** two million, 8
mío(a) (*adj.*) my, 10; (*pron.*) mine, 10
mirar televisión to watch television, 2
misionero(a) missionary
mismo(a) same; **lo mismo** the same (thing)
misterio mystery, 11
mitad (*f.*) half
mixto(a) mixed
mochila backpack, P; knapsack
moda fashion, 8; **(no) estar de ~** (not) to be fashionable, 8; **pasado(a) de ~** out of style, 8
modales (*m. pl.*) manners
módem (*m.*) **externo/interno** external/internal modem, 4
molestar to bother, 4
molido(a) crushed, ground, 9
monitor (*m.*) monitor, 4
mono monkey
montañoso(a) mountainous
montar to ride; **~ a caballo** to ride horseback, 7; **~ en bicicleta** to ride a bike, 7
monte (*m.*) mountain
morado(a) purple, 4
morirse (ue, u) to die, 8
mortalidad (*f.*) mortality
mostaza mustard, 9
mostrador (*m.*) counter; check-in desk, 14
mostrar (ue) to show
muchacho(a) boy (girl), P
muchedumbre (*f.*) crowd
mucho a lot, 4; **~ que hacer** a lot to do; **No ~.** Not much. 1
mudarse to move (*change residence*)
muebles (*m. pl.*) furniture, 10
muerto(a) dead, 13
mujer (*f.*) woman, P; **~ de negocios** businesswoman, 5

muleta crutch, 12
mundial: música ~ world music, 11
mundo world
muñeca doll
museo museum, 6
música music, 3; **~ clásica** classical music, 11; **~ country** country music, 11; **~ moderna** modern music, 11; **~ mundial** world music, 11; **~ pop** pop songs, 11
musical musical, 11
muy very, 2

N

nacer (zc) to be born
nacionalidad (*f.*) nationality, 2
nada nothing, 1; **De ~.** You're welcome. 1
nadar to swim, 7
nadie no one, nobody, 6
naranja orange (*fruit*), 9
nariz (*f.*) nose, 12
narrador(a) narrator
natación (*f.*) swimming, 7
naturaleza nature; **~ muerta** still life
náuseas (*f. pl.*) nausea, 12
navegación (*f.*) navigation
navegar (gu): ~ en rápidos to go white-water rafting, 7; **~ por Internet** to surf the Internet, 2
necesario(a) necessary, 11
necesitar to need, 2
negocio business, 3
negro(a) black, 4
nervioso(a) nervous, 4
nevar to snow, 7; **Está nevando. (Nieva.)** It's snowing. 7
ni... ni neither . . . nor, 6
nicaragüense (*m., f.*) Nicaraguan, 2
nieto(a) grandson (granddaughter), 5
niñero(a) baby-sitter
ningún, ninguno(a) none, no, not any, 6
niño(a) boy (girl), P
nivel (*m.*) level
noche (*f.*) night, 3; **de la ~** in the evening (*with precise time*), 3; **por la ~** during the evening, 3
nombre (*m.*) name; **Mi ~ es...** My name is . . . , 1; **~ completo** full name
normal normal, 4
norte (*m.*) north, 14
Norteamérica North America

nos to/for us, 8
nosotros(as) we, 1; us, 8
nota grade, P
noticias (*f. pl.*) news, 11; **~ del día** current events, 13
novato(a) newbie, novice
novecientos(as) nine hundred, 8
novedoso(a) novel, new
novelista (*m., f.*) novelist
noveno(a) ninth, 10
noventa ninety, P
noviembre November, 1
novio(a) boyfriend (girlfriend)
nublado: Está ~. It's cloudy. 7
nuera daughter-in-law, 5
nuestro(a) (*adj.*) our, 3; (*pron.*) ours, 10
nueve nine, P
número number, 8; **~ ordinal** ordinal number, 10
nunca never, 5

O

o... o either . . . or, 6
obra teatral play, 11
obvio(a) obvious, 11
océano ocean, 14
ochenta eighty, P
ocho eight, P
ochocientos(as) eight hundred, 8
octavo(a) eighth, 10
octubre October, 1
ocupado(a) busy, 4
odio hatred
oeste (*m.*) west, 14
oferta especial special offer, 8
oficina office, 6; **~ de correos** post office, 6
oído inner ear, 12
oír (*irreg.*) to hear, 5
ojalá (que) I wish, I hope, 11; **¡ ~ se mejore pronto!** Hopefully you'll get better soon! 12
ojear to scan
ojo eye, 12
ola wave
ómnibus (*m.*) bus
once eleven, P
onda: en ~ in style
ópera opera, 11
oprimir to push
opuesto(a) opposite
oración (*f.*) sentence
ordenar to order, 9
oreja outer ear, 12

organización (*f.*) **benéfica** charity
organizador (*m.*) **electrónico** electronic organizer, 4
orgulloso(a) proud
originar to originate
orilla shore
oro gold, 8
ortografía spelling
os to/for you (*fam. pl.*), 8
otoño fall, autumn, 7

P

paciente (*m., f.*) patient, 2
padrastro stepfather, 5
padre (*m.*) father, 5; **padres** (*m. pl.*) parents, 5
pagar (gu) to pay, 9
página page, P; **~ web** web page, 4
pago: método de ~ form of payment, 8
país (*m.*) country
paisaje (*m.*) scenery
pájaro bird
palomitas (*f. pl.*) popcorn, 11
palpitar to palpitate, 12
pan (*m.*) bread, 6; **~ tostado** toast, 9
panameño(a) Panamanian, 2
pandilla gang
pantalla screen, 4
pantalones (*m. pl.*) pants, 8; **~ cortos** shorts, 8
pañuelo handkerchief
papá (*m.*) father, 5
papas fritas (*f. pl.*) French fries, 9
papel role; paper; **hoja de ~** sheet of paper, P
papelería stationery store, 6
papitas fritas (*f. pl.*) potato chips, 6
paquete (*m.*) package, 9
para for, toward, in the direction of, in order to (+ *inf.*), 10; **~ que** so that, 12
paracaídas (*m.*) parachute
parada stop
paraguayo(a) Paraguayan, 2
parar to stop
parecer (zc) to seem
pared (*f.*) wall, P
pariente (*m., f.*) family member, relative, 5
parque (*m.*) park, 6
párrafo paragraph
parrilla: a la ~ grilled, 9
participante (*m., f.*) participant, 11

participar en to participate in, 13
partido game, match, 7
pasaje (*m.*) ticket, 14
pasajero(a) passenger, 14; **~ de clase turista** coach passenger, 14; **~ de primera clase** first class passenger, 14
pasaporte (*m.*) passport, 14
pasar to pass (by), 2; **~ la aspiradora** to vacuum clean, 10
pasear: sacar a ~ al perro to take the dog for a walk, 10
pasillo hallway, 10
pasta de dientes toothpaste, 5
pastel (*m.*) cake, 9
pastilla tablet, 12
patinar to skate, 2; **~ en línea** to inline skate (rollerblade), 7; **~ sobre hielo** to ice skate, 7
patio patio, 10
patrocinador(a) sponsor
pavo turkey, 6
paz (*f.*) peace; **~ mundial** world peace, 13
pecho chest, 12
pedazo piece, slice, 9
pedir (i, i) to ask for (*something*), 1; to request, 10; **~ la hora** to ask for the time, 3
peinarse to brush/comb one's hair, 5
peine (*m.*) comb, 5
pelar to peel, 9
pelearse to have a fight, 5
película movie, film, 11; **~ de acción** action movie, 11; **~ de ciencia ficción** science fiction movie, 11; **~ de horror/terror** horror movie, 11; **~ titulada...** movie called . . . , 11
peligro danger, 7
peligroso(a) dangerous, 7
pelirrojo(a) redheaded , 2
pelo hair; **~ castaño/rubio** brown/blond hair, 2
pelota ball, 7
peluquero(a) barber/hairdresser, 5
pendiente (*m.*) earring, 8
pensar (ie) to think, 4; **~ de** to have an opinion about, 4; **~ en (de)** to think about, to consider, 4
penúltimo(a) next-to-last
peor worse, 8
pequeño(a) small, 2
perder (ie) to lose, 4; **perderse (ie)** to lose oneself, to get lost

pérdida loss, 13
Perdón. Excuse me. 4
perejil (*m.*) parsley
perezoso(a) lazy, 2
periódico newspaper
periodismo journalism, 3
periodista (*m., f.*) journalist, 5
permiso: Con ~. Pardon me. 4
permitir to permit, to allow, 10
pero but, 2
perro(a) dog, 2; **perro caliente** hot dog, 9
persiana Venetian blind, 10
personalidad (*f.*) personality
peruano(a) Peruvian, 2
pesar: a ~ de in spite of
pesas: levantar ~ to lift weights, 2
pescado fish (*caught*), 9
pescar (qu) to fish, 7
pez (*m.*) fish (*alive*)
piano piano, 2
picante spicy, 9
picar (qu) to chop, to mince, 9
pie (*m.*) foot, 12; **a ~** on foot, walking, 6
piel (*f.*) leather, 8
pierna leg, 12; **~ quebrada/rota** broken leg, 12
píldora pill, 12
pimienta pepper, 9
pingüino penguin
pintar to paint, 2
pintoresco(a) picturesque
pintura painting, 3
pirata (*m.*) pirate
pisar to step on
piscina swimming pool, 6
piso floor; **primer (segundo, etc.) ~** first (second, etc.) floor, 10
pista de atletismo athletics track, 6
pizarra chalkboard, P
pizzería pizzeria, 6
placer: Un ~. My pleasure. 1
plancha iron, 10
planchar to iron, 10
plata silver, 8
plátano banana, 9
plato plate, 9; **~ hondo** bowl, 9; **~ principal** main dish, 9
playa beach, 14
plaza plaza, 6
plomero(a) plumber, 5
poblar (ue) to populate
pobre poor
poco little, small amount, 4

poder (*m.*) power; (*irreg.*) to be able to, 4
poderoso(a) powerful
poesía poetry
poeta (poetisa) poet
policía (*m., f.*) policeman (policewoman), 5
política politics, 13
político(a) political
pollo chicken, 6; **~ asado** roasted chicken, 9; **~ frito** fried chicken, 9
polvo dust
poner (*irreg.*) to put, 5; **~ en equilibro** to balance; **~ la mesa** to set the table, 9; **~ mis juguetes en su lugar** to put my toys where they belong, 10; **~ una inyección** to give an injection, 12; **~ una vacuna** to vaccinate, 12; **ponerse (la ropa)** to put on (clothing), 5
por for, during, in, through, along, on behalf of, by, 10; **~ avión** by plane, 6; **~ ejemplo** for example, 10; **~ eso** so, that's why, 10; **~ favor** please, 1; **~ fin** finally, 9; **~ lo menos** at least, 10; **~ satélite** by satellite dish, 11; **~ supuesto** of course, 10
¿por qué? why? 3
porcentaje (*m.*) percentage
porque because, 3
portarse to behave
postre (*m.*) dessert, 9
pozo well; hole
practicar (qu) to practice; **~ alpinismo** to hike, 7; **~ deportes** to play sports, 2; **~ surfing** to surf, 7
precio: Está a muy buen ~. It's a very good price. 8
preferencia preference
preferir (ie, i) to prefer, 4
pregunta question, 12; **hacer preguntas** to ask questions, 3
premio prize
prenda de ropa article of clothing, 8
preocupado(a) worried, 4
preocuparse to worry, 5
preparación (*f.*) preparation, 9
preparar to prepare, 2; **~ la comida** to prepare the food, 10; **prepararse** to get ready, 5
prepararse to get ready, 5
preposición (*f.*) preposition, 6
presa dam

presentador(a) host (*of a show*), 11
presentar a alguien to introduce someone, 1
préstamo loan, 8
presupuesto budget, 13
primavera spring, 7
primer(o)(a) first, 10; **~ primer piso** first floor, 10
primo(a) cousin, 5
principiante(a) beginner
prisa haste, hurry; **tener** (*irreg.*) **~** to be in a hurry, 7
probable probable, likely, 11
probarse (ue): Voy a probármelo/la(los/las). I'm going to try it (them) on. 8
proceso electoral election process, 13
producto electrónico electronic product, 4
profesión (*f.*) profession, 5
profesor(a) professor, P
programa (*m.*) program; **~ antivirus** anti-virus program, 4; **~ de concursos** game show, 11; **~ de entrevistas** talk show, 11; **~ de procesamiento de textos** word-processing program, 4; **~ de televisión** television program, 11
programador(a) programmer, 5
prohibido para menores rated R (minors restricted), 11
prohibir to forbid, 10
promover (ue) to promote
pronombre (*m.*) pronoun, 1
propina tip, 9
propósito purpose
proveedor (*m.*) **de acceso** Internet service provider, 4
provocador(a) provocative
próximo(a) next
psicología psychology, 3
publicidad (*f.*) public relations, 3
publicitario(a) (*adj.*) pertaining to advertising
público audience, 11
pueblo town, 6
puerta door, P; **~ (de embarque)** (departure) gate, 14
puertorriqueño(a) Puerto Rican, 2
puesto job, position, 13
puesto (*p.p. of* **poner**) placed, 13
pulgada inch
pulmón (*m.*) lung, 12
pulsera bracelet, 8

punto de vista viewpoint
punto period
puntual punctual, 13

Q

¿qué? what? which? 3; **¿~ hay de nuevo?** What's new? 1; **¿~ hora es?** What time is it? 3; **¿~ le duele?** What hurts (you)? 12; **¿~ significa…?** What does . . . mean? P; **¿~ síntomas tiene?** What are your symptoms? 12; **¿~ tal?** How are things going? 1; **¿~ te gusta hacer?** What do you like to do? 2
quebrado(a) broken, 12
quedar to fit; **Me queda bien/mal.** It fits nicely/badly. 8; **Me queda grande/apretado.** It's too big/too tight. 8; **quedar(se)** to remain; to be, 9
quehacer (*m.*) **doméstico** house-chore, 10
quejarse to complain, 5
querer (*irreg.*) to want, to love, 4; to wish, 10
queso cheese, 6
¿quién(es)? who? 3; **¿De ~ es?** Whose is this? 3; **¿De ~ son?** Whose are these? 3
química chemistry, 3
quince fifteen, P
quinientos(as) five hundred, 8
quinto(a) fifth, 10
quisiera (+ *inf.*) I'd like (+ *inf.*), 6
quitar to take off, to remove 5; **~ la mesa** to clear the table, 10; **quitarse (la ropa)** to take off (one's clothing), 5
quizás perhaps

R

R & B Rhythm and Blues, 11
radiografía: tomar una ~ to take an X-ray, 12
raíz (*f.*) root
rango rank
rap (*m.*) rap, 11
rápido(a) fast, 4
rasgar (gu) to tear up
rasuradora razor, 5
ratón (*m.*) mouse, 4
rayado(a) striped, 8
rayas: a ~ striped, 8
razón (*f.*) reason; **tener** (*irreg.*) **~** to be right, 7

reacción (*f.*) **crítica** critical reaction, 11
realidad: en ~ actually
realizarse (c) to take place
rebajado(a): estar ~. to be reduced (in price)/on sale. 8
recámara bedroom, 10
recepción (*f.*) reception desk, 14
receta recipe, 9; prescription, 12
recetar una medicina to prescribe a medicine, 12
recibir to receive, 3
reciclaje (*m.*) recycling, 10
recomendar (ie) to recommend, 10
reconocer (zc) to recognize
recorte (*m.*) cutting
recuerdo souvenir
recurrir to fall back on, to resort to
red (*f.*) web, Internet; **~ mundial** World Wide Web, 4
redactar to edit
reflejar to reflect
reflexión (*f.*) reflection
refresco soft drink, 6; beverage, 9; **tomar un ~** to have a soft drink, 2
refrigerador (*m.*) refrigerator, 10
regalo present, gift
regar (ie) (gu) las plantas to water the plants, 10
registrarse to register, 14
regla rule
regresar to return, 2
regular so-so, 1
reina queen
reírse (*irreg.*) to laugh, 5
relajarse to relax
reloj (*m.*) watch, 8
remar to row, 7
remero(a) rower
renombre (*m.*) renown
renovar (ue) to renovate
repente: de ~ suddenly, 9
repetir (i, i) to repeat, 4; **Repitan.** Repeat. P
reproductor (*m.*) **de discos com-pactos/DVD** CD/DVD recorder, 4
requerir (ie, i) to require, 10
requisito requisite, 13
reseña review, 11
reservación (*f.*) reservation, 14
resfriado cold (*e.g., head cold*), 12
resfriarse to get chilled; to catch cold, 12
residencia estudiantil dorm, 3

respirar to breathe; **Respire hondo.** Breathe deeply. 12
responder to respond, 1
responsable responsible, 2
restaurante (*m.*) restaurant, 6
resuelto (*p.p. of* **resolver**) determined
resumen: en ~ in short, to sum up
reto challenge
retraso delay, 14
reunión (*f.*) meeting
reunirse to meet, to get together, 5
revista magazine
rey (*m.*) king
ridículo(a) ridiculous, 11
riesgo risk
rima rhyme
río river, 7
riqueza wealth
rock (*m.*) rock (music), 11
rodeado(a) surrounded
rodilla knee, 12
rojo(a) red, 4
ropa clothing, 5
rosa rose, 4
rosado(a) pink, 4
roto (*p.p. of* **romper**) broken, 13
rubio(a) blond(e), 2
rueda wheel
ruina ruin, 14
ruta route

S

sábado Saturday, 2
saber (*irreg.*) to know (*a fact, information*), 5; **~ (+ *inf.*)** to know how (*to do something*), 5
sabor (*m.*) flavor
sacar (**qu**) to take out; **~ a pasear al perro** to take the dog for a walk, 10; **~ fotos** to take photos, 2; **~ la basura** to take out the garbage, 10; **~ la lengua** to stick out one's tongue, 12
sacerdote (*m.*) priest
saco jacket, sports coat, 8
sacudir los muebles to dust the furniture, 10
sal (*f.*) salt, 9
sala living room, 10; **~ de emergencias** emergency room, 12; **~ de equipajes** baggage claim, 14; **~ de espera** waiting room, 12
salchicha sausage, 6
salida departure, 14
salir (*irreg.*) to leave, to go out, 5
salmón (*m.*) salmon, 9

salón (*m.*) **de clase** classroom, P
salud (*f.*) health, 3
saludable healthy
saludar to greet, 1
saludo greeting
salvadoreño(a) Salvadoran, 2
salvaje wild, untamed
salvavidas (*m. s.*) lifejacket
sandalia sandal, 8
sandwich (*m.*) sandwich, 9; **~ de jamón y queso con aguacate** ham and cheese sandwich with avocado, 9
sangre (*f.*) blood, 12
satisfacer (*like* **hacer**) to satisfy, 13
satisfecho (*p.p. of* **satisfacer**) satisfied, 13
secador (*m.*) **de pelo** hairdryer, 14
secadora dryer, 10
secar (**qu**) to dry (*something*), 5; **secarse** (**qu**) **el pelo** to dry one's hair, 5
secretario(a) secretary, 5
secreto secret
sed (*f.*) thirst; **tener** (*irreg.*) **~** to be thirsty, 7
seda silk, 8
seguido(a) continued
seguir (**i, i**) to continue, 6; **~ derecho** to go straight ahead
según according to
segundo(a) second, 10
seguro(a) sure, 4; safe, 7; **no es seguro** it's not sure, 11; **no estar ~ de** to not be sure, 11; **seguro médico** medical insurance, 13
seis six, P
seiscientos(as) six hundred, 8
selva: ~ amazónica Amazonian jungle, 14; **~ tropical** tropical jungle, 14
semana week, 3; **~ pasada** last week, 7; **fin** (*m.*) **de ~** weekend, 2; **todas las semanas** every week, 5
semejanza similarity
sencillo(a) simple; single (*room*)
sentarse (**ie**) to sit down, 5
sentir (**ie, i**) to feel, 4; to feel sorry, to regret, 11; **Lo siento.** I'm sorry. 4
señalar to point out
señor (*abbrev.* **Sr.**) Mr., Sir, 1
señora (*abbrev.* **Sra.**) Mrs., Ms., Madam, 1
señorita (*abbrev.* **Srta.**) Miss, Ms., 1
separarse to get separated, 5

septiembre September, 1
séptimo(a) seventh, 10
ser (*irreg.*) to be, 1
serio(a) serious, 2
servicio despertador wake-up call, 14
servilleta napkin, 9
servir (**i, i**) to serve, 4; **¿En qué puedo servirle?** How can I help you? 8
sesenta sixty, P
setecientos(as) seven hundred, 8
setenta seventy, P
sexto(a) sixth, 10
show (*m.*) show, 11
sí yes, 1
siempre always, 5
siete seven, P
siglo century
significar (**qu**): **Significa...** It means . . . , P
significado meaning
siguiente following, next
silla chair, P
sillón (*m.*) armchair, 10
símbolo symbol
simpático(a) nice, 2
sin without; **~ embargo** nevertheless; **~ que** without, 12
sincero(a) sincere, 2
sino but instead
síntoma (*m.*) symptom, 12
sistemático(a) systematic
sitio place; **~ web** website, 4
soberanía sovereignty
sobre on, above, 6
sobrepasar to surpass
sobresaliente outstanding
sobrevivir to survive, to overcome, 13
sobrino(a) nephew (niece), 5
sofá (*m.*) sofa, 10
software (*m.*) software, 4
sol (*m.*) sun; **Hace ~.** It's sunny. 7
solicitar empleo to apply for a job, 13
solicitud (*f.*) application, 13
soltero(a) single (unmarried)
sombrero hat, 8
sonar (**ue**) to ring, to go off (*phone, alarm clock, etc.*), 4
sonido sound
sonreír (*irreg.*) to smile, 8
sonrisa smile
soñar (**ue**) **con** to dream about, 4
sopa soup, 9; **~ de fideos** noodle soup, 9

sorprender to surprise, 11
sorpresa surprise
sorteo raffle; evasion
sortija ring
sótano basement, cellar, 10
su (*adj.*) your (*s. form., pl.*), his, her, their, 3
suave soft
subir to go up, to get on, 6
subtítulos: con ~ en inglés with subtitles in English, 11
suburbio suburb, 10
sucio(a) dirty
sudadera sweatsuit, 8
Sudamérica South America
suegro(a) father-in-law (mother-in-law), 5
sueño dream; **tener** (*irreg.*) **~** to be sleepy, 7
suéter (*m.*) sweater, 8
sufrir (las consecuencias) to suffer (the consequences), 13
sugerencia suggestion
sugerir (ie, i) to suggest, 8
superación (*f.*) overcoming
supermercado supermarket, 6
supervisar to supervise, 13
supuesto: por ~ of course, 10
sur (*m.*) south, 14
surfing: hacer/practicar (qu) ~ to surf, 7
sustantivo noun
sustituir (y) to substitute
suyo(a) (*adj.*) your (*form. s., pl.*), his, her, its, their, 10; (*pron.*) yours (*form. s., pl.*), his, hers, its, theirs, 10

T

tal vez perhaps
talla size, 8
también also, 2
tampoco neither, not either, 2
tan... como as . . . as, 8
tanto(a)(s)... como as much (many) . . . as, 8
tarde (*f.*) afternoon, 3; **de la ~** in the afternoon (*with precise time*), 3; **por la ~** during the afternoon, 3; (*adv.*) late, 3
tarea homework, P
tarjeta business card, 13; **~ de crédito** credit card, 8; **~ de débito** (bank) debit card, 8; **~ de embarque** boarding pass, 14; **~ postal** postcard, 14

taza cup, 9
te to/for you (*fam. s.*), 8
té hot tea, 9; **~ helado** iced tea, 9
teatro theater, 6
technología technology, 4
techo roof, 10
tecla key (*on a keyboard*), 4
teclado keyboard, 4
tejer to weave
tejido weaving
tela fabric, 8
telecomedia sitcom, 11
telecomunicaciones (*f. pl.*) telecommunications, 13
teledrama (*m.*) drama series, 11
teleguía TV guide, 11
telenovela soap opera, 11
teleserie (*f.*) TV series, 11
televidente (*m., f.*) TV viewer, 11
televisión (*f.*) television broadcasting, 11; **~ por cable** cable TV, 14
televisor (*m.*) television set, 10
temer to fear, 11
temperatura temperature, 7; **La ~ está a 20 grados centígrados (Fahrenheit).** It's 20 degrees Celsius (Fahrenheit). 7
temporada: ~ de lluvias rainy season; **~ de secas** dry season
temprano early, 3
tenedor (*m.*) fork, 9
tener (*irreg.*) to have, 1; **~ 128 MB de memoria** to have 128 MB of memory, 4; **~ ... años** to be . . . years old, 1; **~ algunos conocimientos de...** to have some knowledge of . . ., 13; **~ buena presencia** to have a good presence, 13; **~ calor** to be hot, 7; **~ cuidado** to be careful, 7; **~ frío** to be cold, 7; **~ ganas de** to have the urge to, to feel like, 7; **~ las habilidades necesarias** to have the necessary skills, 13; **~ hambre** to be hungry, 7; **~ miedo (a, de)** to be afraid (of), 7; **~ mucha experiencia en** to have a lot of experience in, 13; **~ prisa** to be in a hurry, 7; **~ que** (+ *inf.*) to have to (+ *verb*), 1; **~ razón** to be right, 7; **~ sed** to be thirsty, 7; **~ sueño** to be sleepy, 7; **~ vergüenza** to be embarrassed, ashamed, 7
tenis (*m.*) tennis, 7

teoría theory
tercer(o, a) third, 10
término term
terremoto earthquake, 13
terrible terrible, awful, 1
terrorismo terrorism, 13
tesoro treasure
texto text
tez (*f.*) skin, complexion
ti you (*fam. s.*), 8
tiburón (*m.*) shark
tiempo weather, 7; **a ~ completo** full-time (*work*), 13; **a ~ parcial** part-time (*work*), 13; **¿Qué ~ hace?** What's the weather like? 7
tienda store, 6; **~ de música (ropa, videos)** music (clothing, video) store, 6
tierra earth, ground
tímido(a) shy, 2
tinto: vino ~ red wine, 9
tío(a) uncle (aunt), 5
típico(a) typical, 9
tira cómica comic strip
tirita (small) bandaid, 12
tiroteo shooting
titular to title
título title, 1
tiza chalk, P
toalla towel, 5; **~ de mano** hand-towel, 5
tobillo ankle, 12; **~ torcido** twisted ankle, 12
tocador (*m.*) dresser, 10
tocar (qu) un instrumento musical to play a musical instrument, 2
todavía still
todo everything
todo(a) all, every; **todas las semanas** every week, 9; **todos los días (años)** every day (year), 9
tomar to take; **~ medidas** to take measures, 13; **~ la presión** to take blood pressure, 12; **~ una radiografía** to take an X-ray, 12; **~ un refresco** to have a soft drink, 2; **~ el sol** to sunbathe, 2; **~ la temperatura** to take the temperature, 12
tonto(a) silly, stupid, 2
tormenta thunderstorm
torpe awkward
tos (*f.*) cough, 12; **jarabe** (*m.*) **para la ~** cough syrup, 12

toser to cough, 12
tostadora toaster, 10
trabajador(a) (*adj.*) hard-working, 2; (*noun*) worker, 5
trabajar to work, 2; **~ a tiempo completo** to work full-time, 13; **~ a tiempo parcial** to work part-time, 13
traducir (zc) to translate, 5
traer (*irreg.*) to bring, 5
Trague. Swallow. 12
traje (*m.*) suit, 8; **~ de baño** bathing suit, 8
trama plot
transmitir to broadcast, 3
trapear el piso to mop the floor, 10
tratarse de to be a matter of; to be; **Se trata de...** It's about ..., 11
través: a ~ de across, throughout
trece thirteen, P
trecho distance, period
treinta thirty, P
tren: en ~ by train, 6
tres three, P
trescientos(as) three hundred, 8
trigo wheat
tripulación (*f.*) crew
triste sad, 4
triunfar to triumph
trompeta trumpet, 2
trozo chunk, 9
trucha trout, 9
truco trick
tu your (*fam.*), 3
tú you (*fam.*), 1
tuyo(a) (*adj.*) your (*fam.*), 10; (*pron.*) yours (*fam.*), 10

U

ubicado(a) located
Ud. (*abbrev. of* **usted**) you (*form. s.*), 8
Uds. (*abbrev. of* **ustedes**) you (*fam. or form. pl.*), 8
último: lo ~ the latest (thing)
un(a) a, 1
único(a) only, unique
unido(a) united
unir to mix together, to incorporate, 9
universidad (*f.*) university, 6
uno one, P
unos(as) some, 1
uruguayo(a) Uruguayan, 2
usar to use, 2

usted you (*s. form.*), 1
ustedes you (*fam. or form. pl.*), 1
usuario(a) user, 4
útil useful
uva grape, 9

V

vacío(a) empty
vacuna vaccination, 12
valer (*irreg.*) **la pena** to be worthwhile
valioso(a) valuable
valle (*m.*) valley
valor (*m.*) value
vanidoso(a) vain
vapor: al ~ steamed, 9
vaquero cowboy
variedad (*f.*) variety
varios(as) various, several
varonil manly
vaso glass, 9
veces (*f. pl.*) times; **a ~** sometimes, 5; **(dos) ~ al día/por semana** (two) times a day/per week, 5
vecino(a) neighbor, 6
vegetal (*m.*) vegetable, 6
vegetariano(a) vegetarian
vehículo vehicle
veinte twenty, P
veintiuno twenty-one, P
venda de gasa gauze bandage, 12
vender to sell, 3
venezolano(a) Venezuelan, 2
venir (*irreg.*) to come, 5
venta: estar en ~ to be on sale, 8
ventaja advantage, 13
ventana window, P
ver (*irreg.*) to see, 5; **Nos vemos.** See you later. 1
verano summer, 7
veras: de ~ truly, really
verbo verb, 3
verdad true; **(no) es ~** it's (not) true, 11; **~** (*f.*) truth
verde green, 4
vergüenza: tener (*irreg.*) **~** to be embarrassed, ashamed, 7
verso libre blank verse
vestido dress, 8
vestir (i, i) to dress (*someone*), 5; **vestirse (i, i)** to get dressed, 5
veterinario(a) veterinarian, 5
vez (*f.*) time; **de ~ en cuando** sometimes; **en ~ de** instead of;

rara ~ hardly ever; **tal ~** perhaps; **una ~** once, 9
viajar to travel, 14; **~ al extranjero** to travel abroad, 14
vida life
videocámara videocamera, 4
videocasetera VCR, 4
viejo(a) old, 2
viento wind; **Hace ~.** It's windy. 7
viernes (*m.*) Friday, 2
vinagre (*m.*) vinegar, 9
vino: ~ blanco white wine, 9; **~ tinto** red wine, 9
violencia violence, 13
violín (*m.*) violin, 2
viraje (*m.*) turn
visitante (*m., f.*) visitor
visitar a amigos to visit friends, 2
visto (*p. p. of* **ver**) seen, 13
vitamina vitamin, 12
vivienda housing
vivir to live, 3
vivo: en ~ live, 11
volcán (*m.*) volcano, 14
volibol (*m.*) volleyball, 7
volver (ue) to return, 4
vomitar to throw up, 12
vosotros(as) you (*fam. pl.*), 1
votar to vote, 13
voz (*f.*) voice
vuelo flight, 14
vuelto (*p.p. of* **volver**) returned, 13
vuestro(a) (*adj.*) your (*fam. pl.*), 3; (*pron.*) yours (*fam. pl.*), 3

Y

yerno son-in-law, 5
yeso cast, 12
yo I, 1
yogur (*m.*) yogurt, 6

Z

zanahoria carrot, 9
zapato shoe, 8; **~ de tacón alto** high-heeled shoe, 8; **~ de tenis** tennis shoe, 8

A

a un(a), 1
à la carte a la carta, 9
above sobre, 6
abundance abundancia
academic académico(a)
accessory accesorio, 8
according to según
accountant contador(a), 5
accounting contabilidad (*f.*), 3
ache dolor (*m.*), 12
achieve alcanzar (c), lograr
acquisition adquisición (*f.*)
across a través de
action acción (*f.*), 5
active activo(a), 2
activity actividad (*f.*), P
actor actor (*m.*), 5
actress actriz (*f.*), 5
actually en realidad
ad: personal ~ anuncio personal
add agregar, añadir, 9
address dirección (*f.*)
advantage ventaja, 13
advertising (*adj.*) publicitario(a)
advice consejo, 12
advise aconsejar, 10
after después, 5; después (de) que, 12
afternoon tarde (*f.*), 3; **during the ~** por la tarde, 3; **Good ~.** Buenas tardes. 1; **in the ~** (*with precise time*) de la tarde, 3; **late ~** atardecer (*m.*)
age edad (*f.*)
agreement concordancia
agricultural agrícola (*m., f.*)
ahead adelante
air conditioning aire (*m.*) acondicionado, 14
airline línea aérea, 14
airplane avión (*m.*), 14
airport aeropuerto, 6
all todo(a)
allergy alergia, 12
alligator caimán (*m.*)
along por, 10
alphabet alfabeto

also también, 2
although aunque, 12
altitude altitud (*f.*)
always siempre, 5
ambassador embajador(a)
ambiguity ambigüedad (*f.*)
amusement diversión (*f.*)
ancestor antecesor(a), antepasado(a)
anger cólera
angry enojado(a), 4
animated film dibujos animados, 11
ankle tobillo, 12; **twisted ~** tobillo torcido, 12
announcer locutor(a), 11
anonymous anónimo(a)
answer contestar; **Answer.** Contesten. P
Antarctica Antártida
antibiotic antibiótico, 12
antiquated anticuado(a)
any algún, alguno(a) 6
apartment apartamento, 6
appear aparecer (zc)
apple manzana, 9
appliance electrodoméstico, 10
application aplicación (*f.*), 4; solicitud (*f.*), 13
apply for a job solicitar empleo, 13
appointment cita, 12
appreciate apreciar
appropriate apropiado(a)
April abril, 1
apt apto(a)
architect arquitecto(a), 5
architecture arquitectura, 3
Argentinian argentino(a), 2
arm brazo, 12
armchair sillón (*m.*), 10
armed forces fuerzas armadas, 13
army ejército, 13
around alrededor de
arrival llegada, 14
arrive llegar, 2
arrogant altivo(a)
art arte (*m.*), 3; **~ exhibit** exposición (*f.*) de arte, 11; **arts** arte y cultura, 11
article artículo, 1

artist artista (*m., f.*), 5
as como; **~ . . . ~** tan... como, 8; **~ many . . . ~** tantos(as)... como, 8; **~ much . . . ~** tanto(a)(s)... como, 8; **~ soon ~** en cuanto, tan pronto como, 12
ask: ~ questions hacer (*irreg.*) preguntas, 3; **~ for something** pedir (i, i), 1; **~ for the time** pedir (i, i) la hora, 3
asparagus espárragos (*m. pl.*), 9
aspirin aspirina, 12
at en; **~ least** por lo menos, 10; **~ low heat** a fuego suave/lento, 9
athletics track pista de atletismo, 6
atmosphere ambiente (*m.*)
attachment anexo
attack ataque (*m.*)
attempt intentar
attend acudir; asistir a, 3
attractive guapo(a), 2
audience audiencia; público, 11
audiotape cinta, P
auditorium auditorio, 6
August agosto, 1
aunt tía, 5
automated bank teller cajero automático, 6
autumn otoño, 7
availability disponibilidad (*f.*)
available disponible, 13
avenue avenida, 1
avoid evitar
awful fatal, terrible, 1
awkward torpe

B

baby-sitter niñero(a)
back espalda, 12
background fondo
backpack mochila, P
bad malo(a), 2; **it's ~** es malo, 11
badly mal, 4
baggage equipaje (*m.*), 14; **~ claim** sala de equipajes, 14
balance poner (*irreg.*) en equilibro
ball pelota, 7

ballpoint pen bolígrafo, P
banana plátano, 9
bandaid curita, tirita, 12
bank (commercial) banco, 6
barber peluquero(a), 5
barefooted descalzo(a)
baseball béisbol (*m.*), 7
basement sótano, 10
basket canasta
basketball básquetbol (*m.*), 7
bather bañador(a)
bathing suit traje (*m.*) de baño, 8
bathroom baño, 10
be estar (*irreg.*), ser (*irreg.*), 1; ~ . . .
    years old tener (*irreg.*)... años, 1;
    ~ a matter of tratarse de; **~ able
    to** poder (*irreg.*), 4; **~ afraid (of)**
    tener (*irreg.*) miedo (a, de), 7; **~
    ashamed** tener (*irreg.*) vergüenza,
    7; **~ born** nacer (zc); **~ careful**
    tener (*irreg.*) cuidado, 7; **~ certain
    of** contar (ue) con; **~ cold** tener
    (*irreg.*) frío, 7; **~ congested** estar
    (*irreg.*) congestionado(a), 12; **~
    embarrassed** tener (*irreg.*)
    vergüenza, 7; **~ familiar with**
    conocer (zc), 5; **~ going to** ir a, 3;
    ~ happy about alegrarse de, 11; **~
    hot** tener (*irreg.*) calor, 7; **~ hun-
    gry** tener (*irreg.*) hambre, 7; **~ im-
    portant** importar, 4; **~ in a hurry**
    tener (*irreg.*) prisa, 7; **~ interesting**
    interesar, 4; **~ jealous** tener (*ir-
    reg.*) celos; **~ pleased about** estar
    (*irreg.*) contento(a) de 11; **~ right**
    tener (*irreg.*) razón, 7; **~ sleepy**
    tener (*irreg.*) sueño, 7; **~ sure** es-
    tar (*irreg.*) seguro(a) de, 11; **~
    thirsty** tener (*irreg.*) sed, 7; **~
    worthwhile** valer (*irreg.*) la pena
beach playa, 14
bean haba (*f. but* el haba); **(green) ~**
    habichuela, 9; **refried beans**
    frijoles refritos, 9
beat batir
beautiful bello(a), hermoso(a)
beauty belleza
because porque, 3
bed cama, 10
bedroom cuarto, dormitorio,
    habitación (*f.*), recámara, 10
beef stew guisado, 9
beeper bíper (*m.*), buscapersonas
    (*m. s.*), 4
beer cerveza, 9
before antes, 5; antes (de) que, 12

begin comenzar (ie) (c), empezar (ie)
    (c), 4
beginner principiante
behave portarse
behavior comportamiento
behind detrás de, 6
believe (in) creer (en), 3; **not ~** no
    creer, 11
bellboy botones (*m. s.*), 14
below debajo de, 6
belt cinturón (*m.*), 8
benefit beneficio, 13
besides además
better mejor, 8; **it's ~** es mejor, 11
between entre, 6
beverage bebida, refresco, 9
bicycle: on ~ en bicicleta, 6
big grande, 2
bilingual bilingüe
bill cuenta, 9
biology biología, 3
bird pájaro
birthplace lugar (*m.*) de nacimiento
black negro(a), 4
blank verse verso libre
blender licuadora, 10
blind ciego(a); **~ date** cita a ciegas
block cuadra, 6
blond(e) rubio(a), 2
blood sangre (*f.*), 12
blouse blusa, 8
blue azul, 4
board abordar, 14
boarding pass tarjeta de
    embarque, 14
boat barco, bote (*m.*)
body cuerpo, 12
boil hervir (ie, i), 9
boiled hervido(a), 9
Bolivian boliviano(a), 2
book libro, P
bookstore librería, 3
boot bota, 8
border frontera
boredom aburrimiento
bored aburrido(a), 4
boring aburrido(a), 2
both ambos(as)
bother molestar, 4
bowl plato hondo, 9
box: large ~ cajón (*m.*)
boxing boxeo, 7
boy chico, P; muchacho, P; niño, P
boyfriend novio
bracelet brazalete (*m.*), pulsera, 8
bread pan (*m.*), 6

break (a record) batir
breakfast desayuno, 9; **~ included**
    desayuno incluido, 14
breathe respirar; **~ deeply.**
    Respire hondo. 12
brick ladrillo
brief breve
briefcase maletín (*m.*), 13
bring traer (*irreg.*), 5
broadcast transmitir, 3
broccoli brócoli (*m.*), 9
broken quebrado(a), 12; roto(a)
    (*p.p.*), 13; **~ leg** pierna
    quebrada/rota, 12
brother (younger, older) hermano
    (menor, mayor), 5
brother-in-law cuñado, 5
brown castaño, 2; café, marrón, 4
brush cepillo, 5; **~ one's hair**
    cepillarse el pelo, peinarse, 5;
    ~ one's teeth lavarse los dientes,
    5
buddy cuate(a)
budget presupuesto, 13
building edificio, 6
bus ómnibus (*m.*), colectivo, guagua
    (*Cuba, Puerto Rico*), micro (*Chile*)
business negocio, 3; **~ administra-
    tion** administración (*f.*) de em-
    presas, 3; **~ card** tarjeta, 13;
    ~ district centro comercial, 10
businessman hombre (*m.*) de
    negocios, 5; empresario, 13
businesswoman mujer (*f.*) de
    negocios, 5; empresaria, 13
busy ocupado(a), 4
but pero, 2; **~ instead** sino
butcher shop carnicería, 6
butter mantequilla, 9
buy comprar, 2
by por, 10; **~ bus** en autobús, 6;
    ~ car en carro/coche/automóvil,
    6; **~ check** con cheque, 8; **~
    plane** por avión, 6; **~ satellite
    dish** por satélite, 11; **~ train**
    en tren, 6
Bye. Chau. 1

C

cable cable (*m.*), 4; **~ TV** cable
    (*m.*), 11; televisión (*f.*) por cable, 14
cafeteria cafetería, 3
cake pastel (*m.*), 9
calculator calculadora, P
calculus cálculo, 3

call llamar, 2

campaign campaña, 13

can opener (electric) abrelatas (*m.*) (eléctrico), 10

Canadian canadiense (*m., f.*), 2

candidate candidato(a), 13

candy dulce (*m.*), 11

cantaloupe melón (*m.*), 9

canyon cañón (*m.*), 14

cap gorra, 8

capital (letter) mayúsculo(a)

card tarjeta; **credit ~** tarjeta de crédito, 8; **debit ~** tarjeta de débito, 8

cardboard cartón (*m.*)

career carrera, 5

Careful! ¡Cuidado!

Caribbean (Sea) Caribe (*m., f.*)

carpenter carpintero(a), 5

carpet alfombra, 10

carrot zanahoria, 9

carry llevar

cartoons dibujos animados, 11

cash: in ~ en efectivo, al contado, 8

cashmere cachemira

cast yeso, 12

cat gato(a), 2

cattle ganado, ganadería

cattle-raising industry industria ganadera

cautious cuidadoso(a), 2

CD CD, P; **CD/DVD recorder** grabador (*m.*) de discos compactos/DVD, reproductor (*m.*) de discos compactos/DVD, 4

celebration celebración (*f.*)

cellar sótano, 10

Celsius degree grado centígrado, 7

census censo

cent centavo

center centro

Central America Centroamérica

century siglo

cereal cereal (*m.*), 9

certain cierto(a); **it's not ~** no es cierto, 11

chain cadena, 8

chair silla, P

chalk tiza, P

chalkboard pizarra, P

challenge reto

change cambio; convertir (ie, i); **~ the channel** cambiar el canal, 11

chapter capítulo, P

charity organización (*f.*) benéfica

chat chatear (*online*), 4; **~ room** grupo de conversación, 4

check cheque (*m.*); (*restaurant check*) cuenta, 9; **~ one's baggage** facturar el equipaje, 14

check-in desk mostrador (*m.*), 14

checkup chequeo médico, 12

cheek mejilla

cheese queso, 6

cheeseburger hamburguesa con queso, 9

chef cocinero(a), 5

chemistry química, 3

chess ajedrez (*m.*)

chest pecho, 12

chicken pollo, 6; **~ soup** caldo de pollo, 9; **~ with rice** arroz (*m.*) con pollo, 9; **fried ~** pollo frito, 9; **roasted ~** pollo asado, 9;

Chilean chileno(a), 2

Chinese chino(a), 2; **~ language** chino, 3

chocolate cacao; chocolate (*m.*), 11

choose escoger (j)

chronology cronología

chunk trozo, 9

church iglesia, 6

cinema cine (*m.*), 6

cinnamon canela

citizen ciudadano(a), 13

city ciudad (*f.*), 6

clam almeja, 9

clarity claridad (*f.*)

class clase (*f.*), P; **lower ~** clase baja

classroom salón (*m.*) de clase, P

clean the bathroom limpiar el baño, 10

clear the table quitar la mesa, 10

click hacer (*irreg.*) clic, 4; **double ~** hacer (*irreg.*) doble clic, 4

clinic clínica, 12

close cerrar (ie); **~ your books.** Cierren los libros. P

close to cerca de, 6

closet clóset (*m.*), 10

clothing ropa, 5; **article of ~** prenda de ropa, 8

cloudburst chaparrón (*m.*)

cloudy: It's ~. Está nublado. 7

coat abrigo, 8

code código

codfish bacalao, 9

coffee café (*m.*), 9

cold (*e.g., headcold*) catarro, resfriado, 12; (*adj.*) frío(a); **It's ~.** Hace frío. 7

Colombian colombiano(a), 2

color color (*m.*), 4; **solid ~** de un solo color, 8

comb peine (*m.*), 5; **~ one's hair** peinarse, 5

come venir (*irreg.*), 5

comedy comedia, 11; **romantic ~** comedia romántica, 11

comic strip tira cómica

comma coma

command mandato

compact disc CD, disco compacto (*m.*)

comparison comparación (*f.*), 8

compete competir (i, i)

competition competencia, 7

complain quejarse, 5

complexion tez (*f.*)

complicity complicidad (*f.*)

computer computadora, P; **~ center** centro de computación, 3; **~ functions** funciones (*f. pl.*) de la computadora, 4; **~ science** computación (*f.*), informática, 3

concierge conserje (*m., f.*), 14

conduct conducir (zc), 5

confection confección (*f.*)

connect conectar, 4

connection conexión (*f.*), 4

consider pensar (ie) en (de), 4

contest concurso

continue seguir (i, i), 6

continued seguido(a)

contract contrato, 13

contraction contracción (*f.*), 3

contrary: on the ~ al contrario

conversation conversación (*f.*)

cook cocinar, 2; cocer (-z) (ue), 9; cocinero(a), 5

cookie galleta, 9

cool: It's cool. Hace fresco. 7

copper cobre (*m.*)

corn maíz (*m.*)

corner esquina, 6

corporation: multinational ~ compañía multinacional, 13

correct corregir (i, i) (j)

cost costo, 13

Costa Rican costarricense (*m., f.*), 2

cotton algodón (*m.*), 8

cough toser, 12; tos (*f.*), 12; **~ syrup** jarabe (*m.*) para la tos, 12

counter mostrador (*m.*), 14

country país (*m.*)

courage coraje (*m.*)

course: basic ~ curso básico, 3

courtesy cortesía, 4

cousin primo(a), 5

cowboy vaquero

cradle cuna

cream crema, 12

create crear

creative creativo(a)

crew tripulación (*f.*)

crime crimen (*m.*), 13

critic crítico(a), 11

critical reaction reacción (*f.*) crítica, 11

criticism crítica, 11

crowd muchedumbre (*f.*)

cruise ship crucero

crushed molido(a), 9

crutch muleta, 12

Cuban cubano(a), 2

culinary culinario(a)

culture cultura

cumin comino, 9

cup taza, 9

current events noticias (*f. pl.*) del día, 13

curriculum vitae currículum vitae (*m.*), 13

curtain cortina, 10

custard flan (*m.*), 9

customer cliente (*m., f.*), 8

customs aduana, 14

cut (oneself) cortar(se), 12

cutting recorte (*m.*)

cyberspace ciberespacio, 4

cycling ciclismo, 7

D

daily cotidiano(a)

dam presa

dance bailar, 2; baile (*m.*), 3; danza, 11

danger peligro, 7

dangerous peligroso(a), 7

date fecha, 3; **blind ~** cita a ciegas

daughter hija, 5

daughter-in-law nuera, 5

dawn amanecer (zc)

day día (*m.*), 3; **~ before yesterday** anteayer, 7; **~ of the week** día de la semana, 3; **every ~** todos los días, 3

dead muerto(a), 13

December diciembre, 1

decoration decoración (*f.*), 10

definite definido(a), 1

degree grado

delay demora, retraso, 14

Delighted to meet you. Encantado(a). 1

demand exigir (j)

demonstrate demostrar (ue)

demonstration manifestación (*f.*), 13

demonstrative demostrativo(a), 6

denim mezclilla, 8

dentist dentista (*m., f.*), 5

deodorant desodorante (*m.*), 5

departure salida, 14

describe describir, 2

desert desierto, 14

deserve merecer (zc)

design diseño; **graphic ~** diseño gráfico, 3

designer: graphic ~ diseñador(a) gráfico(a), 5

desire afán (*m.*)

desk escritorio, P

dessert postre (*m.*), 9

destination: with ~ to con destino a, 14

detail detalle (*m.*)

detail-oriented detallista, 13

determined resuelto (*p.p. of* resolver)

develop desarrollar

development desarrollo, 13

dialect dialecto

dictionary diccionario, P

die morirse (ue, u), 8

difference diferencia

difficult difícil, 4

digital camera cámara digital, 4

dining room comedor (*m.*), 10

dinner cena

direct dirigir (j), 13

dirty sucio(a)

disadvantage desventaja, 13

disappointment desilusión (*f.*)

disaster desastre (*m.*); **natural ~** desastre natural, 13

discount descuento, 8

discover descubrir, 3

discrimination discriminación (*f.*), 13

disembark desembarcar (qu), 14

dish: main ~ plato principal, 9

dishonest mentiroso(a), 2

dishwasher lavaplatos (*m. s.*), 10

disillusionment desengaño

disk disquete (*m.*), P

dispatch despachar

disqualify descalificar (qu)

distance trecho

diversity diversidad (*f.*)

do hacer (*irreg.*), 5; **a lot to ~** mucho que hacer; **~ the homework for tomorrow.** Hagan la tarea para mañana. P; **~ the recycling** hacer el reciclaje, 10

doctor doctor(a); médico(a), 5

doctor's office consultorio del médico, 12

documentary documental (*m.*), 11

dog perro(a), 2

doll muñeca

dollar dólar (*m.*)

Dominican dominicano(a), 2

done hecho (*p.p. of* hacer), 13

door puerta, P

dorm residencia estudiantil, 3; dormitorio estudiantil, 6

doubt dudar, 11

doubtful dudoso(a), 11

downpour chaparrón (*m.*)

downtown centro de la ciudad, 10

dozen docena, 9

drama drama (*m.*), 11; **~ series** teledrama (*m.*), 11

drawing dibujo, P

dream sueño; **~ (about)** soñar (ue) con, 4

drenched empapado(a)

dress vestido, 8; **~ (someone)** vestir (i, i), 5; **get dressed** vestirse (i, i), 5

dresser cómoda, tocador (*m.*), 10

drink beber, 3

drive manejar, conducir (zc), 5

driver's license licencia de manejar

drops gotas, 12

dry (something) secar (qu), 5; **~ cleaning** lavado en seco, 14; **~ one's hair** secarse (qu) el pelo, 5

dryer secadora, 10

dubbed doblado(a), 11

during mientras, por, 10

dust polvo; **~ the furniture** sacudir los muebles, 10

DVD/CD-ROM drive lector (*m.*) de CD-ROM o DVD, 4

E

ear (inner) oído, 12; **(outer)** oreja, 12

early temprano, 3

earn (money) ganar
earphones audífonos (*m. pl.*), 4
earring arete (*m.*), pendiente (*m.*), 8
earth tierra
earthquake terremoto, 13
east este (*m.*), 14
easy fácil, 4
eat comer, 3; **~ dinner** cenar, 2;
   ~ healthy foods comer alimentos
   nutritivos, 12
economy economía, 3
Ecuadoran ecuatoriano(a), 2
edit redactar
education educación (*f.*), 3
egg huevo, 6; **~ sunny-side up**
   huevo estrellado, 9; **scrambled ~**
   huevo revuelto, 9
egotistic egoísta, 2
eight ocho, P; **~ hundred**
   ochocientos(as), 8
eighteen dieciocho, P
eighth octavo(a), 10
eighty ochenta, P
either . . . or o... o, 6
elbow codo, 12
election elección (*f.*), 13; **~ process**
   proceso electoral, 13
electricity electricidad (*f.*)
electronic electrónico(a); **~ mailbox**
   buzón (*m.*) electrónico, 4; **~ note-**
   book asistente (*m.*) electrónico,
   4; **~ organizer** organizador (*m.*)
   electrónico, 4; **electronics**
   aparatos electrónicos, 4
elephant elefante (*m.*)
elevator ascensor (*m.*), 14
eleven once, P
e-mail correo electrónico, e-mail
   (*m.*), 4
embarrass avergonzar (ue) (c)
embarrassed avergonzado(a)
embroidered bordado(a), 8
emergency emergencia, 12; **~ room**
   sala de emergencias, 12
emotion emoción (*f.*), 4
emphasize destacar (qu),
   enfatizar (c)
employ emplear, 13
employee empleado(a), 13
empty vacío(a)
enchant encantar, 11
encounter encuentro
end cabo; fin (*m.*)

engineer ingeniero(a), 5
engineering ingeniería, 3
English inglés (inglesa), 2;
   ~ language inglés (*m.*), 3
enjoy gozar (c); **~ (life)** disfrutar
   (la vida)
enroll alistar
enterprising emprendedor(a), 13
entertain entretener (*like* tener)
entertaining divertido(a), 2
environment medio ambiente (*m.*)
episode episodio, 11
equality igualdad (*f.*), 13
equator ecuador (*m.*)
essay ensayo
Europe Europa
evaluation calificación (*f.*)
evasion sorteo
even aun; **~ though** aunque, 12
evening noche (*f.*); **during the ~**
   por la noche, 3; **Good ~.** Buenas
   noches. 1; **in the ~** (*with precise*
   time) de la noche, 3
everything todo
everywhere por dondequiera
example ejemplo, 10
exchange intercambiar; **~ money**
   cambiar dinero, 14; **in ~ for** a
   cambio de; **~ rate** cambio
Excuse me. Disculpe. Perdón. 4
exercise hacer (*irreg.*) ejercicio, 7
exhibit exhibir; **art ~** exposición
   (*f.*) de arte, 11
exotic exótico(a)
expensive: It's (too) ~. Es
   (demasiado) caro(a). 8
express preferences expresar
   preferencias, 2
expression expresión (*f.*), 1
extroverted extrovertido(a), 2
eye ojo, 12
eyeglasses lentes (*m. pl.*), anteojos
   (*m. pl.*)

F

fabric tela, 8
fact dato, hecho
factory fábrica, 13
Fahrenheit degree grado
   Fahrenheit, 7
faint desmayarse, 12
fairy tale cuento de hadas

fall caer (*irreg.*); (*autumn*) otoño,
   7; **~ asleep** dormirse (ue, u), 5;
   ~ back on recurrir; **~ in love**
   enamorarse, 5
false falso(a)
family familia; **~ member** pariente
   (*m., f.*), 5; **nuclear ~** familia
   nuclear, 5; **~ tree** árbol (*m.*)
   genealógico
fantastic fantástico(a), 11
fantasy fantasía
far from lejos de, 6
fascinate fascinar, 4
fashion moda, 8
fashionable: (not) to be ~ (no) estar
   de moda, 8
fast rápido(a), 4
fat gordo(a), 2
father padre (*m.*), papá (*m.*), 5
father-in-law suegro, 5
fax: external/internal ~ fax (*m.*)
   externo/interno, 4
fear temer, 11
February febrero, 1
feed the dog darle de comer al
   perro, 10
feel sentir (ie, i), 4; **~ dizzy** estar
   (*irreg.*) mareado(a), 12; **~ like**
   tener (*irreg.*) ganas de, 7; **~ sorry**
   sentir (ie, i), 11
feminine femenino(a)
fever fiebre (*f.*), 12
field of study campo de estudio, 3
fifteen quince, P
fifth quinto(a), 10
fifty cincuenta, P
fight (against) luchar (contra), 13
file archivar, 4; archivo, 4
film película, 11
final final
finally por fin, 9
financial financiero(a)
find out averiguar (gü)
Fine, thank you. Bien, gracias. 1
finger dedo, 12
fire (*from a job*) despedir (i, i), 13;
   fuego; **~ fighter** bombero(a), 5
fired despedido(a)
fireplace chimenea, 10
first primer(o)(a), 10; **~ floor**
   primer piso, 10
fish pescar (qu), 7; pez (*m.*) (*alive*);
   pescado (*caught*), 9

fit apto(a); **It fits nicely/badly.** Me queda bien/mal. 8

five cinco, P; ~ **hundred** quinientos(as), 8; ~ **thousand** cinco mil, 8

flat llano(a)

flavor sabor (*m.*)

flight vuelo, 14; ~ **attendant** asistente (*m., f.*) de vuelo, 14

floating flotador(a)

flood inundación (*f.*), 13

floor piso; **first** ~ primer piso, 10

flour harina, 9

flourish florecer (zc)

flower florecer (zc); flor (*f.*)

flu gripe (*f.*), 12

fold doblar, 6

following siguiente

fondness cariño

food comida, 6

fool engañar

foot pie (*m.*), 12; **on** ~ a pie, 6

football fútbol americano, 7

footprint huella

for para, por, 10; ~ **example** por ejemplo, 10

forbid prohibir, 10

forest bosque (*m.*), 14; ~ **fire** incendio forestal

fork tenedor (*m.*), 9

form formulario, 13

fortress fortaleza

forty cuarenta, P

founder fundador(a)

four cuatro, P; ~ **hundred** cuatrocientos(as), 8

fourteen catorce, P

fourth cuarto(a), 10

fracture fractura, 12

French francés (francesa), 2; ~ **fries** papas fritas, 9; ~ **language** francés (*m.*), 3

frequently frecuentemente, 4

fresh fresco(a), 9

Friday viernes (*m.*), 2

fried frito(a), 9

friend amigo(a), P; cuate(a)

from the del (de + el), 3

front: in ~ **of** delante de, frente a, enfrente de, 6

frozen congelado(a), 9

fruit fruta, 6; ~ **juice** jugo de fruta, 9; ~ **salad** ensalada de fruta, 9; ~ **shake** licuado de fruta

fry freír (i, i), 9

fun divertido(a), 2

function funcionar, 4

funny cómico(a), 2

furious furioso(a), 4

furniture muebles (*m. pl.*), 10

G

G (for general audiences) apto para toda la familia, 11

gallon galón (*m.*), 9

game partido, 7; ~ **show** programa (*m.*) de concursos, 11; **interactive** ~ juego interactivo, 4

gang pandilla

garage garaje (*m.*), 10

garbage basura, 10

garden jardín (*m.*), 10

garlic ajo, 9

gate: (departure) ~ puerta (de embarque), 14

gauze bandage venda de gasa, 12

generally por lo general, 9

generous generoso(a), 2

genre género

gentle apacible

geography geografía, 3

German alemán (alemana), 2; ~ **language** alemán (*m.*), 3

get conseguir (i, i), 8; ~ **ahead** adelantar; ~ **along well with people** llevarse bien con la gente, 13; ~ **chilled** resfriarse, 12; ~ **cold** enfriarse, 9; ~ **divorced** divorciarse, 5; ~ **down from** bajar, 6; ~ **dressed** vestirse (i, i), 5; ~ **engaged** comprometerse, 5; ~ **married** casarse, 5; ~ **off of** (*a bus, etc.*) bajar, 6; ~ **on** subir, 6; ~ **ready** prepararse, 5; ~ **separated** separarse, 5; ~ **sick** enfermarse, 5; ~ **together** reunirse, 5; ~ **up** levantarse, 5

gift regalo

girl chica, P; muchacha, P; niña, P

girlfriend novia

give dar (*irreg.*), 5; ~ **a blood/urine test** hacer (*irreg.*) un análisis de sangre/orina, 12; ~ **a four-star rating** clasificar (qu) con cuatro estrellas, 11; ~ **an injection** poner (*irreg.*) una inyección, 12; ~ **directions** decir (*irreg.*) cómo llegar, 6; ~ **personal information** dar (*irreg.*) información personal, 1; ~ **someone a bath** bañar, 5; ~ **the time** dar (*irreg.*) la hora, 3

glass vaso, 9

globalization globalización (*f.*), 13

glove guante (*m.*), 8

go acudir; ir (*irreg.*), 3; ~ **away** irse (*irreg.*), 5; ~ **off** (*alarm clock, etc.*) sonar (ue), 4; ~ **offline** cortar la conexión, 4; ~ **online** hacer (*irreg.*) una conexión, 4; ~ **out** salir (*irreg.*), 5; ~ **shopping** hacer (*irreg.*) las compras, 6; ir de compras, 8; ~ **straight** seguir (i, i) (g) derecho; ~ **to bed** acostarse (ue), 5; ~ **up** subir, 6

goal meta

gold oro, 8

golden dorado(a), 9

golf golf (*m.*), 7

good bueno(a), 2; bondadoso(a); **it's** ~ es bueno, 11

good-bye adiós, 1

gossip chisme (*m.*)

gossiping chismoso(a)

government gobierno, 13

governor gobernador(a)

grade nota, P

granddaughter nieta, 5

grandfather abuelo, 5

grandmother abuela, 5

grandson nieto, 5

grape uva, 9

graph gráfica

gray gris, 4

great chévere (*Cuba, Puerto Rico*); grande, 2

greater mayor, 8

green verde, 4

greet saludar, 1

greeting saludo

grilled asado(a); a la parrilla, 9

ground molido(a), 9; tierra

group juntar

Guatemalan guatemalteco(a), 2

guess adivinar; ~. Adivina. P

guinea pig cuy (*m.*)

guitar guitarra, 2

gymnasium gimnasio, 3

H

hair: blond ~ pelo rubio, 2; **brown** ~ pelo castaño, 2

hairdresser peluquero(a), 5

hairdryer secador (*m.*) de pelo, 14
half mitad (*f.*)
half-brother medio hermano, 5
half-sister media hermana, 5
hallway pasillo, 10
ham jamón (*m.*), 6
hamburger hamburguesa, 9
hand mano (*f.*), 12
handicrafts artesanía
handkerchief pañuelo
handsome hermoso(a); guapo(a), 2
handtowel toalla de mano, 5
happiness dicha; felicidad (*f.*)
happy contento(a), 4
hard duro(a); ~ **drive** disco duro, 4
hardly ever rara vez
hardware hardware (*m.*), 4
hard-working trabajador(a), 2
haste prisa
hat sombrero, 8
hatred odio
have tener (*irreg.*), 1; ~ **128 MB of memory** tener (*irreg.*) 128 MB de memoria, 4; ~ **a fight** pelearse, 5; ~ **a good presence** tener (*irreg.*) buena presencia, 13; ~ **a lot of experience in** tener (*irreg.*) mucha experiencia en, 13; ~ **a soft drink** tomar un refresco, 2; ~ **fun** divertirse (ie, i), 5; ~ **some knowledge of** tener (*irreg.*) algunos conocimientos de, 13; ~ **the necessary skills** tener (*irreg.*) las habilidades necesarias, 13; ~ **the urge to** tener (*irreg.*) ganas de, 7; ~ **to** (+ *inf.*) tener (*irreg.*) que (+ *inf.*), 1
he él, 1
head cabeza, 12
headache dolor (*m.*) de cabeza, 12
health salud (*f.*), 3
healthy saludable
hear oír (*irreg.*), 5
heart corazón (*m.*), 12
heat calentar (ie), 9
heavy fuerte, 9
height altitud (*f.*), altura; (*of a person*) estatura
hello hola, ¿Aló? (*on the phone*), 1
helmet casco
help ayudar; ayuda
her (*pron.*) ella, 8; (*adj.*) su, 3; suyo(a), 10; **to/for ~** le, 8
herb hierba, 12
here aquí, 6
heritage herencia

hers (*pron.*) suyo(a), 10
hide esconder
hike hacer (*irreg.*) alpinismo, practicar (qu) alpinismo, 7
him (*pron.*) él, 8; **to/for~** le, 8
hire contratar, 13
his (*adj.*) su, 3; (*adj., pron.*) suyo(a), 10
Hispanic hispano(a)
history historia, 3
hoax engaño
hockey: field ~ hockey (*m.*) sobre hierba, 7; **ice ~** hockey (*m.*) sobre hielo, 7
hole pozo
home hogar (*m.*)
homeless sin hogar
homemade casero(a)
homework tarea, P
Honduran hondureño(a), 2
honest honesto(a)
hope esperanza; esperar, 10; **I ~ (that)** ojalá (que), 11
Hopefully you'll get better soon! ¡Ojalá se mejore pronto! 12
horrible horrible, 11
hospital hospital (*m.*), 6
host anfitrión (*m.*); (*of a show*) presentador(a), 11
hot: be ~ tener (*irreg.*) calor, 7; ~ **dog** perro caliente, 9; **It's~.** Hace calor. 7
hotel hotel (*m.*), 14; ~ **guest** huésped(a), 14
hour hora
house casa, 6
housechore quehacer (*m.*) doméstico, 10
housing vivienda
how? ¿cómo? 3; ~ **are things going?** ¿Qué tal? 1; ~ **are you?** (*form. s.*) ¿Cómo está (usted)? / (*form. pl.*) ¿Cómo están (ustedes)? / (*s. fam.*) ¿Cómo estás (tú)? 1; ~ **can I help you?** ¿En qué puedo servirle? 8; ~ **do you say . . . ?** ¿Cómo se dice…? P; ~ **do you wish to pay?** ¿Cómo desea pagar?, 8; ~ **many?** ¿cuántos(as)? 3; ~ **much?** ¿cuánto(a)? 3; ~ **much does it cost?** ¿Cuánto cuesta? 8; **How's it going with you?** ¿Cómo te/le(s) va? 1
humanities humanidades (*f. pl.*), 3
humble humilde
humid húmedo(a)
hunger hambre (*f. but* el hambre)

hurricane huracán (*m.*), 13
hurry prisa; **be in a ~** tener (*irreg.*) prisa, 7
hurt doler (ue), 12; ~ **oneself** lastimarse, 12
husband esposo, 5
hymn himno

I

I yo, 1
ice: (vanilla/chocolate) ~ cream helado (de vainilla/de chocolate), 9; ~ **hockey** hockey (*m.*) sobre hielo, 7; ~ **skate** patinar sobre hielo, 7
identity identidad (*f.*)
illness enfermedad (*f.*), 12
immigration inmigración (*f.*)
impatient impaciente, 2
important importante, 11; **extremely ~** imprescindible, 11
impressive impresionante
improbable improbable, 11
impulsive impulsivo(a), 2
in en; por, 10; ~ **case** en caso de que, 12; ~ **order to** (+ *inf.*) para, 10; ~ **relation to** en cuanto a; ~ **short** en resumen; ~ **spite of** a pesar de; ~ **the direction of** para, 10
inch pulgada
increase acrecentar (ie), aumentar
incredible increíble
indefinite indefinido(a), 1
index índice (*m.*)
indigenous indígena
industry industria, 13
inequality desigualdad (*f.*), 13
infection infección (*f.*), 12
influence influir (y); influencia
ingredient ingrediente (*m.*), 9
inhabitant habitante (*m., f.*)
initiate iniciar, 13
injection inyección (*f.*), 12
injure oneself lastimarse, 12
injury herida, 12
in-laws familia política, 5
inline skate (rollerblade) patinar en línea, 7
inside of dentro de, 6; ~ **the house** dentro de la casa, 10
insist insistir, 10
install instalar, 4
instead of en vez de
instruction instrucción (*f.*), 12
instructor instructor(a), P

intelligent inteligente, 2
intention fin (*m.*)
interest interesar, 4
interesting interesante, 2
Internet Internet (*m.* or *f.*), red (*f.*);
~ **connection** conexión (*f.*) a
Internet, 14; ~ **provider**
proveedor (*m.*) de acceso, 4
interpreter intérprete (*m., f.*)
interview entrevista, 13
interviewer entrevistador(a), 11
intimate íntimo(a)
introduce someone presentar a
alguien, 1
introverted introvertido(a), 2
investigate averiguar (gü), 13
iron planchar, 10; (*metal*) hierro;
(*appliance*) plancha, 10
irresponsible irresponsable, 2
island isla, 14
Italian italiano(a), 2; ~ **language**
italiano, 3
itinerary itinerario, 14
its (*adj.*) su, 3; (*pron.*) suyo(a), 10

J

jacket (*suit jacket, blazer*) saco;
(*outdoor, non-suit coat*) chaqueta 8
January enero, 1
Japanese japonés (japonesa), 2;
~ **language** japonés (*m.*), 3
jealous celoso(a); **be** ~ tener
(*irreg.*) celos
jeans jeans (*m. pl.*), 8
jewelry store joyería, 6
jewelry joyas (*f. pl.*), 8
job puesto, 13
joke broma
journalism periodismo, 3
journalist periodista (*m., f.*), 5
July julio, 1
June junio, 1
jungle: Amazonian ~ selva
amazónica, 14; **tropical** ~ selva
tropical, 14

K

key (*on a keyboard*) tecla, 4; (*to a lock*)
llave (*f.*), 14
keyboard teclado, 4
kilo kilo, 9; **half a** ~ medio kilo, 9
kind bondadoso(a)
king rey (*m.*)
kiss besar
kitchen cocina, 10
knapsack mochila, P

knee rodilla, 12
knife cuchillo, 9
know: ~ **a person** conocer (zc), 5;
~ **a fact,** ~ **how to** saber (*irreg.*), 5

L

lake lago, 7
lamp lámpara, 10
language idioma (*m.*), lengua, 3
laptop computer computadora
portátil, 4
late tarde, 3
later luego, 5
latest: the ~ lo último
laugh reírse (*irreg.*), 5
laundry room lavandería, 10
lawn césped (*m.*), 10; **mow the** ~
cortar el césped, 10
lawyer abogado(a), 5
lazy perezoso(a), 2
lead a healthy life llevar una vida
sana, 12
leader líder (*m., f.*), 13
learn aprender, 3
learning aprendizaje (*m.*)
leather piel (*f.*), cuero, 8
leave dejar, 2; salir (*irreg.*), irse
(*irreg.*), 5
left: to the ~ a la izquierda, 6
leg pierna, 12; **broken** ~ pierna
quebrada/rota, 12
lemonade limonada, 9
less menor, 8; ~ **than** menos que, 8
lesson lección (*f.*), P
level nivel (*m.*)
life vida
lifejacket salvavidas (*m. s.*)
lift levantar, 5; ~ **weights** levantar
pesas, 2
light luz (*f.*); (*adj.*) ligero(a), 9
like gustar, 11; ~ **a lot** encantar, 4;
(**They/You** [*pl.*]) ~ . . . A... les
gusta... 2; **He/She likes** . . . A...
le gusta... 2; **I/You** ~ . . . A mí/ti
me gusta... 2; **I'd** ~ (+ *inf.*)
quisiera (+ *inf.*), 6; Me gustaría
(+ *inf.*)... 6
likely probable, 11
Likewise. Igualmente. 1
linen lino, 8
linguistic lingüístico(a)
link enlace (*m.*), 4
lip labio
listen escuchar; ~ **to music**
escuchar música, 2; ~ **to the tape/**
CD. Escuchen la cinta/el CD. P

liter litro, 9
literature literatura, 3
little poco, 4
live vivir, 3; (*adj., e.g., a live show*) en
vivo, 11
livestock ganadería
living room sala, 10
loan préstamo, 8
lobster langosta, 9
located ubicado(a)
logical lógico(a), 11
long for apetecer (zc)
look: ~ **for** buscar (qu), 2; ~ **into**
averiguar (gü), 13
lose perder (ie), 4; ~ **oneself**
perderse (ie)
loss pérdida, 13
love querer (*irreg.*), 4; amor, cariño
lover amante (*m., f.*)
lunch almuerzo, 9
lung pulmón (*m.*), 12
luxurious lujoso(a)
lying mentiroso(a), 2

M

made: It's ~ **out of . . .** Está
hecho(a) de... 8; **They're** ~ **out**
of . . . Están hechos(as) de... 8
magazine revista
mailbox buzón (*m.*)
majority mayoría
make hacer (*irreg.*), 5; ~ **a reserva-**
tion hacer una reservación, 14; ~
a stopover in hacer escala en, 14;
~ **sure** asegurarse; ~ **the bed**
hacer la cama, 10
makeup maquillaje (*m.*), 5
mall centro comercial, 6
man hombre (*m.*), P
manager gerente (*m., f.*), 5
manly varonil
manners modales (*m. pl.*)
March marzo, 1
marital status estado civil
mark marcar (qu)
market mercado, 6
marketing mercadeo, 3
masculine masculino(a)
match emparejar; (*sports*) partido, 7
mathematics matemáticas (*f. pl.*), 3
matter importar, 4
May mayo, 1
mayonnaise mayonesa, 9
mayor alcalde (alcadesa)
me mí, 8; **to/for** ~ me, 8; **with** ~
conmigo, 8

mean: It means . . . Significa... P
meaning significado
means of transportation medios de transporte, 6
measure medir (i, i)
measurement medida, 9
meat carne (*f.*), 9
meatball albóndiga
mechanic mecánico(a), 5
media center centro de comunicaciones, 3
medical insurance seguro médico, 13
medicine medicina, 3
meditation meditación (*f.*)
meet conocer (zc), reunirse, 5
meeting encuentro, reunión (*f.*)
menu menú (*m.*), 9
messenger mensajero(a)
Mexican mexicano(a), 2
microphone micrófono, 4
microwave microondas (*m. s.*), 10
midnight medianoche (*f.*), 3
mild apacible
milk leche (*f.*), 6
mine (*pron.*) mío, 10
mirror espejo, 10
Miss señorita (*abbrev.* Srta.), 1
missionary misionero(a)
mix mezclar, 9; mezcla
mixed mixto(a)
modem: external/internal ~ módem (*m.*) externo/interno, 4
Monday lunes (*m.*), 3
money dinero
monitor monitor (*m.*), 4
monkey mono
month mes (*m.*), 3; **last ~** mes pasado, 7
mop the floor trapear el piso, 10
more más; **~ than** más que, 8
morning mañana, 3; **during the ~** por la mañana, 3; **Good ~.** Buenos días. 1; **in the ~** (*with precise time*) de la mañana, 3
mortality mortalidad (*f.*)
mother madre (*f.*), mamá, 5; **Mother's Day** día (*m.*) de las Madres, 3
mother-in-law suegra, 5
mountain monte (*m.*); **~ range** cordillera
mountainous montañoso(a)
mouse ratón (*m.*), 4
mouth boca, 12

move (*change residence*) mudarse
movie película, 11; **action ~** película de acción, 11; **horror ~** película de horror/terror, 11; **~ called . . .** película titulada…, 11; **~ genre** clase (*f.*) de película, 11; **~ star** estrella de cine, 11; **science fiction ~** película de ciencia ficción, 11
movies cine (*m.*), 11
mow the lawn cortar el césped, 10
Mr. señor (*abbrev.* Sr.), 1
Mrs. señora (*abbrev.* Sra.), 1
Ms. señorita (*abbrev.* Srta.), 1
much mucho, 4
museum museo, 6
music música, 3; **classical ~** música clásica, 11; **country ~** música country, 11; **modern ~** música moderna, 11; **world ~** música mundial, 11
musical musical, 11
mustard mostaza, 9
my (*adj.*) mi, 3; (*pron.*) mío(a), 10; **~ pleasure.** Mucho gusto. Un placer. 1
mystery misterio, 11

N

name llamar, 2; nombre (*m.*); **full ~** nombre (*m.*) completo; **My ~ is . . .** Me llamo…, Mi nombre es…, 1
napkin servilleta, 9
narrator narrador(a)
nationality nacionalidad (*f.*), 2
nature naturaleza
nausea náuseas (*f. pl.*), 12
navegation navegación (*f.*)
necessary necesario(a), 11
neck cuello, 12
necklace collar (*m.*), 8
need necesitar, 2
neighbor vecino(a), 6
neighborhood barrio, colonia, 1
neither tampoco, 2; **~ . . . nor** ni... ni, 6
nephew sobrino, 5
nervous nervioso(a), 4
never nunca, 5; jamás, 6
nevertheless sin embargo
new novedoso(a)
news noticias (*f. pl.*), 11; **~ group** grupo de debate, 4
newspaper periódico

next próximo(a); **~ to** al lado de, 6; **~ to last** penúltimo(a)
Nicaraguan nicaragüense (*m., f.*), 2
nice simpático(a), 2
nickname apodo
niece sobrina, 5
night noche (*f.*), 3; **Good ~.** Buenas noches. 1; **last ~** anoche, 7
nine hundred novecientos(as), 8
nine nueve, P
nineteen diecinueve, P
ninety noventa, P
ninth noveno(a), 10
no one nadie, 6
nobody nadie, 6
none ningún, ninguno(a), 6
noodle soup sopa de fideos, 9
noon mediodía (*m.*), 3
normal normal, 4
North America Norteamérica
north norte (*m.*), 14; **~ America** Norteamérica
nose nariz (*f.*), 12
not: ~ any ningún, ninguno(a), 6; **~ either** tampoco, 2; **~ much** no mucho, 1
notebook cuaderno, P
notes apuntes (*m. pl.*), P
nothing nada, 1
noun sustantivo
novel novedoso(a)
novelist novelista (*m., f.*)
November noviembre, 1
novice novato(a)
number número, 8
nurse enfermero(a), 5

O

obey hacer (*irreg.*) caso
obtain conseguir (i, i), 8
obvious obvio(a), 11
ocean océano, 14
October octubre, 1
of: ~ course cómo no, 6; por supuesto, 10; **~ the** del (de + el), 3
offer: special ~ oferta especial, 8
office oficina, 6
old viejo(a), 2; old
old-fashioned anticuado(a)
olive oil aceite (*m.*) de oliva, 9
on en, sobre, encima de, 6; **~ behalf of** por, 10

once   una vez, 9
one   uno, P; **~ hundred**   cien, P;
   ~ hundred and ~   ciento uno, 8;
   ~ hundred thousand   cien mil, 8;
   ~ million   millón (*m.*), un millón,
   8; **~ thousand**   mil (*m.*), 8
one-way ticket   boleto de ida, billete
   (*m.*) de ida, 14
onion   cebolla, 9
online   en línea, 4
only   único(a)
open   abrir, 3; abierto (*p.p. of* abrir),
   13; **~ your books.**   Abran los
   libros. P
opera   ópera, 11
opposite   enfrente de, frente a, 6;
   opuesto(a)
orange   (*color*) anaranjado(a), 4;
   (*fruit*) naranja, 9
order   ordenar, 9; mandar, 10
ordinal number   número ordinal, 10
originate   originar
ought   deber (+ *inf.*), 3
our   (*adj.*) nuestro(a)(s), 3
ours   (*pron.*) nuestro(a)(s), 10
outline   bosquejo
outside of   fuera de, 6; **~ the house**
   fuera de la casa, 10
outskirts   afueras (*f. pl.*), 10
outstanding   sobresaliente
oven   horno
overcome   sobrevivir, 13
overcoming   superación (*f.*)
owner   dueño(a), 5

P

package   paquete (*m.*), 9
page   página, P
pain   dolor (*m.*), 12
paint   pintar, 2
painting   pintura, 3; cuadro, 10
palpitate   palpitar, 12
Panamanian   panameño(a), 2
pants   pantalones (*m. pl.*), 8
paper   papel (*m.*), P
parachute   paracaídas (*m. s.*)
paragraph   párrafo
Paraguayan   paraguayo(a), 2
Pardon me.   Con permiso. 4
parents   padres (*m. pl.*), 5
park   parque (*m.*), 6
parking lot   estacionamiento, 6
parsley   perejil (*m.*)
participant   participante (*m., f.*), 11
participate in   participar en, 13

pass (by)   pasar, 2
passenger   pasajero(a), 14; **coach ~**
   pasajero de clase turista, 14; **first
   class ~**   pasajero de primera
   clase, 14
passport   pasaporte (*m.*), 14
password   contraseña, 4
patient   paciente (*m., f.*), 2
patio   patio, 10
paving stone   baldosa
pay   pagar (gu), 9; **~ attention**
   hacer (*irreg.*) caso
payment: form of ~   método de
   pago, 8
pea   guisante (*m.*), 9
peace   paz (*f.*); **world ~**   paz
   mundial, 13
peel   pelar, 9
pencil   lápiz (*m.*), P
penguin   pingüino
pepper   pimienta, 9
percentage   porcentaje (*m.*)
perhaps   quizás, tal vez
period   (*punctuation*) punto; trecho
permit   permitir, 10
personality   personalidad (*f.*); **~ trait**
   característica de la personalidad, 2
Peruvian   peruano(a), 2
PG-13   (*parental discretion advised*) se
   recomienda discreción, 11
pharmacy   farmacia, 6
philanthropic   filantrópico(a)
philosophy   filosofía, 3
photo   foto (*f.*), P
physical   chequeo médico, 12;
   físico(a), 5; **~ appearance**
   apariencia física; **~ trait**
   característica física, 2
physics   física, 3
piano   piano, 2
picturesque   pintoresco(a)
piece   pedazo, 9
pill   píldora, 12
pillow   almohada
pink   rosado(a), 4
pirate   pirata (*m.*)
pizzeria   pizzería, 6
place   lugar (*m.*), sitio
placed   puesto(a), 13
plaid   a cuadros, 8
plain   llanura
plate   plato, 9
play   jugar (ue) (gu), 4; obra
   teatral, 11; **~ a musical
   instrument**   tocar (qu) un

instrumento musical, 2; **~ sports**
   practicar (qu) deportes, 2; **~ tennis
   (baseball, etc.)**   jugar tenis
   (béisbol, etc), 7
playful   juguetón (juguetona)
plaza   plaza, 6
please   encantar, gustar, 11; por
   favor, 1
pleasure: A ~ to meet you.   Mucho
   gusto en conocerte. 1
plot   trama
plumber   plomero(a), 5
poet   poeta (poetisa)
poetry   poesía
point: ~ out   marcar (qu), señalar; **to
   the ~**   al grano
policeman (policewoman)   policía
   (*m., f.*), 5
political   político(a); **~ science**
   ciencias políticas (*f. pl.*), 3
politics   política, 13
polka-dotted   de lunares, 8
pollution: air ~   contaminación (*f.*)
   (del aire), 13
poor   pobre
pop songs   música pop, 11
popcorn   palomitas (*f. pl.*), 11
populate   poblar (ue)
pork chop   chuleta de puerco, 6
portable CD/MP3 player   CD
   portátil/MP3, 4
position   puesto, 13
post office   oficina de correos, 6
postage stamp   estampilla, 14
postcard   tarjeta postal, 14
potato: ~ chips   papitas fritas, 6;
   ~ salad   ensalada de papa
pound   libra, 9
power   poder (*m.*)
powerful   poderoso(a)
practice   practicar (qu)
prefer   preferir (ie, i), 4
preference   preferencia
prenuptial agreement   contrato
   prenupcial
preparation   preparación (*f.*), 9
prepare   preparar, 2; **~ the food**
   preparar la comida, 10
preposition   preposición (*f.*), 6
prescribe a medicine   recetar una
   medicina, 12
prescription   receta, 12
present   (*gift*) regalo; **at the ~ time**
   en la actualidad
presenter   presentador(a), 11

pretty   bonito(a); lindo(a), 2
price: It's a very good ~.   Está a muy buen precio. 8
priest   sacerdote (*m.*)
prime rib   lomo de res, 9
print   imprimir, 3; (*patterned fabric*) estampado(a), 8; (*art*) cuadro, 10
printer   impresora, 4
prize   premio
probable   probable, 11
profession   profesión (*f.*), 5
professor   profesor(a), P
profit   ganancia, 13
program   programa (*m.*); **anti-virus ~**   programa antivirus, 4; **~ icon**   ícono del programa, 4
programmer   programador(a), 5
promote   adelantar, promover (ue)
promotion   ascenso, 13
pronoun   pronombre (*m.*), 1
proud   orgulloso(a)
provided that   con tal (de) que, 12
provocative   provocador(a)
psychology   psicología, 3
public: ~ communications   comunicación (*f.*) pública, 3; **~ relations**   publicidad (*f.*), 3
Puerto Rican   puertorriqueño(a), 2
punctual   puntual, 13
purple   morado(a), 4
purpose   propósito
purse   bolsa, 8
push   oprimir
put   poner (*irreg.*), 5; **~ away the clothes**   guardar la ropa, 10; **~ my toys where they belong**   poner mis juguetes en su lugar, 10; **~ on (clothing)**   ponerse (la ropa), 5; **~ on makeup**   maquillarse, 5

Q

quality   calidad (*f.*); **of good (high) ~**   de buena (alta) calidad, 8
queen   reina
question   pregunta, 12
questionnaire   cuestionario
quotation   cita

R

R (minors restricted)   prohibido para menores, 11
raffle   sorteo
railroad   ferrocarril (*m.*)

rain   llover (ue); **~ forest**   bosque (*m.*) tropical, bosque (*m.*) pluvial; **It's raining.**   Está lloviendo. (Llueve.), 7
raincoat   impermeable (*m.*), 8
raise   levantar, 5
ranch   estancia
rank   rango
rap   rap (*m.*), 11
rather   bastante, 4
ratings   índice (*m.*) de audencia, 11
raw   crudo(a), 9
razor   rasuradora, 5; **electric ~**   máquina de afeitar, 5
read   leer (y), 3; **~ Chapter 1.**   Lean el Capítulo 1. P
really   de veras
reason   razón (*f.*)
receive   recibir, 3
reception desk   recepción (*f.*), 14
recipe   receta, 9
recognize   reconocer (zc)
recommend   recomendar (ie), 10
record   grabar, 4
recruit   alistar
recycling   reciclaje (*m.*), 10
red   rojo(a), 4
redheaded   pelirrojo(a), 2
reduced: It's ~.   Está rebajado(a). 8
reflect   reflejar
reflection   reflexión (*f.*)
refrigerator   refrigerador (*m.*), 10
register   registrarse, 14
regret   sentir (ie, i), 11
relate   contar (ue), 4
relative   pariente (*m., f.*), 5
relax   relajarse
remain   quedar(se)
remote control   control (*m.*) remoto, 11
renovate   renovar (ue)
renown   renombre (*m.*)
rent   alquiler (*m.*); **~ videos**   alquilar videos, 2
repeat   repetir (i, i), 4; **~.**   Repitan. P
report   informe (*m.*)
request   pedir (i, i), 10
require   requerir (ie, i), 10
requisite   requisito, 13
reservation   reservación (*f.*), 14
residential neighborhood   barrio residencial, 10
resort to   recurrir
respond   responder, 1

responsible   responsable, 2
rest   descansar, 2
restaurant   restaurante (*m.*), 6
résumé   currículum vitae (*m.*), 13
retire   jubilarse, 13
return   regresar, 2; volver (ue), 4
returned   vuelto (*p.p. of* volver), 13
revenue   ingreso
review   crítica, reseña, 11
rhyme   rima
Rhythm and Blues   R & B (*m.*), 11
rich   adinerado(a)
ride   montar; **~ a bike**   montar en bicicleta, 7; **~ horseback**   montar a caballo, 7
ridiculous   ridículo(a), 11
right: to the ~   a la derecha, 6
ring   sonar (ue), 4; anillo, 8; sortija
risk   riesgo
river   río, 7
roasted (in the oven)   al horno, 9
rock   (*music*) rock (*m.*), 11
role   papel (*m.*)
roof   techo, 10
room   cuarto, P; **double ~**   habitación (*f.*) doble (*f.*), 14; **single ~**   habitación (*f.*) sencilla, 14; **smoking/non-smoking ~**   habitación (*f.*) de fumar/de no fumar, 14; **~ with/without bath/shower**   habitación (*f.*) con/sin baño/ducha, 14
roommate   compañero(a) de cuarto, P
root   raíz (*f.*)
rose   rosa, 4
rough draft   borrador (*m.*)
round-trip ticket   boleto de ida y vuelta, billete (*m.*) de ida y vuelta, 14
route   ruta
row   remar, 7
rower   remero(a)
rude   descortés
rug   alfombra, 10
ruin   ruina, 14
rule   regla
run   correr, 3
rural   campestre

S

sad   triste, 4
safe   seguro(a), 7
said   dicho(a) (*p.p. of* decir), 13; **It's said . . .**   Se dice…, P

salad ensalada, 9; **lettuce and tomato ~** ensalada de lechuga y tomate, 9; **tossed ~** ensalada mixta, 9

salary increase aumento de sueldo, 13

sale: It's on ~. Está en venta. 8

salesclerk dependiente (*m., f.*), 5

salmon salmón (*m.*), 9

salt sal (*f.*), 9

Salvadoran salvadoreño(a), 2

same mismo(a); **~ (thing)** lo mismo

sand arena, 14

sandal sandalia, 8

sandwich bocadillo, sandwich (*m.*), 9; **ham and cheese ~ with avocado** sandwich de jamón y queso con aguacate, 9

satisfied satisfecho(a), 13

satisfy satisfacer (like hacer), 13

Saturday sábado, 2

sausage salchicha, 6

say decir (*irreg.*), 5; **~ good-bye** despedirse (i, i), 1

saying dicho

scan ojear

scarcely apenas

scarf bufanda, 8

scenery paisaje (*m.*)

schedule horario

science ciencia, 3

scientific científico(a)

scream gritar; grito

screen pantalla, 4

script guión (*m.*); **~ writer** guionista (*m., f.*)

sculpture escultura, 11

sea mar (*m., f.*), 14

search engine buscador (*m.*), 4

seaside resort balneario

season estación (*f.*), 7; **dry ~** temporada de secas; **rainy ~** temporada de lluvias

seat asiento, 14; **aisle ~** asiento de pasillo, 14; **window ~** asiento de ventanilla, 14

second segundo(a), 10

secret secreto

secretary secretario(a), 5

see ver (*irreg.*), 5; **~ you later.** Hasta luego. Nos vemos. 1; **~ you soon.** Hasta pronto. 1; **~ you tomorrow.** Hasta mañana. 1

seem parecer (zc)

seen visto (*p.p. of* ver), 13

selfish egoísta, 2

sell vender, 3

send enviar, 4; mandar, 10

sentence oración (*f.*)

September septiembre, 1

serious serio(a), 2

serve servir (i, i), 4

set the table poner (*irreg.*) la mesa, 9

seven siete, P; **~ hundred** setecientos(as), 8

seventeen diecisiete, P

seventh séptimo(a), 10

seventy setenta, P

several varios(as)

shake hands darse (*irreg.*) la mano, 13

shame: it's a shame es una lástima, 11

shampoo champú (*m.*), 5

share compartir, 3

shark tiburón (*m.*)

shave oneself afeitarse, 5

she ella, 1

sheet of paper hoja de papel, P

shellfish marisco, 9

shelter albergar (gu)

shirt camisa, 8

shoe zapato, 8; **high-heeled ~** zapato de tacón alto, 8; **tennis ~** zapato de tenis, 8

shooting tiroteo

shore orilla

short (*in length*) corto(a); (*in height*) bajo(a), 2

shorts pantalones (*m. pl.*) cortos, 8

should deber (+ *inf.*), 3

shoulder hombro, 12

shout gritar

show demostrar (ue), mostrar (ue); espectáculo, show (*m.*), 11

shred picar (qu), 9

shrimp camarón (*m.*), 9

shy tímido(a), 2

sick enfermo(a), 4

sickness enfermedad (*f.*), 12

side lado; **on the ~ of** al lado de, 6

sign letrero

silk seda, 8

silly tonto(a), 2

silver plata, 8

similarity semejanza

simple sencillo(a)

sincere sincero(a), 2

sing cantar, 2

singer cantante (*m., f.*)

single soltero(a)

sister (younger, older) hermana (menor, mayor), 5

sister-in-law cuñada, 5

sit down sentarse (ie), 5

sitcom telecomedia, 11

six seis, P; **~ hundred** seiscientos(as), 8

sixteen dieciséis, P

sixth sexto(a), 10

sixty sesenta, P

size talla, 8

skate patinar, 2

ski esquiar, 7; esquí (*m.*)

skiing esquí (*m.*); **downhill ~** esquí alpino, 7; **water ~** esquí acuático, 7

skin tez (*f.*)

skirt falda, 8

sky cielo, 14

slave esclavo(a)

sleep dormir (ue, u), 4

slice pedazo, 9

slogan lema (*m.*)

slow lento(a), 4

slowly despacio

small pequeño(a), 2; **a ~ amount** un poco, 4

smile sonreír (*irreg.*), 8; sonrisa

snack merienda

sneeze estornudar, 12

snow nevar (ie); **It's snowing.** Está nevando. (Nieva.), 7

so por eso, 10; **~ that** para que, con tal (de) que, 12

soap jabón (*m.*), 5; **~ opera** telenovela, 11

soccer fútbol (*m.*), 7; **~ field** cancha, campo de fútbol, 6

sock calcetín (*m.*), 8

sofa sofá (*m.*), 10

soft suave; **~ drink** refresco, 6

software software (*m.*), 4

some unos(as), 1; algún, alguno(a), 6

someone alguien, 6

something algo, 6

sometimes de vez en cuando; a veces, 5

somewhat bastante, 4

son hijo, 5

son-in-law yerno, 5

sore throat dolor de garganta, 12

sorry: I'm sorry. Lo siento. 4

So-so. Regular. 1

soul alma (*f.*) (*but* el alma)

sound sonido

soup sopa, 9; **cold ~** gazpacho (*Spain*), 9

source fuente (*f.*)

south sur (*m.*), 14; **~ America** Sudamérica

souvenir recuerdo

sovereignty soberanía

spa balneario

Spain España

Spanish español (española), 2; **~ language** español (*m.*), 3

Spanish-speaking hispanohablante

speaker conferencista (*m., f.*); altoparlante (*m., f.*), 4

species especie (*f.*)

spelling ortografía

spicy picante, 9

sponsor patrocinador(a)

spoon cuchara, 9

sport deporte (*m.*), 7; **~ activity** actividad (*f.*) deportiva, 7

sports coat saco, 8

spring primavera, 7

stadium estadio, 6

stairs escaleras (*f. pl.*), 10

state estado, 5

station estación (*f.*), 11; **bus ~** estación de autobús, 6; **train ~** estación de trenes, 6

stationery store papelería, 6

statistics estadística, 3

stay in bed guardar cama, 12

steak bistec (*m.*), 6

steamed al vapor, 9

steel acero

step on pisar

stepbrother hermanastro, 5

stepfather padrastro, 5

stepmother madrastra, 5

stepsister hermanastra, 5

Stick out your tongue. Saque la lengua. 12

still todavía; **~ life** naturaleza muerta

stock market bolsa de valores, 13

stomach estómago, 12

stomachache dolor (*m.*) de estómago, 12

stop (*e.g., bus stop*) parada ; **~ (doing something)** dejar de (+ *inf.*), 2; parar (de), 3

store guardar; almacén (*m.*), tienda, 6; **music (clothing, video) ~** tienda de música (ropa, videos), 6

stove estufa, 10

straight ahead todo derecho, 6

straighten out the bedroom arreglar el dormitorio, 10

strange exótico(a); extraño(a), 11

strategy estrategia

strawberry fresa, 9

street calle (*f.*), 1

strengthen acrecentar (ie)

strike huelga, 13

stringed al hilo, 9

striped rayado(a), a rayas, 8

strong fuerte

student estudiante (*m., f.*), P; **~ center** centro estudiantil, 6

studio estudio, 3

study estudiar; **~ at the library (at home)** estudiar en la biblioteca (en casa), 2; **~ pages . . . to . . .** Estudien las páginas… a…, P

stupid tonto(a), 2

style estilo; **in ~** en onda; **out of ~** pasado(a) de moda, 8

substitute sustituir (y)

subtitle: with subtitles in English con subtítulos en inglés, 11

suburb barrio residencial, suburbio, 10

subway: on the ~ en metro, 6

success éxito

suddenly de repente, 9

suffer (the consequences) sufrir (las consecuencias), 13

sugar azúcar (*m., f.*), 9; **~ cane** caña de azúcar

suggest sugerir (ie, i), 8

suggestion sugerencia

suit traje (*m.*), 8; **bathing ~** traje (*m.*) de baño, 8

suitcase maleta, 14

summer verano, 7

sun sol (*m.*)

sunbathe tomar el sol, 2

Sunday domingo, 2

sunglasses gafas (*f. pl.*) de sol, 8

sunlight luz (*f.*) solar

sunny: It's ~. Hace sol. 7

supermarket supermercado, 6

supervise supervisar, 13

support apoyar

sure seguro(a), 4; **it's not ~** no es seguro, 11

surf hacer (*irreg.*) surfing, practicar (qu) surfing, 7; **~ the Internet** navegar (gu) por Internet, 2

surpass sobrepasar

surprise sorprender, 11; sorpresa

surrounded rodeado(a)

survey encuesta

survive sobrevivir, 13

Swallow. Trague. 12

sweater suéter (*m.*), 8

sweatsuit sudadera, 8

sweep the floor barrer el suelo / el piso, 10

sweet dulce (*m.*); (*adj.*) dulce

swim bañar, 5; nadar, 7

swimming natación (*f.*), 7; **~ pool** piscina, 6

symbol símbolo

symptom síntoma (*m.*), 12

systematic sistemático(a)

T

table mesa, P; **night ~** mesita de noche, 10; **set the ~** poner (*irreg.*) la mesa, 9

tablecloth mantel (*m.*), 9

tablespoon cucharada, 9

tablet pastilla, 12

take tomar, llevar; **~ a bath** bañarse, 5; **~ a shower** ducharse, 5; **~ a tour** hacer (*irreg.*) un tour, 14; **~ an X-ray** tomar/hacer una radiografía, 12; **~ blood pressure** tomar la presión, 12; **~ measures** tomar medidas, 13; **~ off clothing** quitarse la ropa, 5; **~ out the garbage** sacar (qu) la basura, 10; **~ photos** sacar (qu) fotos, 2; **~ place** realizarse (c); **~ the temperature** tomar la temperatura, 12; **~ the dog for a walk** sacar (qu) a pasear al perro, 10

talk hablar; **~ on the telephone** hablar por teléfono, 1; **~ show** programa (*m.*) de entrevistas, 11

tall alto(a), 2

tamed domesticado(a)

taste gusto; **to individual ~** al gusto, 9

tavern bodegón (*m.*)

tea: hot ~ té (*m.*), 9; **iced ~** té (*m.*) helado, 9

teach enseñar

teacher maestro(a), 5

team equipo, 7

tear up rasgar (gu)

teaspoon cucharadita, 9

technology technología, 4
telecommunications telecomunicaciones (*f. pl.*), 13
television: ~ broadcasting televisión (*f.*), 11; **~ program** programa de televisión, 11; **~ set** televisor (*m.*), 10;
tell contar (ue), 4; decir (*irreg.*), 5; **~ the time** decir la hora, 3
temperature temperatura, 7
ten diez, P; **~ thousand** diez mil, 8
tennis tenis (*m.*), 7; **~ court** cancha de tenis, 6; **~ shoes** zapatos (*m. pl.*) de tenis, 8
tenth décimo(a), 10
term término
terrible fatal, terrible, 1
terrific chévere (*Cuba, Puerto Rico*)
terrorism terrorismo, 13
test: blood/urine ~ análisis (*m.*) de sangre/orina, 12
text texto
Thank you very much. Muchas gracias. 1
that (*adj.*) ese(a), 6; (*pron.*) ése(a), 6; **~ over there** (*adj.*) aquel (aquella), 6; (*pron.*) aquél (aquélla), 6
that's why por eso, 10
the el, la, los, las, 1
theater teatro, 6
their su, 3; suyo(a), 10
theirs (*pron.*) suyo(a), 10
them ellos(as), 8; **to/for ~** les, 8
then entonces
theory teoría
there allí, 6; **over ~** allá, 6; **~ is / ~ are** hay, 1
these (*adj.*) estos(as), 6; (*pron.*) éstos(as), 6
they ellos(as), 1
thin delgado(a), 2
think (about) pensar (ie) (en, de), 4
third tercer(o, a), 10
thirst sed (*f.*)
thirsty: be ~ tener (*irreg.*) sed, 7
thirteen trece, P
thirty treinta, P
this (*adj.*) este(a), 6; (*pron.*) éste(a), 6
those (*adj.*) esos, 6; (*pron.*) ésos(as), 6; **~ (over there)** (adj.) aquellos(as), 6; (*pron.*) aquéllos(as), 6
threat amenaza
three tres, P; **~ hundred** trescientos(as), 8

throat garganta, 12
through por, 10
throughout a través de
throw: ~ oneself lanzarse (c); **~ up** vomitar, 12
thunderstorm tormenta
Thursday jueves (*m.*), 3
ticket boleto, entrada, 11; billete (*m.*), pasaje (*m.*), 14; **one-way ~** boleto de ida, billete de ida, 14; **round-trip ~** boleto de ida y vuelta, billete de ida y vuelta, 14;
time hora; vez (*f.*)
times veces (*f. pl.*); **(two, three, etc.) ~ a day/per week** (dos, tres, etc.) veces al día/por semana, 5
tip propina, 9
tired cansado(a), 4
title titular; título, 1
to a; **to the** al (a + el), 3
toast pan (*m.*) tostado, 9
toaster tostadora, 10
today hoy, 3; **~ is Tuesday the 30th.** Hoy es martes treinta. 3
toe dedo, 12
tomorrow mañana, 3
tongue lengua, 12
too much demasiado, 4
toothbrush cepillo de dientes, 5
toothpaste pasta de dientes, 5
top: on ~ of encima de, 6
tourist guidebook guía turística, 14
toward para, 10
towel toalla, 5
town pueblo, 6
toy juguete (*m.*), 10
train (*for sports*) entrenarse, 7; tren, 6
trainer entrenador(a) (*m.*)
trait característica
translate traducir (zc), 5
travel (abroad) viajar (al extranjero), 14; **~ agency** agencia de viajes, 14
traveler's check cheque (*m.*) de viajero, 8
treasure tesoro
tree árbol (*m.*)
trick truco
triumph triunfar
trout trucha, 9
true verdad; **it's (not) ~** (no) es verdad, 11
truly de veras
trumpet trompeta, 2

try: I'm going to ~ it on. Voy a probármelo(la). 8
t-shirt camiseta, 8
Tuesday martes (*m.*), 3
tuna atún (*m.*), 9
turkey pavo, 6
turn cruzar (c), doblar, 6; viraje (*m.*); **~ in** entregar; **~ in your homework.** Entreguen la tarea. P; **~ off** apagar (gu), 2
TV (*see also* **television**): **~ guide** teleguía, 11; **~ series** teleserie (*f.*), 11; **~ viewer** televidente (*m., f.*), 11
twelve doce, P
twenty veinte, P
twenty-one veintiuno, P
twice dos veces, 9
two dos, P; **~ hundred** doscientos(as), 8; **~ million** dos millones, 8; **~ thousand** dos mil, 8
typical típico(a), 9

U

U. S. citizen estadounidense (*m., f.*), 2
ugly feo(a), 2
uncle tío, 5
underneath debajo de, 6
understand comprender, 3; entender (ie), 4
understanding comprensión (*f.*)
unique único(a)
unite unir, 9
united unido(a); **~ States** Estados Unidos
university universidad (*f.*), 6
unless a menos que, 12
unlikely dudoso(a), improbable, 11
unpleasant antipático(a), 2
untamed salvaje
until hasta (que), 12
Uruguayan uruguayo(a), 2
us nosotros(as), 8; **to/for ~** nos, 8
use usar, 2
useful útil
user usuario(a), 4

V

vaccinate poner (*irreg.*) una vacuna, 12
vaccination vacuna, 12
vacuum (*verb*) pasar la aspiradora, 10; **~ cleaner** aspiradora, 10

vain vanidoso(a)
valley valle (*m.*)
valuable valioso(a)
value valor (*m.*)
variety variedad (*f.*)
various varios(as)
VCR videocasetera, 4
vegetable vegetal (*m.*), 6
vegetarian vegetariano(a)
vehicle vehículo
Venetian blind persiana, 10
Venezuelan venezolano(a), 2
verb verbo, 3
very muy, 2
vest chaleco, 8
veterinarian veterinario(a), 5
videocamera videocámara, 4
videotape (*verb*) grabar, 11; (*noun*) video
viewpoint punto de vista
vinegar vinagre (*m.*), 9
violence violencia, 13
violin violín (*m.*), 2
visit friends visitar a amigos, 2
visitor visitante (*m., f.*)
vitamin vitamina, 12
voice voz (*f.*)
volcanic eruption erupción (*f.*) volcánica
volcano volcán (*m.*), 14
volleyball volibol (*m.*), 7
vote votar, 13

W

wait esperar, 11; ~ **on** despachar
waiter camarero, 5
waiting: ~ list lista de espera, 14; ~ **room** sala de espera, 12
waitress camarera, 5
wake up despertarse (ie), 5; **wake someone up** despertar (ie), 5
wake-up call servicio despertador, 14
walk caminar, 2; andar (*irreg.*), 8
walking a pie, 6
wall pared (*f.*), P
wallet cartera, 8
want desear, querer (*irreg.*), 10
war guerra, 13
warm caluroso(a)
warning aviso
wash lavar, 5; ~ **one's hair** lavarse el pelo, 5; ~ **oneself** lavarse, 5; ~ **the dishes (the clothes)** lavar los platos (la ropa), 10
washer lavadora, 10

wastebasket basurero
watch reloj (*m.*), 8; ~ **television** mirar televisión, 2
water agua (*f.*) (*but:* el agua); **fresh ~** agua dulce; **sparkling ~** agua mineral, 9; ~ **skiing** esquí acuático, 7; ~ **the plants** regar (ie) las plantas, 10
watercress berro
waterfall catarata
wave ola
we nosotros(as), 1
wealth riqueza
wealthy adinerado(a)
weather tiempo, 7; **It's nice/bad ~.** Hace buen/mal tiempo. 7
weave tejer
weaving tejido
web red (*f.*); ~ **page** página web, 4
webcam cámara web, 4
website sitio web, 4
wedding boda
Wednesday miércoles (*m.*), 3
week semana, 3; **during the ~** entresemana, 3; **every ~** todas las semanas, 5; **last ~** semana pasada, 7
weekend fin (*m.*) de semana, 2
welcome bienvenido(a); **You're ~.** De nada. 1
well bien, 4; **(Not) Very ~.** (No) Muy bien. 1; **Quite ~.** Bastante bien. 1; (*for drawing water*) pozo
well-being bienestar (*m.*)
west oeste (*m.*), 14
what? ¿cuál(es)? ¿qué? 3; ~ **are your symptoms?** ¿Qué síntomas tiene? 12; ~ **day is today?** ¿Qué día es hoy? 3; ~ **do you like to do?** ¿Qué te gusta hacer? 2; **What ~ does . . . mean?** ¿Qué significa…? P; ~ **hurts?** ¿Qué le duele? 12; ~ **is today's date?** ¿A qué fecha estamos? 3; ~ **is your phone number?** ¿Cuál es tu/su número de teléfono? (*s. fam./form.*), 1; ~ **time is it?** ¿Qué hora es? 3; ~ **'s he/she/it like?** ¿Cómo es? 2; ~ **'s the weather like?** ¿Qué tiempo hace? 7; ~ **'s your (e-mail) address?** ¿Cuál es tu/su dirección (electrónica)? (*s. fam./form.*), 1; ~ **'s your name?** ¿Cómo se llama (*s. form.*) / te llamas (*s. fam.*)? 1; ~ **'s new?** ¿Qué hay de nuevo? 1

which? ¿qué? 3; ~ **one(s)?** ¿cuál(es)? 3
wheat trigo
wheel rueda
when cuando, 12
when? ¿cuándo? 3; ~ **is your birthday?** ¿Cuándo es tu cumpleaños? 1
where? ¿dónde? 3; ~ **(to)?** ¿adónde?; ~ **do you live?** ¿Dónde vives/vive? (*s. fam./form.*), 1; ~ **does your . . . class meet?** ¿Dónde tienes la clase de… ? 3
while mientras
white blanco(a), 4
whitewater rafting: go ~ navegar en rápidos, 7
who? ¿quién(es)? 3
whose cuyo(a)(s); ~ **are these?** ¿De quiénes son? 3; ~ **is this?** ¿De quién es? 3
why? ¿por qué? 3
wife esposa, 5
wild salvaje
willing dispuesto(a)
win ganar
wind viento
window ventana, P; ~ **seat** asiento de ventanilla, 14
windy: It's ~. Hace viento. 7
wine: red ~ vino tinto, 9; **white ~** vino blanco, 9
wineglass copa, 9
winter invierno, 7
wish desear, querer (*irreg.*), 10; esperanza
with con
without sin (que), 12
wolf lobo
woman mujer (*f.*), P
wonder maravilla
wood madera
wooden cart carreta
wool lana, 8
word-processing program programa (*m.*) de procesamiento de textos, 4
work trabajar, 2; ~ **full-time** trabajar a tiempo completo, 13; ~ **part-time** trabajar a tiempo parcial, 13
workday jornada laboral
worker trabajador(a), 5
world mundo; ~ **Wide Web** red (*f.*) mundial, 4

worried preocupado(a), 4
worry preocuparse, 5
worse peor, 8
wound herida, 12
wrinkled arrugado(a)
write escribir, 3; **~ in your note-books.** Escriban en sus cuader-nos. P; **~ reports** hacer (*irreg.*) informes, 13
written escrito (*p.p. of* escríbir), 13

Y

year año, 3; **every ~** todos los años, 9; **last ~** año pasado, 7
yellow amarillo(a), 4

yes sí, 1
yesterday ayer, 3
yogurt yogur (*m.*), 6
you vosotros(as) (*fam. pl.*), tú (*fam. s.*), usted (Ud.) (*form. s.*), ustedes (Uds.) (*fam. or form. pl.*), 1; ti (*fam. s.*), Ud(s). (*form.*), 8; **to/for ~** os (*fam. pl.*), te (*fam. s.*), le (*form. s.*), les (*form, pl.*), 8; **with ~** contigo (*fam.*), 8
young joven, 2
younger menor, 8
your (*adj.*) tu (*fam.*), su (*s. form. pl.*), vuestro(a) (*fam.*), 3; suyo(a) (*form. s., pl.*), tuyo(a) (*fam.*), 10

yours (*pron.*) vuestro(a) (*fam. pl.*), suyo(a) (*form. s., pl.*), tuyo(a) (*fam. s.*), 10
youth juventud (*f.*)

Z

zero cero, P

INDEX

a, personal, 147–148
  in affirmative and negative
    expressions, 185
actions in progress, 154–155
activities, 38, 40, 83–84, 146–147
address, forms of, 8, 22
  formal vs. familiar, 22, 239
addresses, street, 11, 12
adjectives
  agreement with nouns, 53–56
  colors as, 103
  comparatives and superlatives, 253
  demonstrative, 187–188
  descriptive, 54–55
  forming adverbs from, 125
  before or after nouns, 55
  possessive, 86–87
adónde, 81
adverbs, 125–126
affirmative expressions, 185–186
age, expressing, 26, 276
agreement with someone's opinion, 51
airports and air travel, 424–425
algún / alguno, 185–186
appliances, 306–307
aquel, 187
articles
  definite, 17, 19, 20, 24
  indefinite, 17, 19, 20, 24, 54
arts, 338
-ar verbs, 47
  present participle of, 155
  preterite tense of, 210–211
asking questions. *See* questions
auxiliary verbs, 403–405

bathroom, 142
birthday, 26, 35, 75
body, the, 364–368
borrowings, 106
buen / bueno, 55
business, 397

cellular phones, 10
cities and towns, places in, 169, 300
classes, 70–71

classes and fields of study, 70–71
clocks, 73–76
clothes, 234–235, 237
cognates, 30, 43
colors, 103
command forms, 251
  direct object pronouns with, 217
  with **tú,** 220–221
  with **usted** and **ustedes,** 179–181
comparatives, 253–254
complex sentences, 344–345, 351
computers, 103–104
conditional mood, 437–438
  si clauses, 440
conditions, expressing, 116–117
conjugated verbs, 46
conjunctions
  definition of, 373
  the subjunctive and indicative with,
    373–375
conocer
  imperfect tense, 280
  preterite tense of, 245
  saber vs., 147
cuál, 80
cuánto / cuánta, 81
cumpleaños, 26, 35, 75

dates, 27, 76
days of the week, 71, 72
decir, imperfect subjunctive with,
    434–435
definite articles, 17, 19, 20, 24
de la mañana / tarde / noche, 74
demonstrative adjectives, 187–188
demonstrative pronouns, 187
dependent clauses, 344
¿de quién es? / ¿de quiénes son?, 81
describing yourself and others, 53–56,
    116–117
descriptive adjectives, 54–55
destination, indicating, 90
dialects, 171
dictionaries, 62
directions, giving, 179, 181
direct object pronouns, 216–217

double object pronouns and, 283–284
  tú commands with, 221
direct objects, 216
disbelief, expressions of, 347–348
dónde, 80, 81
double negatives, 185
double object pronouns, 282–284
doubt, expressions of, 347–348

electronic devices, 105
e-mail, 11, 14
emotion(s), 105, 117
  subjunctive with verbs of, 344–345
-er verbs
  imperfect tense, 277
  present indicative of, 83–84
  present participle of, 155
  preterite tense of, 210–211
ese / a / o, 187
estar, 116–117
  present indicative tense, 117
  preterite tense of, 213
este / a / o, 187

fabrics, 235
false cognates, 30, 43
familiar phone conversation, 10
family, 136–137
feminine nouns, 18, 19
food terms, 268–269
formal phone conversation, 10
furniture and furnishings, 305
future plans, indicating, 90
future tense, 379–380

gender, 18
geography, 428–429
-go endings, irregular **yo** verbs with,
    146
good-bye, saying, 13, 34
gran / grande, 55
greetings, 8, 34
gustar, 38, 40, 50–53, 112
  indirect object pronouns with, 112,
    113
  with infinitives, 50

with nouns, 112
other verbs used like, 113
haber, as auxiliary verb, 404–405, 407–408
habría, 438
hace / hacía, with time expressions, 318–319
hacer, preterite tense of, 213
hay, 23–24
future tense of, 380
hotels, 426
household chores, 303–304
houses, 300

imperative mood, 311. *See also* command forms
imperatives. *See* commands
imperfect subjunctive, 434–435
imperfect tense, 276–277, 282
choosing between the preterite and, 278–280
impersonal expressions, subjunctive with, 344–345
indefinite articles, 17, 19, 20, 24, 54
indefinite situations, the subjunctive with, 350–351
independent clauses, 344
indicative mood, 311. *See also* present indicative
choosing between the subjunctive and, 377–378
si clauses with, 440
indirect object pronouns, 50, 250–251
double object pronouns and, 283–284
with **gustar,** 112, 113
infinitives, 46, 47, 83
direct object pronouns with, 217
double object pronouns with, 283
gustar with, 50
indirect object pronouns with, 251
of reflexive verbs, 151
informal command forms, 220–221
instructions, command forms for giving, 179
Internet, the, 101, 104, 107
interrogative words, 80–81
introducing someone, 13, 14, 34
ir, 90
+ **a,** for future events, 379
present indicative tense, 90
preterite tense of, 213, 214
irregular command forms, with **usted** and **ustedes,** 180

irregular past participles, 404
irregular present participles, 155
irregular verbs
conditional, 438
future tense, 380
imperfect tense, 277
present subjunctive, 313
preterite tense of, 213–214, 245–246
irregular **yo** verbs, 146–147
-ir verbs
imperfect tense, 277
present indicative of, 83–84
present participle of, 155
preterite tense of, 210–211
stem-changing verbs. *See* stem-changing verbs

jewelry, 235, 237
job applications, 396
jobs, 397

languages of Latin America, 414
learning and acquisition of language, 347
le gusta, 40
likes and dislikes, 36, 112
linguistic diversity, 171
location(s)
cities and towns, 169, 300
expressing, 116
geography, 428–429
indicating, 177

mal / malo, 55
más, 253, 254
masculine nouns, 18, 19
medical symptoms, 365–368
menos, 253, 254
-mente adverbs, 125
months of the year, 26
mood. *See also* conditional; indicative mood; subjunctive
imperative, 311. *See also* command forms
movies, 334–335
music, 338

nationality, adjectives of, 55
negative commands
double object pronouns and, 283
tú, 221
negative sentences, 185–186
with **gusta** and **gustan,** 51, 112

present indicative tense, 83
news, 394
ningún / ninguno, 185–186
nonexistent and indefinite situations, the subjunctive with, 350–351
nouns
adjective agreement with, 53–56
definition of, 17
gender of, 18
singular and plural of, 18, 19

obligation, expressing, 26
¡ojo!, 30
ordinal numbers, 300

para, choosing between **por** and, 320–322
past participles
as adjectives with the verb **estar,** 405
irregular, 404
with present perfect tense, 403–405
of reflexive verbs, 405
past perfect tense, 407–408
personal **a,** 147–148
in affirmative and negative expressions, 185
personal information, asking for and giving, 11, 34
personality traits, 41
pharmacies, 369
phone calls and conversations, 10–12
phone numbers, 10–12, 14, 21
physical traits, 42
plural articles, 19
plural nouns, 18, 19
poder
conditional, 438
imperfect subjunctive forms of, 434
preterite tense of, 245, 246
por, choosing between **para** and, 320–322
por la mañana / tarde / noche, *34i,* 74
porque, 81
por qué, 81
possession
asking questions about, 81
expressing, 26
stressed possessives, 316–317
with **tener,** 26
possessive adjectives, 86–87
prepositional pronouns, 251
with **gustar,** 113
prepositions, of location, 177

present indicative, 311
  of **-ar** verbs, 46–47
  of **-er** and **-ir** verbs, 83–84
  irregular **yo** verbs, 146–147
  stem-changing verbs in, 121
present participles, 154–155
present perfect subjunctive, 409–410
present perfect tense, 403–405
present progressive tense, 154–155
  direct object pronouns with, 217
  indirect object pronouns with, 251
present subjunctive, 311–313
  with expressions of emotion and impersonal expressions, 344–345
preterite tense, 211, 282
  choosing between the imperfect tense and, 278–280
  of irregular verbs, 213–214, 245–246
  of **-ir** stem-changing verbs, 248
  of regular verbs, 210–211
professions and careers, 139–141
pronouns
  alguno and **ninguno** as, 186
  demonstrative, 187–188
  direct object, 216, 283
  double object, 282–284
  with **gusta**, 50
  indirect object. *See* indirect object pronouns
  prepositional, 113
  reflexive, 150–151, 217
  stressed possessives as, 316
  subject, 21

que, with subjunctive, 312, 350, 351
qué, 80
querer
  conditional, 438
  imperfect subjunctive forms of, 434
  imperfect tense, 280
  preterite tense of, 245, 246
question marks, 47, 81
questions, 80–81
  with **hace** and **hacía,** 319
  yes / no, 81
quién / quiénes, 81

recipes, 271
reflexive pronouns, 150–151
  direct object pronouns with, 217
  tú commands with, 221
reflexive verbs, 150–152

command forms of, 180–181
  past participle of, 405
  present participle of, 155
relative location, 187, 188
relatives, 136–137
restaurants, 268–269, 272
romance languages, 72

saber
  conocer vs., 147
  imperfect tense, 280
  preterite tense of, 245, 246
se, 286
seasons, 202
ser, 116
  present tense of, 22
  preterite tense of, 213, 214
  uses of, 21
shops and shopping, 171–172, 238
si clauses, 440
singular articles, 19
smileys, 130
software, 103
sports, 200–201
stem-changing verbs, 211
  -ir. *See* **-ir** verbs
  irregular **yo** verbs, 147
  in the present indicative, 121
  reflexive verbs, 151
  subjunctive, 312–313
street addresses, 11, 12
stressed possessives, 316–317
su, 87
subject pronouns, 21
  omitting, 83
subjunctive, 311–313
  choosing between the indicative and, 377–378
  with conjunctions, 373–375
  with expressions of doubt and disbelief, 347–348
  imperfect, 434–435
  with impersonal expressions and verbs of emotion, 344–345
  with nonexistent and indefinite situations, 350–351
  present perfect, 409–410
  si clauses with, 440
superlatives, 253–255
symptoms, medical, 365–368

table settings, 273
también, 51, 57
tampoco, 51

technology, 100–104
telephone calls and conversations, 10–12
telephone numbers, 10–12, 14, 21
television, 337–338
temperature, 205
tener, 26
  expressions with, 204
tenses, 311. *See also specific tenses*
  definition of, 21, 210
time expressions, 73–76
  hace / hacía with, 318
  imperfect tense, 276, 279
  with preterite tense, 211
titles of persons, 19
topic sentences, 162
towns, places in, 169
transportation, 169
travel, 424–425
tu, 87
tú, 22
  command forms with, 220–221
  usted vs., 22, 239

uncertainty, expressions of, 347–348
university locations, 168
usted / ustedes (Ud. / Uds.), 21, 22
  command forms with, 179–181
  tú vs., 22, 239

verbs. *See also specific tenses*
  auxiliary, 403–405
  conjugated, 46
  in questions, 81
  reflexive, 150–152
verb stem, 46
verb tenses, 311. *See also specific tenses*
  definition of, 21, 210
visuals, 94
vocabulary
  activities, 38, 40
  appliances, 306–307
  the arts, 338
  asking for and giving personal information, 11, 34
  the body and health, 364–368
  business, 397
  city and town places, 169, 300
  classes and fields of study, 70–71
  clothes, 234–235
  electronic devices, 105
  emotions, 105
  fabrics, 235
  family, 136–137

food measurements, 271
food recipes, 271
food terms, 268–269
furniture and furnishings, 305
geography, 428–429
greetings, 8, 34
hotels, 426
household chores, 303–304
houses, 300
the Internet, 107
introducing someone, 13, 14, 34
jewelry, 235, 237
job applications, 396
jobs, 397
medicine, 365–368
movies, 334–335
music, 338
news, 394

numbers over 100, 240
ordinal numbers, 300
payment methods, 240
personality traits, 41
pharmacies, 369
physical traits, 42
professions and careers, 139–140
responding to being introduced,
    13, 34
restaurants, 268–269, 272
saying good-bye, 13, 34
seasons, 202
setting the table, 273
shops and shopping, 171–172
sports, 200–201
technology, 102–104
television, 337–338
tener, expressions with, 204

time, expressions of, 73–76
transportation, 169
travel, 424–425
university locations, 168
vos, 22, 445
vosotros / vosotras, 21

weather conditions, 205, 276
wishes, expressing, 344–345
word origins, 106

yes / no questions, 81
yo verbs, irregular, 146–147

-zco endings, irregular **yo** verbs
    with, 14

PERMISSIONS AND CREDITS

The authors and editors wish to thank the following persons and publishers for permission to include the works or excerpts mentioned.

Text

Chapter 1:
p. 25: From *Almanaque Mundial 2000*, p. L-9. Copyright © by Editorial Televisa.

Chapter 3:
p. 91: Adapted from, "Escuela Plena y bomba Rafael Cepeda," from *Diálogo*, Marzo 2000, Año 13, Num. 127, pg. 37.

Chapter 4:
p. 108: From *Newsweek en Español*, January 12, 2000, pg. 9. Reprinted with permission.

Chapter 5:
p. 161: Reprinted by permission of the Organization of American States.

Chapter 6:
p. 194: From El Universal online.

Chapter 7:
p. 227: From *Aboard, In-Flight*, January/February 1998, pp. 52–60. Reprinted with permission.

Chapter 8:
p. 262: Adapted from "El jean impone su encanto," from *El Comercial, Familia Magazine*, Numero 643, February 8 1998, Ano XII, pg. 27.

Chapter 9:
p. 272: From www.bolivian.com;
p. 292: Reprinted with permission from Tierra Lejana, from the column by Hernán Maldonado.

Chapter 10:
p. 310: Reprinted with permission of the publisher, Children's Book Press, San Francisco, CA, www.childrensbookpress.org. Poem copyright © 1997 by Francisco X. Alarcon. From the book, *Laughing Tomatoes and Other Spring Poems;* p. 329: *Dos Canciones de Amor Para El Otoño, I and II,* by José Coronel Urtecho. Reprinted with permission.

Chapter 13:
p. 417: Adapted from www.diariolarepublica.com/foro/netiquettes.html.

Chapter 14:
p. 447: © 1925 by Maria Kodama, reprinted with the permission of The Wylie Agency, Inc.

Photos, realia, and cartoons

PHOTOS:
Chapter 1:
p. 6, Royalty Free;
p. 16, Robert Frerck/Odyssey/Chicago.

Chapter 2:
p. 36, © Corbis/David Stoecklein;
p. 45, Courtesy of Isabel Valdés;
p. 60 left, © Schwartz Shaul/Sigma/Corbis;
p. 60 middle, © Ted Strenshinsky/Corbis;
p. 60 right, © Savino Tony/Corbis;
p. 63, © People en español, mayo de 1999 p. 114;
p. 63 top left, Luz Montero;
p. 63 top middle, Allsport/Getty;
p. 63 top right, Courtesy of Chef Pepin;
p. 63 bottom left, Brian Smith/Outline/Corbis;
p. 63 bottom right, Univision;
p. 65, © Christies Images/Corbis.

Chapter 3:
p. 68, Ulrike Welsch;
p. 76, Beryl Goldberg;
p. 79, Courtesy of Maria Carreira;
p. 92 right, © Daniel Laine/Corbis;
p. 92 left, © Tony Arruza/Corbis;
p. 93, © Tony Bean/Corbis;
p. 95, Dialogo/Fotos, Ricardo Alcaraz.

Chapter 4:
p. 100 top, © Jose Fusta Raza/Corbis;
p. 100 bottom, DRAWING Courtesy of Frank O'Gehry;
p. 111, Courtesy of Oxford University Press;
p. 127, Foto 1/© Jose Fusta Raza/Corbis, Foto 2/© Michael Busselle/Corbis, Foto 3/Robert Frerck/Odyssey/Chicago, Foto 4/Art Resource New York/Scala.

Chapter 5:
p. 134, Corey Langley;
p. 145, Graciela Kenig;
p. 158, Jim Whitmers;
p. 159 top, Suzanne Murphy;
p. 159 middle, Photo Researchers;
p. 159 bottom, AP/Wide World Photos;
p. 161, Byron Sletto.

Chapter 6:
p. 166, Robert Fried;
p. 176, Courtesy of Anna A. Álvarez;
p. 192, Foto 1/© Danny Lehman/Corbis; Foto 2/© Kevin Schafer/Corbis; Foto 3/© Natalie Forbes/Corbis; Foto 4/

© Dallas & John Heaton/Corbis;
p. 194, © Keith Dannemiller/Corbis/Saba.

Chapter 7:
p. 198, Courtesy: The Girard Collection, The Museum of International Folk Art, Santa Fe, New Mexico. Photo by Michael Monteaux;
p. 209, Courtesy of the Harlem Globetrotters;
p. 224, © Wolfgang Kaehler/Corbis;
p. 225, © David G. Hauser/Corbis;
p. 227 top to bottom, © Amos Nachoum/Corbis, © Kevin Schaefer/Corbis.

Chapter 8:
p. 232, © David G. Hauser/Corbis;
p. 244, © Mitchell Gerber/Corbis;
p. 259 top, © Image Bank/Getty Images;
p. 259 bottom, © Jeremy Horner/Corbis;
p. 260, Corbis.

Chapter 9:
p. 266 top, © Image Bank/Getty Images;
p. 266 bottom, © John Kelley/Food Pix/Getty Images;
p. 275, Courtesy of Guillermo Pernot;
p. 288, © Reuters NewMedia/Corbis;
p. 289, © Joel Creed Ecoscene/Corbis.

Chapter 10:
p. 298 top and bottom, John Mitchell;
p. 302, Courtesy of Habitat for Humanity;
p. 310, Courtesy of Children's Book Press;
p. 325 top, © Buddy Mays/Corbis;
p. 325 bottom, © Charles & Jossette Lanarc/Corbis;
p. 326 top and bottom, © Nick Wheeler/Corbis;
p. 327, © AFP/Getty Images.

Chapter 11:
p. 332, AP/Wide World Photos;
p. 343, Courtesy of Sonia Maria de León de Vega;
p. 352, #2/© Corbis/Sygma, #1/Courtesy of Ana Mercedes Hoyos, #3/© Reuters NewMedia/Corbis, #4/© Pablo Corral/Corbis;
p. 356 top, © Reuters NewMedia/Corbis;
p. 356 bottom, © Adrian del Angel/Getty.

Chapter 12:
p. 362, © Getty Images;
p. 363, © Michael Boys/Corbis;
p. 372, Courtesy of Dr. Emilio Carrillo;
p. 382 right, © Yan Arthur-Bertrand/Corbis;
p. 382 left, AP/Wide World Photos;
p. 383, AP/Wide World Photos;
p. 385, AP/Wide World Photos;
p. 387, © Reuters NewMedia/Corbis.

Chapter 13:
p. 392, © Pablo Corral Vega/Corbis;
p. 402, © Getty Images;
p. 413, Foto A, Royalty Free; Foto B © Charles O'Rear/Corbis; Foto C © Wolfgang Kaehler; Foto D © Jacqui Hurst/Corbis.

Chapter 14:
p. 422, AP/Wide World Photos;
p. 423 left, © Galen Rowel/Corbis;
p. 423 middle, © Galen Rowel/Corbis;
p. 423 right, © Mark A. Johnson/Corbis;
p. 430, © Sergio Pitamitz/Corbis;
p. 433, Maria Carreia/family of Omar Pascucci;
p. 444, Foto E, © S. P. Gillette/Corbis;
p. 444, Foto F, Beryl Goldberg;
p. 445, Foto G, AP/Wide World Photos;
p. 447, © Craig Tuttle/Corbis;
p. 448, Royalty Free.

REALIA:
Chapter 1:
p. 17, Revista Ecuador, 3ra edicion.
Chapter 2:
p. 53, QUO Magazine, Julio 1996.
Chapter 3:
p. 86, Universidad del Sagrado Corazón.
Chapter 4:
p. 125, Multiservicio Informatico.
Chapter 5:
p. 150, Cione Grupo de Opticas.
Chapter 6:
p. 179, Direct TV;
p. 190, © MICHELIN Green guide México. Permission No. 03-US-012.
Chapter 7:
p. 220, CicloBike.
Chapter 8:
p. 253, Revista de Ana Rosa, photo Gema López.
Chapter 9:
p. 282, Musicland/Sam Goody.
Chapter 10:
p. 320, Agodos.
Chapter 11:
p. 350, Inglés Sin Barreras.
Chapter 12:
p. 373, © Procter & Gamble Company. Used by permission.
Chapter 13:
p. 403, Bank Hapoalim, Israel.
Chapter 14:
p. 437, Samsung Telecommucations America.

Illustrations

Fian Arroyo: pages 4 (middle), 25, 38, 39 (all), 56, 86, 120, 143 (top all), 152 (all), 156 (all), 157, 170 (all), 172 (all), 184, 189, 201 (all), 219, 235 (all), 257, 269 (small insert illustrations), 287, 305 (bottom all), 315, 349, 376, 395 (all), 406 (all), 411, 429, 442.

Carlos Castellanos: pages 4 (bottom), 5, 9, 12, 20, 31, 41, 52, 57 (all), 73 (all), 74 (all), 102, 115 (all), 119, 139 (all), 142, 168, 178 (all), 202 (all), 205 (all), 234, 241, 272 (small insert